C. Geertz, J. Clifford y otros

EL SURGIMIENTO DE LA ANTROPOLOGIA POSMODERNA

Serie CLA • DE • MA
Antropología

EL SURGIMIENTO DE LA ANTROPOLOGIA POSMODERNA

por

C. Geertz, J. Clifford y otros

Compilación de Carlos Reynoso

gedisa
editorial

Se agradece a las editoriales y revistas que han autorizado la publicación de los trabajos aquí compilados, cuyos créditos figuran al pie de página de cada capítulo.

Traducción: Carlos Reynoso

Diseño de cubierta: Marc Valls

Cuarta edición, marzo de 1998, Barcelona

Muntaner, 460, entlo., 1.ª
Tel. 201 60 00
08006 - Barcelona, España
e-mail: gedisa@gedisa.com
http://www.gedisa.com

ISBN: 84-7432-447-5
Depósito legal: B-9.798/1998

Impreso en: Limpergraf
c/. Mogoda, 29-31. 08210 Barberà del Vallès

Impreso en España
Printed in Spain

INDICE

COLABORADORES 9

PRESENTACIÓN, por *Carlos Reynoso* 11

I
ANTROPOLOGÍA SIMBÓLICA

1. Géneros confusos. La refiguración del pensamiento social, por *Clifford Geertz* 63

2. La rebelión romántica de la antropología contra el iluminismo, o el pensamiento es más que razón y evidencia, por *Richard A. Shweder*... 78

II
ANTROPOLOGÍA FENOMENOLÓGICA

3. Hacia un lenguaje etnográfico, por *Michael Agar* 117

III
ANTROPOLOGÍA POSMODERNA

4. Sobre la autoridad etnográfica, por *James Clifford* 141

5. Las etnografías como textos, por *George E. Marcus* y *Dick E. Cushman* 171

6. Fuera de contexto. Las ficciones persuasivas de la antropología, por *Marilyn Strathern* 214

Comentarios, por *M. R. Crick, R. Fardon, E. Hatch, I. C. Jarvie, R. Pinxten, P. Rabinow, E. Tonkin, S. A. Tyler* y *G. Marcus* 253

Respuesta, por *Marilyn Strathern* 270

7. Preguntas concernientes a la antropología dialógica, por *Dennis Tedlock* 275

Acerca de la "descripción/desescritura" como un "hablar por", por *Stephen Tyler* 289

Sobre la representación del discurso en el discurso, por *Dennis Tedlock* 295

8. La entnografía posmoderna: de documento de lo oculto a documento oculto, por *Stephen A. Tyler* 297

REFERENCIAS BIBLIOGRÁFICAS 315

Colaboradores

MICHAEL AGAR. Universidad de Maryland.

JAMES CLIFFORD. Historia de la conciencia, Universidad de California, Santa Cruz.

DICK CUSHMAN. Departamento de antropología, Universidad de Rice, Houston, Texas.

CLIFFORD GEERTZ. Cátedra de historia social, Instituto de Estudio Avanzado, Princeton.

GEORGE MARCUS. Departamento de antropología, Universidad de Rice, Houston, Texas.

CARLOS REYNOSO. Departamento de ciencias antropológicas, Universidad de Buenos Aires.

RICHARD A. SHWEDER. Comité de desarrollo humano, Universidad de Chicago.

MARILYN STRATHERN. Cátedra de antropología social, Universidad de Manchester.

DENNIS TEDLOCK. Programa de folclore, mitología y cine, Departamento de inglés, Universidad del Estado de Nueva York, Buffalo.

STEPHEN A. TYLER. Departamento de antropología, Universidad de Rice, Houston, Texas.

Presentación

Carlos Reynoso
Universidad de Buenos Aires

El surgimiento de la antropología posmoderna es, en sentido estricto, un proceso de transformación experimentado por una de las tantas corrientes internas de la disciplina, la llamada antropología interpretativa. Tras una fase tibia de "antropología simbólica" en las décadas de 1960 y 1970, y luego de un falso arranque bajo las banderas de la fenomenología (demasiado escolásticas, trascendentales y solemnes para los tiempos que corren), los interpretativos hallaron en un posmodernismo que algunos reputarán predigerido y fragmentario su marco de referencia más afín. A despecho de la naturalidad con la que los posmodernos asumen su propia transición en el relevo de las modas, la polémica que se ha desarrollado en torno del movimiento es una de las más tensas y delicadas de la historia disciplinar; no hay más que asomarse a las revistas antropológicas recientes: sucede casi como si todo otro tema hubiera sido postergado en espera de su resolución.

Digámoslo enseguida con otros matices y adoptando otro ángulo de mira. Después de algunos años en que no se pudo hablar a ciencia cierta de ningún paradigma dominante, la antropología mundial ha sido ganada por lo que parecería ser una nueva moda intelectual que responde a las premisas del posmodernismo. Desplegaremos más adelante la caracterización de los aspectos más puramente antropológicos de este movimiento, es decir, la obligada semblanza de la antropología posmoderna. Primero corresponde caracterizar el posmodernismo en sentido amplio, como movimiento intelectual genérico, en el cual se inspira —en teoría— la antropología que lleva su nombre.

Hay que hacer, eso sí, una salvedad, pues algunas facetas de la cuestión han sido fatigadas en exceso y las notas que siguen no quisieran ser redundantes. La aventura del posmodernismo se puede contar siguiendo innumerables trayectorias, variadamente válidas; la forma que aquí elegimos apunta a resaltar ciertas líneas (las que conciernen a las ciencias sociales) en detrimento de otras (las que tienen que ver, por ejemplo, con la literatura, la filosofía y el arte), que acostumbran ser mucho más conocidas. Examinemos ahora el posmodernismo en general subrayando los aspectos que se refieren a nuestra disciplina específica, echando sobre él una mirada antropológica; y hacia el fondo del artículo intentaremos mostrar de qué manera los ideales del posmodernismo como filosofía de una época se han reformulado en términos de una concepción de la antropología, de su objeto y de sus practicantes.

El contexto: la sociedad postindustrial

De lo que no cabe ni sombra de duda es de que el término "posmodernismo" (igual que "postestructuralista") se origina en los Estados Unidos; en sus inicios, parece haberse acuñado a propósito de cierto giro paradigmático ocurrido en el seno de las tendencias internas de la arquitectura, en la que se comenzó a poner en tela de juicio el concepto de vanguardia. Pero la idea de una condición "posmoderna" tiene una gestación compleja: arbitrariamente comenzaremos por los postulados de Bell, aunque dejando constar que (dado que lo que se analiza es un movimiento de convergencia) el punto de partida podría haber sido cualquier otro.

En 1973 Daniel Bell publicó un extenso libro de prognosis social, a caballo entre la economía, la ciencia política y la sociología, en el que anunciaba el advenimiento inminente de la sociedad postindustrial. Esta modalidad societaria involucraría primordialmente no tanto un cambio en la infraestructura, sino una metamorfosis de fondo en toda la estructura social. Los procesos que permiten diagnosticar esta transformación, según Bell, se encuentran más avanzados en los Estados Unidos que en cualquier otro país.

El libro de Bell no es el primero en llamar la atención sobre el particular, pero sí lo es en alcanzar amplia difusión. Como siempre, han surgido querellas por la precedencia: Bell asegura que él introdujo el concepto de sociedad postindustrial ya en 1962, lo que a la escala de esta especie de neosociología es fecha temprana; posteriormente descubrió que un socialista inglés (Arthur Penty) ya había utilizado la palabra en 1917 para referirse a una sociedad artesanal del futuro, descentralizada y que ennoblecía el trabajo, contraria al "estado de ocio" que anunciaban otros futuristas. Bell admite que otros nombres le hubieran cabido igual: "sociedad del conocimiento", "sociedad de la información" o "sociedad profesional". Pero en aquel entonces, cuando acuñó el término, se encontraba bajo la influencia de Ralf Dahrendorf, quien había hablado de la "sociedad poscapitalista". La sugerencia de que algo tan dominante como la industria o el capitalismo estuvieran en retirada era peculiarmente desafiante e invitaba al desciframiento de signos; y en esa fascinación consistió el éxito de un prefijo que no haría más que extenderse desde entonces.

El argumento global estructurado por Bell es simple, aunque la argumentación sea espaciosa: el máximo detalle en los segmentos, la máxima simplicidad en el conjunto. Dice Bell que la sociedad occidental está en camino de un gran cambio histórico en el que las relaciones sociales (que se asentaban en la propiedad), las estructuras de poder existentes (centrada en elites reducidas) y la cultura burguesa (centrada en la represión y en la renuncia a la gratificación) se desgastan rápidamente. Las fuentes del cataclismo son científicas y tecnológicas, pero también culturales. La cultura ha obtenido autonomía en la sociedad de Occidente. En parte es por ello que no está para nada claro cuáles habrán de ser las formas de esta nueva sociedad.

¿Cuáles son, sin embargo, los signos de la transformación? veamos inicialmente uno. Una cosa es segura: la clase obrera industrial —contabiliza Bell— está disminuyendo en número, y su importancia en la economía de los países más avanzados tiende a ser marginal. Ni hablar del campesinado. Es difícil que el futuro presencie la "dictadura del proletariado" cuando el proletariado, como quiera que se lo defina, se muestra en trance de desaparición.

En el discurso de Bell la construcción del objeto evoca las grandes configuraciones parsonsianas, similares a las que se encuentran en la base de ciertas vertientes de la antropología simbólica. A su juicio, la sociedad se puede dividir en tres ámbitos: la estructura social, la política y la cultura. La estructura social comprende la economía, la tecnología y el sistema de trabajo. La política regula la distribución del poder. La cultura es el reino del simbolismo expresivo y de los significados. Una de las transformaciones básicas que se están produciendo concierne a la burocratización creciente de la ciencia y a la especialización del trabajo intelectual en parcelas muy pequeñas. Además, como la sociedad postindustrial aumenta la importancia del componente técnico del conocimiento, obliga a los científicos, ingenieros y tecnócratas a competir con los políticos o a convertirse en sus aliados. A vista de pájaro, conviene distinguir cinco dimensiones a lo largo de las cuales se está manifestando el cambio:

1. *Sector económico: el cambio de una economía productora de mercancías a otra productora de servicios.* Colin Clark, hacia 1940, había dividido la economía en los sectores primario (agricultura), secundario (manufactura, industria) y terciario (servicios). En el mundo no occidental, la importancia del sector primario es aún abrumadora (70% de la fuerza de trabajo); en los Estados Unidos la proporción es la inversa. Pero no se trata de cualquier servicio, sino de servicios relacionados con ámbitos específicos: educación, investigación y gobierno. Estos servicios involucran un nuevo tipo de tecnología y una nueva intelectualidad.

2. *Distribución ocupacional: la preeminencia de la clases profesionales y técnicas.* A todas luces, están desapareciendo los *blue-collars* (los trabajadores de mameluco) en beneficio de los *white-collars* (los trabajadores de saco y corbata). Mientras la tasa de crecimiento de la clase profesional y técnica en general ha sido el doble de la tasa de crecimiento de la fuerza de trabajo, la de los científicos e ingenieros ha sido el triple de la tasa de la población trabajadora en su conjunto.

3. *Principio axial: la centralidad del desarrollo teórico como fuente de innovación y formulación política de la sociedad.* Las relaciones entre la ciencia y la tecnología están cambiando. Casi todas las grandes industrias que hoy existen (siderurgia, energía eléctrica, teléfono, automóvil, aviación) ya habían surgido a fines del siglo XIX, por obra de inventores, chapuceros inspirados y hombres prácticos que no poseían mayor conocimiento teórico. Pero la evolu-

ción ulterior de la electricidad en electrónica y otros desarrollos semejantes sólo fueron posibles cuando la evolución tecnológica se fundó en la investigación y el planeamiento teórico. La ideología de las corporaciones hacia la investigación ha ido cambiando con el tiempo: el paradigma de la corporación puede haber sido US Steel en el primer tercio del siglo, la General Motors en el segundo y la IBM en el tercero.

4. *Orientación futura: el control de la tecnología y de las contribuciones tecnológicas.* Hasta hace poco las nuevas tecnologías simplemente se introducían, prestando atención sólo a los efectos primarios: el motor de combustión interna, el aerosol, los detergentes. Es posible que en el futuro se preste más atención al control de la tecnología, o que se desarrollen nuevas tecnologías para reparar el efecto pernicioso de las precedentes.

5. *Toma de decisión: la creación de una nueva "tecnología intelectual".* Las estructuras de todos los órdenes de la nueva sociedad pertenecen al ámbito de la "complejidad organizada", que funciona de una manera básicamente *contraintuitiva.* En el siglo XIX todo se movía aun conforme a dos variables: capital y trabajo, oferta y demanda. Desde 1940 ha florecido todo un campo especializado que se ocupa de la complejidad: teoría de la información, cibernética, teoría de la decisión. Para resolver los nuevos tipos de cálculos hacen falta máquinas más poderosas, en relación directa con la complejidad y cantidad de problemas a tratar. La inteligencia no puede apropiarse directamente de todas las variables simultánemente en juego.

Las complejas teorías en torno de la toma de decisiones técnicas en un sistema complejo se pueden estimar como la contrapartida de las ideologías: aquéllas son fruto del cálculo y tienen una función instrumental; éstas son fruto de la intuición y poseen una función expresiva. De allí que se haya proclamado *El fin de las ideologías* en un libro del propio Daniel Bell (1960). El problema fundamental de la sociedad postindustrial tal vez sea —según Bell— el de conciliar la dirección anti-institucional de la cultura con la estructura social dirigida por orientaciones tecnocráticas y economicistas.

Esto ha sido, en síntesis, la caracterización que hace Bell de un nuevo tipo de sociedad que se encuentra en trance avanzado de formación; Bell escribe desde una postura ambigua, que ha sido descrita como neomarxista por algunos y como neoliberal por otros. Llamativamente, aunque Bell promueve un nuevo concepto sobre la articulación de la realidad social, y aunque en su obra hay componentes metodológicos que no siempre se encuentran en el discurso de los intelectuales, su influencia directa y explícita en la antropología ha de ser escasa. Otros autores sacarán de este panorama las conclusiones filosóficas y sociológicas que han sentado las bases del posmodernismo; y es de ellos, tortuosa, indirectamente, de quienes la antropología tomará inspiración.

El proceso: la posthistoria

La caracterización que Bell hace de la sociedad postindustrial pronto repercute en otros órdenes, junto con otras formulaciones semejantes. Ideas parecidas muy pronto están en el aire y la intelectualidad se concentra alrededor de un puñado de motivos conductores. Gianni Vattimo, un filósofo italiano que está entre los primeros que se han definido como posmodernos, realiza a fines de la década de 1970 una apología del nihilismo y una celebración de la muerte del pensamiento humanista, acordes con la idea de que estamos en una nueva clase de sociedad, experimentando una condición diferente. El proceso referido es el mismo, pero mientras Bell subraya las transformaciones de la infraestructura, Vattimo se concentra en las rupturas que ocurren en el saber.

Los referentes de Vattimo son, en última instancia, Heidegger y Nietzsche. Uno y otro —dice Vattimo— pusieron radicalmente en tela de juicio la herencia del pensamiento europeo, aunque se negaron a proponer una "superación" crítica, pues ella habría significado seguir prisioneros de la lógica del desarrollo, propia de ese pensamiento. La modernidad se puede caracterizar, en efecto, como una forma de pensamiento dominada por la idea de una historia del pensamiento, entendida como progresiva "iluminación" que se desarrolla mediante una apropiación cada vez más plena de los "fundamentos". La modernidad se caracteriza a veces como la "época de la historia", en contraste con la mentalidad antigua o primitiva, dominada por una idea naturalista y cíclica del curso de las cosas.

Pero si la posmodernidad implica una superación de esta idea, ¿no se está incurriendo en la misma falacia? Decir que estamos en un momento ulterior respecto de la modernidad y asignar a este hecho un significado decisivo presupone aceptar lo que más específicamente caracteriza el punto de vista de la modernidad: la idea de historia con todos sus corolarios, el concepto de progreso y el de superación. Para Vattimo, ésta sería una objeción vacía e inconsistente, característica de los juicios puramente formales. En la posmodernidad las categorías de lo nuevo y de la superación ya no tienen vigencia. Lo posmoderno no sólo se caracteriza como novedad con respecto a lo moderno, sino también como disolución de la categoría de lo nuevo, como experiencia del "fin de la historia", la cual no se representa, por lo tanto, como una etapa superior de la historia misma.

La historia ha terminado porque la idea de una historia como proceso unitario ya no es convincente; en la existencia concreta se instauran condiciones efectivas (la amenaza nuclear primero que nada, y en segundo lugar los sistemas de información), que le confieren una especie de inmovilidad histórica. Fuera de elaboraciones periodísticas como las de Fukuyama, que han hecho estallar el escándalo, hallaremos ecos de Vattimo en el antropólogo Crapanzano, cuando éste considere fracasada una etnografía interpretativa sólo por el hecho de ya no ser convincente, y sobre todo en Stephen Tyler, quien considerará en proceso de extinción justo los objetos y fenómenos más proliferantes.

Decíamos que antes de Vattimo, los pensadores que echaron las bases de la no-historicidad han sido Nietzche y Heidegger, a quienes aquél recupera por espasmos, por jirones de textualidad. El desarrollo de sus ideas —dice— permitirá superar las sospechas de que lo posmoderno es meramente una moda entre otras. La posmodernidad es un discurso legítimo, porque lo que mejor describe la experiencia que tenemos de la actual sociedad occidental parece ser la categoría de posthistoria. Esta fue introducida en la terminología cultural por el antropólogo filosófico Arnold Gehlen, quien figura también entre los precursores de Berger y Luckmann. Para Gehlen, el concepto de poshistoria implica la condición en la cual el "progreso se convierte en rutina": la "novedad" ya no tiene nada de revolucionario ni de renovador, es simplemente aquello que permite que las cosas marchen siempre de la misma manera. El desarrollo de la técnica ha secularizado, vulgarizado, vaciado, la idea de progreso. El ideal de progreso es algo vacío, pues consiste en las condiciones en que será posible un nuevo progreso, y así hasta el infinito. Frente a este estado de cosas, lo único que cabe es el nihilismo, y Vattimo realiza una prolija y exaltada reivindicación de esta filosofía desmovilizadora por definición. La historia (afirman los nihilistas) carece de sentido; lo que ellos piensan sobre la posibilidad y la necesidad de transformarla es desde ahora imaginable.

La incidencia indirecta de Vattimo en la antropología (ecos de ideas en expansión, reflejados tal vez a partir de otros intelectuales en el campo de una intertextualidad enredada) arroja menos interés que la lectura que ha hecho el filósofo de la antropología como ciencia, lectura restringida a un libro de Remo Guidieri y a un artículo ignoto de *América indígena*. Vattimo descree de la eventual fusión de antropología y hermenéutica, y aparentemente desconoce que ese maridaje ya se materializó: a la antropología como descripción científica de las constantes de la cultura, profundamente condicionada por la idea metafísica de ciencia, no se le puede oponer —asevera— el ideal de una antropología como lugar del encuentro auténtico con el otro. Cualquiera haya sido el éxito de sus otros vaticinios (los posmodernos son dados a augurar), el carácter unánimemente interpretativo de la antropología posmoderna no hace más que desmentir las prohibiciones del filósofo.

El antecedente metodológico: el postestructuralismo

A esta altura debe caer de suyo que no pretendemos construir la historia del posmodernismo. Pero toda síntesis sería incompleta si no señalara algunos de sus precedentes más notorios. En los primeros tiempos, cuando sólo unos pocos hablaban de posmodernismo, la vanguardia intelectual estaba representada por un puñado de pensadores franceses, más o menos estrechamente relacionados con *Tel Quel*, que escribían en lo que podríamos caracterizar como un dialecto del francés de París con rotundas inflexiones lacanianas. La unidad de ese movimiento, sumamente laxo como tal, era en efecto más bien estilística, o por lo menos más estilística que ideológica o metodológica.

Después Frank Lentricchia llamó a ese movimiento postestructuralismo, y unánimemente se reconoció en él a una especie de vanguardia del pensamiento posmoderno. Con los postestructuralistas surge una nueva clase de intelectual institucionalizada. Lo que comenzó siendo, tal vez, una especie de extensión de la crítica literaria hacia los dominios de la filosofía, acabó convirtiéndose en una práctica que habría de decretar (entre otras cosas) la crisis de la razón y de la ciencia.

El inventario de los postestructuralistas varía según la óptica de los distintos autores, pero todo el mundo reconoce a Foucault como uno de los orientadores principales. Lo que pueda haber escrito concretamente Foucault no viene al caso en este preciso momento; baste decir que difundió un fuerte escepticismo hacia ciertas categorías analíticas de las ciencias sociales y de la ciencia en general, resaltando la relatividad y el carácter construido de nociones aparentemente tan básicas como "enfermedad mental", "hombre", "poder" y "conocimiento". Su relativismo, más temporal que culturológico, habrá de realimentar y otorgar nuevo rigor a viejas corrientes de la antropología.

Una de las ideas centrales de Foucault es la de la arbitrariedad de las epistemes (un término que compendia, por así decirlo, las connotaciones de "concepción del mundo" y de "paradigma"). Cada una de ellas define no sólo los objetos más importantes para cada época, sino que los construye: el "hombre", por ejemplo, como problema filosófico y como entidad sobre la que se pudiera hablar, no existía hace algunos siglos, y probablemente vuelva a no existir dentro de poco. Cada episteme define lo que es pensable y lo que no, y cada episteme disfruta de coherencia interna y de una especie de autonomía. De esta forma, el pensamiento evolucionista de Darwin tiene que ver más con otras ideas y premisas de su época que con la "biología" de los siglos precedentes.

Foucault, fue, quizás, el primer autor francés leído casi masivamente por los antropólogos norteamericanos, con la posible excepción de Lévi-Strauss. Sea como fuere, con él se inicia algo que no se había dado con mucha frecuencia: que los pensadores franceses, característicos por sus profundos conocimientos de filosofía y por su erudición comparativamente enciclopédica, comenzaran a ejercer influencia directa sobre la comunidad antropológica de los Estados Unidos. Por primera vez, quizá, los antropólogos norteamericanos exploraron literaturas de ensayo extranjeras ajenas a la disciplina. Cabe reconocer unas pocas excepciones a la escasa apertura de esos profesionales, y sobre todo una: Clifford Geertz, representado en esta compilación por "*Blurred Genres*"; por lo demás, antes del advenimiento del posmodernismo, ni siquiera los científicos sociales inclinados hacia la fenomenología acostumbraban leer ensayos que no pertenecieran al mismo círculo de ideas filosóficas que el que ellos frecuentaban. Aunque la dominancia de su civilización torne artificioso hablar de provincianismo, se percibe que los antropólogos norteamericanos modernos no eran, antes de asimilar a Foucault, genuinos cosmopolitas.

Tomemos nota de algunos signos tenues del influjo foucaultiano. En el artículo de Richard Shweder "*La rebelión romántica de la antropología contra el iluminismo*", que luego reproducimos, se encuentra una referencia a la famosa clasificación zoológica inventada por Borges (véase "El idioma analítico de John Wilkins", de *Otras inquisiciones*); esa clasificación se expone como caso extremo de arbitrariedad, categoría típica de la dimensión de lo no-racional. Ahora bien, la cita de Borges no está tomada de sus obras literarias, sino significativamente de *Las palabras y las cosas* de Foucault, un ensayo inspirado por este mismo texto de Borges y por este mismo despliegue de arbitrariedad.

Con los años la influencia de Foucault sobre la antropología norteamericana reciente se hizo enorme. Lo que ésta ha asimilado de su obra no es tanto el prolijo detalle de la caracterización de las epistemes ni lo que podría llamarse la arqueología del saber (un intento por superar el hecho de que la historia siempre se escribe retrospectivamente, desde un cierto punto de vista, situando a las teorías, a los libros y a los científicos como protagonistas); por el contrario, lo que se ha tomado mayoritariamente de Foucault no es sino una variante un poco más refinada del relativismo, que sitúa la "verdad" en dependencia de la multiplicidad de epistemes y la disuelve en una muchedumbre de verdades, todas ellas válidas.

Otro pensador francés que comenzó a penetrar en la intelectualidad norteamericana, incluso con mayor profundidad que el propio Foucault, fue Jacques Derrida, otrora cultor del maoísmo. Sobre su irrupción evoca Lentricchia:

> En algún momento de principios de la década de 1970 nos despertamos del sopor dogmático de nuestro sueño fenomenológico para darnos cuenta de que una nueva presencia se había asentado en nuestra imaginación crítica de vanguardia: Jacques Derrida. Con cierta brusquedad supimos que, a pesar de una buena suma de caracterizaciones inconexas de lo contrario, nos trajo no el estructuralismo, sino algo que podría llamarse "postestructuralismo". El cambio al rumbo y polémica estructuralista en las carreras intelectuales de Paul de Man, J. Hillis Miller, Geoffrey Hartman, Edward Said y Joseph Ridell —que estaban en la década de 1960 fascinados por las tensiones de la fenomenología— revela toda la historia (*After the New Criticism*, pág. 159).

Del callejón sin salida de la fenomenología (en este caso, hermenéutica y perspectiva antropológica desde el punto de vista del actor), nos habla a las claras el artículo de Michel Agar, en donde los ligamentos con figuras ejemplares (Gadamer, Schutz) suplantan a la fundamentación metodológica. Con el postestructuralismo los matices serían diferentes. Si Foucault infundió a la antropología norteamericana algunas ideas dispersas, Derrida llegó a transferirle ciertos principios metodológicos, y antes que nada la técnica por excelencia del postestructuralismo primero y de la crítica posmoderna después: la *desconstrucción* (o, como reza el galicismo, *deconstrucción*).

Donde antes se decía "criticar", ahora se suele decir "desconstruir", como si el término se refiriera o implicara una ruptura aun mas profunda entre quien enuncia el juicio y el objeto que se recusa. La desconstrucción es una actividad crítica extendida, mucho más radical que la mera exposición de los errores que puedan achacarse a los razonamientos de un determinado autor. En una desconstrucción se atacan y se des-sedimentan ya no las afirmaciones parciales, las hipótesis específicas o los errores de inferencia, sino las premisas, los supuestos ocultos, las epistemes desde las cuales se habla. Ocasionalmente, algunos autores demasiado exquisitos niegan que la desconstrucción sea meramente un método negativo o siquiera un método, desautorizando la interpretación habitual de la desconstrucción como destrucción gratuita y escéptica; aquí no necesitamos complicarnos en discusiones tan finas, porque al fin y al cabo lo que cuenta son más las lecturas y los usos antropológicos del concepto que las intenciones del mismo Derrida.

La mayor parte de los trabajos antropológicos desarrollados con el auspicio del posmodernismo (por lo menos en los Estados Unidos) son trabajos de desconstrucción, como veremos más adelante: lo que se desconstruye es, en general, el marco global, la ciencia social convencional, la antropología anterior al advenimiento del posmodernismo. Toda una corriente de la antropología contemporánea funda su aporte en una prolija desconstrucción de la obra de otros antropólogos, a veces bajo el disfraz de un interés por los aspectos literarios de la escritura etnográfica.

Podemos decir que el creador del concepto proporcionó el modelo de la desconstrucción antropológica al refutar ciertas afirmaciones de Lévi-Strauss a propósito de la irrupción de la escritura entre los nambikwara. El texto que cuestiona Derrida es un capítulo de *Tristes trópicos*, y el libro en que lo hace es *De la gramatología*, de 1967. En éste se realiza una afirmación muy curiosa, bastante típica de la clase de razonamientos en que abundan los practicantes del juego desconstructor. El juego consiste en afirmar, como si fuera un imperativo del método, algo que parece contrario a la razón, al sentido común y a la evidencia, lo que justifica que a veces (siguiendo a Geoffrey Hartman) se aplique a estas ideas el mote de "derridadaísmo": en este caso, lo que declara Derrida es que la escritura es anterior al lenguaje *en todo sentido*, tanto histórica como lógicamente. Algunos exégetas aseguran que ésta es una lectura superficial de lo que Derrida quiso decir en realidad; sea como fuere, es por lo menos sospechoso que quienes lo interpretamos de este modo seamos tantos y que en tantas páginas no se pueda clarificar lo que en realidad se quiere decir al usar un término que soporta el peso de un obvio significado preexistente.

El truco de Derrida consiste en que el sentido que otorga a la "escritura" no es el sentido vulgar; parecería ser que habla de ella en un sentido muy amplio, un sentido que comprende las marcaciones, el tatuaje sobre el cuerpo, la inscripción, el trazado de un surco sobre la tierra, los espaciamientos, la insaturabilidad de los contextos. Algo muy exquisito, como se ve, un concepto nuevo, que iniciará la moda de que la claridad conceptual pase de moda y que hará caer en saco roto las enseñanzas de Peirce sobre la posibilidad infinita de invención conceptual. Desde afuera los exégetas se justificarán diciendo, por ejemplo, que las categorías de Derrida son catacréticas, y que si se expresa de semejante manera es porque los conceptos comunes no son suficientes, porque faltan palabras en el lenguaje como para que Derrida exprese las delicadas articulaciones de lo que piensa. En todo caso, es imposible determinar qué quiere significar Derrida con "escritura" y por qué le resulta fundamental comprobar su prioridad frente a una filosofía dominante que concede demasiada importancia al lenguaje y que considera a la escritura derivativa, secundaria y epifenoménica.

Perry Anderson ha afirmado que estos movimientos están afectados por algo así como una "desmesura del lenguaje". Pero la caracterización no es demasiado adecuada para referir las ideas de Derrida y sus peculiares planteos discursivos. Al contrario: Derrida, sin demostrarlo cabalmente, considera que el pensamiento occidental está dominado por una postura logocéntrica que, en los estudios del lenguaje, se inicia probablemente con Saussure. Su reivindicación de la escritura tiene para nosotros un interés especial, no sólo porque a través de ese concepto Derrida discutió tal o cual idea de Lévi-Strauss, sino porque la postura de Derrida anticipa gestos de uno de los extremistas de la antropología posmoderna, quien también se plantea objetivos piramidales y extravagantes; si Derrida pretendía defenestrar al lenguaje, Stephen Tyler protestó contra la excesiva prevalencia que "occidente" otorgaba a la visión por encima de los otros sentidos. Curiosa reivindicación, típica de las preocupaciones de pensadores insertos en una intelectualidad decadente, obesa, huérfana de temas y propósitos más apremiantes.

Se ha opinado, con fundamento, que la discusión de Derrida sobre la interpretación de Lévi-Strauss de cierta escena de escritura entre los nambikwara no constituye un modelo argumentativo demasiado afortunado. Derrida le endilga a Lévi-Strauss su fonologismo, su denigración o rebajamiento de la escritura, su apoteosis del lenguaje hablado. Luego le espeta dos objeciones: el anecdotario de la famosa "escena de escritura" en el capítulo 28 de *Tristes trópicos*, y su teoría según la cual el advenimiento de la escritura y el ejercicio del poder estarían ligados por algún nexo estructural, histórico, lógico o funcional. Siempre que surgió la escritura —recapitula Lévi-Strauss— lo hizo en estados fuertemente jerárquicos, en teocracias urbanas, en donde era imperioso llevar un cuidadoso registro; ante sus propios ojos, un cacique nambikwara, apenas intuida la utilidad burocrática de la escritura, fingió ante la mirada de los suyos comunicarse con los blancos trazando rayas en un papel. La consonancia estructural entre ambos sucesos le parece ostensible.

El anecdotario levistraussiano, por cierto, es cuestionable: a Lévi-Strauss le llama la atención que, al no tener un vocablo previsto para referirse a la escritura, los nambikwara expresen "escribir" mediante una paráfrasis que significa "trazar líneas". Derrida sostiene que no hay nada llamativo en hacerlo, ya que "escribir" significa exactamente eso en numerosas lenguas civilizadas, francés incluido. La segunda discusión está muy mal llevada, y podemos afirmar taxativamente que para conducirla a su fin Derrida tiene incluso que mentir:

> Hoy la etnología —dice— nos ofrece informaciones masivas sobre escrituras que han precedido al alfabeto, otros sistemas de escritura fonética o sistemas muy

próximos a fonetizarse. El carácter masivo de esa información nos dispensa de insistir (pág. 168).

Todo esto es inexacto: las culturas reportadas por la etnología como dotadas de algún rudimento de escritura son sumamente escasas, y todos los casos conocidos son posteriores a la difusión de las prácticas gramatográficas occidentales. Un par de excepciones (la isla de Pascua, los indios cuna) no alcanzan a revertir la tendencia; ninguno de estos casos, además, deja de ser dudoso, a menos que concedamos a la escritura una definición tan indefinida, catacrética y oblicua como la que le otorga Derrida.

Lo más importante que Derrida le legara a la antropología posmoderna, sin embargo, no son estas discusiones fútiles sino el propio concepto de desconstrucción, su oposición militante a los grandes sistemas de pensamiento consagrados en Occidente, a la metafísica, a la ciencia, y sobre todo a *la razón*. La desconstrucción fue, en su origen, un método para recursar y destruir argumentativamente pero sin razonar, es decir, sin incurrir en los dictámenes de la argumentación racional. Pero ¿cómo es eso posible?

La justificación de Derrida es bastante inverosímil, y es obvio que su valor (de tener alguno) es puramente formal: el desconstructor, según Derrida, no razona, sino finge que finge hacerlo. La artimaña es doble necesariamente, porque debe ser efectiva. Si finjo matar no mato de verdad; pero si finjo fingir, entonces sí. La estrategia de la desconstrucción —dice Derrida— es algo que permite hablar cuando todo el discurso se ha consumado, cuando no hay nada que decir. Permite razonar sin reconocer la primacía de la razón, y hallar argumentaciones "razonables" para abolirla.

El último de los postestructuralistas que mencionaremos es Jean Baudrillard. Este escrito comenzó a hacerse conocer a fines de la década de 1960, al elaborar lo que él bautizó con el nombre un tanto pomposo de "economía política del signo": el análisis crítico de ciertas orientaciones y rasgos semánticos y simbólicos propios de la cultura burguesa, como ser el uso de los objetos o el consumo. Mientras Derrida discutió fundamentalmente con Lévi-Strauss, Baudrillard la emprendió más bien contra la antropología marxista francesa, y sobre todo contra Maurice Godelier, uno de los representantes máximos del marxismo estructural en antropología.

No seguiremos aquí cada uno de los caminos explorados por Baudrillard, desde su *Sistema de los objetos* o su *Crítica de la economía política del signo* a sus *Estrategias fatales* o sus artículos más recientes, deslumbrados por la tecnología norteamericana. Lo único que nos afecta es su influencia en la antropología posmoderna, o en la antropología interpretativa inmediatamente anterior. Notemos, de paso, que la influencia de Baudrillard en la antropología simbólica ha sido más notoria que la que ejerció sobre la antropología posmoderna; para esta última él no constituye, de hecho, un referente de la misma estatura que un Foucault o un Derrida.

La discusión de Baudrillard con Godelier, su refutación aparente de los análisis marxistas de las sociedades primitivas, fueron el modelo en el que se inspiró el simbolista norteamericano Marshall Sahlins para escribir *Cultura y razón práctica*, de 1976, que no hace mucho se tradujo al español. Este es —recordamos— uno de los textos esenciales de la antropología simbólica, y es también el que marca el punto más extremo del reduccionismo cultural: el intento de explicar *todo* en función de la cultura, la cual se identifica con el sistema simbólico de imposición de significados.

Resumamos la postura de Baudrillard frente a la antropología económica en general, y a la antropología marxista en particular. Tanto para Baudrillard como para Marshall Sahlins, el discurso marxista participa de los rasgos fundamentales del pensamiento burgués. Para Baudrillard, concretamente, el análisis económico marxista comparte el mismo marco ideológico de la economía política occidental y sólo sirve, en consecuencia, para afrontar el análisis de determinado tipo de sociedad en determinado momento de la historia. En este sentido, el marxismo en tanto filosofía históricamente determinada, estaría afectado por las mismas limitaciones que —por ejemplo— el psicoanálisis, el cual ostensiblemente ha fracasado como analítica del pensamiento salvaje:

> No hay modo de producción, ni producción, en las sociedades primitivas. No hay dialéctica en las sociedades primitivas, no hay inconsciente en las sociedades primitivas. Estas categorías sólo analizan a nuestras sociedades, regidas por la economía política (*El espejo de la producción*, 1983 [1973]: 47-48).

Baudrillard ofrece pasar a un nivel de análisis diferente que el de la economía política, sujeta a un materialismo estrecho. Ese terreno es el de la crítica metafísica del significante y del código, una crítica de la economía política del signo. Para él, el marxismo es incapaz de proporcionar un análisis profundo de las sociedades primitivas, así como es incapaz de trazar una perspectiva revolucionaria que esté verdaderamente más allá de la economía política. El marxismo, según esta óptica, "se encierra dialécticamente en los atolladeros del capital, así como en el desconocimiento de lo simbólico".

La discusión de Baudrillard no aporta nada que los antropólogos no supieran, con excepción de una ironía pedante que muchas veces hace ruido a hueco, en un despliegue de un estilo de tomadura de pelo que le resta buena parte de su utilidad argumentativa. Al efecto de la discusión de los alcances y límites de la categorización marxista ante el estudio de las sociedades primitivas, la disputa entre sustantivistas y formalistas en antropología económica luce infinitamente más interesante que estas diatribas sin respiro. Lo que Baudrillard afirma se ha dicho antes, y con mucha mayor profundidad, seriedad, riesgo polémico y fundamentos, en los ensayos de la facción sustantivista.

El método de Baudrillard consiste en tomar fragmentos de afirmaciones de Godelier y afirmar taxativamente que "no sirven", "son inútiles", "ineficaces" o "inservibles" para comprender tal o cual aspecto de la sociedad primitiva. Quien busque demostraciones se verá defraudado. Los razonamientos de

Baudrillard son (igual que los de Sahlins) insanablemente metonímicos y giran en torno de un supuesto que es en sí un verdadero ensalmo de magia contagiosa: los conceptos marxistas fallan por haberse originado en el mismo contexto que el de los demás conceptos de la economía política, a saber, la sociedad burguesa. Sobre los conceptos que utiliza el propio Baudrillard o sobre los que deberían ser usados nada se dice, y del mismo modo se silencian las determinaciones que pudieran sufrir las teorías que ofrecen los elementos de juicio empíricos contra el modelo marxista, o las razones por las cuales su propio discurso se encuentra libre de toda coacción contextual.

El estilo de Baudrillard disemina metáforas chirriantes en la condena de toda búsqueda objetiva, en un exhibicionismo en el que el límite entre las convicciones íntimas y la ironía es por lo menos difuso: "La verdad —escribe en *Las estrategias fatales*— no hace más que complicar las cosas". La fraseología de Baudrillard es autoritaria: los contenidos de los conceptos teoréticos del marxismo no sirven para cubrir las prácticas primitivas, y no porque se lo haya demostrado en función del análisis de determinados datos o porque en algún otro ensayo se haya demostrado la corrección de los argumentos metonímicos, sino porque Baudrillard así lo proclama desde las alturas de una pedantería que declina analizar técnicamente el estado de la discusión disciplinar, como si él volara por encima de la ciencia. En esta apoteosis de la diatriba, el marxismo está automáticamente invalidado por estipulación dogmática de una sociología de conocimiento abismalmente ingenua a pesar de sus ínfulas. Un punto importante: la crítica de Baudrillard es estrictamente negativa; si existe otra alternativa de análisis frente a las culturas ágrafas ni siquiera la insinúa, aparte de parar a Marx sobre la cabeza y mencionar profusamente los símbolos.

El dogma esencial: la crisis de los metadiscursos legimitantes

El posmodernismo no es un movimiento unitario que reconozca a unos pocos codificadores. Se trata de una corriente multitudinaria, similar a la del estructuralismo y la semiología a fines de los años 1960, que disfruta (pese a la ilusión de Vattimo) de todas las características que siempre fueron propias de las modas intelectuales: la reiteración de consignas, una confiada superficialidad analítica, la concentración en torno de unas pocas temáticas reiteradas hasta el hartazgo, la acumulación de supuestos y convicciones escasamente discutidas, la transmisión y difusión por medios académicos (y antes que nada las universidades "humanísticas"), la súbita conversión a sus dogmas por parte de casi toda la intelectualidad influyente, la concordancia estilística de sus textos, las referencias cruzadas, la esquematización de la realidad y la redefinición de los valores prioritarios.

Moda o no, si hay alguien en quien confluyan casi todas las referencias, ése es sin duda Jean-François Lyotard. Este es el autor que ha definido de manera más categórica y expresiva lo que se ha dado en llamar la condición posmoderna. Sus textos esenciales son *La condición posmoderna* (de 1986) y *La posmodernidad (explicada a los niños)* (1987); en los últimos meses se ha publicado *La diferencia* (mejor dicho *El diferendo*), un texto más barroco y decadente que los ya nombrados, aunque en realidad es anterior (1983). Olvidado ya, podemos evocar un texto que señala el mismo periplo que esta compilación dibuja, y que se refiere, reivindicándola, a *La fenomenología* (1959).

La caracterización de Lyotard de la condición posmoderna es con mucho la más difundida, y la que está latente (por ejemplo) en las primeras elaboraciones antropológicas del asunto, durante el Seminario de Santa Fe, de 1984, al que después trataremos con más detalle. La condición posmoderna es la condición del saber en las sociedades más desorrolladas. En la cultura de estas sociedades han ocurrido enormes transformaciones, y la que analiza Lyotard es en concreto la crisis de los relatos, el descrédito que ha caído sobre ellos.

Lyotard no asume (como lo hará Tyler en los Estados Unidos) una actitud hostil hacia la ciencia, por lo menos no a priori. Lo que le preocupa de la ciencia no es que busque "algunas regularidades útiles", sino que pretenda legitimarse a través de un relato, de una argumentación relativa a sus fundamentos. Richard Rorty ha dado cuerpo, en epistemología filosófica, a la misma desconfianza. Cuando el discurso mediante el que se legitima una práctica es un "gran relato" totalizador, como la dialéctica del espíritu, la hermenéutica del sentido o la emancipación del hombre racional o del trabajador, se llama "moderna" a la ciencia que recurre a esos argumentos para legitimarse.

Simplificando al máximo, se llama entonces posmoderna a la incredulidad respecto de tales metarrelatos. Concomitante a la crisis de los metarrelatos (que enseguida veremos en qué se origina y en qué, a su vez, se fundamenta) es la crisis de la filosofía metafísica y de la institución universalista que dependía de ella. Los componentes de la "función narrativa" de los relatos legitimantes se han dispersado. El proyecto moderno e iluminista de la emancipación progresiva de la razón y la libertad está liquidado, destruido.

Esto se puede expresar simbólicamente diciendo "Auschwitz": la barbarie nazi de los campos de exterminio es, para Lyotard, la prueba de la derrota del proyecto de la razón. Ninguna explicación, ningún pensamiento, son capaces de situar a Auschwitz en la línea que conduce a la "emancipación" de la humanidad y al progreso acumulativo de la racionalidad. En lo político, la posmodernidad es también el fin del "pueblo" como rey y héroe de las historias. Si no se puede creer ya en los relatos —dice Lyotard— menos se puede creer aun en sus protagonistas. El pueblo (y ya no solamente el proletariado) ha desaparecido del imaginario posmoderno como protagonista de la historia, la cual también se ha esfumado como proceso más o menos lineal, tendente hacia algún fin; no se sabe aún quién será el protagonista que lo suceda y el contexto temporal en que se situarán los acontecimientos, si es que se siente alguna vez la necesidad de postular alguno.

La incidencia de Lyotard en la antropología posmoderna es palpable, aunque escondida y flotante. Donde más se percibe el influjo de su desconfianza hacia la legitimación es en el cuestionamiento cliffordiano de la autoridad etnográfica y en un sentimiento de crisis disciplinar generalizado que torna hoy en día difícil embanderarse atrás de una formulación teorética cualquiera. Como nunca antes, el tiempo está maduro para el escepticismo.

Ideología, carnavalización, heteroglosia

Es imposible realizar una visión de conjunto del movimiento posmoderno sin hacer alguna referencia a Mijail Bajtín. Bajtín fue lo que podríamos llamar un crítico literario y un semiólogo en el sentido que tiene en la Unión Soviética esa especialización profesional. Al igual que Propp, había conseguido elaborar una serie de marcos de análisis y de conceptos que brindaban una cierta cobertura semiológica al pensamiento marxista, o quizás al revés. La concepción de Bajtín, sin embargo, no pareció del todo ortodoxa al estalinismo; se dice que sufrió cárcel, que fue perseguido, censurado y deportado a Siberia; de hecho en algún momento desapareció y nunca más se supo de él hasta que hace algunos años sus obras se filtraron a Occidente y comenzó a ser reivindicado en su país. Corre el rumor de que algunas obras atribuidas a sus discípulos (y más en concreto a Volosinov) son en realidad de Bajtín, aunque este punto ha sido rebatido por sovietólogos bien informados.

Antes que nada, Bajtín enfatizó el carácter no subjetivo e interactivo del lenguaje y propuso pensar en él en términos de situaciones discursivas específicas; para él no existían palabras y frases neutras, monológicas, privadas: todo está cargado de intenciones y acentos. De allí se desprende todo un conjunto de conceptos destinado a caracterizar aspectos del contexto y de la interacción lingüística.

Un cronotopo, por ejemplo, denota una configuración de indicadores espaciales y temporales en un escenario de ficción en donde (y cuando) tienen lugar ciertos acontecimientos. No se puede situar históricamente un acontecer sin recurrir implícita o explícitamente a cronotopos, que vendrían a ser equivalentes espaciotemporales de lo que en antropología llamamos más bien contextos. Según James Clifford, Lévi-Strauss practicó con virtuosismo la construcción de cronotopos en *Tristes trópicos*, en donde los lugares específicos (Río, el Matto Grosso, los lugares sagrados de la India) aparecen como momentos de un orden humano inteligible, rodeados por corrientes de cambio.

El carnaval (o carnavalización, si lo abordamos como proceso) es otro de los elementos recurrentes en la escritura de Bajtín. Naturalmente, él contemplaba al carnaval como una manifestación de valores y actitudes genuinamente populares que en el resto del tiempo permanecían soterradas o reprimidas. Uno de los elementos que los antropólogos posmodernos han recuperado de la noción bajtiniana de carnaval es que en él desaparece la diferencia entre actores y espectadores, o como se dice en otros órdenes, entre sujeto y objeto. No hay posibilidad, dice Bajtín, de permanecer afuera del carnaval como observador no afectado por él.

Bajtín es sin duda el fundador de la dialógica, que es algo bastante diferente de la dialéctica, aunque guarda alguna relación sutil con ella. La dialógica de Bajtín se opone a la concepción monológica del lenguaje, la cual separa a las expresiones del contexto dialógico en que ocurren. Según la dialógica, cualquier expresión, por autónoma o completa que parezca, no es otra cosa que un momento de un diálogo, un fragmento en el proceso continuo de la comunicación verbal o intertextual. Aun en un texto identificable que en apariencia cierra un conjunto de postulados, es posible detectar que los contenidos responden a otros textos y predecir que a su vez será respondido por otros más. Un texto (o un monólogo) no es sino una unidad de una intertextualidad continua. En la antropología norteamericana el codificador de la dialógica aplicada a la etnografía ha sido sobre todo Dennis Tedlock, representado en nuestra antología, quien reconoce el antecedente de Kevin Dwyer y sus *Diálogos marroquíes*.

Otro concepto bajtiniano es el de heteroglosia, opuesto a la idea de las tendencias centrípetas y homogeneizadoras de la expresión. La heteroglosia es la diferenciación interna y la estratificación de lo que a los académicos les parece indiferenciado y planar. Todo lenguaje está diferenciado socioideológicamente: está el lenguaje de las clases sociales, de los grupos profesionales, de las generaciones sucesivas. Al lado de las fuerzas centrípetas, las fuerzas centrífugas de la heteroglosia trabajan ininterrumpidamente. Este concepto, además, según Alex Callinicos, evita que el dialogismo de Bajtín degenere en una visión trivial del lenguaje como simple intersubjetividad al modo fenomenológico, confiriéndole una dimensión social.

En la analítica de Bajtín, los contenidos connotativos de un signo no están dados de una vez y para siempre. Cada sector social impone a su lenguaje acentos diferentemente orientados que se intersectan con los signos. El signo llega así a dinamizarse y a constituirse en terreno de la lucha de clases. La multiacentuación social del signo se opone entonces a la idea que los etnometodólogos e interaccionistas simbólicos tendrían del proceso de construcción del significado, donde éste es resuelto en términos de una negociación entre iguales. La multiplicidad bajtiniana de los significados proviene de este modo no de una inestabilidad inherente al lenguaje, sino de la función del discurso como campo de fuerzas de un choque de intereses.

En los Estados Unidos la influencia de Bajtín se manifiesta sobre todo en lo que concierne al estilo de escritura etnográfica. Las ideas de Bajtín están en la base misma del análisis y el cuestionamiento de la autoría (o autoridad) etnográfica por parte de James Clifford y sus seguidores de la Universidad de Santa Cruz, de la dialógica de Tedlock y de la polifonía y la heteroglosia proclamadas por los etnógrafos experimentales, llevada a su paroxismo por la "evocación" de Stephen Tyler. De todos ellos hay rastros en los textos aquí reunidos.

La especificidad del posmodernismo antropológico

Ni todos los conceptos posmodernos que hemos entrevisto fueron adoptados sin reservas, ni la totalidad del pensamiento posmoderno en antropología se deriva redondamente de un presunto posmodernismo cerrado, enumerable y concluso. En ciertos ámbitos de la antropología interpretativa es incuestionable, por ejemplo, la influencia de la teoría crítica de la Escuela de Francfort, de la filosofía nietzcheana y de la semiótica de Peirce. En todo congreso antropológico de los últimos años las referencias a Wittgenstein y a Habermas han sido recurrentes. Lo importante es que cuando al fin se produjo la irrupción del posmodernismo, la antropología norteamericana (que es, a todas luces, aquella en la cual se gesta el movimiento en lo que a nuestra disciplina concierne) ya estaba preparada para cierto tipo muy específico de texto, de lenguaje y de discusión.

Es el momento ahora de examinar el campo de las antropologías posmodernas, es decir, la versión que la antropología interpretativista norteamericana ha elaborado a propósito del posmodernismo o postestructuralismo europeo. La visión que hemos dado de lo que podríamos llamar posmodernismo en general alcanza para darse una idea de su diversidad. En ese ámbito genérico ha habido lugar, además, para un posmodernismo situado a la derecha del espectro político, para una especie de posmodernismo de izquierdas (cuyos representantes por excelencia serían Fredric Jameson y tal vez Hal Foster) y para el posmarxismo o postsocialismo de un Touraine, por dar un nombre. Existen reflexiones reconocidamente posmodernas en literatura, en artes plásticas, en arquitectura, en semiótica, en epistemología.

Naturalmente, el posmodernismo tenía que llegar a la antropología alguna vez. Y llegó, en efecto; llegó como reflejo de una lectura norteamericana (muy norteamericana, por lo deslumbrada y acrítica) de ciertas instancias del posmodernismo francés, y en especial de dos pensadores que antes hemos caracterizado como postestructuralistas: Foucault y Derrida. De ambos se aprovechan los rasgos más llamativos y punzantes: todo se pasa por el tamiz de una lectura que reduce el aporte de Foucault a un convencional argumento relativista y que identifica la desconstrucción de Derrida con un método crítico elemental, por ser tan previsible y mecánicamente escéptico.

Con el correr del tiempo estos referentes quedaron relegados a las notas a pie de página, y el posmodernismo antropológico —última etapa de las antropologías interpretativas— adquirió cierta individualidad y homogeneidad estilística y temática. Algunos autores recientes (Steven Sangren, Roger Keesing, Tim O'Meara, Paul Roth, Michael Carrithers) han insinuado que esa homogeneidad es excesiva; en efecto, los temas abarcados por los posmodernos prácticamente se reducen a uno solo, a saber, la práctica antropológica vista desde el ángulo de la escritura de etnografías. Es evidente que la mayor parte de las argumentaciones posmodernas a propósito de las limitaciones de la "antropología convencional" y de la epistemología "positivista" están comenzando a repetirse. Queda la impresión de que leído un texto de antropología posmoderna, los restantes sólo aportarán variaciones obsesivas a un núcleo temático que no por reiterarse mucho se profundiza siempre.

Examinaremos a modo de síntesis los aspectos principales de la antropología posmoderna para situar en su debido contexto el material compilado, es decir, los artículos de Stephen Tyler, James Clifford, Dennis Tedlock, Marilyn Strathern y Marcus y Cushman que hemos traducido especialmente para esta colección. A nuestro juicio, en la antropología posmoderna podrían distinguirse tres grandes líneas:

1) La corriente principal (que podríamos llamar "*meta-etnográfica*" o "*meta-antropológica*", en la que participan James Clifford, George Marcus, Dick Cushman, Marilyn Strathern, Robert Thornton, Michael Fischer y muchos otros, a los que se ha sumado recientemente Clifford Geertz, ahora muy rezagado y marginado entre quienes presumen de vanguardia. Esta orientación se preocupa sobre todo de analizar críticamente los recursos retóricos y "autoritarios" de la etnografía convencional y de tipificar nuevas alternativas de escritura etnográfica. Esta corriente ha sido caracterizada eventualmente como una "antropología de la antropología". Su objeto de estudio no es ya la cultura etnográfica, sino la etnografía como género literario por un lado y el antropólogo como escritor por el otro. Dentro de la órbita textualista habrá que situar también formaciones reactivas como el cosmopolitanismo crítico de Paul Rabinow, quien ha intentado situar la discusión no ya alrededor de los textos sino de las instituciones que promueven su escritura.

2) La segunda corriente vendría a ser la que proporciona a la primera el material que ha venido a caracterizarse como "*etnografía experimental*". Si la primera corriente encarna una modalidad de reflexión teórica, la segunda se caracteriza por una redefinición de las prácticas, o por lo menos de las formas en que la praxis del trabajo de campo quedan plasmadas en las monografías etnográficas. Los pioneros de esta orientación podrían ser Vincent Crapanzano, Kevin Dwyer y Paul Rabinow. Dentro de las nuevas corrientes de escritura etnográfica hay una que últimamente ha alcanzado una definición más clara que las restantes; nos referimos a la etnografía (o antropología) *dialógica*, elaborada casi en soledad durante unos diez años por el antropólogo Dennis Tedlock, de la Universidad de Buffalo en Nueva York.

3) La tercera corriente no se interesa ni por el análisis pormenorizado de la escritura antropológica tradicional ni por la renovación de la literatura etnográfica; su espíritu es más bien disolvente, por cuanto proclama no sólo la caducidad de determinada forma de escribir antropología, sino la crisis de la ciencia en general. Esta tercera tendencia encarna a la *vanguardia* posmoderna, a la versión más extrema de la doctrina, y está representada por Stephen Tyler y Michael Taussig. El primero (acompañado por otros antropólogos pertenecientes al autodenominado Círculo de Rice) ha propuesto una epistemología irracionalista que reformula todo el proyecto científico desde la raíz, en términos todavía programáticos; el segundo ha hecho estallar el género y la "autoridad etnográfica" mediante el uso simbólico del montaje y el *collage*.

Las tres corrientes podrían situarse a lo largo de una línea que involucra primero la situación de *la escritura etnográfica como problema*, luego *la práctica o el programa de nuevas modalidades de escritura* y por último *el estallido de los géneros literarios* académicos a través de la pérdida de la forma en Taussig o de la pérdida de la escritura misma en Tyler.

Por fuera de las tres corrientes se sitúa un marco que podríamos caracterizar como *posmodernismo antropológico genérico*, el cual no se alimenta de los desarrollos específicamente disciplinares cuya dinámica ya está establecida, sino que abreva directamente en el pensamiento posmoderno no disciplinar, siguiendo algunas de las líneas que ya habíamos marcado en la reunión anterior: la crisis de los metarrelatos, el colapso de la razón, la desconstrucción o el fin de la historia. Cabe sospechar que esta variante no incurre en los temas ya generados en la antropología posmoderna porque redondamente desconoce la existencia de ésta. Ejemplos de este posmodernismo genérico dentro de la antropología podrían ser algunos ensayos recientes de García Canclini y artículos como "La historia como signo de lo moderno" (1990) de Nicholas Dirks, de la Universidad de Michigan.

La tripartición que aquí ofrecemos no será defendida, pues sólo se utiliza como recurso provisional para ordenar el campo. Es obvio que entre las tres corrientes definidas existe cierta superposición, pero también es innegable que este ordenamiento facilita las cosas en el momento de trazar una visión panorámica del movimiento. En lo que sigue, analizaremos esas corrientes en el mismo orden en que las hemos caracterizado, que es también el orden de su magnitud y representatividad decrecientes.

1) Las etnografías como textos, la antropología como crítica literaria

Son numerosos los interrogantes que podrían plantearse; algunos serán respondidos, otros dejados en suspenso. ¿Cómo comenzó el posmodernismo antropológico? ¿Por qué, en general, todo el posmodernismo antropológico (con la posible excepción de Taussig y Rabinow) es manifiestamente idealista y partidario de una concepción interpretativa de la disciplina? ¿Qué consecuencias arroja que todo el proceso de formulación de algo así como una antropología posmoderna se haya desarrollado en los Estados Unidos? ¿Por qué el grueso de la elaboración posmoderna en ese país se reduce a una versión antropológica de la crítica literaria? ¿Qué relación puede haber entre una antropología posmoderna que se ocupa de textos escritos sobre los nativos, y la desaparición de las culturas nativas en la sociedad posmoderna?

Respecto de los orígenes de la antropología posmoderna, hay que notar dos cosas: la primera es que quien acuñó el término fue sin duda Stephen Tyler, alrededor de 1983 o 1984. No puede asegurarse que Tyler fuera el primero en "hablar" de antropología posmoderna, pero sí lo fue en utilizar el término "posmoderno" en el título de un artículo. La segunda es que Tyler no es, a pesar de ese hecho, un antropólogo que se puede considerar representativo del movimiento.

Más bien encarna el espectro de su concepción más extremada, el indicio del extremo hacia el cual, según parece, todo el posmodernismo tiende a la larga.

Es notable que, con la posible excepción de Tyler y Taussig, la mayor parte de los antropólogos más o menos explícitamente identificados con el ideario posmoderno hayan pertenecido al discipulado de Clifford Geertz. Algunos estudiosos, en efecto, remontan todo el posmodernismo antropológico a una nota al pie de página de la introducción de *La interpretación de las culturas*, de 1973, en la que Geertz afirma que lo que primordialmente hace el antropólogo es *escribir*; y luego agrega que "en antropología ha estado faltando conciencia sobre los modos de representación, para no hablar de los experimentos con ellos". Otra frase del mismo artículo parece haber iniciado, además, la costumbre posmoderna de considerar la escritura antropológica como género de ficción. Dice Geertz:

> [las interpretaciones antropológicas] son ficciones; ficciones en el sentido de que son algo "hecho", algo "formado", "compuesto" —que es la significación de *fictio*— no necesariamente falsas o inefectivas o meros experimentos mentales de "como si".

Podríamos decir que el posmodernismo antropológico se inaugura con esa reflexión; algunos años más tarde, los estudiosos de la primera corriente se mostrarían dispuestos a expandir esa conciencia sobre los modos ficticios de representación y los del segundo comenzarían a llevar a la práctica los experimentos. Pero el liderazgo de Geertz entre los interpretativos sólo se mantuvo, paradójicamente, desde que formulara sin saberlo el programa de la nueva corriente hasta que ésta se constituyó formalmente en el llamado Seminario de Santa Fe, llevado a cabo en la School of American Research de esta ciudad de Nuevo México en abril de 1984. La publicación de los documentos y ponencias presentados en ese seminario constituyeron el libro por excelencia, la Biblia del movimiento posmoderno, *Writing Culture*, editado en Berkeley por James Clifford y George Marcus.

Lamentablemente ese libro es un documento incompleto de ese acontecimiento fundacional, pues no sólo los artículos han sido elaborados de nuevo de cara a su publicación, perdiendo su naturaleza de ponencias en un taller de discusión, sino que las mismas discusiones que los diversos participantes hicieron de los trabajos de sus colegas se han omitido; el trabajo de Crapanzano, por ejemplo, fue discutido por Tyler, y el de Tyler por James Clifford. La ponencia de Rabinow, incluso, adoptó un nombre diferente en el congreso que en el libro. En su versión original el término "posmoderno" no figuraba en el título.[1] El Semina-

[1] La ponencia original de Rabinow se llamaba "*Powerful Authors: Fantasia of the Library*", y atacaba más centralmente la postura de Clifford; el artículo que ocupa su lugar se llama "*Representations are social facts: Modernity and Post-Modernity in Anthropology*".

rio —insistimos— fue en 1984; la edición del libro, recién en 1986, y en una disciplina móvil dos años son eternidad.

Una de la conductas recurrentes en el seminario fue la crítica hacia los postulados y los logros de la etnografía de Geertz por parte de autores que inicialmente lo habían seguido. Cuando hoy se habla de este autor es obligado aludir a dos de esas críticas, la de Vincent Crapanzano (de Nueva York) y la de Paul Rabinow (de Berkeley); ambas, naturalmente, están incluidas en *Writing Culture*. Tanto Crapanzano como Rabinow habían estado bajo la influencia de Geertz cuando trabajaron en Marruecos, juntando el material y recabando la experiencia que documentan dos etnografías que comentaremos al ocuparnos de la segunda corriente posmoderna y que son, respectivamente, *Tuhami* (1980) y *Reflexions on Fieldwork in Morocco* (1977). Recuérdese que Marruecos fue una de las áreas en las que Clifford Geertz desarrolló su trabajo de campo; durante algunos años (entre 1977 y 1982) dio la impresión de ser, junto a Bali, el ámbito por excelencia para la aplicación de la antropología interpretativa.

Con la realización del Seminario de Santa Fe y tras el efecto causado por la publicación de *Writing Culture* la etnografía posmoderna alcanza a definir una identidad que ya debe poco o nada al programa de la descripción densa y que se ocupa mucho más de los textos sobre la cultura que de abordar la cultura como texto. Los alumnos han superado al maestro y se han apropiado del timón para fijar un rumbo que ahora todos siguen, maestro incluido; si algún proceso académico se transparenta en el despliegue de la antropología posmoderna, éste es el de la absorción de la propuesta simbólica e interpretativa bajo los auspicios del posmodernismo; dicho de otra forma: para estar al día, el propio Geertz ha debido asumir el estilo posmoderno de argumentación, situándose en las filas de los convertidos.

En efecto, el anteaño pasado Geertz se ha plegado dócilmente al movimiento general, escribiendo con destellos fugaces de su estilo característico acerca de *El antropólogo como autor* y abordando el análisis de la antropología como un género de ficción entro otros; este texto de Geertz ha salido hace muy poco tiempo y pese a que técnicamente es insustancial seguramente se convertirá en un *best-seller*, porque Geertz se ha escapado de las reglas de la interna antropológica y ha ganado un lugar en el horizonte de lecturas del intelectual culto. A nuestro juicio, la clave de *El antropólogo como autor* es la segunda mitad del capítulo cuarto, donde Geertz responde a las críticas de sus antiguos seguidores burlándose despiadadamente de la etnografía experimental de Rabinow, Dwyer y Crapanzano, pero sin dejar de marcar el peso al compás de la "antropología de la escritura etnográfica" definida por Clifford. Con este texto, Geertz por primera vez se complica en un diálogo bajtiniano con autores que lo han criticado, aunque él mismo procure disimular que su cuestionamiento constituye una respuesta.

No es idea nuestra que Geertz está desacreditado y que ya no es considerado conductor del movimiento interpretativo. La idea ha sido formulada por Rabinow en uno de los artículos de *Writing Culture*. Citamos a Rabinow:

Existe un curioso retardo temporal en la forma en que los conceptos se mueven a través de los límites disciplinarios. El momento en el que la profesión histórica está descubriendo a la antropología cultural en la persona no representativa de Clifford Geertz, es justo el momento en que Geertz está siendo cuestionado en antropología, uno de los temas recurrentes del Seminario de Santa Fe que dio lugar a este volumen.

La caída de popularidad de Geertz y de su influyente Centro de Estudios de la Universidad de Princeton redibujó el mapa de las instituciones académicas de moda en los Estados Unidos. Con la realización del Seminario de Santa Fe, el centro neurálgico de la antropología interpretativa se traslada en parte a la Universidad de Rice (en Houston, Texas) y en parte a los centros universitarios que rodean a San Francisco en California (Berkeley, Santa Cruz y Stanford). En la primera región trabajan Michael Fischer, George Marcus, Dick Cushman y Stephen Tyler; en la segunda se congregan Renato Rosaldo, Paul Rabinow, Mary Louise Pratt y James Clifford.

Puede interpretarse este movimiento como una traslación del centro de gravedad de la antropología norteamericana desde la zona fría a la zona de parque, en un impulso en el que quedó atrás el influjo nórdico del Chicago de David Schneider, donde se había iniciado todo el movimiento simbolista. Este juicio en apariencia superficial esconde, en realidad, una apreciación respecto del reordenamiento de las jerarquías en las universidades norteamericanas, en el que ha salido favorecido el circuito en el que se sitúan instituciones que pocos años atrás eran juzgadas secundarias en materia de antropología.

En la gestación del movimiento, la obra de James Clifford ha resultado esencial. Los lectores podrán apreciar las elegantes fórmulas de "*Sobre la autoridad etnográfica*", un texto en el que Clifford juega con las relaciones etimológicas que en inglés se establecen entre "autor", "autoría" y "autoridad". El aporte de Clifford no sólo radica en su acto fundacional de una especie de antropología de la antropología (que le sirve, por ejemplo, para hacer aceptable su negativa a desarrollar trabajo de campo), sino en la instauración de una especie de moda específica dentro de la moda genérica de la antropología posmoderna.

Nos referimos al redescubrimiento de figuras ejemplares de la historia antropológica. Clifford ha impulsado en los Estados Unidos la rehabilitación de Maurice Leenhardt y está haciendo un trabajo semejante con Marcel Griaule. De hecho, escribió una biografía intelectual de Leenhardt que se ha convertido en un modelo de una nueva clase —posmoderna— de biografías, y utiliza toda ocasión que se le parece para presentar los textos de Griaule (y en particular *Dios de Agua: Conversaciones con Ogotemmêli*) como precursores de la dialógica, la polifonía y la autoría dispersa. El argumento es que autores como éstos anticipan varias de las características propias de la etnografía experimental, se oponen al esquema racional que ha presidido al realismo de la etnografía convencional y constituyen de esta forma una especie de panteón de precursores de la etnografía posmoderna. Recientemente, la antropóloga inglesa Marilyn Strathern se ha sumado a la costumbre de reivindicar precursores, celebrando a Frazer en un artículo sumamente denso, publicado en el *Current Anthropology*, incluido también en esta compilación.

La búsqueda de antecedentes es entonces una de las constantes de la elaboración posmoderna; es sintomático que para ejemplificar ciertas facetas de la dialógica y la polifonía, Clifford recurra a autores tan inesperados como Evans-Pritchard, Malinowski y hasta Lafitau. Algunos críticos han cuestionado, precisamente, el hecho de que el posmodernismo incurra con demasiada frecuencia en una búsqueda frenética de precursores, lo cual opera en primer término como signo de su naturaleza fundamentalmente conservadora ("retrógada", en puridad) y en segundo lugar como un acto irreflexivo que contradice los supuestos no continuistas de la epistemología posmoderna en general.

Junto con la búsqueda de precursores, el rasgo más interesante de esta corriente de la antropología posmoderna está dado por el ejercicio de la tipificación. No sólo se trata de contrastar la etnografía convencional con la etnografía contemporánea; además hay que establecer la anatomía interna de esta última, caracterizar sus hilos conductores, enumerar sus atributos, definir sus clases internas y los precursores y practicantes que les corresponden. ¿Qué otra cosa podría hacer, por cierto, el antropólogo de la antropología fuera de tipificar su objeto?

Tanto el artículo de Clifford como el de Marcus y Cushman constituyen ejemplares perfectos de este ejercicio de tipificación, lo suficientemente claros y explícitos como para que pasemos por alto su comentario. El lector podrá contrastar por su cuenta territorializaciones alternativas, coincidencias y quiasmas, constantes e idiosincrasias, lujos de estilo y redundancias, ejecutando por su cuenta las mismas proezas de cotejo intertextual que apasionan a todos los posmodernos y en que finca la gracia del juego. Por efecto de los retardos editoriales y de la reedición del artículo de Clifford, se da además la rara circunstancia de que cada uno de los artículos (pergeñados aproximadamente en la misma época) menciona al otro.

Pero ninguna referencia contextual a la aparición de una presunta antropología posmoderna estaría completa sin la documentación de sus querellas internas y de sus conflictos latentes. La antropología posmoderna no es una excepción en la conflictiva historia de la disciplina, y se encuentra tan afectada por estos disensos como cualquier otra tendencia teórica.

Rabinow y el cosmopolitanismo crítico

Dos críticas de otros tantos autores "posmodernos" se refieren a ideas y premisas de otros antropólogos a los que no se dudaría en calificar con la misma palabra: Vincent Crapanzano ha impugnado sistemáticamente a Clifford Geertz y Paul Rabinow ha puesto en tela de juicio a toda la "metaantropología textualista", por más dialógicos o polifónicos que sean sus énfasis. Veamos sucintamente esta segunda crítica, por cuanto se refiere al artículo de Clifford que aquí se reproduce.

Como los textos teóricos posmodernos son en general artículos muy breves o compilaciones, se da muy frecuentemente que se los reedite en distintas publicaciones periódicas. En Estados Unidos, además, es muy común que los borradores circulen y se conozcan antes de ser publicados. Esto ocasiona paradojas y aparentes cruzamientos temporales, como comprobamos anteriormente a propósito de Marcus/Cushman y Clifford. La traducción que realizamos del artículo de Clifford incluye un epígrafe de Paul Rabinow que pertenece, curiosamente, a un artículo en el que Rabinow critica al mismo artículo de Clifford.

Así como el posmodernismo se construyó sobre las ruinas de la descripción densa, así también algunos posmodernos ya están tratando de sacarse de encima a quienes tienen buenas perspectivas para asumir el liderazgo. Alega Rabinow que Clifford ha asumido *ex officio* el rol de escriba de nuestras escrituras. Aparentemente, el trabajo de Clifford parecería seguir el mismo rumbo fijado por el interpretativismo de Geertz. Pero hay —advierte Rabinow— una diferencia fundamental: para Geertz, la actividad básica sigue siendo la descripción del otro: y el otro para Clifford no es el nativo o el extraño, sino la representación antropológica del otro. Esto hace que por un lado Clifford tenga un mayor control de su proyecto y que por el otro su trabajo sea más bien parasitario. El puede inventar sus problemas con escasas coacciones; puede constantemente alimentarse de textos que hacen los demás.

Esta observación no involucra todavía una crítica; la metaantropología, de hecho, sigue pareciendo necesaria, si es que no apremiante. Lo que es cuestionable, sin embargo, es la falta de autorreflexividad de los escritos del propio Clifford. Clifford parece abogar por una instancia dialógica, pero sus propios textos no son dialógicos. Parece cuestionar el recurso tipo "yo estuve allí" que utiliza Geertz en el artículo sobre la riña de gallos, pero su propia forma de legitimar su autoridad queda sin examinar. Clifford lee, clasifica y establece un canon, incurriendo por ello en una estrategia clásica de legitimación, como lo han sido siempre las actividades clasificatorias.

Siempre según Rabinow, algunas de las afirmaciones deslizadas por Clifford resultan poco convincentes; cuando dice, por ejemplo, que los modos experiencial, interpretativo, dialógico y polifónico están por igual disponibles, que ninguno es obsoleto y ninguno es puro, que dentro de cualquiera de ellos hay aún espacio para la invención, etcétera, parecería ir en contra de sus propias afirmaciones; él *no* ha expuesto las cuatro alternativas con el mismo entusiasmo, sino que la dialógica y la heteroglosia le han merecido más simpatía y menos agudeza crítica que las anteriores. Con ese comentario, Clifford ha transformado lo que presenta como una progresión en una operación de elección entre alternativas equivalentes. Asimismo, cuando afirma que esos dos modos están ganando terreno, la afirmación es por lo menos dudosa: el posmodernismo está poniéndose de moda, pero no se ve que los posmodernos conformen mayoría, ni que las etnografías dialógicas y heteroglóticas se hayan multiplicado exponencialmente.

Rabinow —cuyo referente más invocado es significativamente Foucault— propone (en reemplazo de la antropología posmoderna, centrada en la textualidad) una actitud vital que denomina *cosmopolitanismo crítico*, y que vendría a ser una versión puesta al día del viejo relativismo cultural, con un espíritu muy semejante al de la desacreditada antropología crítica de fines de la década de 1960, pero con un fundamento epistemológico mucho más refinado. Rabinow (anteriormente partidario de los enfoques fenomenológicos en ciencias sociales) ha sido, incidentalmente, uno de los posmodernos más desconfiados acerca de la posibilidad y/o utilidad de un abordaje puramente textual de las cuestiones antropológicas. Aunque admite pertenecer a la misma "federación interpretativa" que los restantes alumnos de Geertz, le desagrada el cordón sanitario histórico y político que los interpretativistas han construido a su alrededor.

El cosmopolitanismo crítico de Rabinow intenta situar la ética como valor primordial; la figura ejemplar del cosmopolita crítico es para Rabinow la del sofista: eminentemente griego, aunque excluido de la ciudadanía en varias polis; observador de su propia circunstancia como si la mirara desde afuera; excluido de cualquier régimen universal, sea bajo la invocación de Dios, del imperio o de las leyes de la razón; devoto de la retórica y perfectamente al tanto de sus abusos; interesado por los sucesos del día, pero irónicamente distanciado de ellos. Esta es, para Rabinow, la semblanza del antropólogo cosmopolita, situado más allá del posmodernismo.

El comentario sobre Rabinow no estaría completo si no evocáramos su éxito editorial más resonante, *Reflexiones sobre el trabajo de campo en Marruecos* (1977), la más breve de las tres etnografías marroquíes y tal vez la mejor. Esta, por supuesto, es anterior a la existencia misma del posmodernismo, y sucede a una obra suya más convencional, *Symbolic Domination* (1975). *Reflexiones* es un documento autobiográfico que describe la relación de Rabinow con diversos informantes, tanto dispensadores de información "oficial" como marginales odiados por sus propios compatriotas.

El detalle de los personajes y situaciones no viene al caso, aunque la pintura que se filtra de la sociedad marroquí sea en sí muy interesante. Lo que Rabinow enfatiza es la forma en que se va constituyendo el conocimiento etnográfico, como resultado de un proceso complejo en el que el antropólogo y sus informantes tratan de establecer bases de comprensión comunes, viéndose obligados a poner de manifiesto todos sus preconceptos.

> Cada vez que un antropólogo penetra en una cultura, entrena a la gente para objetivar para él su mundo de la vida. En todas las culturas, por supuesto, ya hay alguna objetivación y autorreflexión. Pero esta traducción autoconsciente en un medio externo es más rara. El antropólogo crea un desdoblamiento de la conciencia. Por lo tanto, el análisis antropológico debe incorporar dos hechos: primero, que nosotros mismos estamos históricamente situados a través de las preguntas que hacemos y de las maneras en que buscamos comprender y experimentar el mundo; y segundo, que lo que recibimos de nuestros informantes son interpretaciones, igualmente mediadas por la historia y la cultura (Rabinow 1977: 119).

Que lo que un informante produce son interpretaciones ya lo había dicho Geertz unos pocos años antes. El resto quizá ya lo sabíamos, si bien pocas veces lo habíamos sometido a reflexión puntual. Lo más original es lo que resulta de esa interacción, "una especie de tierra intermedia entre las culturas", "los comienzos de un objeto o producto híbrido y transcultural", "un mundo liminal". Docenas de etnógrafos experimentales han transitado desde entonces estas ideas, consolidando la reflexión no necesariamente técnica sobre el trabajo de campo como una de las formas fijas de la posmodernidad.

2) La etnografía experimental: dialógica, polifonía, heteroglosia

La práctica de la etnografía posmoderna no es independiente de la teoría y de la reflexión a posteriori, por lo que es natural que esta corriente interna y la anterior experimenten cierta superposición. Sea como fuere, esta segunda corriente es la que ha desarrollado las innovaciones que antropólogos como James Clifford, George Marcus, Dick Cushman y Michael Fischer se encargan luego de tipificar. Proponemos distinguir dos aspectos en el interior de esta vertiente: el de las etnografías efectivamente escritas, y el de los programas para escribir etnografías en el futuro. Abordemos ahora el primero.

Sin ánimo de ser exhaustivos, podemos señalar, muy sintéticamente, algunas de las etnografías que configuran este movimiento experimental; omitiendo el trabajo de precursores más o menos causales y distantes, los analistas coinciden en reconocer como "experimentales" trabajos como éstos[2]

Donald Bahr, Juan Gregorio, David López y Albert Alvarez —*Piman Shamanism* (1974). Primer caso explícito y deliberado de escritura polifónica. Primer texto etnográfico pensado para un lectorado indígena y para perpetuar operativamente los hechos culturales analizados. Amplia referencia a textos y elocuciones en idioma indígena.

Jeanne Favret-Saada —*Les mots, la mort, les sorts* (1977). El texto está estructurado en términos de la retórica de la magia, con el objetivo de socavar las ideas del lector acerca de la hechicería. Ejemplo de etnografía en modo discursivo, literario.

Ian Majnep y Ralph Bulmer —*Birds of my Kalam country* (1977). Caso explícito y deliberado de autoría conjunta. Diferentes tipos de imprenta identifican las partes del autor y su informante.

Paul Rabinow —*Reflexions on fieldwork in Morocco* (1977). El autor narra su propio despertar respecto del colonialismo durante el desarrollo del traba-

[2] Señalamos, sucesivamente, el autor, el texto y el tipo de innovación presentado por éste, ordenados cronológicamente.

jo de campo. Algo de esto ya lo hemos comentado más arriba. Rabinow sitúa su propia experiencia (sale al campo "dos días después del asesinato de Robert Kennedy", deja detrás grandes transformaciones de su propio orden social) y plantea diversos problemas de la situación del antropólogo en el campo, ante todo el de la creación de un "sistema de símbolos compartido" entre el antropólogo y su informante. Cabe comparar esta idea con la "realidad negociada" descubierta por Crapanzano.

Jean-Paul Dumont —*The Headman and I* (1978). Reseña de trabajo de campo de carácter confesional, que señala y aborda agudos problemas metodológicos. Uno de los "descubrimientos" del autor fue el de su propio status en el interior de la cultura estudiada. Profusa reproducción de situaciones dialógicas.

June Nash —*We eat the mines, the mines eat us* (1979). Infrecuente caudal de citas de informantes individualizados; la autoridad monológica del autor —dicen los críticos— comienza a resquebrajarse en textos como éste. Densa correlación de interpretaciones y datos etnográficos.

Vincent Crapanzano —*Tuhami. Portrait of a Moroccan* (1980). Presenta una historia de vida y una entrevista planteada como enigma, en la que el lector debe "ayudar" en el proceso de interpretación. Crapanzano sitúa al lector como "mediador" en el encuentro del antropólogo con su informante. Este autor cuestiona la naturaleza de las descripciones etnográficas clásicas; hacer etnografía no es para él describir la realidad de otra cultura, sino hablar de la "realidad negociada" que se establece entre el antropólogo y sus informantes en la práctica misma del trabajo de campo.

Renato Rosaldo —*Ilongot headhunting, 1883-1974. A study in society and history* (1980). Se muestra la forma en que los Ilongot forzaron al autor a escribir una etnografía muy distinta a la que él tenía prevista. De su proyecto original sincrónico, Rosaldo pasó a ocuparse de una inesperada concepción diacrónica que representa la perspectiva Ilongot de la historicidad y el cambio. Ambos Rosaldo (Renato y la fallecida Michelle Zimbalist Rosaldo) tuvieron parte activa en una subcorriente de las antropologías interpretativas que podríamos llamar la "antropología de la emoción" (o del sentimiento). En esta modalidad (integrada de facto al posmodernismo) se analiza lo que Rosaldo llama "la fuerza cultural de las emociones".

Michael Taussig —*The Devil and Commodity Fetishism in South America* (1980). Véase el comentario en la sección siguiente.

Majorie Shostak —*Nissa: The Life and words of a !Kung woman* (1981). La autora se muestra emocionalmente involucrada con su informante, y hace girar todo el proceso etnográfico en torno de ese hecho.

Gananath Obeyesekere —*Medusa's hair: An essay on personal symbols and religious experience* (1981). El autor utiliza conceptos analíticos freudianos como guía para plantear preguntas que no violen la integridad cultural del contexto etnográfico. Las historias de vida que incluye están (según Marcus y Fischer) entre las más vívidas de la antropología.

Kevin Dwyer —*Moroccan Dialogues: Anthropology in question* (1982). Compendio de transcripciones muy poco retocadas de entrevistas obtenidas en el trabajo de campo. Se subraya el escaso control que el etnógrafo tiene sobre el material respecto del cual luego se expresa con suma autoridad. Se propone, a partir de esta constatación, una "hermenéutica de la vulnerabilidad".

Michael Taussig —*Shamanism, Colonialism and the Wild Man: A Study in Terror and Healing* (1986). (Véase comentario más adelante.)

No hemos pretendido enumerar *todas* las etnografías representativas de esta tendencia ni resumir sus contenidos; suficiente noticia de ello hay en los artículos que aquí se incluyen. Valdría la pena, eso sí, poner de relieve ciertos aspectos, tanto argumentativos como contextuales, que la literatura de consulta trata en forma muy marginal o que no aborda en absoluto.

Nótese, en primer lugar, que la acumulación de etnografías experimentales se da —digamos— entre 1977 y 1982, con unos pocos casos esporádicos antes y después. La edición de antropologías experimentales describe una nítida curva, cuyo perfil no se modificaría de haber incluido otras obras, como las de Kracke, Robert Levy o Schieffelin, cuya pertenencia al género experimental es quizá más dudosa. Esto podría ser un efecto aparente de la fecha de las propias visiones retrospectivas en que se definen esos trabajos como "ejemplares"; pero lo más seguro es que el experimentalismo etnográfico ha llegado a cierto grado de agotamiento. Las etnografías siguientes multiplican la especie, pero no la renuevan. Los trabajos recientes que toman como modelo a Dwyer, a Dumont o a Rosaldo suman centenares; pero su carácter experimental puede ponerse en tela de juicio, pues no hacen más que reproducir clisés consagrados como canónicos por las nuevas autoridades etnográficas. Todos los autores recientes —posmodernos o no— admiten que el posmodernismo corre el riesgo de degenerar en una nueva escolástica autoritaria. La idea misma de una etnografía experimental es contradictoria, porque implica continuidades, progresos y vanguardias típicos de la modernidad.

Al lado de las etnografías consumadas en este movimiento (y todas las enumeradas lo son, aunque ninguna de ellas sea una etnografía convencional *completa*), se han elaborado programas para la acción futura. Estas agendas no han cuajado aún en ninguna etnografía concreta, sino que más bien pretenden constituirse en marcos de guía para el futuro trabajo experimental.

Uno de los programas se refiere al uso de las etnografías como arma para la crítica de la cultura (de la cultura occidental, se entiende); el texto que mejor expresa esta idea es *La antropología como crítica cultural. Un momento experimental en las ciencias humanas*, de George Marcus y Michael Fischer

(1986), que constituye una nueva exaltación de las etnografías experimentales. En el mismo circuito de ideas se mueve *Orientalism*, del posmoderno genérico Edward Said (1979); éste no es un texto antropológico (el único antropólogo al que se menciona es Clifford Geertz), ni manifiesta conocimientos profundos en materia de textos orientalistas, pero de todas maneras ha ejercido una enorme influencia en el movimiento. La tendencia programática más interesante es quizá la dialógica, que asume ahora el protagonismo en este prólogo.

Dialógica

La *antropología dialógica* de Dennis Tedlock se origina en observaciones realizadas por este autor a propósito de la naturaleza peculiar de la investigación en ciencias sociales. El artículo donde desarrolla por primera vez estas ideas se llama algo así como "La tradición analógica y el surgimiento de una antropología dialógica", y fue publicado en 1979. Tedlock dice que si la antropología sociocultural estuviera basada solamente en la observación silenciosa, no habría nada que la distinguiera de las ciencias naturales. Pero de hecho no es así: el estudio cultural se basa necesariamente en un ámbito de intersubjetividad humana. El diálogo antropológico (del investigador con sus infor-mantes) crea un mundo, o más bien crea una comprensión de las diferencias que existen entre las personas que participan en ese diálogo cuando comienzan su conversación.

Tedlock afirma que cuando se prepara el texto sobre la experiencia etnográfica para su publicación esta dimensión dialógica se pierde, en beneficio de una pálida imitación de la objetividad de las ciencias exactas, a la que él caracteriza como *tradición analógica*. La antropología convencional es analógica porque afirma que el discurso que se presenta en una publicación es "equivalente a", "proporcional a" la experiencia dialógica en que se origina. Pero en realidad no es así: el diálogo es un proceso continuo, dinámico; el análogo es un producto, un resultado estático.

Las "palabras nativas" que salpican las etnografías convencionales —prosigue Tedlock— no constituyen un lenguaje articulado; la función de los términos indígenas, generalmente, es la de proporcionar evidencia de que el antropólogo que ahora ocupa el sillón estuvo antes en el campo. Ni siquiera las etnografías que conceden mayor atención a estos aspectos se salvan del monologismo generalizado: *Reflexiones sobre el Trabajo de Campo en Marruecos*, de Paul Rabinow, presentada como uno de los monumentos de la tendencia experimental, nos presenta apenas una o dos frases nativas, y ambas en árabe; Geertz, por su parte, narra la riña de gallos balinesa en primera persona, lo cual insinúa que los nativos tienen muy poco que decir; y en una ocasión en la que los balineses hablan de su propia lengua, lo hacen colectivamente: "*pulisi, pulisi!*".

El modo dominante de la etnografía analógica es el monólogo. El diálogo que Tedlock propone no es tanto un método sino un modo del discurso, en el que los métodos revelen la forma en que verdaderamente trabajan, en el que se muestre —por ejemplo— que determinados nativos se rehúsan a jugar el juego de la etnociencia, o que nuestro informante más confiable no recuerda por el momento mito alguno. En su artículo de 1979 Tedlock rastrea algunos casos aislados de antropología dialógica y deja luego las cosas ahí, sin mayor desarrollo metodológico.

En "Preguntas concernientes a la antropología dialógica", un artículo de 1987 aquí reproducido, Tedlock vuelve a la carga; y esta vez, para ser coherente, el propio artículo tiene forma de diálogo, igual que los famosos metálogos de Gregory Bateson. Si alguien duda que la postura que estamos analizando sea expresamente posmoderna, aquí mostramos una de las afirmaciones que prueban ese punto:

> Una de las señales del posmodernismo es una incredulidad hacia las metanarrativas en que se realizan intentos de totalización. En la medida en que un diálogo siempre está en proceso, ninguna metanarrativa es posible. Si los que participan de un diálogo alcanzaran un punto de completo acuerdo, ya no tendrían que dialogar mutuamente. En este sentido, el diálogo (como proceso dinámico) es posmoderno.

Lo que hace Tedlock, en definitiva, no pasa de ser un programa que (al igual que el proyecto de antropología esbozado por Tyler) no puede señalar ni siquiera un solo texto que constituya un ejemplar aceptable de la clase que se propone imponer, ni puede tampoco —desde ya— construir él mismo un texto nuevo que esté a la altura de las idealidades que se han estipulado como objetivo. Más aun, en los últimos párrafos, de su último artículo, Tedlock aprovecha para poner en tela de juicio la utopía de la autoría dispersa o de la autoría plural que han anunciado algunos posmodernos; convocar a un movimiento en pro de la autoría dispersa —junto con la confección de listas de libros aprobados que parecen estar moviéndose hacia esa utopía— es contradictoria con la idea misma de dispersar la autoridad.

La discusión de Tedlock con el niño terrible de la antropología posmoderna, Stephen Tyler, es representativa del tipo de argumentos que se han llegado a plantear en estas nuevas tendencias. Si bien Tyler no puede menos que estar de acuerdo en principio con la idea de la dialógica, la polifonía y la heteroglosia, no lo está en cambio con su implementación. Ya en 1982 decía que "el diálogo vertido como texto no es un diálogo, sino un texto disfrazado de diálogo, un mero monólogo sobre un diálogo, en la medida en que las apariciones del informante en el diálogo están por lo menos mediadas por el rol autoral dominante del etnógrafo". Los diálogos que reproduce la etnografía "no son diálogos, sino textos sofísticos, como aquellos diálogos fingidos perpetrados por Platón".

Tyler niega, por ejemplo, la posibilidad misma de una antropología dialógica que no "oprima" de alguna manera al nativo dialogante seccionando sus redundancias, seleccionando los tópicos de interés, poniendo el libro entre un comienzo y un final. Las palabras del nativo siguen siendo sólo un instrumento de la voluntad del etnógrafo. La antropología dialógica, en consecuencia, es incapaz de trascender las limitaciones de la "representación" en general. Como veremos luego, Tyler propone ya no la "representación" convencional, sino una nueva y utópica forma de "evocación", con respecto a la cual ni siquiera él es capaz de identificar los textos que la ejemplifican.

Tedlock le responde preguntándole si, dado que "cada acto de representación es un acto de represión política", debemos silenciar lo que los demás nos dicen para no incurrir en algún tipo de represión. Si los nativos son brutalmente reprimidos —por ejemplo— por los marines norteamericanos ¿debemos acaso silenciar esta representación? Que este tipo de cuestiones tengan que ser planteadas, y en esos términos, es para nosotros un signo de banalidad que no conviene minimizar. Por lo menos una cosa es evidente: que no sólo la antropología convencional y el positivismo (los fantasmas de paja de los posmodernos) están en crisis.

3) La extrema (pos)vanguardia: Taussig y Tyler

Si alguien cree que la antropología posmoderna revisada hasta aquí es revulsiva y contestataria, aún no conoce a su facción más alborotadora. Después de Tyler, la individualidad más deslumbrante de la antropología posmoderna tal vez sea Michael Taussig. Taussig estudió en la London School of Economics; en su juventud estuvo políticamente inclinado hacia la izquierda, a tal punto que se trasladó al sudeste colombiano con la idea de prestar servicios médicos a la guerrilla. En la selva cayó bajo la influencia de un chamán, Santiago Mutumbajoy, que lo inició en los misterios del yagé. Mutumbajoy fue mucho más para Taussig de lo que Muchona pudo haber sido para Turner; fue algo así como lo que pudo ser Don Juan para Castaneda, pero, en este caso, de verdad.

Taussig es un "iniciado", igual que Bennetta Jules-Rosette o que Fredrik Barth; pero la elaboración que él hace de esta circunstancia es harto más creativa. Mientras Jules-Rosette sólo alcanza a proponer un puñado de fases metodológicas difusas, avaladas por una ejemplificación circunstancial, y mientras Barth finge inventar modelos que ya existían a los que pone nombres que no estaban vacantes, Taussig, el posmoderno más claramente sesgado hacia la izquierda en el espectro político de la antropología, ha introducido en la práctica y sobre todo en la escritura de la etnografía modificaciones que la afectan profundamente. Las obras más conocidas de Taussig son *The Devil and Commodity Fetishism in South America* (1980) y *Shamanism, Colonialism and the Wild Man: A Study in Terror and Healing* (1986).

Su primer trabajo, cuyo título podría traducirse como *El diablo y el fetichismo de la mercancía en Sudamérica* procura ser una obra experimental que concilia el enfoque de la economía política con la antropología interpretativa.

Aunque la crítica académica le ha sido hostil, este primer trabajo logra presentar por lo menos un buen intento. Taussig analiza la reacción de los campesinos colombianos y de los mineros bolivianos a su integración como proletariado en una economía monetaria. Discute con largura el concepto marxiano de "fetichismo de la mercancía" y luego realiza un contrapunto con las representaciones indígenas en las que los procesos del capitalismo se interpretan invariablemente como algo "malo", y hasta "diabólico".

En el caso boliviano, el Tío encarna una especie de entidad maléfica que debe ser propiciada y que proporciona una mediación simbólica entre las creencias precapitalistas de los mineros y la explotación capitalista de recursos no renovables. Durante el período colonial, el Tío se representaba como un inquisidor real; luego se lo representó como un gringo grotesco con sombrero de cowboy. Para quienes lo siguen, el primer libro de Taussig constituye un desafío a ciertas convenciones antropológicas; fenómenos que antes habían sido relegados a la marginalidad del "folclore" o tratados como mecanismos sociales anacrónicos, revelan ser un gesto de resistencia frente a los nuevos modos de producción.

La segunda obra es más barroca y difícil. Taussig ha popularizado entre los antropólogos posmodernos la técnica del montaje literario: en sus textos, que presumen de inacabados, se superponen fragmentos estilísticamente disímiles que establecen paralelismos y contrapuntos entre (por ejemplo) la cura chamánica, las visiones inducidas por el consumo de alucinógenos y la tortura. Todo ello se entremezcla con párrafos de los autores favoritos de Taussig (Walter Benjamin, Foucault, los miembros de la Escuela de Francfort) y con reflexiones y recuerdos personales.

El libro más conocido de Taussig (el segundo) dedica su primera parte a una caracterización del terror, mediante un *collage* que integra desde fuentes históricas a fragmentos del diario de Jacobo Timerman, *Prisionero sin nombre, celda sin número*. La segunda parte presentan la cura chamánica como la contrarrepresentación, la contracara del terror. El objetivo declarado de Taussig es encontrar un recurso contra el terror; y este recurso exige, según él, una nueva forma de representación que él encuentra cristalizada en el discurso chamánico, en la poesía épica, en el teatro de Bertolt Brecht, en el surrealismo y en la obra de Walter Benjamin.

Nótese, en todo caso, que los referentes en Taussig en general no son antropólogos convencionales, sino aborígenes por un lado y hombres de letras por el otro. Entre los antropólogos con los que se identifica Taussig (que son muy pocos) podemos mencionar al posmoderno Clifford, al simbolista Sahlins y al heterodoxo Stanley Diamond. Entre los antropólogos a los que se opone podemos mencionar especialmente a Victor Turner. Este es para Taussig demasiado burgués, demasiado "ordenado" y convencional.

La cura chamánica que obsesiona a Taussig no es una manifestación cultural "pura" de la sociedad indígena, sino una respuesta simbólica implícita a la colonización, a la cultura hegemónica. Para Taussig, la cura chamánica sintetiza un proceso de refiguración del imaginario social, una fuerza contrahegemónica que se opone a la historia burguesa, basada esta última en la razón iluminista y en el progreso. En la cura chamánica se articulan imágenes contradictorias que disuelven o imposibilitan la narratización; en ella se instaura una relación dialógica entre el paciente y el chamán en la que se funda a su vez un simbolismo polifónico; en este simbolismo intervienen imágenes y sensaciones de todos los sentidos, y también de una especie de "impresión sensorial de las relaciones sociales". La cura chamánica le proporciona a Taussig un modelo de contrarrepresentación del terror y de desconstrucción del ritual académico de explicación del ritual salvaje. Si para Turner, por ejemplo, la estructura del ritual refleja un orden, para Taussig el ritual mismo corporiza el desorden, la fragmentación, el salvajismo, el desequilibrio, y (como decía Bajtín) la carnavalización.

Los críticos todavía no han respondido al desafío de Taussig con una formulación a la altura de las circunstancias. Lo más que ha habido son observaciones circunstanciales, como las del antropólogo brasilero Carlos Fausto. A Fausto le da por cuestionar el carácter retorcido, rebuscado y contorsionista de los procesos demostrativos desencadenados por Taussig, a los que llama "benjaminadas"; deplora también la falta de una elaboración etnográfica cuidadosa, que el uso de la técnica del montaje no alcanza a disimular. Recientemente ha circulado el rumor de que Taussig se ha retirado de la práctica formal de la antropología y que se está dedicando a formas experimentales de teatro, lo cual no sería de extrañar a la luz de su admiración por Brecht y por Artaud. Antes de ello, según ha trascendido, Taussig había sido rechazado en su solicitud de ingreso a la Universidad de Princeton, argumentándose la escasa relevancia científica de su antropología.

El antropólogo posmoderno de ideas más extremas es sin duda Stephen Tyler; Tyler fue, a fines de los 60, uno de los antropólogos cognitivos formalistas más identificados con la línea de Goodenough y uno de los más fuertemente inclinados a aceptar el discutido análisis componencial. Impulsó la edición del *reader* más importante de antropología cognitiva convencional, en 1969, defendió al año siguiente al paradigma de Goodenough de los fundados ataques de Marvin Harris, y no renegó siquiera de ese modelo en el texto en que podría haberlo hecho, que es *The Said and the Unsaid*, ya de 1978.

A continuación analizaremos la trayectoria de Tyler (totalmente ignorada en el mundo de habla hispana, ya que ninguno de sus textos ha sido traducido con anterioridad) tomando como eje sus artículos fundamentales. No pretendemos esclarecer del todo sus complicados argumentos ni proceder a una crítica formal; los artículos de Tyler son casi imposibles de resumir, porque sus razonamientos son harto enrevesados, episódicos, y se remiten sin pausa los unos a los otros.

Tyler está considerado en el ambiente antropológico como una especie de francotirador tal vez genial que se ha adelantado a las exigencias de los demás posmodernos, llevándolas hasta sus últimas consecuencias, las cuales muchas veces son notoriamente absurdas y recalcitrantes. Pese a que muchas veces afirma formar parte de un autodenominado "Círculo de Rice", se trata de un autor eminentemente solitario, que se ha apresurado a marcar sus diferencias con los que le acompañan, más tibiamente, en la campaña anticientífica del movimiento posmoderno. Tyler presupone, además, que lo que "demuestra" en un artículo conforma una base de hechos taxativos que no vale la pena volver a discutir en el artículo siguiente. Las argumentaciones de Tyler tienden a ser amorfas, e incluyen amplias enumeraciones con las que pretende, en apariencia, trasuntar su poderosa erudición. Es difícil referirse a él sin asimilar y reproducir parte de su estilo. Procuraremos, empero, preservar su esencia.

En "The Poetic Turn in Postmodern Anthropology: The poetry of Paul Friedrichs", de 1984, un breve apunte de siete páginas (en el cual, incidentalmente, Tyler retribuye sin decirlo la generosa crítica de Friedrichs a su *The Said and the Unsaid*), Tyler utiliza por primera vez —que sepamos— la calificación de "posmoderna" para referirse a una modalidad de práctica antropológica. Es de hacer notar que este apelativo (y el artículo en sí) es algunos meses posterior a la primera publicación de "Sobre la autoridad etnográfica" de Clifford (1983) y al trabajo de Marcus y Cushman sobre "Las etnografías como textos".

Pero las definiciones de Tyler y sus afirmaciones de militancia posmoderna son sin duda más explícitas. Es interesante reproducir lo que Tyler entiende por "moderno", "modernista" y "posmoderno":

> Utilizo "moderno" en este contexto en el sentido de "siglo XX", mientras que "modernista" implica un ataque contra el sentido común, una actitud positivista hacia el lenguaje, una actitud negativa hacia la propia tradición cultural y una fascinación por lo exótico, ya sea mediante una distorsión de lo mundano, a través del misticismo o de la cultura primitiva y oriental. [...] "Posmodernismo" implica un rechazo del programa lingüístico del positivismo, una apertura hacia la propia cultura y tradición, una apreciación del sentido común, y un rechazo a reducir todas las culturas a un solo horizonte manístico.

Tyler cree que la antropología en el mundo posmoderno está tomando un giro poético, que se manifiesta tanto en la escritura de poesía por parte de antropólogos como Friedrichs y Diamond, como en un interés creciente hacia la poética, las formas del discurso y la retórica. Esta antropología posmoderna sería relativista, pero en un nuevo sentido: niega que el discurso de una tradición cultural pueda abarcar el discurso de otra tradición cultural. El antropólogo no puede hablar todo el tiempo en lugar de otros.

La antropología posmoderna rechaza tanto la fusión de horizontes hegeliana como la científica, por cuanto ellas reducen todas las tradiciones a las formas e intereses del discurso occidental. Resultaría de sumo interés contrastar esta idea con la expresada por Agar dos años antes, a propósito de la fusión de horizontes. Este contraste señalaría el distanciamiento que el posmodernismo contemporáneo ha protagonizado respecto del marco fenomenológico.

La antropología posmoderna de Tyler se opone también a la noción semiótica de que los lenguajes y las culturas son sistemas de signos convencionales separados del uso y la intencionalidad humana, porque esta idea de los signos es una consecuencia de la tecnología de la escritura, "el deslizamiento de la mano que sustituye las apariencias y que crea la ilusión del sistema". Tyler descree, en otras palabras, que las cosas formen un sistema, que exista realmente un orden que articule las cosas. La idea de que "no existe un sistema", ni siquiera en el orden de lo lingüístico, había sido desarrollada por Tyler en las quinientas páginas de *The Said and the Unsaid*, escrito con la intención de demostrar que lo que no se dice, lo implícito, lo presupuesto, tiene la misma entidad y el mismo peso que lo que es susceptible de enunciación.

La antropología posmoderna según Tyler la concibe reduce la idea de sistema, tanto sea en su concepción organicista como mecanística, a una figura del discurso. El discurso es el objeto de esta antropología, pero no como sistema, pues no es ni totalmente coherente consigo mismo, ni merced a una consistencia en su capacidad referencial: el discurso anuncia breves coherencias y "como sis" momentáneos, suposiciones, conjeturas, juegos libres de la imaginación. Con semejante afirmación, Tyler encubre el hecho de que él había estado estudiando el discurso como sistema referencial hasta por lo menos dos años antes, según puede inferirse de la trayectoria de sus propias publicaciones.

Para Tyler, el discurso de la antropología posmoderna no sólo *demuestra* mediante la prueba lógica: también *revela* por medio de la paradoja, el mito, el enigma, y *persuade* a sus lectores mostrando, evocando, conjeturando. El discurso de la antropología posmoderna rechaza la economía aristotélica del discurso, monofónica, malamente imitativa de la lógica. Y admite en su lugar todos los medios posibles de discurso: sorites, polifonía, parataxis, parábolas, paradojas, enigmas, elipsis y tropos de todas clases. Por lo tanto, la antropología convencional ha caducado junto con las ciencias naturales a las que procuraba imitar. La idea de esa antropología no era comprender a los extraños en los términos de sus propias creencias sino sanitizarlos, lavarlos en las aguas de los universales del método científico y así anestesiar nuestra conciencia de sus diferencias, hacerlos caber en el contexto de nuestros credos.

De acuerdo con Tyler, el discurso científico, particularmente en las ciencias sociales, es profundamente mendaz. Tres circunstancias iluminan este descontento: 1) La desilusión que los antropólogos sienten con respecto al género etnográfico mismo (y aquí Tyler se refiere a Marcus/Cushman y a Clifford); 2) la posibilidad de una nueva relación con el informante: ¿quién puede permanecer ciego a las relaciones de poder e ideología? (aquí el referente es el antropólogo crítico Bob Scholte); 3) el temor que tenemos los antropólogos de los extranjeros que puedan cuestionar el valor de la antropología.

Tyler afirma que el discurso científico se focaliza en las relaciones entre partes, observadas desde la perspectiva autónoma de un observador que está fuera del campo de observación. Su lenguaje es estrictamente referencial: una palabra, una cosa. Los significados figurativos están prohibidos: todo su discurso está ideológica y exclusivamente motivado por la ideología de la ciencia. De acuerdo con esta perspectiva, ninguna ciencia falla más espectacularmente que la antropología (convencional), a excepción de la economía. Los antropólogos —proclama Tyler, excluyendo implícitamente a los posmodernos— son víctimas de una especie de enfermedad mental que surge del sentimiento de culpa generado por fingir hacer lo que saben que no puede hacerse. Debemos buscar nuevas formas del discurso —dice— dedicadas más a la honestidad que a la verdad.

Sería interesante, por ejemplo, contraponer la dimensión que han alcanzado las influencias literarias y poéticas en Tyler con lo que expresa Geertz sobre el particular en "*Géneros confusos*" y con lo que afirma Turner en la introducción a su libro sobre los dramas sociales. Sería muy difícil, además, negar que tanto estas expresiones como aquéllas forman parte de un mismo programa de confluencia entre la antropología y las llamadas disciplinas humanísticas, un mismo proyecto de disolución de los métodos antropológicos en los efectos literarios.

Asomémonos ahora a otro texto de Tyler, en el que desarrolla ideas que sirven de fundamento clandestino a su artículo de *Writing Culture*. "The Vision Quest in the West, or What the Mind's Eye Sees", de 1984 (un texto nuevamente inspirado, según se dice en notas, en ideas de Paul Friedrichs) es del mismo año que el anterior, pero se gestó dos años antes; en él Tyler no menciona en absoluto el ideario posmoderno ni menciona ninguna otra obra suya. Tyler se funda aquí en cuatro verdades del sentido común pese a que, como veremos luego, termina por recursar al sentido común propio de la mentalidad occidental. Esas cuatro verdades son:

1) Las cosas son hegemónicas en el lenguaje SAE (*Standard Average European*) y en el pensamiento que correponde a esos lenguajes. Tyler toma la idea de que existe algo así como un SAE de los ensayos de la fase teosófica del relativista lingüístico Benjamin Lee Whorf.

2) La hegemonía de las cosas entraña la hegemonía de lo visual como modo de conocer/pensar. El ver es el modo sensorial privilegiado y la metáfora clave en los SAE. Aquí Tyler se remite a ciertas ideas de Walter Ong.

3) La hegemonía de lo visual promueve la noción de que la estructura y el proceso son fundamentalmente distintos y que el proceso siempre se puede reducir en última instancia a la estructura.

4) La hegemonía de lo visual no es universal, pues a) tiene una historia como concepto de sentido común, influenciado por la literatura; b) no está sustanciada en la estructura conceptual de los otros lenguajes y c) está basada en un profundo malentendido respecto de la evolución y funcionamiento de lo sensorial.

La primera tesis dice algo que —según Tyler— todo hablante de SAE ya sabe de antemano: que las "cosas" son el concepto dominante en la jerarquía semántica de "lo que existe". Las cosas vienen en dos paquetes: 1) el paquete dominante, platónico, que envuelve a las sustancias o a los objetos; 2) el subordinado, oculto o heraclíteo, que incluye los atributos, cualidades, acciones o sucesos. Las cosas ocultas son lo que puede ser predicado respecto de lo real; para decirlo de otra forma, en la conciencia occidental los sustantivos son más reales que los verbos. Y por lo tanto en lógica, las funciones son más erráticas que los argumentos, porque son nombres de devenires y posibilidades, y no de seres y realidades discretas.

A su vez, las cosas "reales" son de dos clases: "elementales" y "compuestas". En la lógica de Port Royal lo primero equivale a ir de parte a parte (metonimia) y lo segundo de parte a todo (sinécdoque); en el esquema de Peirce, a la inferencia por abducción y por inducción, respectivamente. La abducción es la intuición primordial; la inducción, una especie de intuición derivativa, de grado más elevado. Las cosas simples son lo "realmente real"; las compuestas, "lo derivativamente real". En la epistemología encubierta de Occidente, según Tyler, las cosas ocultas (el devenir) son siempre complejas. En gramática esta idea equivale al concepto de sintaxis, y comprende "lo dicho", "lo que puede decirse de lo que se ve", "la verdad". En inferencia, esto corresponde a la "deducción" peirceana.

lo real {
- { lo realmente real
- { lo derivativamente real
- lo oculto (el devenir)

Para Occidente, lo realmente real y lo oculto conforman juntamente "lo real", "lo que puede ser pensado con claridad". De esta forma, lo real está constituido por un modo visual de denominación o sustantivación referencial (nombres para las cosas reales) y un modo verbal subordinado (nombres para las cosas ocultas). Los aspectos verbales se identifican con la sustitución de las apariencias. Todo el cuadro representa los presupuestos científicos acerca de la "naturaleza de las cosas". Nótese, incidentalmente, que para clarificar sus ideas Tyler no tiene otro recurso que el de ordenarlas en un cuadro visual, que en el original es mucho más profuso y detallado que el que aquí reproducimos para documentar la paradoja.

Tyler asegura que el sentido común proporciona la estructura de base que permite la especulación científica, define sus límites, proporciona los problemas y relativiza sus hallazgos. La ciencia —advierte— es sólo una parte del sentido común. Nuestra ciencia no es sino una versión sofisticada de nuestro fisicalismo ingenuo, y ambos se derivan de la hegemonía metafísica de lo visual. Notemos que, a diferencia de otros antropólogos interpretativos, Tyler no sólo cuestiona a la ciencia sino que se atreve contra el sentido común, reivindicado expresamente por los fenomenólogos y en ocasiones por él mismo.

"Cosa" es en las SAE modernas una entidad casi inevitable; intente usted —desafía Tyler— atrévase a pasar todo un día sin mencionar la palabra, en sus variados contextos (*something*, *everything*, *nothing*) y lo comprobará.[3] Las

[3] El argumento de Tyler, indudablemente, funciona mejor en inglés que en español.

cosas son (en el SAE) un instrumento inevitable de la comunicación, lo cual nos conduce a la conclusión correcta de que las "cosas" son tan sólo una forma de hablar. Estas afirmaciones de Tyler constituyen, deliberadamente, una radicalización sin anestesia de la hipótesis de Whorf.

Tyler concluye que en la filosofía concomitante a las lenguas indoeuropeas, el pensamiento es siempre pensamiento sobre "algo" (*something*). En esos alambicados razonamientos derridadaístas, Tyler parece contraponerse incluso a la idea husserliana de la conciencia intencional, la cual siempre es, como hemos visto, conciencia de "algo". Asevera que cuando hablamos de lo que está en nuestras mentes, siempre nos referimos a "imágenes" o "visiones" o "perspectivas" o "puntos de vista". Pero esto no es primario, sino que es un efecto impuesto por nuestros supuestos de sentido común.

Existe un marcado sesgo visual en la noción de "ideas" y "conceptos": lo primero deriva de "ver", y lo segundo de kap, "agarrar con la mano" (derivación que sobrevive, por ejemplo, en "capturar"). Para Tyler, todas las nociones técnicas de este tipo se derivan de palabras cuyos sentidos originales están conectados con lo visible. La ejemplificación es mucho más generosa de lo que es conveniente exponer aquí: cuando comprendemos, decimos "ya veo", "ya veo adónde quieres llegar", etc. Según Tyler el olfato, el gusto, el tacto corporal y los sonidos están subestimados; no tienen la misma relevancia ni la misma participación en la especulación filosófica o en el lenguaje.

Pero si el discurso del sentido común incurre en ello, el científico lo hace aun en forma más flagrante. La ciencia sin visión —dice Tyler— es impensable. Una de las consecuencias de este hecho es que en el estudio sobre la primacía de la percepción, por ejemplo, los casos escogidos son casi siempre visuales, figurando lo auditorio y lo táctil en muy segundo plano. La forma en que se ha manifestado la prevalencia de la visión en Occidente es injusta. Una cosa es afirmar la primacía de uno de los sentidos. Otra es denigrar a los sentidos restantes. Los Occidentales llevan la primacía de la vista al extremo de la exclusión de los sentidos restantes. Nosotros decimos: "Una imagen es mejor que mil palabras", "Ver para creer", "*eviden*cia", "por lo visto".

Incluso la sinestesia está mejor considerada que lo verbal: Todo el mundo considera (en Occidente) que "la acción es mejor que las palabras". Valoramos en tan poco la relación entre lo que se piensa y lo que se dice que tenemos más términos para el pensamiento basados en tropos gustativos que en imágenes verbales: "rumiamos ideas", "digerimos pensamientos" y encontramos que ciertas ideas son "difíciles de tragar". En el latín antiguo la palabra para el conocimiento era "sapere", tener sabor, gustar. La voz está valorada tan bajo que es más índice de patología mental escuchar voces internas que experimentar visiones y espejismos.

Las interpretaciones maniqueas referidas a la dicotomía cerebral que asignan holismo a un hemisferio y analiticidad al otro también reproducen, de acuerdo con Tyler, las distinciones entre lo visual y lo verbal.

Hemisferio izquierdo	*Hemisferio derecho*
temporal	espacial
secuencial	simultáneo
auditivo	visual
ideación verbal	ideación no verbal
analítico	holístico

Hay algunas aparentes excepciones: los psicólogos cognitivos están divididos en "verbalistas" que, con la influencia de la lingüística, sostienen que el pensamiento es proposicional, y "visualistas" que han revivido la imagen mental como vehículo del pensamiento. Dados los antecedentes, sin embargo, es muy posible —profetiza Tyler— que la herejía heraclítea en psicología y filosofía por mediación de la lingüística tenga los días contados. Tyler señala que en neurolingüística existen dos líneas contradictorias, que oponen las interpretaciones visualistas a las verbalistas; una línea enfatiza la comunicación, la otra la representación. La comunicación y la verbalización se asocian a la vocalización de los animales inferiores; se actúa como si el lenguaje no fuera más que un modo sofisticado de combinar representaciones visuales.

Aquellos que creen refutar a Whorf —prosigue Tyler— aduciendo la oposición entre materialismo e idealismo, han pasado por alto que estas dos formas de concebir las cosas, como todas las otras filosofías occidentales, son meras relaciones predecibles dentro de la estructura de posibilidades permitidas por "*pensar*", "*sensorial*", "*representación*" *y* "*racionalidad*". No existen en Occidente desafíos genuinos a estos delimitadores claves, pues tal desafío sólo podría clasificarse como no-pensamiento, irracional, más allá de los límites del lenguaje.

Esta afirmación de Tyler se refiere al argumento "más bien tonto" de Feuer respecto de que, pese a que las filosofías occidentales son tan fundamentalmente distintas, todas ellas están expresadas en el mismo lenguaje, lo cual prueba que el lenguaje no determina la filosofía. Feuer —dice Tyler— niega el hecho palpable de que todas las filosofías europeas son permutaciones predecibles de posibilidades, definidas por los entrecruzamientos definidos al principio del artículo. Todas las presuntas refutaciones de la hipótesis de Whorf están basadas en la "percepción" visual, lo cual sólo demuestra el poder de la metáfora visualista. Nuestras formas de pensar sobre el pensamiento presuponen la significatividad de sentido común de esas metáforas y rechazan todo lo que se salga de sus límites. Esta es la razón —concluye Tyler, razonando sin darse cuenta— por la que la "razón" no es universal. Ella es relativa no a una forma a priori del pensamiento, sino a un discurso que forma el a priori cultural, sedimentado a partir del sentido común.

Invitamos a contemplar el arco descrito por las antropologías interpretativas, desde las ideas de Geertz acerca de leer las culturas como si fueran un texto, hasta la denuncia de la textualidad por Tyler, como un ejercicio que pretende poner la cultura "ante la vista" a través de una representación. Recordemos que Tyler había denunciado la dialógica de Tedlock por "someter el diálogo vivo al texto muerto". La trayectoria es perfectamente nítida, y coincide con el camino evolutivo de la antropología interpretativa recorrido por nuestra compilación: Tyler no sólo cuestiona la idea de que una cultura sea como un texto, sino que deplora la idea de que una etnografía llegue a serlo.

A nuestro juicio, la demostración de Tyler, más que circular, llega a ser esférica. Toda su demostración se niega a sí misma: Tyler recusa la validez universal de la razón mediante un razonamiento que es el colmo de lo alambicado, y que en ningún momento se sale de las reglas del juego implícitas sobre la argumentación lógica que su epistemología está tratando de superar. Tyler combate a la razón desplegando argumentos silogísticos y acumulando pruebas de una manera que no puede ser otra cosa que razonable, sin pararse a reflexionar sobre esa paradoja. Esta no es, ni remotamente, la única inconsecuencia en que Tyler incurre. Su marco teórico total es harto difuso, y uno no puede hacerse una idea clara de cuáles son los límites del conjunto de afirmaciones dispersas que lo conforman. Como cualquier otro etnógrafo convencional, Tyler abunda en citas de autoridades respetadas, que en él se circunscriben a Derrida, a Foucault y a otros autores franceses.

Ante esta circunstancia, hay que suponer o bien a) que Tyler está en general en un todo de acuerdo con las autoridades intelectuales que invoca y con la ideología que representan, y que esas citas constituyen un refuerzo más bien sistemático a sus propias afirmaciones, o b) que el recurso de las citas no cumple más que una función retórica ocasional, tendente a representar o simular la existencia de un consenso momentáneo y de una convergencia puntual. Cualquiera de estas interpretaciones desemboca en una paradoja: las citas de Derrida, por ejemplo, consuman un sinsentido desde el momento en que este autor sitúa la escritura y el lenguaje en una jerarquía que es como la de Tyler, pero exactamente *al revés*. Derrida, en otras palabras, detesta un logocentrismo que Tyler hace desesperados esfuerzos por reivindicar, por mediación de Whorf.

Por otra parte, la única forma que tiene de expresarse la presunta vindicación de lo visual endémica de Occidente (y que es también la forma que utiliza él mismo para realizar su desconstrucción) es a través del lenguaje; vale decir, a través de un vehículo eminentemente verbal y naturalmente auditivo. Para decirlo de otra manera, los únicos indicios de que existe algo así como un indebido predominio de lo visual en el imaginario del positivismo, del sentido común y de occidente son indicios de carácter no visual, sino lingüístico. Es el lenguaje, entonces, y no la visión, lo que en última instancia (y según los argumentos agrietados y poco reflexivos del propio Tyler) resulta determinante para esa perspectiva.

Es significativo que Tyler ponga en tela de juicio los dictados del sentido común cuando en un fragmento que citamos más arriba dice expresamente que el posmodernismo consiste, en parte, en la recuperación y en el respeto hacia un sentido común denigrado por la ciencia. Por otra parte, nos parece no demostrado el hecho de que el "pensamiento de sentido común" de los hablantes de SAE, de los hombres de la calle de Occidente, está determinado por la literatura, tal como Tyler afirma. Los occidentales no leen tanto, después de todo. Ese argumento permite a Tyler meter en una misma bolsa al sentido común y al pensamiento científico, pero es obvio que semejante afirmación requeriría una demostración más prolija.

El argumento de que la vista ha sido privilegiada inmerecidamente, además, es reminiscente de lucubraciones parecidas del oculista Marius Schneider; también Schneider (un musicólogo de principios de siglo sin parentesco alguno con David Schneider, el antropólogo simbolista) afirmaba que en Occidente se ponderaba la visión en detrimento del oído y procuraba difundir una cosmovisión liberadora, basada en la música como símbolo de lo trascendental. La coincidencia de ciertas afirmaciones de Tyler con ciertos postulados del ocultismo corre pareja con su elección de la Biblia —en otro contexto— como el único caso conocido de etnografía ideal.

Finalmente, la credulidad de Tyler respecto de que en la etimología histórica se encuentra la clave oculta de lo que se quiere decir se asemeja a parecidas ideas del teósofo francés René Guénon, un orientalista farsante que basaba su erudición hinduista (y sus citas sánscritas) en las deplorables traducciones de la época. La idea de Guénon es que en la etimología se encuentra el sentido oculto de lo que se quiere decir; reflejos de esta creencia (desacreditada hasta el ridículo por la lingüística y la sociolingüística contemporáneas) se encuentran también, por ejemplo, en Lacan. Las argumentaciones de Lacan, Guénon y Tyler presuponen, entre otras cosas, que existe algo así como un sentido primario, una significación original, cristalizada y subyacente, que determina lo que la gente quiere decir en realidad cuando utiliza una determinada palabra, y que constituye un nivel de sentido que, de alguna manera (no analizada), se ha venido trasmitiendo de generación en generación.

El más impresionante de los paralelismos entre Tyler y el ocultismo radica en su convicción de que "occidente" ha "perdido", "traicionado" o "dejado atrás" (en beneficio de la representación) una dimensión del conocimiento más primordial y más auténtica que aflora en todo su esplendor en las culturas primitivas y que a su antropología evocativa le está dado recuperar. Este simbolismo es de tono profundamente moral: la evocación es "buena", porque es auténtica en ese sentido casi trascendental; la representación, en cambio, encarna todo lo malo de que es capaz el hombre que, imitando a Dios, quiere alcanzar el conocimiento objetivo de las cosas. A despecho de sus dificultades literarias y de la densidad de su prosa, los argumentos fundamentales de Tyler son, en realidad, terriblemente banales, hasta el punto de tornar previsibles sus argumentos puntuales y de hacer que sus asertos reproduzcan con sorprendente fidelidad las premisas de esa apoteosis del sentido común que son las filosofías de lo oculto.

Los artículos más combativos de Tyler han sido reunidos en un volumen de unas 250 páginas que se llama *The Unspeakable* (1987), o sea "de lo que no puede hablarse". Todos los ensayos allí reunidos constituyen ejercicios y justificaciones de desconstrucción que pretenden ir más allá de Derrida, cuestionando la práctica misma de la escritura. Ningún otro autor ha escrito tanto en contra de ella. Para Tyler esta contradicción no sería importante; a lo sumo constituiría una paradoja más, y a él le fascinan las paradojas. No por nada dice, en su comentario a un artículo de Roth, que "los libros están muriendo, lo cual puede comprobarse (como gusta decir la gente que estudia la población) por su proliferación excesiva".

El artículo más representativo del último Tyler es el que aquí se ha traducido a partir de su ponencia en el Seminario de Santa Fe. En ese artículo Tyler presupone no sólo la crisis de determinada concepción de la etnografía, sino lisa y llanamente el fracaso de la ciencia. Del ostensible progreso de la tecnología no dice una sola palabra, ni problematiza el hecho de que —por ejemplo— los nativos que él mismo estudia estén, por obra misma de la ciencia que él abomina, relativamente libres de las epidemias que los asolaban hasta hace poco. No discutiremos aquí esas cuestiones, ni formularemos una crítica que corresponde a otros elaborar. No se trata de que la ciencia sea "buena" (como se supone que piensan candorosamente todos los antropólogos a la antigua) ni que sea "mala", como sostiene Tyler en todo momento; se trata del hecho de que progrese o no.

A la luz de los mismos acontecimientos que han llevado a la condición posmoderna, la negación del progreso tecnológico, por lo menos, requiere una fundamentación más seria de la que Tyler nos ofrece, a riesgo de trivializar toda la polémica. Si no son los hechos los que importan, no está claro qué es lo que Tyler pueda aportar para su esclarecimiento. Remitimos a los textos mencionados para que el lector complete su visión de esta tendencia extrema del posmodernismo antropológico, y para que formule su propia actitud frente a ella.

El frente antiposmoderno

Con las anteriores referencias hemos presentado algunos aspectos de la polémica antropológica más virulenta y de los replanteamientos disciplinares más radicales que se han conocido, y que se están desarrollando el mismo día de hoy. El grueso de la sustancia para construir una imagen verosímil de la antropología posmoderna debe provenir de la lectura de artículos como los aquí reunidos, que según entendemos constituyen algunos de los más representativos de esta corriente, aquéllos a los que los ensayos venideros necesariamente habrán de referirse.

No podemos hacer justicia aquí a las críticas que el posmodernismo ha suscitado, porque la contracorriente frente a los excesos y limitaciones del posmodernismo aún no ha definido su autoconciencia. Por todas partes, sin embargo, se levantan voces que afirman que el posmodernismo ha ido demasiado lejos, y que está poniendo en peligro la credibilidad de la antropología como ciencia, al ser ella cómplice de tamaña floración de irracionalismo.

Quien ha desarrollado una de las más elaboradas críticas al posmodernismo es el profesor de la Universidad de Cornell (Nueva York) Steven Sangren, educado en los bastiones geertzianos de Princeton y en la Universidad de Berkeley, masivamente inclinada hoy en día hacia el posmodernismo. La crítica de Sangren no es del todo satisfactoria, está afectada de momentos letárgicos y podría ser aun mucho más aguda de lo que es, pero por el momento es la única que ha planteado el carácter no-reflexivo de las argumentaciones de un movimiento que debería ser reflexivo (es decir, autocrítico) por excelencia.

Lo que Sangren quiere decir es que la crítica que los posmodernos dirigen contra la antropología no es de ningún modo una autocrítica: siempre es una desconstrucción de la antropología que proponen *los demás*. Pese a que los posmodernos se jactan de su escepticismo respecto de las fundamentaciones de la autoridad antropológica, no han prestado ninguna atención a la forma en que institucionalmente se definen —por ejemplo— las modas antropológicas, en quiénes definen esas modas y con qué objeto. Todo lo concerniente a la reproducción social del conocimiento ha sido dejado a un lado, para adoptar las pautas de cierta crítica literaria europea, y antes que nada francesa. Con ello se logra fingir que la autoridad antropológica está constituida *textualmente*, cuando la verdad es que lo está socialmente, a través de relaciones muy concretas de autoridad y poder. Para Sangren, el análisis antropológico de la autoridad etnográfica debe especificar las condiciones de la producción y la reproducción de etnografía en la sociedad y en especial en las instituciones académicas, y no sólo en los textos. Y éste es el problema que la antropología posmoderna en general no aborda.

En otro orden de cosas, Sangren destaca el tono milenarista que invade la retórica de la metaantropología reciente. Este milenarismo asume la forma de un vocabulario tremendista: la ciencia convencional "está en crisis", "su colapso es inminente", la ciencia social positivista "está en bancarrota". Dentro de este conjunto bombástico, Rabinow ha sido capaz de atemperar el entusiasmo milenarista de sus colegas, señalando que el darse cuenta de que los antropólogos escriben empleando convenciones literarias, aunque interesante, no es en sí misma una intuición capaz de desencadenar una crisis revolucionaria.

Otro aspecto que Sangren cuestiona de las construcciones imaginativas de la antropología posmoderna es el simplismo de sus modelos causales. Cuando se trata de explicar el mismo fenómeno del colapso de la antropología convencional, la historia es, para los posmodernos, una correlación de hechos demasiado simple, en la cual las causas de un acontecimiento son únicas y operan linealmente: "La actual preocupación [por la escritura antropológica], dice Clifford, está ligada a la quiebra y redistribución del poder colonial en las décadas posteriores a 1950". Afirmaciones de este jaez son extremadamente abundantes. Para Sangren, la noción de que las tendencias intelectuales reflejan de una manera tan mecánica las determinaciones de la economía política (más allá de ser cierta o no), traiciona una totalización teorética a un nivel macrosociológico y macrohistórico que es inconsistente con la antipatía que Marcus y otros posmodernos manifiestan contra las teorías totalizantes.

Además de este determinismo mecanicista y autocontradictorio, muchos ensayistas posmodernos invocan una imagen de "progreso" en la reciente historia de las ideas y se sitúan ellos mismos en una especie de vanguardia esclarecida, que se ha apropiado de una verdad que los positivistas no han sido aún capaces de comprender. Marcus y Cushman, por ejemplo, contraponen los etnógrafos "sofisticados" a los "realistas" que todavía insisten en creer que existen estándares absolutos.

Mas aun, muchas veces se da el caso de que los posmodernos califiquen de "placenteras" lecturas que, como las de Derrida y Lacan, son reconocidamente difíciles. Cuesta mucho no ver en esto un pavoneo típico de una intelectualidad que juega a la exquisitez y que presume de dominar los planteos filosóficos más densos y oscuros que se han dado a la imprenta.

Otro de los antropólogos que han reaccionado a los excesos e ingenuidades del posmodernismo es J. Tim O'Meara, un joven profesor de la universidad de Carolina del Norte. O'Meara discute en especial la idea posmoderna de que es imposible construir una ciencia empírica de los asuntos humanos, y que sólo es posible realizar cierto tipo de interpretación. O'Meara pone en foco inicialmente a la visión de Stephen Tyler, quien representa la postura más extremada. Para Tyler no sólo es imposible la ciencia antropológica sino la "ciencia en general", porque "no hay ninguna percepción original, ninguna prioridad de la visión, ningún dato que observar". Partiendo de esos juicios, O'Meara demuestra acabadamente que el estereotipo que el posmodernismo sostiene de la ciencia contemporánea se restringe a las afirmaciones de ciertos empiristas lógicos de hace varias décadas, que eran sumamente restrictivas y que ya no son en absoluto representativas del estado actual de la ciencia. La discusión de O'Meara es sólida e interesante, pero no la expondremos aquí por cuanto la mayor parte de ella se ocupa de afirmaciones interpretativas que no necesariamente se aplican al posmodernismo antropológico.

Dentro mismo de la antropología interpretativa de tendencia posmoderna han surgido signos de descontento con respecto a lo que amenaza convertirse en una nueva ortodoxia, con sus pontífices, su Index de libros y prácticas detestables y su panteón de precursores. El más activo de estos cuestionadores, en general, ha sido Paul Rabinow, algunas de cuyas opiniones (referidas a una nueva propuesta, el cosmopolitismo crítico) ya se han comentado.

El antropólogo Jonathan Spencer, de la Universidad de Sussex, ha formulado recientemente en *Anthropology as a Kind of Writing* un agudo cuestionamiento de la tendencia posmoderna-interpretativa, aun reconociendo el interés inmenso que tendría una buena práctica de reflexividad acerca de los intereses personales de los antropólogos y de la etnografía como escritura. Spencer se concentra en los supuestos y afirmaciones que emanan de la estenografía experimental. Tras comentar los lineamientos del *Tuhami* de Vincent Crapanzano, ensayo en el que se busca que el lector realice sus propias conexiones entre las diversas secciones del texto, Spencer concluye que el resultado de todo esto es insatisfactorio en cierto número de respectos.

Las instantáneas dialogales de *Tuhami* le chocan por demasiado oblicuas; como la información contextual es escasa, resulta ser que el lector se encuentra imposibilitado de sacar sus propias conclusiones y sigue reposando, contradictoriamente, en los comentarios del autor. Estos comentarios, a su vez, siguen siendo sesgados; lo que revelan no se refiere a Marruecos, ni a la existencia de Tuhami, ni al propio Crapanzano, sino más bien a la biblioteca y a los influjos literarios sufridos por el etnógrafo. Otros textos de Dwyer, Marcus y Clifford le merecen un juicio similar.

Lo que puede captarse en todo el movimiento posmoderno es, por un lado, el abandono de toda consideración a propósito de los problemas de validación. La validación ha quedado subsumida en los márgenes de lo que ha dado en llamarse la "autoridad" etnográfica, la cual a su vez se presenta como una cuestión más literaria que práctica. Por el otro lado, hay en el movimiento una considerable falta de reflexividad y autocontextualización. Cuando Crapanzano compara la descripción del carnaval romano por Goethe con la descripción de la riña de gallos por Geertz el contexto, sin duda, se pierde. En lugar de contexto los posmodernos hablan de intertextualidad. Es difícil resistirse a la conclusión —dice Spencer— de que la crítica intertextual se utiliza como una excusa muy *chic* que justifica el abandono de la investigación primaria. Le viene a la mente una definición atribuida al poeta Robert Frost: "Un crítico es alguien que mea en un río y dice: 'Miren la gran corriente que he hecho' ".

Cuando alguien afirma que lo que hacen los antropólogos es escribir, se olvida todo lo demás que los antropólogos hacen antes y después de la escritura. Se deja de lado además el sitio en el que los antropólogos realizan su escritura que, en general (y excluyendo el Instituto de Princeton), corresponde a la franja soleada de los Estados Unidos. Se excluye también lo que significa la antropología posmoderna como producto nuevo, aparecido en el paraíso del consumidor. Un producto que evoca el espíritu radical sin dejar de ser lujoso y exclusivo. Estamos, en fin, en el mundo de lo que Michael Silverstein ha llamado "antropología yuppie".

La antropóloga Vicky Kirby, del departamento de Historia de la Conciencia de la Universidad californiana de Santa Cruz (el mismo lugar de trabajo de James Clifford) ha objetado recientemente el uso que Stephen Tyler ha hecho del concepto derridadiano de desconstrucción. Decíamos antes que Tyler, no obstante haberse apropiado del término, piensa ir más lejos que Derrida en su obra disolvente. En su opinión, la retórica de Derrida es conservadora, visualizada, espacializada; el hecho es, naturalmente, que Derrida no abomina de la escritura, sino más bien del logocentrismo de los lingüistas.

De acuerdo con Tyler, el discurso hablado, a diferencia de la escritura, es éticamente puro, ya que, al ser impermanente, no tiene las mismas pretensiones de verdad ni está sujeto a las rígidas reglas de análisis que acompañan a los modos escritos de expresión. Kirby cuestiona este dualismo moral de Tyler, su división del mundo entre una escritura mala y un hablar bueno. Otros autores (Gasché, Johnson, Spivak, S. Weber) ya han documentado todo lo que se ha perdido, a juicio de Kirby, en la adaptación y sanitización de lo más ofensivo del ideario de Derrida a manos de la intelectualidad norteamericana.

Kirby entiende que para Tyler el discurso tiene lugar en un espacio neutral y dialógico en el que los significados de los hablantes están a la mano y son negociables. El lugar por excelencia de ese tipo de intercambio sería, desde ya, la cultura etnográfica, ágrafa por definición. Derrida es algo más sutil y menos rusoniano: para él no hay percepción inocente; los problemas que Tyler atribuye a la etnografía deberían ser extendidos a los orígenes de los que deriva toda representación: la conversación, la entrevista, el juego, la anécdota.

Este pendular de Tyler entre la pureza del objeto y la exquisitez vanguardista del método posmoderno es captado sutilmente por Kirby. Para ella, la postura de Tyler ilustra el impulso conservador dentro de la intelectualidad norteamericana que se expresa a través de una fetichización de lo nuevo. Otros autores, como J. Rajchman, han sabido describir la confianza norteamericana y la rápida domesticación de la teoría francesa contemporánea como una "estrategia *smorgasbord*" que imita el *pastiche* de estilos del arte de vanguardia y practica el uso descontextualizado de citas y referencias.

También B. Street, de la Universidad de Sussex en Inglaterra, ha hallado motivos para oponerse a Tyler y nos confirma que los antropólogos británicos han tomado las propuestas de aquél concediéndole una respetabilidad muy pobre. Street encuentra en los escritos de Tyler, aparte de las dificultades estilísticas y proposiciones referidas al trabajo de campo más bien banales, una serie de contradicciones básicas. Una de ellas tiene que ver con el modo complicado y académico mediante el cual se asegura la prevalencia del sentido común por encima de la teoría.

La "carnavalización" de la vida cotidiana que el estilo alusivo de Tyler intenta evocar, no puede ser a juicio de Street simplemente pinchado entre las páginas de un libro. Por otra parte, las teorías actuales sobre el carnaval lo contemplan como una forma de reforzar el orden establecido a partir de la naturaleza meramente simbólica de su oposición a él. Finalmente, Street denuncia la falta de sensibilidad de Tyler a cuestiones de contexto (poder, ideología, diferencia), relegadas a segundo plano por su centramiento en cuestiones de escritura que las tendencias verdaderamente avanzadas de la crítica literaria ya no confían a los desbordes de la "Gran Teoría" (Ong, Derrida) en que el propio Tyler se inspira.

Uno de los antropólogos que han reaccionado con mayor firmeza frente al posmodernismo es Michael Carrithers, de la Universidad de Durham en Inglaterra. Carrithers piensa que escribir acerca de la escritura sobre la escritura etnográfica involucra un lamentable desvío que nos aparta del trabajo duro de hacer y usar la etnografía. Una de las observaciones más pertinentes de Carrithers establece que no se pueden aplicar criterios que son útiles para pensar sobre la ficción a géneros que no son en principio ficticios o que sólo lo son en cierta forma. Hacerlo es como querer aplicar principios sobre la rima a la obra de un escritor de prosa como Henry James: no un ejercicio totalmente inútil, pero sí, en cambio, algo relativamente tangencial.

La antropología de aquí en más

La crítica del posmodernismo antropológico está todavía por hacerse, tanto en lo que concierne a sus aspectos epistemológicos como a la ideología desmovilizadora que le está asociada. La conclusión más reiterada del posmodernismo antropológico es que la idea del conocimiento objetivo es un motor puramente literario, un motor que impulsó una forma de escritura "realista" que ya está obsoleta, y en la que el etnógrafo se situaba a la manera de Flaubert, como un observador omnisciente. Pero sin duda las cosas no son tan simples: en primer lugar hay que detenerse a meditar el hecho de que, si bien es posible que de alguna manera la "antropología convencional" construyese sus mundos objetivos en lugar de descubrirlos, los posmodernos han construido también una "antropología convencional" que no es mucho más objetiva que esos mundos.

La antropología convencional, en otras palabras, es en buena medida una construcción posmoderna sobre la que no se reflexiona, y que posibilita, en un orden atestado de retórica, la demostración de las villanías que quieran demostrarse. Es obvio que una entidad capaz de reunir en un mismo rótulo a Boas, a Marvin Harris y a Malinowski, a la fenomenología, al funcionalismo, a la ciencia cognitiva y al marxismo, puede servir de chivo expiatorio para simular la inferencia de la conclusión que se desee. De esta forma, empero, el posmodernismo sólo posterga o escamotea el problema sin solucionarlo. El problema, en rigor, es el de la *objetividad*, y quizá no tanto el de su posesión como el de su búsqueda.

A nuestro juicio, la negación de un conocimiento objetivo de los hechos sociales es un postulado que se debe analizar tomando en cuenta no sólo lo que afirma, que es sensato, sino las consecuencias y corolarios que de él se desprenden, que ya no lo son tanto. El posmodernismo, y en especial sus elaboraciones más extremas, afirman, en síntesis, que "todo vale", que cualquier visión de la realidad es por igual digna de crédito, que no existe ningún procedimiento que garantice la verdad de lo que se afirma. Se han llevado hasta las últimas consecuencias las insinuaciones de Geertz respecto de que la antropología es un género de ficción, y se ha hecho a la ciencia, que se manifiesta por escrito, partícipe de los límites que esa ficcionalización presupone. Del carácter construido de una teoría, que nadie discute, se ha deducido que es posible y quizá legítimo construir lo que se quiera. Da lo mismo demostrar una afirmación que tejer una fantasía, señalar un hecho incontestable que insinuar una evocación imaginaria. Tyler nos aconseja que no busquemos la verdad, sino que nos limitemos a ser "honestos"; la pregunta que cabría plantear es si se puede lograr esto sin pretender aquello.

A menudo los posmodernos hablan de la realidad como si ésta no fuese más que una fantasía realista, como si no existiera una realidad aparte de la teoría. No convendría ser simplistas a este respecto, pero en general todas las afirmaciones de esa naturaleza tienen por consecuencia que se dejen de intentar búsquedas para averiguar qué es lo que verdaderamente sucede en una sociedad, y sobre todo que se desprecie la idea de trabajar sobre la realidad social para modificarla. Nada de esto sería importante si viviéramos —como en efecto cree vivir más de un posmoderno— en el mejor de los mundos posibles. Baudrillard diagnostica que "estamos sumidos en el éxtasis de la información" en una sociedad sobreabundante hasta la obesidad; los males que percibimos son los del exceso, y hasta éste parecería ser necesario para mantenerlo todo en dinámica. Estas premisas pueden sostenerse más fácilmente en París que en Calcuta o en Etiopía, por nombrar sitios en donde quienes sobreviven están sumidos, sin duda, en otros éxtasis.

Afirmar (por implícitamente que se lo haga) que la perspectiva del torturador y la del torturado constituyen visiones "igualmente verdaderas", que después de un holocausto o un etnocidio no hay ninguna verdad objetiva a determinar, que la búsqueda de la verdad constituye una ilusión propia de occidentales sujetos a la idea de la representación, constituyen coartadas quizá peores que las leyes de olvido, la tergiversación del pasado o el silencio histórico tematizados por Orwell o los semiólogos de Tartu: en el posmodernismo la búsqueda de la verdad se proscribe *a priori*, porque se decreta que no hay ningún hecho que pueda establecerse, ninguna certidumbre en lo que se percibe, ningún concepto que resista su desconstrucción. Desconstruir una ciencia blanda ha demostrado ser obscenamente fácil, mucho más que abismarse en la construcción de métodos falibles.

El giro posmoderno encubre una estrategia que va más allá de la configuración de etnografías estilísticamente novedosas. Se comienza inocentemente por desconstruir (digamos) la ilusión de Evans-Pritchard de haber descubierto algo importante sobre la "realidad" de determinado orden de cosas en esta o aquella cultura exótica; se sigue cuestionando la búsqueda de lo objetivo, denostando esa pesquisa como propia de un realismo ingenuo pasado de moda; y se termina, cerrando el círculo, por abolir cualquier especie de verdad. A contrapelo de lo que afirma su propaganda, el posmodernismo dista de ser un movimiento profundamente ético "que no necesita fundamentación en la ontología o en la epistemología"; más bien parece una especie de parodia epistemológica en la que se denuncian anomalías en una ciencia normal fantasmática, sin que importen (o buscando deliberadamente) las contradicciones y la falta de reflexividad de su propia estructura; un simulacro al que no parece importarle en absoluto responder a las consecuencias éticas de sus propias premisas.

Algunos posmodernos (igual que, en su momento, algunos fenomenólogos) se sienten políticamente radicalizados, y claman contra la autoridad académica, el colonialismo y otras plagas de Occidente; juzgamos que esta modalidad combativa es la más insidiosa, porque antes de invitarnos a la refriega ha tomado la precaución de desconstruir todas las armas y de postular metas alucinantes: derrocar el predominio de la visión (o de la palabra), defenestrar la escritura, abolir al sujeto que investiga, fingir que la historia ha terminado. Exceptuando a Taussig, la elaboración de una propuesta de cambio por parte de los posmodernos es, de hecho, nula: sus bravatas políticas encubren un vacío de programas concretos y una marcada propensión hacia lo inmaterial, simbolizada en el programa interpretativo al que adscriben y en la búsqueda obsesiva de universos de significación. Y esta propensión nunca estuvo históricamente asociada a una genuina actitud revolucionaria. Pese a lo que el posmodernismo afirme de sí mismo, está demasiado claro el hecho de que sus premisas se pliegan dócilmente —como lo denunció Fredric Jameson— al programa político del neoliberalismo. Si es verosímil, como los mismos posmodernos afirman, que toda ciencia responde a las condiciones en que se gesta, debemos prestar atención a las condiciones de sobreabundancia en las que se ha gestado el propio posmodernismo y evaluar, a partir de ese análisis, la utilidad o la pertinencia de lo que ellos nos ofrecen de cara a las problemáticas locales. Que una propuesta en la que "todo vale" nos resulte útil es por lo menos dudoso, si es que no es algo peor que eso; decía John Krige que "*todo vale* significa, en la práctica, *que todo siga igual*".

Nada más oportuno que contrastar el exquisito subjetivismo de los posmodernos con una cita de su aborrecido Marvin Harris, a quien aquéllos denigran por positivista, cientificista, ingenuo, brutal. Escribe Harris:

> La doctrina de que todo hecho es ficción y toda ficción un hecho, es moralmente depravada. Confunde al atacado con el atacante; al torturado con el torturador; al asesinado con el asesino. Qué duda cabe que la historia de Dachau nos la podrían contar el miembro de las SS y el prisionero; la de Mylai, el teniente Calley y la madre arrodillada; la de la Universidad de Kent State, los miembros de la Guardia Nacional y los estudiantes muertos por la espalda. Pero sólo un cretino moral sostendría que todas estas historias son igual de verdaderas (*El materialismo cultural*, pág. 352).

No se trata de aconsejar aquí la adopción lisa y llana del materialismo cultural frente a la marejada posmoderna. La cosa no pasa por ahí; lo que resulta esencial es que los acontecimientos referidos por Marvin Harris deberían formar parte de la preocupación antropológica con la misma entidad que las prácticas adivinatorias de los Azande analizadas por Evans-Pritchard, que una puesta del sol en Samoa descrita por Margaret Mead o que el despiece irónico de libros ajenos. Y la cosa pasa también por el hecho de que el compromiso con una u otra teoría antropológica dista de ser una elección política y moralmente neutra.

Este prólogo es más una compensación que un ditirambo. Presentar una antología escrupulosamente representativa con cuyos contenidos no se está de acuerdo no es una práctica habitual en el trabajo académico, pero el daño ya está consumado. Sin desconocer que numerosos planteos posmodernos son dignos de interés, admitimos que nos satisfaría más que los rumbos actuales de la antropología fueran otros, de mayor sustancia metodológica y superior instrumentalidad. La alternativa hubiera sido silenciarlos, pero —a diferencia de Tyler— conjeturamos que no se puede ser honesto faltando a la verdad. No agregaremos al intertexto posmoderno más comentarios, pues los ensayos que siguen hacen poco más que referirse recíprocamente. Valga lo anterior como advertencia y contexto, para que de aquí en adelante la antropología posmoderna misma haga escuchar su voz en la polifonía del debate.

I

Antropología simbólica

1

Géneros confusos. La refiguración del pensamiento social*

CLIFFORD GEERTZ

I

Ciertas verdades sobre las ciencias sociales parecen hoy en día autoevidentes. Una de ellas es que en años recientes ha habido una enorme mezcla de géneros en la ciencia social, así como en la vida intelectual en general, y que tal confusión de clases continúa todavía. Otra es que muchos científicos sociales se han apartado de un ideal de explicación de leyes-y-ejemplos hacia otro ideal de casos-e-interpretaciones, buscando menos la clase de cosas que vincula planetas y péndulos y más la clase de cosas que conecta crisantemos y espadas. Otra verdad es que las analogías que se trazan desde las humanidades están comenzando a jugar el mismo tipo de papel en la comprensión sociológica que las analogías trazadas desde las industrias y la tecnología han jugado, desde hace tiempo, en la comprensión de los fenómenos físicos. No sólo pienso que estas cosas son ciertas, sino que pienso que son verdad en su conjunto, simultáneamente; y el giro cultural que hace que esto sea así es el tema de este ensayo: la refiguración del pensamiento social.

Esta confusión de géneros es más que el hecho de que Harry Houdini o Richard Nixon se vuelvan de pronto personajes de novela, o que las juergas mortíferas del medio oeste se describan como si las hubiera imaginado un novelista gótico. Se trata de que las investigaciones filosóficas parecen críticas literarias (piénsese en Stanley Cavell escribiendo sobre Becket o Thoreau, en Sartre escribiendo sobre Flaubert), las discusiones científicas se asemejan a fragmentos de bellas letras (Lewis Thomas, Loren Eiseley), fantasías barrocas se presentan como observaciones empíricas inexpresivas (Borges, Barthelme), aparecen historias que consisten en ecuaciones y tablas o en testimonios jurídicos (Fogel y Engerman, Le Roi Ladurie), documentos que parecen confesiones verdaderas (Mailer), parábolas que pasan por ser etnografías (Castaneda), tratados teóricos expuestos como recuerdos de viaje (Lévi-Strauss), argumentos ideológicos presentados como investigaciones historiográficas (Edward Said),

* *American Scholar*, vol. 49, N° 2, 1980, págs. 165-179.

estudios epistemológicos construidos como tratados políticos (Paul Feyerabend), polémicas metodológicas arregladas como si fueran memorias personales (James Watson). *El fuego pálido* de Nabokov, ese objeto imposible hecho de poesía y ficción, notas al pie de página e imágenes de la clínica, se asemeja a los tiempos que corren; lo único que falta es teoría cuántica en verso o biografía expresada en álgebra.

Por supuesto, en cierta medida este tipo de cosa se hizo siempre: Lucrecio, Mandeville y Erasmus Darwin expusieron todas sus teorías en rima. Pero la actual mezcolanza de variedades de discurso se ha incrementado hasta un punto en que resulta difícil ya sea rotular a los autores (¿qué es Foucault? ¿Un historiador, un filósofo, un teorizador político? ¿Qué es Thomas Kuhn? ¿Un historiador, un filósofo, un sociólogo del conocimiento?) o clasificar las obras (¿qué es *Después de Babel* de George Steiner? ¿lingüística, crítica, historia cultural? ¿y qué es *On Being Blue* de William Gass? ¿Un tratado, una charla, una apologética?). Esto es mucho más que una cuestión de deportes raros y curiosidades ocasionales, o que el hecho admitido de que lo innovador es, por definición, difícil de categorizar. Es un fenómeno lo suficientemente general y distintivo como para sugerir que lo que estamos viendo no es simplemente otro trazado del mapa cultural —el movimiento de unas pocas fronteras en disputa, el dibujo de algunos pintorescos lagos de montaña— sino una alteración de los principios mismos del mapeado. Algo le está sucediendo al modo en que pensamos sobre el modo en que pensamos.

No necesitamos aceptar herméticas visiones de la *écriture* como un montón de signos significando signos, o abandonarnos tan por completo al placer del texto que su significado desaparezca en nuestras respuestas, para advertir que a nuestro modo de ver lo que escribimos y lo que leemos le ha llegado el momento de un ajuste distintivamente democrático. Las propiedades que conectan los textos entre sí, que de alguna manera los ponen ontológicamente al mismo nivel, están pareciendo tan importantes para caracterizarlos como aquellas propiedades que los dividen. Y más que enfrentados a una matriz de clases culturales, de tipos fijos divididos por diferencias cualitativas tajantes, más y más nos vemos nosotros mismos rodeados por un campo enorme y casi continuo de obras diversamente pensadas y variadamente construidas; obras que sólo podemos ordenar práctica y relacionalmente, según nos impulsen nuestros propósitos. No se trata de que no tengamos más convenciones de interpretación; tenemos más que nunca, construidas —y a menudo mal construidas— para acomodar una situación que al mismo tiempo es fluida, plural, descentrada y fundamentalmente ingobernable.

En lo que a las ciencias sociales concierne, todo esto significa que su tan lamentada falta de carácter ya no las pone aparte de las demás. Incluso ahora es más difícil de lo que siempre ha sido considerarlas como ciencias naturales subdesarrolladas, que esperan solamente tiempo y ayuda de ámbitos más avanzados para endurecerse; o como usurpadoras ignorantes y pretensiosas de la misión de las humanidades, que prometen certidumbres allí donde no puede haber ninguna; o como algo que comprende una empresa claramente distintiva, una tercera cultura entre las dos culturas canónicas de Snow. Pero todo esto es para bien: liberados de tener que llegar a ser taxonómicamente honorables, puesto que nadie más lo es, los individuos que se piensan a sí mismos como científicos sociales (o conductuales, o humanos, o culturales) son libres ahora de dar a su trabajo la forma que deseen en términos de sus necesidades, más que en términos de ideas heredadas sobre la forma en que eso debe o no debe ser hecho. Lo que Clyde Kluckhohn dijo alguna vez sobre la antropología —que es una licencia para la caza intelectual furtiva— no sólo parece más verdad ahora que cuando él lo dijo, sino que parece verdad con respecto a un montón de cosas aparte de la antropología. Nacidas omniformes, las ciencias sociales prosperan a medida que la condición que he descrito se torna general.

De esta manera, los científicos sociales se han dado cuenta de que no necesitan imitar a los científicos o a los humanistas de gabinete, ni inventar un nuevo ámbito del ser que oficie como el objeto de sus investigaciones. En vez de eso, pueden proceder según su vocación, tratando de descubrir un orden en la vida colectiva, y decidir de qué manera lo que ellos estuvieron haciendo se conecta con otras empresas relacionadas, si es que se las arreglan para conseguir alguna que ya esté hecha. Y muchos de ellos han asumido una actitud esencialmente hermenéutica, o si esta palabra asusta, evocando imágenes de zelotes bíblicos, embaucadores literarios y profesores teutónicos, "interpretativa". Dada la nueva dispersión del género, muchos han adoptado otras estrategias: estructuralismo, neopositivismo, neomarxismo, micro-micro descriptivismo, macro-macro construcción de sistemas, y esa curiosa combinación de sentido y sinsentido común que es la sociobiología. Pero la tendencia hacia una concepción de la vida social como algo que está organizado en términos de símbolos (signos, representaciones, *signifiants*, *Darstellungen*... la terminología es variada), cuyo significado (sentido, valor, *signification*, *Bedeutung*) debemos captar si es que queremos comprender esa organización y formular sus principios, ha crecido hasta alcanzar proporciones formidables. Los bosques están llenos de intérpretes ansiosos.

La explicación interpretativa —y es una forma de explicación, y no sólo glosografía exaltada— encarrila su atención sobre lo que las instituciones, las acciones, las imágenes, las expresiones, los sucesos, las costumbres y todos los objetos habituales de interés científico-social, significan para aquellos cuyas instituciones, acciones, costumbres, etcétera, son. Como resultado, la explicación interpretativa se expresa no en leyes como la de Boyle, o en fuerzas como la de Volta, o en mecanismos como el de Darwin, sino en construcciones como las de Burkhardt, Weber o Freud: aperturas sistemáticas del mundo conceptual en que los *condottiere*, los calvinistas o los paranoides viven.

El estilo de estas construcciones es variado: Burckhardt retrata, Weber modela, Freud diagnostica. Pero todas ellas representan intentos para formular la forma en que este pueblo o aquél, este período o aquél, esta persona o aquélla tienen sentido para sí mismos, y, comprendiendo eso, qué podemos comprender nosotros sobre el orden social, el cambio histórico o el funcionamiento psíquico en general. La indagación se dirige hacia casos o conjuntos de casos y hacia los rasgos particulares que los singularizan; pero estos propósitos son de tan largo alcance como los de la mecánica o la fisiología: distinguir los materiales de la experiencia humana.

Junto con tales objetivos y tales maneras de alcanzarlos, vienen asimismo algunas novedades de retórica analítica, en los tropos y en la imaginería de la explicación. Como la teoría —científica o lo que fuere— se mueve principalmente por analogía, por una comprehensión "como si" de lo menos inteligible por lo más inteligible (la tierra vista "como si" fuera un magneto, el corazón como una bomba, la luz como una onda, el cerebro como una computadora, el espacio como un globo), cuando el curso de la teoría cambia, las convenciones con las que ella se expresa varían también. En las etapas iniciales de las ciencias naturales, antes de que las analogías llegaran a ser tan pesadamente intramurales —y en aquellas ciencias (la cibernética, la neurología) en que todavía no lo son— ha sido el mundo de las artes y oficios, y posteriormente el de la industria el que proporcionó el mayor número de las realidades bien comprendidas (bien comprendidas porque, *certum quod factum* —como decía Vico— el hombre las había hecho) con las que las mal comprendidas (mal comprendidas porque no las había hecho el hombre) podían ser llevadas al círculo de lo conocido. La ciencia debe más a la máquina de vapor de lo que la máquina de vapor debe a la ciencia; sin el arte del tintorero no habría habido química; la metalurgia ha sido teorizada por la minería. En la ciencias sociales, o por lo menos en aquellas que han abandonado una concepción reduccionista de su objeto, las analogías provienen ahora más de los artefactos de la performance cultural que de los de la manipulación física: provienen del teatro, la pintura, la gramática, la literatura, la ley, el juego. Lo que la palanca hizo por la física, las movidas de ajedrez prometen hacer por la sociología.

Las promesas no siempre se mantienen, por supuesto, y cuando lo hacen a menudo sucede que se tornan amenazas. Pero el moldeado de las ciencias sociales en términos más familiares a los jugadores y a los estetas que a los fontaneros y a los ingenieros; está claramente encaminado. Este recurso a las humanidades en busca de analogías explicatorias es al mismo tiempo evidencia de la desestabilización de los géneros y del surgimiento del "giro interpretativo"; y su resultado más visible es un estilo modificado de discurso en los estudios sociales. Los instrumentos de razonamiento están cambiando, y cada vez se representa menos a la sociedad como una máquina elaborada o como un cuasi organismo, que como un juego serio, un drama callejero o un texto conductista.

II

Toda esta confusión acerca de las propiedades de la composición, la indagación y la explicación representa, por supuesto, una alteración radical de la imaginación sociológica que la impulsa hacia direcciones que son a la vez difíciles y poco familiares. Y al igual que tantos otros cambios de moda, es tan probable que la conduzcan a la oscuridad y a la ilusión como que lo hagan a la precisión y a la verdad. Para que el resultado no sea cháchara elaborada o delirio de alto vuelo, se deberá desarrollar una conciencia crítica. Y dado que tenemos que pedir prestado a las humanidades mucho más de la imaginería, del método, de la teoría y del estilo de lo que fuera el caso anteriormente, todo eso deberá provenir más de los humanistas y de sus apologistas que de los científicos naturales y lo suyos. Y para decir lo menos, es un hecho que los humanistas, después de años de considerar a los científicos sociales como tecnólogos o como entrometidos, están mal equipados para esta finalidad.

Los científicos sociales, que acaban de liberarse —y sólo parcialmente— de los sueños de la física social, las leyes envolventes, la ciencia unificada, el operacionalismo y todo eso, difícilmente lo estén mejor. Para ellos, la confusión general de las identidades vocacionales no podía haber llegado en un momento más oportuno. Si los científicos sociales están por desarrollar sistemas de análisis en los cuales concepciones tales como la de seguir una regla, construir representaciones, expresar una actitud o formar una intención van a jugar un rol central (más que concepciones tales como la de aislar una causa, determinar una variable, medir una fuerza o definir una función), necesitarán toda la ayuda que puedan obtener de esa gente que se encuentra más cómoda entre tales nociones de lo que se encuentran ellos. No es hermandad interdisciplinaria lo que se necesita, ni es tampoco un eclecticismo menos petulante: es el reconocimiento, por ambas partes, de que las líneas que agrupan a los estudiosos en áreas intelectuales o, lo que es lo mismo, que los clasifican en comunidades diferentes, en los días que corren poseen ángulos enormemente excéntricos.

El punto en el cual las reflexiones de los humanistas sobre las prácticas de los científicos sociales parecen más urgentes, es el que concierne al despliegue, en el análisis social, de modelos trazados a partir de dominios humanistas: ese "cauteloso razonamiento según analogías", como lo llamaba Locke, que "a menudo nos conduce al descubrimiento de verdades y producciones útiles que de otro modo hubieran permanecido ocultas". (Locke estaba hablando de frotar dos varas entre sí para provocar fuego y de la teoría calórica de la fricción atómica, aunque la sociedad comercial y el contrato societario también le habrían servido como imágenes.) Mantener el razonamiento cauteloso, y por ende útil, y por ende verdadero, es, por así decirlo, el nombre del juego.

La analogía del juego es tanto cada vez más popular en la teoría social contemporánea como cada vez más necesitada de examen crítico. El impulso para observar una u otra clase de conducta social como una y otra clase de juego proviene de cierto número de fuentes (no excluyéndose, quizá, la prominencia de los espectáculos deportivos en la sociedad de masas). Pero la más importante de estas fuentes es la concepción de Wittgenstein de las formas de vida como juegos del lenguaje, al lado de la concepción lúdica de la cultura de Huizinga y de las nuevas estrategias de *La teoría de los juegos y la conducta económica* de von Neumann y Morgenstern. De Wittgenstein proviene la noción de la acción intencional como algo "que sigue una regla"; de Huizinga la concepción del juego como la forma paradigmática de la vida colectiva; de von Neumann y Morgenstern la concepción de la conducta social como una maniobra recíproca en pos de beneficios distributivos. Tomadas en su conjunto, estas concepciones conducen a un excitado y excitante estilo de interpretación en ciencias sociales que combina un fuerte sentido de ordenamiento formal de las cosas con un sentido igualmente fuerte de la radical arbitrariedad de ese orden: inevitabilidad de las movidas de ajedrez, que podrían asimismo haberse desarrollado de otra manera.

Los escritos de Erving Goffman —quizás el más celebrado sociólogo norteamericano del momento, y por cierto el más ingenioso— por ejemplo, descansan casi enteramente sobre la analogía del juego. (Goffman también emplea extensivamente el lenguaje de la escena, pero como su visión del teatro es la de un juego extrañamente amanerado —ping pong en máscaras— su trabajo, básicamente, no es verdaderamente dramatúrgico.) Gofffman aplica la imaginería del juego a casi todo lo que cae en sus manos, lo cual —puesto que él no es demasiado respetuoso de los derechos de propiedad— es bastante. El ir y venir de las mentiras, las metamentiras, las verdades increíbles, las amenazas, las torturas, los sobornos y el correo clandestino que comprende el mundo del espionaje aparece construido como un juego de expresión; un carnaval de decepciones casi como la vida en general, porque —como lo expresa en una frase que podría haber sido de Conrad o de Le Carré— "los agentes son un poco como nosotros, y todos nosotros somos un poco como agentes". La etiqueta, la diplomacia, el crimen, las finanzas, la publicidad, la ley, la seducción y la solemnidad burlona de lo cotidiano, son entrevistos como juegos de información, estructuras laberínticas de jugadores, juegos, movidas, posiciones, señales, estados de información, apuestas y ganancias, en las cuales sólo los mejores jugadores, aquéllos ansiosos y capaces de fingirlo todo, prosperan.

En la obra de Goffman, lo que sucede en un hospital psiquiátrico o en cualquier hospital o prisión, o incluso en una escuela de internados, es un "juego ritual de tener un *self*", en el que el staff posee la mayor parte de las figuras de la baraja y todos los triunfos. Un *tête-à-tête*, la deliberación de un jurado, "una tarea realizada en conjunto por personas físicamente próximas", una danza de pareja, hacer el amor o boxear, en una palabra todos los encuentros cara a cara, son juegos en los cuales "como todos los psicóticos y los cómicos deberían saber, cualquier movimiento adecuadamente impropio puede atravesar la tenue película de la realidad inmediata". El conflicto social, la desviación, la actividad empresarial, los roles sexuales, los ritos religiosos, el *ranking* del status y la simple necesidad de aceptación humana reciben el mismo tratamiento. La vida no es más que un tazón de estrategias.

Mejor aún, como Damon Runyon dijo alguna vez, es un tres a dos en contra. Pues la imagen de la sociedad que surge de la obra de Goffman y de la del enjambre de estudiosos que de una manera u otra lo siguen o dependen de él, es una corriente continua de gambitos, tramas, artificios, engaños, disfraces, conspiraciones y francas imposturas en la que los individuos y las coaliciones de individuos se esfuerzan —a veces inteligentemente, otras con cierta comicidad— por jugar juegos enigmáticos cuya estructura es clara pero cuyo objetivo no lo es. La de Goffman es una visión de las cosas radicalmente no romántica, un conocimiento amargo y gélido, uno que hace muy mala pareja con las tradicionales piedades humanistas. Pero no por eso es menos poderosa, ni tampoco, con su ética nada quejumbrosa de tómalo-como-viene, es tan inhumana como puede parecer.

Como quiera que sea, no todas las concepciones de la vida social como un juego son tan horrendas, y algunas son positivamente traviesas. Lo que conecta a todas ellas es la idea de que los seres humanos están menos impulsados por fuerzas que sometidos a reglas, que las reglas son tales que sugieren estrategias, que las estrategias son tales que inspiran acciones, y que las acciones son tales como para ser gratificantes, *pour le sport*. Como los juegos en el sentido literal de la palabra (el béisbol, o el póker, o el parchís) crean pequeños universos de significado en los cuales algunas cosas pueden hacerse y otras no (no se puede hacer enroque en el dominó), lo mismo que sucede en los juegos analógicos del culto, del gobierno o del cortejo sexual (uno no puede amotinarse en un banco). Contemplar la sociedad como un conjunto de juegos significa verla como una enorme pluralidad de convenciones aceptadas y de conocimientos apropiados. "Me pregunto —se supone que dijo el príncipe Metternich cuando un ayudante le susurró al oído en un baile real que el zar de todas las Rusias había muerto—, me pregunto cuál puede haber sido su motivo."

La analogía del juego no es una visión de las cosas que pueda llegar a agradar a los humanistas, quienes piensan que la gente no obedece reglas y no intriga en busca de ventajas, sino que actúa libremente y realiza sus más bellas capacidades. Pero que esa analogía parece explicar muchas cosas sobre muchos aspectos de la vida moderna, y de diversas maneras parece también atrapar su tono, es difícil de negar. ("Si tú no puedes soportar el maquiavelismo", decía una reciente historieta del New Yorker, "vete fuera de esta intriga".) De este modo, si la analogía ha de ser recusada, no debería ser por puro desprecio, por rehusarse a mirar a través del telescopio o por reafirmaciones apasionadas de verdades sacrosantas, citando las escrituras para refutar el sol. Es necesario descender a los detalles del asunto, examinar los estudios y criticar las interpretaciones, ya sean la de Goffman sobre el crimen como un juego de apuestas, las de Harold Garfinkel sobre el cambio sexual como juego de identidad, las de Gregory Bateson sobre la esquizofrenia como confusión de reglas, o las mías propias sobre los complicados sucesos en un bazar de Medio Oriente como una contienda de información. A medida que la teoría social se vuelve de las metáforas propulsivas (el lenguaje de los pistones) hacia las metáforas lúdicas (el lenguaje de los pasatiempos), las humanidades se conectan a sus argumentos no a la manera de escépticos mirones sino, al igual que la fuente de su imaginería, como cómplices imputables.

III

La analogía dramática para la vida social ha estado en uso de una manera circunstancial durante mucho tiempo (todo el mundo es un escenario y nosotros no somos más que ejecutantes que se contonean, etc). Y los términos del escenario, y más que nada el de "rol", han sido materias primas del discurso sociológico desde por lo menos la década del 1930. Lo que es relativamente nuevo (nuevo, aunque no sin precedentes) es un par de cosas. Primero, todo el peso de la analogía se está aplicando intensiva y sistemáticamente, en lugar de desplegarse gradualmente, unas pocas alusiones allí, unos pocos tropos allá. Y en segundo lugar, cada vez se lo aplica menos de modo peyorativo ("mero espectáculo", máscaras y mojiganga) y más de una manera constructiva, genuinamente dramatúrgica: hacer, y no fingir (*making, not faking*), como lo ha dicho el antropólogo Victor Turner.

Los dos desarrollos están ligados, por supuesto. Un punto de vista construccionista de lo que es el teatro (esto es, poiesis) implica que una perspectiva dramática en las ciencias sociales necesita hacer algo más que señalar que todos tenemos nuestras entradas y salidas, que todos ejecutamos partes, perdemos el pie y amamos la ostentación. Puede que el mundo sea un Barnum and Bailey o puede que no, nosotros podemos ser o no sombras ambulantes; pero tomar la analogía del drama seriamente involucra sondear, por detrás de tales ironías familiares, los mecanismos expresivos que hacen que la vida colectiva parezca lo que parece. El problema con las analogías —y ésta es también su gloria— es que ellas conectan lo que comparan en ambas direcciones. Habiendo jugueteado con el lenguaje del teatro, algunos científicos sociales se encuentran ellos mismos enredados en los espirales de su estética.

Tal aprovechamiento exhaustivo de la analogía del drama en la teoría social —como una analogía, no como una metáfora incidental— se ha originado en fuentes de las humanidades no conmensurables en su totalidad. Por un lado está la así llamada teoría ritual del drama, asociada con figuras diversas tales como Jane Harrison, Francis Ferguson, T. S. Eliot y Antonin Artaud. Por el otro está la acción simbólica (el "dramatismo", como él lo llama) del teórico literario y filósofo norteamericano Kenneth Burke, cuya influencia en los Estados Unidos es a la vez enorme y (dado que casi nadie utiliza actualmente su barroco vocabulario, con sus reducciones, proporciones, etc.) elusiva. El problema es que estas estrategias empujan en direcciones más bien opuestas: la teoría ritual hacia las afinidades del teatro y la religión (el drama como comunión, el tiempo como escenario), la teoría de la acción simbólica hacia las analogías del teatro y la retórica (el drama como persuación, la tarima como escenario). Y esto deja la base de la analogía —precisamente, lo que hay de similar entre el theatron y el ágora— en un punto difícil de focalizar. Que la liturgia y la ideología son histriónicas es suficientemente obvio, como lo es que la etiqueta y la publicidad lo son. Pero qué significa esto no lo es tanto.

Probablemente el abogado más eminente de la estrategia de la teoría ritual en las ciencias sociales en este momento es Victor Turner. Un antropólogo formado en Gran Bretaña, re-formado en América, Turner, en una notable serie de trabajos que apuntan a la vida ceremonial de una tribu de Africa Central, ha desarrollado una concepción del drama social como un proceso regenerativo que (de una manera parecida a los juegos sociales de Goffman concebidos como interacción estratégica) ha congregado un número tan grande de investigadores como para producir una escuela interpretativa distinta y poderosa.

Para Turner, los dramas sociales ocurren en "todos los niveles de la organización, del estado a la familia". Esos dramas se originan en situaciones de conflicto (una aldea se divide en facciones, un marido golpea a su esposa, una región se levanta en contra del estado) y proceden hasta su desenlace a través de conductas públicamente ejecutadas y convencionales. A medida que el conflicto se agrava hasta la crisis y la excitada fluidez de una emoción exaltada, en la que la gente se siente al mismo tiempo compartiendo un estado de ánimo común y liberada de sus amarras sociales, se invocan formas ritualizadas de autoridad, litigios, contiendas, sacrificios, plegarias, para contenerlo y ejecutarlo ordenadamente. Si tienen éxito, la fractura es curada y se restaura el statu quo, o algo que se le parece. Si no lo tienen, se acepta que la situación no tiene remedio y las cosas se precipitan en diversas suertes de finales no felices: migraciones, divorcios o asesinatos en la catedral. Con diferentes grados de rigor o de detalle, Turner y sus seguidores han aplicado este esquema a ritos tribales de pasaje, ceremonias de curación y procesos judiciales, a insurrecciones mexicanas, a sagas islandesas y a las dificultades de Thomas Becket con Henry II; a la narrativa picaresca, a los movimientos milenaristas, a los carnavales del Caribe y al cataclismo político de la década de 1960. Una forma para todas las estaciones.

Esta hospitalidad de cara a todos los casos, es simultáneamente la mayor fuerza de versión ritual de la analogía del drama y su debilidad más prominente. Ella puede presentar algunos de los rasgos más profundos de los procesos sociales, pero al costo de hacer que asuntos vívidamente dispersos parezcan aburridamente homogéneos.

Enraizada como lo está en las dimensiones de ejecución repetitiva de la acción social (la representación, y por lo tanto la re-experiencia de formas conocidas) la teoría ritual no sólo revela las dimensiones temporales y colectivas de tal acción y su naturaleza inherentemente pública con particular agudeza. Revela también su poder para trasmutar no solamente opiniones, sino (como el crítico británico Charles Morgan ha dicho con respecto al drama en sentido estricto) la gente que lo lleva a cabo. "El gran impacto del teatro, escribe Morgan, no es ni una persuasión del intelecto ni una seducción de los sentidos... Es el movimiento envolvente de todo el drama en el alma del hombre. Nos rendimos y somos cambiados." O por lo menos estamos allí en donde la magia funciona. Lo que Morgan en otra bella frase llama "el suspenso de la forma... la incompletitud de una completitud conocida" es la fuente de poder de este movimiento envolvente, un poder que, como lo ha mostrado la teoría del ritual, difícilmente sea menos coercitivo (y difícilmente se lo vea menos como de otro mundo) cuando el movimiento aparece en un rito de iniciación femenina, en una revolución campesina, en una épica nacional o en el camerino de una estrella.

Estos procesos, formalmente similares, poseen contenidos diferentes. Podríamos decir que dicen cosas más bien diferentes, y que de esta manera poseen diferentes implicaciones para la vida social. Y aunque los teóricos del ritual dudosamente desconozcan este hecho, están mal equipados —precisamente debido a que ellos están preocupados por el movimiento general de las cosas— para enfrentarse con él. Los grandes ritmos dramáticos, las imponentes formas del teatro, se perciben en procesos sociales de todas clases, formas y significaciones, aunque los teóricos del ritual, de hecho, se encuentran mucho más cómodos con las periodicidades cíclicas y restaurativas de las comedias que son las progresiones lineales de la tragedia, cuyos finales tienden a ver más como colapsos que como consumaciones. Pero los detalles individuales, la clase de cosas que diferencia *Un cuento de invierno* de *Medida por medida*, a *Macbeth* de *Hamlet*, se abandonan al arbitrio del empirismo enciclopédico: documentación masiva de una sola proposición (*plus ça change, plus c'est le même changement*). Si los dramas son, para adaptar una frase de Susanne Langer, poemas a modo de acciones, algo se pierde: lo que el poema dice exacta y socialmente.

Son las estrategias de la acción simbólica las que están diseñadas para llevar a cabo este desvelamiento del significado ejecutado. Aquí no hay un solo nombre para citar, sino un creciente catálogo de estudios particulares, algunos de los cuales dependen de Kenneth Burke, y algunos de Ernst Cassirer, Northrop Frye, Michel Foucault o Emile Durkheim, y que se ocupan de decir qué es lo que dice algún fragmento del decir actuado: una coronación, un sermón, un motín, una ejecución. Si los teóricos del ritual, con sus ojos sobre la experiencia, tienden a ser erizos, los teóricos de la acción simbólica, con sus ojos sobre la expresión, tienden a ser zorros.

Dada la naturaleza dialéctica de las cosas, todos necesitamos oponente, y estas clases de estrategias son esenciales. Lo que mayormente buscamos ahora es alguna forma de sintetizarlas. En mi propio análisis (a punto de publicarse) sobre la política india tradicional en Bali —citado aquí no porque sea ejemplar, sino porque es mío— he tratado de abordar este problema. En ese análisis me ocupo por un lado (el lado burkeano) de demostrar cómo todo, desde la organización del grupo de parentesco, el comercio, la ley consuetudinaria y el control del agua a la mitología, la arquitectura, la iconografía y la cremación, se combina en una afirmación dramatizada de una forma distinta de teoría política, una concepción particular de lo que son o debieran ser el status, el poder, la autoridad. Es decir, una réplica del mundo de los dioses que es al mismo tiempo un molde para el mundo de los hombres. El estado corporiza una imagen del hombre que al ser un modelo para sus espectadores, en y por sí mismo, ordena la sociedad. Por el otro lado (el lado de Turner), como el público no sólo observa las expresiones del fausto como espectadores boquiabiertos, sino que es atrapado corporalmente en ellas (especialmente en las ceremonias grandes y masivas, óperas políticas de dimensiones borgoñonas, que forman su núcleo), este poder del drama para moldear la experiencia —"nos rendimos y somos cambiados"— es la fuerza poderosa que mantiene unido lo político. Forma reiterada, representada por su propia audiencia, que hace (hasta cierto punto, porque ningún teatro funciona totalmente) la teoría-hecho.

Lo que deseo resaltar es que quienes pretendan juzgar sobre este tipo de trabajos deberían ser humanistas que reconocidamente sepan algo sobre lo que es el teatro, la mimesis y la retórica; y no solamente en lo que respecta a mi trabajo, sino al de la corriente cada vez más amplia de análisis de los procesos sociales, en los cuales la analogía del drama gobierna de una manera u otra. En un momento en el que los científicos sociales están charlando sobre actores, escenas, tramas, representaciones y personajes, y los humanistas están barboteando sobre motivos, autoridad, persuasión, intercambio y jerarquía, la línea entre ambos (por más tranquilizadora que sea para el puritano que está de un lado y para el caballero que está del otro) parece más bien incierta.

La analogía del texto adoptada ahora por los científicos sociales es, en cierta medida, la más amplia de las recientes refiguraciones de la teoría social, la más atrevida y la menos desarrollada. Aun más que el "juego" o el "drama", el "texto" es un término peligrosamente desenfocado, y su aplicación a la acción social, a la conducta de la gente hacia otra gente, involucra una continua torcedura conceptual, un momento particularmente extravagante del "ver como". Describir la conducta humana según la analogía del jugador y el oponente, o del actor y la audiencia, parece, a pesar de sus trampas, más natural que describirla en términos del escritor y el lector. Prima facie, la sugerencia de que las actividades de los espías, amantes, doctores brujos o pacientes mentales son movidas o performances es seguramente mucho más plausible que la idea de que son frases.

Pero la prima facie es una guía dudosa cuando se trata de realizar analogías; si no lo fuera, todavía estaríamos pensando del corazón como un horno y de los pulmones como fuelles. La analogía del texto posee algunas ventajas poco evidentes, todavía insuficientemente conocidas, y la disimilitud superficial entre el "estamos aquí, estamos allá" de la interacción social y la sólida compostura de las líneas de una página es lo que le da —o le podría dar cuando este desacuerdo se alinee— su fuerza interpretativa.

La clave para la transición del texto al análogo del texto, de la escritura como discurso a la acción como discurso es, como lo señaló Paul Ricoeur, el concepto de "inscripción": la fijación del significado. Cuando hablamos, nuestras frases se volatilizan como sucesos al igual que cualquier otra conducta; a menos que lo que digamos sea inscrito en escritura (o mediante algún otro proceso establecido de registro), es tan evanescente como lo que hacemos. Si así se lo inscribe, por supuesto que —como la juventud de Dorian Gray— pasa de todas maneras; pero por lo menos su significado —lo *dicho*, no el *decir*— permanece hasta cierto punto y durante un tiempo. Esto no es demasiado diferente en lo que respecta a la acción en general: su significado puede persistir de una manera en que su realidad no puede.

La gran virtud de la extensión de la noción de texto más allá de las cosas escritas en papel o esculpidas en piedra es que dirige la atención sobre precisamente este fenónemo: cómo se lleva a cabo la inscripción de la acción, cuáles son sus vehículos y cómo trabajan, y qué es lo que la fijación del significado a partir del flujo de sucesos (la historia a partir de lo que sucedió, el pensamiento a partir de lo pensado, la cultura a partir de la conducta) implica para la interpretación sociológica. Contemplar las instituciones sociales, las costumbres sociales, los cambios sociales como "legibles" en algún sentido, implica modificar todo nuestro sentido sobre lo que es la interpretación hacia modos de pensamiento más familiares al traductor, al exégeta o al iconógrafo que al administrador de tests, al analista factorial o al empadronador.

Todo esto se percibe con nitidez ejemplar en la obra de Alton Becker, un lingüista comparativo, sobre el teatro de sombras javanés o *wayang*, como se lo llama. Wayangear (no hay otro verbo adecuado) es, como dice Becker, una forma de construir un texto, un modo de colocar símbolos para construir una expresión. Para interpretarlo, para comprender no sólo lo que significa sino cómo es que lo hace, se necesita —dice— una nueva filología.

La filología, el estudio del lenguaje centrado en el texto (en contraste con la lingüística, que se centra en la lengua), se ha ocupado tradicionalmente de hacer que los documentos antiguos, o extranjeros, o esotéricos fueran accesibles a aquellos para los cuales esos documentos eran antiguos, o extranjeros, o esotéricos. Se glosan los términos, se agregan notas, se escriben comentarios y cuando es necesario se hacen transcripciones y se traduce. Todo esto conduce a la finalidad de producir una edición anotada tan legible como el filólogo pueda hacerla. El significado se fija a un metanivel; lo que hace esencialmente un filólogo —una especie de autor secundario— es re-inscribir: interpretar un texto mediante un texto.

Mirándolo así, las cosas son relativamente sencillas, independientemente de lo difíciles que se puedan volver en la práctica. Pero cuando la preocupación filológica va más allá de los procedimientos artesanales de rutina (la autentificación, la reconstrucción, la anotación) y se dirige a cuestiones conceptuales, concernientes a la naturaleza de los textos como tales —es decir, a cuestiones sobre sus principios de construcción— la simplicidad se esfuma. El resultado, como lo hace notar Becker, ha sido la quiebra de la filología —que ahora es en sí un término casi obsoleto— en especialidades disjuntas y en rivalidad recíproca y, más particularmente, el surgimiento de una división entre quienes estudian textos individuales (historiadores, editores, críticos, que se llaman a sí mismos humanistas) y aquellos que estudian la actividad de la creación de textos en general (lingüistas, psicólogos, etnógrafos, que se llaman a sí mismos científicos). El estudio de las inscripciones se separa del estudio de la actividad de inscribir, el estudio del significado fijo se separa del estudio de los procesos sociales que lo fijan. El resultado es una doble estrechez. No sólo queda bloqueada la extensión del análisis del texto a materiales no escritos, sino también la aplicación del análisis sociológico a textos escritos.

La "nueva filología" —o como eventualmente se la vaya a llamar— se ocupa de arreglar esta quiebra y de la integración del estudio sobre cómo se construyen los textos (cómo lo dicho es recuperado a partir de su enunciación) en el estudio de los fenónemos sociales: las bromas apaches, las viandas inglesas, los sermones de culto africanos, las escuelas secundarias norteamericanas, las castas indias, la incineración de la viuda balinesa, para mencionar algunos intentos recientes aparte de los de Becker. "En un mundo multicultural", escribe Becker, "un mundo de múltiples epistemologías, existe necesidad de un nuevo filólogo —un especialista en relaciones contextuales— en todas las áreas del conocimiento en la cuales la construcción de textos... sea una actividad central: literatura, historia, ley, música, psicología, comercio e incluso la guerra y la paz."

Becker observa cuatro órdenes de conexión semiótica en un texto social que su nuevo filólogo debería investigar: la relación de sus partes entre sí, la relación de ese texto social con otros cultural o históricamente asociados con él, su relación con aquellos que en alguna medida lo construyen, y su relación con realidades concebidas como algo que yace fuera de él. Ciertamente hay otras conexiones (su relación con su *materia*, por decir una), y con entera certidumbre incluso las nombradas suscitan profundas cuestiones metodológicas que hasta ahora se han abordado con timidez. La "coherencia", la "intertextualidad", la "intención" y la "referencia" —que son las cuatro relaciones de Becker como más o menos se la podría resumir— se vuelven nociones cada vez más elusivas cuando uno deja el párrafo o la página y aborda el acto o la institución. Y además, como lo demostró Nelson Goodman, esas nociones no están siquiera bien definidas para el párrafo o la página, para no decir nada del dibujo, la melodía, la estatua o la danza. Si es que existe esta teoría del significado implícita por esta múltiple contextualización de fenómenos culturales (una suerte de constructivismo simbólico), existe en términos de un catálogo de insinuaciones ondulantes y de ideas a medio reunir.

Por supuesto, no está todavía claro cuán lejos puede llegar este tipo de análisis, más allá de asuntos específicamente expresivos —tales como el teatro de títeres— y qué ajustes deberán hacerse sobre la marcha. Así como los proponentes de "la vida es un juego" tienden a gravitar hacia las interacciones cara a cara, el cortejo y los *cocktail parties* como el terreno más fértil para su análisis, y así como los proponentes de "la vida es un escenario" se encuentran atraídos por las intensidades colectivas, los carnavales y las insurrecciones, del mismo modo los proponentes de "la vida es un texto" se inclinan hacia el examen de las formas imaginativas: bromas, proverbios, artes populares. No hay nada en esto que sea sorprendente o digno de reproche; uno trata, naturalmente, de aplicar sus analogías allí donde parecen funcionar mejor. Pero sus destinos a largo plazo reposan en su capacidad para trasladarse más allá de sus fáciles éxitos iniciales, hacia otros desafíos más difíciles y menos predecibles: la idea del juego para explicar el culto, la idea del drama para explicar el humor, la idea del texto para clarificar la guerra. La mayor parte de estos triunfos —si es que a fin de cuentas han de ocurrir— está (y en el caso del texto más que en los otros) todavía por venir. Por el momento, todo lo que sus apologistas pueden hacer es lo que han estado haciendo hasta ahora: ofrecernos algunos ejemplos de aplicación, algunos síntomas de problemas y algunos pedidos de auxilio.

V

Ya está bien de ejemplos, de todas formas. No sólo estas tres analogías en particular obviamente se esparcen unas sobre las otras a medida que los escritores individualmente van y vienen entre los lenguajes lúdico, dramático y textualista, sino que existen otras analogías humanistas en la escena de la ciencia social por lo menos tan prominentes como aquéllas: los análisis de los actos de habla que siguen a Austin y a Searle; modelos del discurso tan diferentes como el de la "competencia comunicativa" de Habermas y el de la "arqueología del conocimiento" de Foucault; estrategias representacionistas que se inspiran en la estética cognitiva de Cassirer, Langer, Gombrich o Goodman; y por supuesto la criptología de alto vuelo de Lévi-Strauss. Tampoco están estas estrategias internamente asentadas ni son homogéneas: las divisiones entre los que piensan en términos de juegos y los que piensan en términos de estrategias a las que aludí en relación con el enfoque del juego, o entre los ritualistas y los retóricos en relación con el enfoque del drama, poseen algo más que un paralelo en el enfoque del texto en lo que hace a los choques entre los mandarines opuestos a la interpretación del desconstruccionismo y los tribunos de la dominación simbólica del neomarxismo. Las cuestiones no son ni estables ni consensuales, y no parece que vayan a serlo pronto. El problema más interesante no es cómo arreglar todo este enredo, sino qué significa todo este fermento.

Una de las cosas que significa es que, todo lo andrajosamente que se quiera, se ha suscitado un desafío a algunos de los supuestos centrales de la corriente principal de la ciencia social. La estricta separación entre la teoría y el dato, la idea del "hecho en bruto"; el esfuerzo por crear un vocabulario formal purificado de toda referencia subjetiva, la idea del "lenguaje ideal"; y la afirmación de la neutralidad moral y la visión olímpica, la idea de la "verdad de Dios": ninguna de ellas puede prosperar cuando se comienza a considerar la explicación como un problema de conectar la acción con su sentido, más que la conducta con sus determinantes. La refiguración de la teoría social representa —o lo hará, si continúa en curso— un cambio monumental no tanto en nuestra noción de lo que es el conocimiento, sino en nuestra noción de lo que deseamos saber. Los sucesos sociales poseen causas y las instituciones sociales efectos; pero bien pudiera ser que el camino hacia el descubrimiento de qué es lo que afirmamos al afirmar esto repose menos en postular fuerzas y medirlas que en tomar nota de expresiones e inspeccionarlas.

El camino que ha tomado un importante segmento de científicos sociales —de las analogías con procesos físicos a las analogías con formas simbólicas— ha introducido un debate fundamental en la comunidad de la ciencia social, concerniente no sólo a sus métodos sino a sus objetivos. Es un debate que crece en intensidad cada día. La edad de oro (o quizás haya sido sólo la edad de bronce) de las ciencias sociales, cuando cualesquiera fuesen las diferencias de posición teórica y de afirmaciones empíricas el objetivo básico de toda la empresa era un acuerdo universal —encontrar la dinámica de la vida colectiva y alterarla en la dirección deseada— claramente ya ha pasado. Hoy ya hay demasiados científicos sociales trabajando, para quienes el objetivo es la anatomización del pensamiento, y no la manipulación de la conducta.

Pero no es solamente para las ciencias sociales que esta alteración en el modo en que pensamos acerca de cómo pensamos posee consecuencias desestabilizadoras. El creciente interés de los sociólogos, antropólogos, psicólogos, cientistas políticos e incluso aquí o allá algún economista bribón en el análisis de los sistemas de símbolos plantea (implícita o a veces explícitamente) la cuestión de la relación de tales sistemas con lo que sucede en el mundo; y lo hace de una manera que es tan diferente de aquella a la que están acostumbrados los humanistas, cuanto menos evasible (con homilías acerca de los valores espirituales y la vida contemplativa) de lo que a muchos de ellos, según parece, les gustaría que fuese.

Si la noción del tecnólogo social sobre lo que es un científico social es puesta en entredicho por toda esta preocupación por el sentido y la significación, aun más lo es la noción del perro guardián cultural sobre lo que es un humanista. El especialista sin espíritu que reparte panaceas políticas se está yendo, pero el sabio de atril que reparte juicios aprobados, también. La relación entre pensamiento y acción en la vida social no puede concebirse más en términos de sabiduría de lo que puede concebirse en términos de conocimiento experto. Cómo vaya a ser concebido todo esto, cuáles vayan a ser las consecuencias de los juegos, los dramas y los textos que no sólo inventamos o presenciamos, sino que también vivimos, está lejos de ser claro. Para clarificarlo se necesitará el más cauteloso de todos los razonamientos cautelosos, en todos los lados de todas las divisiones.

2

La rebelión romántica de la antropología contra el iluminismo, o el pensamiento es más que razón y evidencia*

RICHARD A. SHWEDER

Los antropólogos cognitivos desarrollan inferencias sobre la mente del hombre estudiando las ideas y las acciones de pueblos exóticos. Desde hace más de cien años los antropólogos cognitivos están divididos en dos escuelas en disputa en lo que respecta a las respuestas de un conjunto de preguntas estrechamente relacionadas: ¿Qué inferencias deben hacerse sobre la mente del hombre, de cara a los incontables ejemplos etnográficos e históricos de creencias profundamente engranadas, aunque aparentemente falsas, y de prácticas profundamente engranadas, aunque posiblemente irracionales? ¿Qué nos dice la evidencia de otras culturas sobre el rol de la razón y la evidencia en la conformación de las creencias y las conductas humanas? ¿Cómo se comparan los cánones que gobiernan el lenguaje y el pensamiento del científico, el lógico o el estadístico ideal con los cánones que gobiernan el lenguaje y el pensamiento ordinario (o cotidiano, *folk*, mundano, o salvaje) ¿Cuál es el lugar de la racionalidad, la irracionalidad y la no racionalidad en los asuntos humanos?

La disputa es, de hecho, antigua. De un lado están las figuras del "iluminismo",[1] como Voltaire, Diderot y Condorcet; antes de ellos Sócrates, Spinoza y Hobbes; después de ellos Frazer, Tylor, el Wittgenstein temprano, Chomsky, Kay, Lévi-Strauss y Piaget. La perspectiva iluminista, provocativamente resu-

* *Culture Theory. Essays on Mind, Self, and Emotion.* (Richard Shweder y Robert LeVine, comps., Cambridge, Cambridge University Press, 1984.)

[1] Utilizo los términos "iluminista" y "romántico" para identificar patrones de pensamiento, conglomerados de ideas y conjuntos de supuestos que creo están disponibles, tanto intuitiva como autorreflexivamente, a lo largo de la historia de la mente. Es verdad, por supuesto, que los términos "ilustración" y "romántico" constituyen adiciones relativamente recientes al vocabulario de los historiadores intelectuales, y que hay períodos relativamente recientes en la historia occidental en que los patrones del pensamiento de la ilustración o del pensamiento romántico resultan consagrados en la ideología cultural y autoconscientemente canonizados en los tratados filosóficos. De aquí no se sigue, sin embargo, que los modos de pensamiento "iluminista" y "romántico" sean meramente los productos históricos occidentales de los siglos XVIII y XIX.

mida por Lovejoy (1974: 288-314; véase también Gay 1959, 1964), sostiene que la mente del hombre es intencionalmente racional y científica, que los dictados de la razón son igualmente vinculantes a despecho de la época, el lugar, la cultura, la raza, el deseo personal o el patrimonio individual, y que en la razón se encuentra un estándar universalmente aplicable para juzgar la validez y el mérito.

"Unidad" y "uniformidad" son los temas elocuentes de un pensador iluminista: la unidad, en el *respeto* de la humanidad por la sola autoridad de la razón y la evidencia (la así llamada unidad psíquica de la humanidad); uniformidad, en las conclusiones sustantivas acerca de cómo vivir y en qué creer, dictadas por la razón y la evidencia (la uniformidad normativa de la humanidad).

El hombre, por supuesto, puede no comprender los cánones apropiados para el razonamiento correcto; puede cometer errores al evaluar la evidencia, o, ciertamente, cegado por la pasión y el deseo, puede involucrarse en conclusiones indefendibles; pero sin embargo el hombre, el animal que razona y que razona sobre su razón, lucha por realizar su naturaleza. Expuesto a las normas válidas para el pensamiento lógico, científico o estadístico, se inclinará ante ellas, reconocerá sus errores y procurará enmendar sus prácticas.

Desde la perspectiva del iluminismo fluye un deseo de descubrir universales: la idea de la ley natural, el concepto de la estructura profunda, la noción del progreso o el desarrollo, y la imagen de la historia de las ideas como una contienda entre la razón y la sinrazón, la ciencia y la superstición.

Del otro lado en la disputa sobre la racionalidad están los portavoces de la rebelión "romántica"[2] contra el iluminismo; Goethe, Schiller, Schleiermacher; antes de ellos los sofistas, Hume y Leibniz; después de ellos Lévy-Bruhl, el último Wittgenstein, Whorf, Kuhn, Schneider, Sahlins, Feyerabend y Geertz. Uno de los dogmas centrales de la visión romántica sostiene que las ideas y prácticas no poseen su fundamentación ni en la lógica ni en la ciencia empírica, que las ideas y prácticas caen más allá del ámbito de la razón inductiva o deductiva, que las ideas y prácticas no son ni racionales ni irracionales, sino más bien no-racionales.

Desde la postura romántica fluye el concepto de arbitrariedad y de cultura, la subordinación de la estructura profunda al contenido de superficie, la celebración del contexto local, la idea de paradigma, los marcos culturales y los presupuestos constitutivos, la concepción de que la acción es expresiva, simbólica o semiótica, y un fuerte supuesto antinormativo y antievolutivo, que culmina en la idea de que el primitivo y el moderno son co-iguales y de que la historia de las ideas es una secuencia de modas ideacionales establecidas.

De acuerdo con la narración romántica de las cosas, un orden social es un "marco" autocontenido para la comprensión de la experiencia (Lovejoy, 1974), un "plan para la vida" autosuficiente (Benedict, 1946). Gobernados in-

[2] Véase nota 1.

teriormente por sus propias reglas, los diferentes marcos para la comprensión, los diferentes planes para la vida no conducen por sí mismos a una evaluación comparativo-normativa; de esta forma, preguntar qué es mejor, si el Islam o la Cristiandad, una concepción del mundo animista u otra mecanicista, un orden social que parte de las premisas del individualismo, la igualdad y la monogamia o uno que parte de la totalidad, la jerarquía y la poligamia, es como preguntar "¿cuál es el modo de expresión artística más válido, el cubismo o el impresionismo?". Para el romántico, la elección entre mundos alternativos autocontenidos debe ser un acto de fe. Alerta ante todo intento de hacer parecer racional lo irracional, ante todo conato de hacer parecer un acto de fe genuino e inevitable como si estuviera dictado por la razón, los románticos creen que la ciencia (y especialmente la ciencia de hoy) está compuesta en un 90% de ideología; y consideran la tradición, la religión y el ritual como componentes indispensables del pensamiento y la práctica humanas.

Durante trecientos años la tensión entre el iluminismo y el romanticismo ha sido una fuerza impulsora en los estudios cognitivos. Dentro de la antropología cognitiva cada facción irritó a la otra, generando nuevos descubrimientos e incitando a heroicas hazañas de interpretación, algunas de las cuales serán discutidas en este capítulo. Fuera de la antropología cognitiva, y especialmente en la disciplina hermana de la psicología evolutiva de la cognición, Piaget, una figura iluminista, ha dominado la escena. Pero aun Piaget ha sido vapuleado; por todas partes se ven los signos que anticipan una rebelión romántica.

El registro etnográfico: ¿falsa creencia o conducta irracional?

A través de las edades y las sociedades, la gente ordinaria, aparentemente de mentalidad sana, ha sostenido las creencias más increíbles y se ha embarcado en las más increíbles prácticas. Para muchas de esas ideas y prácticas parecen aplicarse predicados normativos, tales como "erróneas", "equivocadas", "confundidas", "ineficaces", "imprácticas", "inmorales" o "falsas", por lo menos a primera vista.

Los aborígenes yir yoront de Australia, por ejemplo, no reconocen conexión alguna entre la cópula y la preñez (la fertilización por medio de espíritus de los animales y los árboles es la teoría favorita). Los ndembu argumentan que la beligerancia aumenta las probabilidades de que una mujer resulte infértil, y en la península arábiga se cree que la leche del pecho de una mujer preñada es venenosa.

Los azande realizan consultas oraculares. Ante una pregunta por sí o por no, el oráculo azande, un gallo al que se le administró una dosis modesta de estricnina, vive o muere: si o no. El oráculo no miente; por lo menos eso creen los azande. Esos mismos azande tienen un solo modo de curar la epilepsia: comer las cenizas de un cráneo quemado de un mono rojo del monte. Es la desgracia del mono rojo del monte exhibir movimientos compulsivos mientras deambula.

Matar gente fuera del clan es popular entre los gahuku-gama —conducta digna de recomendarse— a menos que el extraño sea pariente por el lado materno. Escrupulosas para evitar la muerte de un pariente uterino en la batalla, las prescripciones morales de los gahuku-gama no se pueden generalizar: *otros* miembros del clan "ganan puntos" por tomar la cabeza de *tus* parientes maternos.

Otros grupos de Nueva Guinea incurren fuertemente en homosexualidad. La "fuerza de la vida" de la tribu se debe pasar entre los hombres de una a otra generación. Contenida en el semen, la fuerza vital se pasa a través de la fellatio, oralmente, de los "tíos" a sus jóvenes "sobrinos".

Se podría seguir. La reencarnación, la circuncisión de los adolescentes, la evitación de parientes, la brujería, la quema de las viudas, el encierro durante la menstruación, la descendencia del hombre de los dioses, los hombres que descienden de los monos (¿rojos del monte?); caso tras caso, dondequiera podamos imaginar una figura iluminista afirmando que existen normas universales, normas que deberían tener autoridad universal sobre lo que pensamos y la forma en que actuamos; caso tras caso en los que viene a la mente la lucha de la razón contra la sinrazón, en los que uno está tentado de considerar que las ideas y las prácticas de otros pueblos son supersticiosas, erróneas, confundidas, inadaptadas o inmorales. Por cierto, el registro etnográfico es tan extravagante que no debería sorprender oír hablar que cierto grupo, convencido de la existencia de un nexo místico entre la progenie y la cosecha, la fertilidad y la fecundidad, eyaculó sobre sus campos antes de plantar las primeras semillas.

El hombre racional (in)adaptado: el "punto" iluminista

Creencias compartidas que son falsas. Prácticas institucionalizadas que son irracionales. ¿Qué nos dicen sobre la mente del hombre? Dentro de la antropología moderna, la antropología de los últimos cien años, la antigua fuga ha continuado: un punto iluminista, un contrapunto romántico. Las figuras iluministas fundadoras son E. B. Tylor (1871) y J. G. Frazer (1890). La figura fundadora romántica es L. Lévy-Bruhl (1910).

Todos los pueblos son intencionalmente racionales y científicos. Esa es la mitad del punto de vista iluminista de Tylor y Frazer sobre la mente del hombre. La otra mitad es que los *otros* pueblos (por ejemplo, los azande y sus cráneos de mono) no lo hacen demasiado bien. Tylor y Frazer legaron a la antropología la imagen del extraño como un lógico deficiente, un estadístico que comete errores y un científico empírico imperfecto.

Según la reseña iluminista de Tylor, todos los pueblos orientan sus vidas por la razón y la evidencia. Buscan conocimiento empírico sobre qué es lo que causa qué. Tratan de adaptar su conducta a las demandas del ambiente. Se esfuerzan por hacer que sus prácticas y creencias sean consistentes. Más aun, todos los pueblos persiguen sus metas racionales-científicas embarcándose en actividades tales como reunir información, hacer predicciones, desarrollar inferencias deductivas e inductivas y construir teorías explicativas.

Por desdicha, otros pueblos no hacen eso demasiado bien. Acerca de la "mente primitiva", Tylor y Frazer, promotores de la distinción entre "modernos" y "primitivos", tienen lo siguiente que decir: los primitivos respetan la razón y la evidencia pero fracasan en la aplicación de los cánones apropiados de lógica, estadística y ciencia experimental. De este modo, por ejemplo, el primitivo es proclive al pensamiento mágico, a confundir similitud con causación y a manipular modelos (por ejemplo, atar la réplica de un niño a la espalda de una mujer estéril), como si lo análogos tuvieran poder causal.

La perspectiva iluminista, como se señaló antes, se define por el supuesto de que las creencias y prácticas del hombre se inclinan ante la razón y la evidencia y que el dictado de la razón y la evidencia es el mismo para todos. Por "razón", las figuras del iluminismo tienen en mente cánones de lógica deductiva, patrones de razonamiento hipotético, pensamiento guiado por principios de la inferencia estadística o de la lógica experimental, etcétera. Por "evidencia", tienen en mente percepción de los sentidos y la observación de conexiones regulares entre las cosas (por ejemplo, si usted se corta el dedo profundamente con un cuchillo, el dedo sangra).

Desde el punto de vista iluminista, por ejemplo, la determinación de relaciones contingentes es un proceso racional. Si alguien busca determinar si la ingestión del cráneo quemado de un mono rojo del monte cura la epilepsia, o si las mujeres belicosas son proclives a la epilepsia, o si la leche del pecho de una mujer embarazada es venenosa, hay formas mejores y peores de realizar la determinación. Y la forma apropiada no incluye aducir los movimientos espasmódicos de los monos rojos del monte cuando se trasladan, o recordar una mujer que era a la vez peleadora y estéril. Las figuras iluministas se inclinan a decirle a la gente que afirma tales conexiones que ellas son confusas o erróneas; y la figura iluminista tiene confianza que él o ella podrá demostrarles el error de su modo de concebir las cosas. El presupuesto es que nuestro aparato sensorial, las percepciones sensoriales y los modos de operación intelectual a) ya están suficientemente calibradas o b) a lo largo del tiempo se pueden calibrar suficientemente, como para producir convergencia o acuerdo sobre cómo es verdaderamente el mundo, o como debería ser.

De esta manera, la estrategia iluminista presupone que la mente del hombre se inclina ante la razón y la evidencia y que los dictados de la razón y la evidencia son los mismos para todos. Una vez que se adopta este supuesto, surge una segunda cuestión crucial: ¿Es el conocimiento *válido* que dictan la razón y la evidencia poseído igualmente por todos?

La respuesta a esta pregunta divide a las figuras del iluminismo en dos campos: los universalistas y los evolutivistas.* De esta manera, por ejemplo, para universalistas como Hobbes y Voltaire, la respuesta a una pregunta como "¿cuáles son las virtudes morales?" (por ejemplo, mantener las promesas, procurar la paz, arbitrar sin prejuicios) no sólo es dictada por la razón (derivable

*"*Developmentalists*" en el original. [T.]

de una hipótesis simple: "Si voy a preservar mi propio bienestar debo hacer tal y tal cosa; y yo pretendo en gran medida preservar mi bienestar"; Mackie, 1980) sino que es obvia para la razón ("inteligible aun para la menor capacidad"; Hobbes, 1651; o como lo dice Voltaire: "Un día basta para conocer los deberes de un hombre"). Ver Turiel (1979) y Nucci y Turiel (1978) para una versión contemporánea del universalismo en el dominio moral (véase también Shweder, Turiel y Much, 1981; Shweder, 1982a). Por cierto, Turiel afirma que lo que es moral es tan obvio a la razón que es universalmente comprendido, aun por los niños.

Los evolutivistas, por el otro lado, niegan típicamente que los dictados universalmente válidos de la razón y la evidencia estén *disponibles* por igual para todas las personas y todos los pueblos. Tylor, Frazer y más recientemente Piaget afirman que los estándares normativos (por ejemplo, la lógica) —por referencia a la cual una persona o pueblo juzga adecuado o no al pensamiento o a la acción— experimentan desarrollo. Según la versión de Tylor, Frazer y Piaget, todos los pueblos poseen estándares normativos para regular el pensamiento, pero el conocimiento de los estándares adecuados (por ejemplo, las reglas de Bayes para evaluar la evidencia, las reglas de Mill para el razonamiento experimental, el principio de Rawl para la justicia), el conocimiento de esas normas merecedoras de respeto universal, es alcanzado sólo por unas pocas culturas (las civilizadas).

Kohlberg (1981) realiza una afirmación similar con referencia especial a la moralidad. Su aserto básico es que lo que merece ser moral es lo mismo a través de las culturas y la historia, y que el conocimiento de esa moralidad externa y objetiva es posible por medio de la lógica deductiva y/o inductiva. Kohlberg vincula las variaciones transculturales del pensamiento moral con la despareja distribución de los procesos de razonamiento racional (por ejemplo, pensamiento operacional formal) entre una cultura y otra (véase Shweder 1982c para una revisión crítica).

Así, las figuras del iluminismo se dividen en dos bandas, universalistas y evolutivistas. Cada grupo, a su manera, ha elaborado el esquema conceptual del pensamiento iluminista. De los universalistas heredamos una pasión por el descubrimiento de leyes generales y universales, el concepto de "estructura profunda" (un concepto indispensable si de descubrir universales se trata) y la idea de que algunas cosas son "naturales" (el hombre es, por naturaleza, una creatura con razón; por lo tanto, es "natural" seguir los dictados del razonamiento correcto. El razonamiento correcto revela qué es vicio y qué es virtud; por lo tanto, es natural ser virtuoso, antinatural incurrir en vicio; por ejemplo, incesto, arbitraje sesgado, etc.). De los evolutivistas heredamos el concepto de progreso (pasos o etapas en el camino de construir las normas apropiadas y el entendimiento válido), un énfasis en la adaptación y en la resolución de problemas (las etapas anteriores constituyen fracasos adaptativos; los problemas anteriores se resuelven en los estadios siguientes), y la visión, relacionada con aquél, de que la historia de las ideas es una historia de representaciones de la realidad más y más adecuadas y que la historia de las prácticas del hombre es una historia de adaptaciones cada vez mejores a las demandas del ambiente.

La idea de un universal es la idea de un contenido invariante. Esto no es decir demasiado, porque hay dos preguntas cruciales que quedan sin respuesta: "¿invariancia bajo qué descripción del contenido?" e "¿invariancia de contenido bajo qué rango de instancias?". Imagine que usted conoce dos personas que mantienen una relación social. ¿Cómo ha de ser descrita esa relación? ¿Como "Ted y Alice se aman mutuamente, viven juntos en el 10 de la calle Elm y han criado juntos dos niños", o quizá más simplemente como "matrimonio monógamo", o "pareja unida", o "atracción entre dos elementos", o "un vector en teoría de grafos"? Cada descripción siguiente modifica el contenido, vaciándolo de algo (Ted, Alice, amor, calle Elm, los niños); y por el otro lado, ampliando el rango de los fenómenos (desde Ted y Alice a las partículas subatómicas) a lo largo del cual el contenido es invariante. Cuando el contenido se vacía lo suficiente, deviene "abstracto" y lo llamamos "estructura". Cuando el rango de invariancia se amplía lo suficiente deviene "general" y lo llamamos "estructura *profunda*".

Las figuras del iluminismo comprometidas con el universalismo tratan de inducir la naturaleza del hombre y los dictados de la razón a partir de las prácticas *comunes* a la humanidad. Para hacer esto con éxito, se deben buscar acuerdos subyacentes más profundos, ocultos detrás de las diferencias en la superficie. Así, si los pueblos del mundo están en desacuerdo sobre el mérito relativo de la monogamia versus la poligamia, cualquier preferencia por una o por otra no es derivable de los uniformes dictados de la razón ni se halla "en la naturaleza de las cosas". La humanidad, sin embargo, puede estar en desacuerdo sobre la virtud relativa de la poligamia versus la monogamia, pero al menos todos honran la institución del matrimonio como una expresión "natural" de la naturaleza del hombre y/o de la racionalidad, reza la afirmación.

¿Pero qué pasa si el conocimiento válido de los dictados de la razón fuera una posesión rara? ¿Qué pasa si la verdadera naturaleza del hombre se realiza sólo si se la cultiva apropiadamente? Quizá sólo unos pocos (es decir, los monógamos) tienen conocimiento de las normas apropiadas para el razonamiento correcto. La estrategia evolutivista (y la mayor parte de los esfuerzos de los misioneros) está construida sobre esa posibilidad.

Las prácticas *comunes* a la humanidad son de escaso interés para el evolutivista. Lo que realmente le interesa son los cánones recomendados por los virtuosos o expertos. Los evolutivistas acreditan a los expertos la intuición de las normas apropiadas para el razonamiento correcto, normas que el resto de la humanidad se esfuerza por alcanzar. Así, los esquemas normativos de los científicos, los lógicos y los estadísticos (los cánones del cálculo proposicional, los principios de Mill sobre el acuerdo y la diferencia) se sostienen como medida para comparar ideas y prácticas y para juzgar su mérito relativo. A lo largo del tiempo, se supone que las formas menos dignas (por ejemplo, la magia animista) son reemplazadas por formas más y más adecuadas (por ejemplo, la ciencia mecanística), en un proceso progresivo que siempre se mueve en dirección al conocimiento válido y al razonamiento correcto. Tylor y Frazer, por supuesto, sostienen tal perspectiva evolutivista.

Dentro de la antropología cognitiva, durante los últimos veinte años, la investigación iluminista se ha concentrado —en forma que no es de sorprender— sobre las así llamadas etnociencias. El conocimiento folk (Agar, 1973; Berlin, Breedlove y Raven, 1973; D'Andrade, 1976; Frake, 1961), los sistemas cotidianos de clasificación (Lévi-Strauss, 1966; Tyler, 1969), los principios mundanos de inferencia (Hutchins, 1980) y los esquemas "representacionales" del lenguaje ordinario y su influencia sobre la habilidad del hombre para observar, recordar y predecir (D'Andrade, 1974; Lucy y Shweder, 1979; Shweder, 1977a, 1977b), todo esto se encuentra en investigación.

Una línea de la investigación en etnociencia se concentra en los procesos universales en la lexicalización de las categorías descriptivas mundanas. La lexicalización es el proceso por el cual se codifica o rotula una distinción mediante una palabra o "entrada de diccionario". De este modo, en inglés existe una categoría lexicalizada como "hermano", mientras la categoría "hermano mayor" también existe pero no ha sido aún lexicalizada. En otros lenguajes la categoría "hermano mayor" no sólo existe sino que está lexicalizada mediante un solo término.

Berlin y Kay (1969) son responsables de buena parte de la reciente excitación sobre los principios universales del desarrollo de la nomenclatura. Su trabajo se concentra en el desarrollo de un vocabulario para los así llamados términos básicos para el color. Los términos básicos para el color son un subconjunto de todas las experiencias disponibles para referirse a los colores. El conjunto se identifica por cierto número de criterios. Los términos básicos para el color deben ser lexemas simples (azul es básico; azul cielo no lo es), no deben estar incluidos en la significación de ningún otro término para el color (rojo es básico; escarlata, un "tipo de" rojo, no lo es), deben ser términos generales, no restringidos en su aplicación a clases especiales de objetos (amarillo es básico, rubio no lo es), y no debe ser el nombre de ningún objeto que tenga ese color (amarillo es básico, oro no lo es).

El notable hallazgo de Berlin y Kay es que si un lenguaje, cualquier lenguaje (desde el griego homérico al swahili) posee N términos para los colores básicos, su foco referencial —el mejor ejemplo para cada categoría básica de color (negro, blanco, rojo, amarillo, verde, azul, marrón, rosado, anaranjado, púrpura, gris)— se puede predecir simplemente sobre la base de ese número. La traducción de términos de color entre lenguas se ve enormemente facilitada por ese descubrimiento.

Berlin y Kay (1969) delinearon originalmente el desarrollo de un vocabulario para los colores básicos como un proceso de lexicalización en un orden regular de una serie de áreas focales discretas en el espectro cromático. Así, las lenguas con sistemas de dos términos para el color lexicalizan el blanco focal y el negro focal. Los sistemas de tres términos agregan el rojo. Los de cuatro términos, el verde o el amarillo. Los de cinco, ambos, el verde y el amarillo. Los de seis agregan el azul y así sucesivamente. El hallazgo también se puede enunciar en términos de los llamados universales implicativos (Brown, 1979; Greenberg, 1966): Por ejemplo, si una lengua lexicaliza "rojo", también lexicaliza blanco y negro, pero no viceversa, y así el resto. Kay y McDaniel (1978), al revisar recientemente la investigación transcultural y evolutiva sobre los vocabularios del color, han reemplazado la imagen de la codificación progresiva de áreas focales por la imagen de la diferenciación sucesiva. De este modo, la evidencia sobre la lexicalización de los "sistemas básicos de color" sugiere que uno de los términos en cualquier sistema de dos términos se puede definir como una categoría de color cuyo mejor ejemplo es el blanco focal, el amarillo focal o el rojo focal, y que el otro término tendrá como mejor ejemplo suyo ya sea el negro focal, el marrón focal o el azul focal. Los términos adicionales particionan las áreas focales en un orden más bien regular.

La investigación de Berlin y Kay ha disparado una serie de investigaciones sobre la conducta nominadora (ver Brown, 1979 para una revisión). Se han descubierto modelos universales de desarrollo léxico para las clasificaciones botánicas folk, las clasificaciones zoológicas, las clasificaciones de parientes y muchos otros dominios (Berlin, Breedlove y Raven, 1973; Brown, 1979; Nerlove y Romney, 1967). Por ejemplo, Berlin, Breedlove y Raven (1973) han descubierto un orden temporal universal en la forma en que se lexicalizan las clasificaciones botánicas. Primero se desarrolla un conjunto lexicalizado de genéricos (por ejemplo, "roble", "pino"). Luego se desarrolla una especificación binomial de esos genéricos (por ejemplo, "roble blanco", "pino amarillo"). Finalmente, se desarrollan términos de nivel superior para rotular a los genéricos (por ejemplo, "árbol", "mata", "hierba").

Una segunda línea de investigación etnocientífica estudia la influencia de esquemas "representacionales" colectivos sobre la habilidad del hombre para actuar como científico, para observar, recordar e inducir. D'Andrade (1965, 1973, 1974) y Shweder (1975, 1977a, 1977b, 1982b; veáse también Shweder y D'Andrade, 1979, 1980), por ejemplo, han documentado una tendencia de los adultos inteligentes y normales en todas las culturas a involucrarse en una suerte de "magia de las palabras". La mente del hombre parece dispuesta a confundir relaciones semánticas entre descritores de sucesos con relaciones empíricas entre los eventos descritos, a confundir "proposiciones sobre el lenguaje" con "proposiciones sobre el mundo", a confundir parecido con probabilidad.

Las investigaciones observacionales y experimentales de D'Andrade y Shweder se han centrado en la percepción ilusoria y en el recuerdo de "síndromes conductuales", es decir, "paquetes" de características conductuales correlacionadas. Para explicar estos hallazgos, han propuesto la llamada hipótesis de la distorsión sistemática, la cual asegura que en condiciones dificultosas de memorización, los observadores de la conducta encuentran más fácil recuperar items de memoria semánticamente relacionados, confundiendo "lo que es como" con "lo que se correlaciona con".

Por ejemplo, los observadores contemplan una videocinta de treinta minutos que registra la interacción entre los miembros de una familia (Shweder y D'Andrade, 1980). Inmediatamente después de mirar la videocinta, se pide a los observadores que califiquen a cada miembro de la familia según la frecuencia de la ocurrencias observadas de una variedad de características conductuales (por ejemplo, está en desacuerdo, critica, bromea, elogia). Un segundo conjunto de observadores conduce una puntuación instantánea del vídeo, momento por momento, construyendo un criterio de ejecución confiable para evaluar la validez de los reportes basados en la memoria. Una tercera muestra evalúa las descripciones conductuales (por ejemplo, está en desacuerdo, critica) en busca de pares de similitudes de significado. Shweder y D'Andrade descubren que lo que correlaciona con qué en los juicios basados en la memoria de la conducta reproduce las intuiciones semánticas de los jueces (por ejemplo, critica y está en desacuerdo correlacionan +0,59 en la memoria y se juzgan similares en significado); pero ni la estructura correlacional de la memoria ni la estructura de las intuiciones semánticas siguen la estructura correlacional de la conducta en la cinta de vídeo (por ejemplo, en la conducta observada, critica y está en desacuerdo correlacionan en realidad 0,00). La memoria deriva en dirección a intuiciones semánticas preexistentes, y estas intuiciones están mucho más estructuradas y son mucho más coherentes que la experiencia real. El pensamiento mágico parece más difundido de lo que Tylor y Frazer nos hicieron creer.

Algunas veces nuestros "esquemas representacionales" interfieren con la observación y la memoria. Otras veces las facilitan. Y a veces, por cierto, el lenguaje puede servir como un efectivo vehículo para la memoria. Años atrás esto fue planteado elocuentemente por Lantz y Stefflre (1964: 473), quienes nos incitaron a contemplar la memoria como una "situación en la que un individuo se comunica consigo mismo a través del tiempo utilizando el cerebro como canal". Lantz y Stefflre afirmaban que este proceso de autocomunicación podía simularse "haciendo que los individuos se comuniquen bien —podría predecirse— serían mejor comunicados intrapersonalmente". La idea consistía en presentar a los sujetos un conjunto complejo de estímulos a recordar y luego pedirles que describieran los estímulos restantes, de modo que otras personas que no lo hubieran observado pudieran identificarlos en el conjunto. La predicción era que los estímulos que son más fáciles de codificar en el propio lenguaje natural eran también los más fáciles de recordar. La teoría afirmaba que la experiencia pasada podía almacenarse en descripciones verbales y que esas descripciones se podían recuperar a voluntad más tarde y decodificar para reconstruir o re-conocer la experiencia.

En una prueba de la teoría, Stefflre, Castillo y Morley (1966) hicieron la prueba de las tarjetas de color a hablantes de español y maya. Descubrieron que los hablantes de esas dos lenguas encontraban que determinados colores eran más fáciles de comunicar y (por lo tanto) de recordar. Trabajos recientes de Lucy y Shweder (1979) sugieren que los resultados de Stefflre y sus asociados son bastante robustos.

Una tercera línea de investigación en etnociencia se concentró en las amplias dimensiones universales de clasificación de estímulos. Osgood, May y Miron (1975), por ejemplo, han descubierto un "sistema de reacción afectiva" universal para categorizar los sucesos de estímulo. Para cualquier lenguaje, los adjetivos contrastantes (seco vs. mojado, amable vs. cruel, arriba vs. abajo, suave vs. rudo, rápido vs. lento, fuerte vs. débil) exhiben considerable redundancia y pueden reducirse a tres dimensiones subyacentes de "tono afectivo" o "significado connotativo" (agradabilidad-fuerza-excitación, o evaluación-potencia-nivel de actividad). Estas tres dimensiones median universalmente los juicios a través de modalidades sensoriales (sinestesia) y dominios conceptuales (metáfora). La investigación conducida en la India (Shweder, 1972; Shweder y Bourne, 1984) y Melanesia (White, 1980) sugieren que las teorías folk de la co-ocurrencia de rasgos de personalidad (por ejemplo, la agresión y la dominación van juntas en la gente; la amistad y la agresividad son opuestas) pueden ser universales, lo que refleja la universalidad del esquema de Osgood.

Una cuarta línea de investigación en etnociencia ha revivido y revisado la imagen de Tylor y Frazer del primitivo como "científico deficiente". Horton (1967), por ejemplo, ha compuesto una reseña unificada de los sistemas de pensamiento africanos, explicando que sus aparentes errores científicos con referencia a un hipotético "predicamento intelectual cerrado", a saber, la falta de información acerca de perspectivas alternativas en competencia (teorías, clasificaciones). Desde el concepto del llamado predicamento intelectual cerrado, Horton deriva teoréticamente la tradicional actitud mágica africana hacia las palabras, el fracaso en la derivación de teorías abstractas y la ausencia de reflexión autoconsciente sobre los cánones de la lógica y el método científico.

Horton caracteriza el pensamiento africano tradicional como ciencia deficiente, lo que explica por referencia a oportunidades informacionales limitadas. En su mayor parte, sin embargo, los investigadores neotyloreanos han universalizado la imagen de Tylor de la mente primitiva. Bajo examen, la mente primitiva estudiada por Tylor y Frazer un siglo atrás resulta ser la mente "intuitiva" o "cotidiana" de los adultos normales en todas las culturas. Lo que han descubierto los científicos cognitivos contemporáneos (en antropología y en psicología cognitiva) es que la mayor parte de nosotros tenemos una mentalidad primitiva la mayor parte del tiempo (véase, por ejemplo, D'Andrade, 1974; Lyon y Slovic, 1976; Nisbett y Ross, 1980; Nisbett y otros, 1976; Ross, 1977; Shweder, 1977b, 1980b; Tversky y Kahneman, 1974; Wason y Johnson-Laird, 1972). Tenemos estrategias deficientes para reunir información. Tenemos habilidades de razonamiento y deducción limitadas. Tenemos procedimientos defectuosos de inferencia inductiva. No sabemos cómo calcular la probabilidad de un suceso. No sabemos qué evidencia es relevante para probar una generalización. Pasamos por alto información básica. Confundimos parecido con probabilidad. No estamos inclinados a comparar probabilidades condicionales o a procesar información relevante a la correlación. No somos buenos aplicando la ciencia.

Un solo ejemplo de nuestras limitaciones será suficiente. Einhorn (1980) nos invita a colocarnos en los zapatos de un general en una arena políticamente tensa, preocupado por la posibilidad de una invasión enemiga. La investigación anterior ha demostrado que cuando las tropas del enemigo se concentran sobre la frontera, la probabilidad de una invasión es del 75%. Nuestro conocimiento de los movimientos de tropas del enemigo nos viene de nuestra agencia de inteligencia. La experiencia pasada muestra que si nuestra agencia de inteligencia reporta que las tropas del enemigo se están concentrando sobre la frontera, ellas definitivamente están allí. Acabamos de recibir un reporte de nuestra agencia de inteligencia, el cual dice que las tropas enemigas se han concentrado en la frontera. ¿Cuál es la probabilidad de invasión? La mayor parte de la gente contesta 75%, y la mayor parte de la gente se equivoca. De hecho, es posible que la probabilidad de invasión sea cero.

La mayoría de los adultos normales cometen la falacia lógica fundamental de afirmación del consecuente cuando resuelve problemas de este tipo. Cometen un error de conversión de la forma: si p - > q; por lo tanto, si q - > p. Así, cuando se les dice que "si nuestra agencia de inteligencia nos reporta que las tropas enemigas están sobre la frontera, ellas están allí", la mayor parte de los adultos infieren "si las tropas del enemigo están sobre la frontera, nuestra agencia de inteligencia lo reporta". Una forma de reconocer el error, señala Einshorn, es imaginar un enemigo astuto que permite que los agentes de inteligencia vean sus tropas sólo en un 25% de los casos en los que no se planea una invasión. Sin embargo, cuando se plantea una invasión, las tropas en la frontera están tan bien escondidas que las fuentes no las reportan. Aunque erróneamente razonada, una probabilidad de invasión de cero se percibe como si fuera del 75%. ¡La mayoría de nosotros tenemos una mentalidad primitiva gran parte del tiempo!

La literatura neotyloreana está llena de ejemplos de este tipo, ejemplo tras ejemplo de razonamiento aparentemente defectuoso, falsa creencia y práctica irracional. Críticas recientes de esta literatura (Cohen, 1979; March, 1978) me sugieren que debemos distinguir entre tres tipos de casos: lo irracional, lo racional y lo no-racional.

Lo irracional. Existen casos de comportamiento genuinamente degradado. El informante *ha fallado* ya sea en *aplicar* un estándar que él mismo reconoce autorizado y correcto (veáse por ejemplo, Cole y Scribner, 1974; Cole y otros, 1971), o en *adquirir* el estándar apropiado para razonar, juzgar o elegir (véase por ejemplo, Bruner, Olver y Greenfield, 1966). Nuestro error anterior para calcular la probabilidad de una invasión es un ejemplo del primer subtipo. Reconocemos, después que se nos instruye, que es ilegítimo "afirmar el consecuente"; confesamos nuestro error y nos inclinamos ante la razón.

Lo racional. Existen casos en los que lo aparentemente irracional es en realidad racional, es decir, donde la percepción de irracionalidad es un error por parte de nosotros. Una madre dice al hijo: "Si no limpias tu cuarto, no podrás ir al cine". El niño acomoda las cosas y está por dejar su cuarto para ir al cine cuando la madre le grita: "¿Dónde es que vas? No se sigue lógicamente de que si limpias tu cuarto podrás ir al cine. Has cometido un error lógico. Estás actuando irracionalmente". Este caso es interesante porque es la madre y no el hijo quien ha fallado en comprender las normas racionales *tácitas* que gobiernan su intercambio. La madre dijo: "Si no limpias tu cuarto, no podrás ir al cine", pero lo que se *comunicaba tácitamente* era que "sólo si no limpias tu cuarto no podrás ir al cine". El hijo, comprendiendo adecuadamente la lógica del bicondicional, guiaba sus acciones según una norma defendible. Como surge del ejemplo, gran parte de lo que subyace al discurso racional en la conversación cotidiana "va sin que se lo diga", aunque lo que "va sin que se lo diga" a los conocidos puede no ser obvio y *parecer* irracional a los de afuera.

De esta forma, pese a que existen casos de pensamiento genuinamente degradado, también hay casos en los que la aparente irracionalidad puede ser genuinamente "racionalizada". March (1978), por ejemplo, en un artículo reciente sobre la conducta de la elección humana, nos proporciona una rica colección de conceptos para racionalizar decisiones aparentemente irracionales, una lista de propósitos y objetivos con respecto a los cuales decisiones aparentemente irracionales pueden llegar a parecer sensatas. Poco inclinado a aceptar la imagen del hombre viviendo en el error, la ignorancia y la ofuscación, March nos invita a comprometernos en una caridad interpretativa, a imaginar que la gente actúa, cuando toma una decisión, "como si" no esperara que sus decisiones en efecto se implementen, "como si" los objetivos conscientemente sostenidos y plenamente explicitados de una persona no fueran sus objetivos reales, "como si" existiera ventaja en hacer que los objetivos sean ambiguos o en no tener objetivos específicos en absoluto, "como si" algunas decisiones se tomaran por el gusto de hacer que uno mismo modifique sus propias preferencias, "como si" la gente tratara a menudo de embromarse a sí misma, satisfaciendo las legítimas demandas de múltiples sujetos interiores. De esta forma, asegura March, la ambigüedad, la aparente ineficacia y la aparente inconsistencia "no son necesariamente una falla en la elección humana que deba corregirse, sino una forma de inteligencia".

Lo no-racional. Existen casos en que los cánones de racionalidad, validez, verdad y eficacia están simplemente fuera de lugar, ¡son irrelevantes! Esta circunstancia es sobre lo que versa la rebelión romántica contra el iluminismo. ¿Qué es esta posibilidad? Que el pensamiento es más que la razón y la evidencia —la cultura, lo arbitrario, lo simbólico, lo semiótico— que muchas de nuestras ideas y prácticas están más allá de la lógica y la experiencia.

El hombre se hace a sí mismo: El contrapunto romántico

Dentro de la antropología cognitiva, el padre fundador del romanticismo es L. Lévy-Bruhl (1910). En la época en que Lévy-Bruhl escribía, se caracterizaban culturas enteras como "modernas" o "primitivas", y la concepción prevaleciente de la mente primitiva era la imagen de Tylor y Frazer del primitivo como científico en ciernes, aunque confundido. Lévy-Bruhl, el romántico, rechazó la imagen. Renuente a interpretar el entendimiento y las prácticas de otros pueblos bajo una luz denigrante, renuente a transformar el pensamiento de otros en una copia desdibujada de nuestro propio pensamiento, Lévy-Bruhl afirmaba la singularidad e integridad de la llamada (y, desde este punto de vista, mal llamada) mentalidad primitiva. Lévy-Bruhl aseguraba que los cánones que gobiernan el pensamiento de los así llamados primitivos no son deductivos, ni inductivos, ni causales. El primitivo, decía, no es un mal científico; es un buen místico. Y los procedimientos intelectuales de la mente primitiva no son aplicaciones deficientes de las reglas de la lógica y de la ciencia: son alógicos, no ilógicos, no racionales, no irracionales. Por ejemplo, imagine un empleador diciendo a los trabajadores de su fábrica: "Un patrón es a sus trabajadores como un padre a sus hijos". Para Lévy-Bruhl, sucedía como si Tylor y Frazer hubieran clasificado mal la retórica del empleador como ciencia, y luego acusado al empleador de error observacional (véase Tambiah, 1973).

Lévy-Bruhl se metió en un montón de problemas. Al querer tratar culturas enteras como místicas (es decir, no racionales), llegó a decir cosas extremas, a saber, que las culturas místicas pueden salir adelante por entero sin lógica alguna. Para la luz mística de Lévy-Bruhl, aun los principios lógicos elementales (por ejemplo, la ley de no contradicción o la del tercero excluido) eran irrelevantes para evaluar o describir el así llamado pensamiento primitivo.

Obviamente, hay muchas dificultades con semejante afirmación. Prohibir reglas elementales de lógica como "algo no puede ser algo y no ser eso mismo simultáneamente", involucra negar la capacidad del lenguaje para afirmar hechos (Black, 1963). Como señala Black, no sería posible comunicar información si no se pudieran sacar conclusiones a partir de premisas empíricas, por ejemplo, si no se pudiera inferir de "la vaca está en el maizal" que "la vaca no está en el granero". Ninguna sociedad podría subsistir en tales extravagantes condiciones de comunicación.

¡Pero no se necesita ser extremista sobre ello! No es necesario negar las funciones de afirmación de hechos, de aserción o de representación del lenguaje para reconocer que la ciencia no es todo lo que son el lenguaje y el pensamiento (véase D'Andrade, 1984). Olviden la idea de que culturas enteras son ya sea místicas (no racionales) o científicas (racional versus irracional), y el mensaje de Lévy-Bruhl nos llega en una forma fuerte, clara y defendible: Hay muchos puntos en una estructura cognitiva más allá del alcance de los estándares universales de la lógica y la ciencia, muchos puntos en los que las cuestiones de verdad y falsedad, error y validez, practicidad y eficacia no vienen al caso. En esos puntos no hay regla de lógica ni ley de la naturaleza que dicte lo que es apropiado o necesario que creamos. Penetramos en el reino de la arbitrariedad. Es un reino en el que el hombre es libre de crear su propio universo simbólico distintivo, libre de gastar tiempo en prácticas acostumbradas y en performances rituales que "dicen" a los otros hombres de qué se tratan sus invenciones simbólicas.

No denigren lo místico, lo trascendental o lo arbitrario. En años recientes los científicos cognitivos han aumentado nuestra comprensión del tipo de ideas que subyace a la acción no racional, y ha llegado a ser cada vez más evidente que el lenguaje, el pensamiento y la sociedad se construyen sobre ideas que caen más allá del territorio de la evaluación lógica o científica, ideas para las que no hay criterios normativos universalmente vinculantes.

Una línea de investigación de las ideas no racionales se centra en los llamados marcos, paradigmas, presuposiciones absolutas o premisas constructivas (véase por ejemplo, Benedict, 1946; Collingwood, 1972; Dumont, 1970; Evans-Pritchard, 1937; Kuhn, 1962; Mehan y Wood, 1975; Schutz, 1967; Wittgenstein, 1969). Como bien se sabe, los filósofos tradicionalmente han clasificado las afirmaciones (ideas anunciadoras) a lo largo de dos ejes dicotómicos que se entrecruzan: *analíticas* versus *sintéticas* (afirmaciones sobre el lenguaje versus afirmaciones sobre el mundo: "Un soltero es un varón no casado" versus "el gato está sobre el tapiz"), y *a posteriori* versus *a priori* (afirmaciones cuya validez sólo se puede establecer mediante la experiencia versus afirmaciones cuya validez se puede establecer sin referirse a la experiencia o la evidencia). Tenemos, entonces, cuatro tipos. Los dos tipos más sencillos son los *sintéticos a posteriori* (o lo que los científicos empíricos conocen como "hipótesis" o "leyes de la naturaleza") y los *analíticos a priori* (o lo que los lógicos conocen como definiciones, silogismos y tautologías), aunque la integridad de aun esos tipos sencillos ha llegado a cuestionarse (por ejemplo, Goodman, 1972b; Quine, 1953). Los dos tipos difíciles son el *analítico a posteriori* (una afirmación sobre el lenguaje cuya validez sólo se puede establecer por referencia a la experiencia) y el *sintético a priori* (una afirmación sobre el mundo cuya validez se puede establecer sin referencia a la experiencia). Los románticos niegan la existencia de los argumentos *sintéticos a priori*; reclasifican esas argumentaciones como marcos, paradigmas o presuposiciones constitutivas.

Un marco [*frame*], paradigma o presuposición absoluta es una afirmación sobre el mundo cuya validez no se puede confirmar ni desconfirmar. Un marco no viola ninguna evidencia empírica, ni es dictado por ninguna evidencia. No viola ningún principio de la lógica ni se sigue de lógica alguna. El test de tornasol de un marco consiste en que ninguna evidencia o experiencia puedan considerarse contraprueba suya. "La gente tiene almas y ellas transmigran." "Los fetos tienen almas que poseen un valor infinito." "La única motivación del hombre es maximizar el placer y minimizar el dolor." Uno presupone estos presupuestos en particular y comprende el mundo en sus términos o no; y si una persona los supone y otra no, hay poco de racional que se puedan decir el uno al otro. Las presuposiciones se pueden haber desvanecido de la gramática de los positivistas, pero no de la mente del hombre.

La diversidad cultural como "cambio de marco" es una idea clásica dentro de la antropología cognitiva. Cuarenta y siete años atrás Evans-Pritchard (1937) examinó los presupuestos subyacentes a las prácticas oraculares a las creencias sobre la hechicería de los azande. Una presuposición aquí, otra allá, y antes que se diera cuenta Evans-Pritchard andaba por ahí envenenando pollos; y todo parecía tan plausible. Diez años más tarde, Benedict (1946) "enmarcó" la conducta japonesa durante la segunda guerra mundial en términos japoneses. La falta de respeto por la soberanía nacional (por ejemplo, el ataque a Pearl Harbor), los bombardeos suicidas, el "maltrato" de los prisioneros de guerra norteamericanos, todo ello fue situado en un marco de presupuestos (la creencia japonesa en las ventajas de "tomar el lugar apropiado" en una jerarquía doméstica, nacional e internacional de individuos, grupos y naciones), un marco en el que el "expansionismo militarista" es redescrito como el remedio obvio para la anarquía internacional, y las "atrocidades" de los campos de prisioneros se perciben en vez de eso como una valiosa contención frente al materialismo. Intentos de enmarcamiento más recientes se han centrado en la concepción india de la jerarquía (Dumont, 1970), los conceptos balineses, ilongot y oriya sobre la persona (Geertz, 1973, 1975 y 1984; Rosaldo, 1984; Shweder y Bourne, 1984), la conceptualización occidental moderna sobre la "locura" (Foucault, 1967) e incluso las ideas norteamericanas sobre el parentesco (Schneider, 1968). Por ejemplo, los balineses, de acuerdo con Geertz (1984) subordinan dramáticamente su individualidad a su rol social. "Los hombres físicamente van y vienen, meros incidentes en una historia circunstancial de ninguna importancia genuina, aun para ellos mismos. Pero las máscaras que usan, el escenario que ocupan, las partes que interpretan, y lo que es más importante, el espectáculo que montan, constituyen no la fachada sino la sustancia de las cosas, no menos que del individuo."

La sociedad: sus partes componentes, ¿son los individuos o los roles sociales? Los roles sociales: ¿son una fachada o la sustancia del sujeto? La justicia: ¿se debe acordar a cada quien conforme a sus necesidades, a su trabajo, a su esfuerzo o quizás a su "pureza"? (véase Dumont, 1970; Perelman, 1963). En ciertos puntos de una estructura cognitiva los dictados de la lógica y de la ciencia aportan una guía exigua, de modo que se debe optar entre "marcos" (véase Rosaldo, 1984 y Shweder y Bourne, 1984).

En la medida en que conozco, nadie ha comenzado aún a compilar una lista de todas las ideas, principios y temas que están fuera del alcance de la lógica deductiva o inductiva. Sin embargo, dentro de la literatura filosófica, se pueden hallar provocadoras advertencias escépticas sobre la arbitrariedad y no-racionalidad de tales principios fundamentales "hacedores de mundos", como la similitud, la causación y la utilidad (por ejemplo, Goodman, 1972, 1978, McIntyre, 1981): bien podemos vivir en un mundo en el que, desde un punto de vista lógico, todas las casas sean igualmente iguales o igualmente distintas, un mundo en el que todos los sucesos previos son necesarios y ninguno es suficiente para causar un evento siguiente, un mundo en el que el mejor consejo lógico que se puede dar a un amigo es que si uno no sabe dónde va, ningún camino lo llevará allí. Dentro de la literatura científico-social uno sospecha que las afirmaciones lógicas y los reclamos de la evidencia poseen poca relevancia cuando se trata de cuestiones que hacen a la sociedad, tales como quién está autorizado a protegerse del daño (el problema de la personalidad), qué soy yo versus qué no soy (el problema de los límites personales y los territorios del sujeto), cómo se deben distribuir las cargas y beneficios de la vida (el problema de la jerarquía), quién tiene precedencia, qué quiero hacer y qué es lo que el grupo quiere que haga (el problema del estado) y otras cuestiones, algunas de las cuales enumeraré más adelante.

Una segunda línea de investigación sobre las ideas no-racionales se concentra en torno de la llamada fuerza ilocucionaria de los actos comunicativos (véanse Austin, 1962; Lyons, 1977: 725-45; Searle, 1967, 1969, 1979). La noción de fuerza ilocucionaria puede definirse ostensiblemente como el status de una comunicación, tal como, por ejemplo, una advertencia, una orden, una apología, una crítica, un pedido, una promesa, una exhortación (Lyons, 1977: 731). La "fuerza ilocucionaria" debe distinguirse, por un lado, de la "fuerza perlocucionaria", la consecuencia o efecto de una comunicación sobre un oyente particular (por ejemplo, hacer que John se enoje por medio de una "orden") y, por el otro, de la "fuerza locucionaria", el contenido proposicional o descriptivo de la comunicación (por ejemplo, que John se vaya del cuarto).

Todas las comunicaciones en el mundo real poseen una fuerza ilocucionaria explícita o tácita; así, "Vete a tu cuarto" (proferido en las circunstancias "correctas") comunica y permite la expansión explícita "Te 'ordeno' que te vayas a tu cuarto".

Comunicaciones proporcionales equivalentes no son necesariamente equivalentes en "fuerza ilocucionaria". De este modo "¿Se irá John del cuarto?" y "¡John, vete del cuarto!" comparten un contenido proposicional (que John se vaya del cuarto), pero una es una "pregunta" y la otra es una "orden".

Numerosas variedades de actos "ilocucionarios" han sido lexicalizadas como verbos ingleses, por ejemplo: prometer, afirmar, comentar, advertir, disculparse, definir, rogar, implorar, exhortar, felicitar, preguntar, ordenar (Searle, 1967).

Hay cientos, probablemente miles de actos ilocucionarios ejecutados rutinariamente en cualquiera de las lenguas humanas. Searle (1979), tras realizar un análisis factorial informal del corpus del inglés, ha reducido los actos ilocucionarios a cinco tipos globales: asertivos, directivos, comisivos, expresivos y declaraciones. En apariencia, las lenguas naturales han evolucionado para realizar muchas más cosas que meramente reportar información sobre el mundo (la función asertiva). Lo que el habla ordinaria pretende lograr puede ser muy variado, pero, entre otras cosas, el lenguaje ordinario denomina, y las descripciones dicen qué es lo que se debe hacer (la función directiva) y qué se debe sentir (la función emotiva). Las descripciones del lenguaje ordinario son "tendentes a la conclusión", razón por la cual el predicado "madre" es a veces inadmisible como descriptor en una audiencia por el custodio de un hijo. El término no solamente señala o refiere.

Especialmente relevante a la presente discusión es la distinción entre "asertivos" y "declaraciones". El "asertivo" es el acto de habla del iluminado hombre de ciencia: "explicar", "afirmar", "describir", "hipotetizar". El propósito de un "asertivo" es comprometer al hablante (en diversos grados) a algo que venga al caso, "a la verdad de la proposición expresada" (Searle, 1979: 12). Los asertivos expresan creencias. Su propósito es la adecuada representación del mundo. Invitan a la evaluación en términos de criterios racionales, los cánones de la lógica y la evidencia.

Las "declaraciones", por el otro lado, son no-racionales. Son los actos de habla constitutivos de los románticos: "definir", "designar", "mandar", "apodar", "bautizar". "Las declaraciones realizan cierta alteración en el estado o condición del objeto referido... por la sola virtud del hecho de que la declaración ha sido ejecutada con éxito" (Searle, 1979:17). En otras palabras, las "declaraciones" ("Os nombro Sir John"; "¡Está despedido!"), ejecutadas en la forma convencionalmente apropiada, crean una realidad. La representación no es su objetivo. No tienen valor de verdad; no son ni verdaderas ni falsas. Se utilizan para hacer algo, más que para reportar que algo es o no es. Lo no-racional se puede haber desvanecido de la gramática del positivismo, pero no de los lenguajes del hombre.

Una tercera línea de investigación en las ideas no-racionales afronta la pregunta: "¿Por qué clasificamos las cosas de la manera en que lo hacemos?" Una de las respuestas asevera que "si reconocemos la existencia empírica de clases de objetos similares, eso significa que estamos asignando una importancia no uniforme a diversos predicados, y que esta ponderación tiene un origen *extralógico*" (Watanabe, 1969: 376, la cursiva es mía; véase también Goodman, 1968; 1972c). En otras palabras, observadores igualmente racionales y experimentados no necesariamente son conducidos por sus experiencias o por la lógica a una misma clasificación del mundo. J. L. Borges, poeta, cita una antigua enciclopedia china donde está escrito que:

> Los animales se dividen en: (a) pertenecientes al Emperador; (b) embalsamados; (c) amaestrados; (d) lechones; (e) sirenas; (f) fabulosos; (g) perros sueltos; (h) incluidos en esta clasificación; (i) que se agitan como locos; (j) innumerables; (k) dibujados con un pincel finísimo de pelo de camello; (l) etcétera; (m) que acaban de romper el jarrón; (n) que de lejos parecen moscas.

El zumbón y evocativo pasaje ha capturado la mente de dos cognitivistas de primera línea, Michel Foucault (1973) y Elinor Rosch (1978). Para Rosch (por ese entonces una figura iluminista), lo más interesante es "que no existe". Para Foucault, el antiguo esquema chino "perturbó" su mente, amenazando un colapso de la distinción entre lo mismo y lo diferente. Un pensamiento problematizador —el estallido de la idea de un orden de las cosas universalmente dado— penetró en la mente gala de Foucault.

> Cuando elicitamos una clasificación reflexionada, cuando decimos que el gato y el perro se asemejan menos que dos galgos, aun si uno y otro están en cautiverio o embalsamados, aun si ambos corren como locos y aun si acaban de romper el jarrón, ¿cuál es la base a partir de la cual podemos establecerlo con certeza? ¿A partir de qué "tabla", según qué espacio de identidades, de semejanzas, de analogías, hemos tomado la costumbre de distribuir tantas cosas diferentes y parecidas? ¿Cuál es esta coherencia —que de inmediato sabemos no determinada por

un encadenamiento *a priori* y necesario, y no impuesta por contenidos inmediatamente sensibles? (Foucault, 1973:xix).

Para Foucault (1973:xvi-xvii), el francés, hay una cualidad fantasmática, "monstruosa", en el antiguo esquema. "Los animales '(i) que se agitan como locos, (j) innumerables, (k) dibujados con un pincel finísimo de pelo de camello' ¿en qué lugar podrían encontrarse, a no ser en la voz inmaterial que pronuncia su enumeración, a no ser en la página que la transcribe? ¿Dónde podrían yuxtaponerse a no ser en el no-lugar del lenguaje?".

La reacción de Foucault no es la reacción del romántico. Para el romántico, lo opuesto de lo "objetivamente dado" no es lo "monstruoso", sino lo "arbitrario" (no-racional, extralógico); y el "inmaterial sonido de la voz" y el "no-lugar del lenguaje" no son ajenos al mundo real, sino más bien elementos constitutivos en la organización de diversas realida*des*.

La perspectiva de Whorf (1956: 55, 214-15, 252) es una clásica formulación romántica. No hay, congelado en la realidad, un modelo ideal o unitario de parecido y diferencia relativos, en espera de ser descubierto. El mundo objeto, tal como se presenta, es "cali-doscópico". Debe ser organizado por nuestras mentes. Aprender una lengua es aprender primero que nada qué clasificaciones imponer al mundo objeto. Lógicamente, cualquier clasificación es posible. Ninguna es mejor o peor, excepto para algún propósito humano en especial.

En años recientes Goodman (1968, 1972a, 1972c) y Watanabe (1969: 376-88; véase también Shweder y Miller, en prensa) han anticipado una perspectiva de tipo neo-whorfiano. Goodman ataca la imagen de un mundo unitario (el mundo es múltiple, no uno, afirma) e introduce el principio de la equidistancia lógica entre los objetos. El espíritu de esta argumentación aparece capturado en el siguiente comentario:

> "Hacer una pintura [una representación] fiel, se logra en lo posible copiando el objeto tal como es." Este requerimiento simplón me desconcierta, pues el objeto ante mí es un hombre, un enjambre de átomos, un complejo de células, un violinista, un amigo, un tonto y mucho más. Si ninguno de éstos constituye el objeto tal como es, luego no existe *la* forma en que el objeto es. No puedo habérmelas con todas al mismo tiempo; y cuanto más cerca esté de lograrlo, tanto menos realista será el resultado (1968: 6).

El principio de Goodman de la equidistancia lógica entre objetos establece que "dos cosas cualesquiera tienen exactamente tantas propiedades en común como cualesquiera otras dos" (1972c: 443). Por cierto, Watanabe (1969: 376-9) proporciona una prueba formal de que, en la medida en que todas las propiedades tengan el mismo peso, "no existe en el mundo una cosa tal como una clase de objetos similares". Una implicación de la prueba es que, desde un punto de vista *lógico*, ¡un perro y un gato son tan similares como dos galgos! Como se temía Foucault, nuestras clasificaciones no parecen estar determinadas ni por la lógica ni por los "contenidos inmediatos perceptibles".

¿De dónde vienen nuestras clasificaciones? ¿Qué nos queda después de rechazar tanto "el ojo inocente" (es decir, "clasificamos las cosas como lo hacemos porque ésa es la forma en que son las cosas"; caracterización tomada en préstamo de Volney Stefflre, comunicación personal) como lo "absolutamente dado" (es decir, clasificamos las cosas como lo hacemos porque eso es lo que dicta la razón; caracterización tomada en préstamo de Goodman, 1968)? Lo que nos queda es la "cultura", un particionamiento del mundo no racional, extralógico, arbitrario, que es "enmarcada", referida, actuada y aun rotulada, y que se transmite de una generación a la siguiente. Un "tío": bien, éste es el hermano de alguno de tus padres *o* el esposo de la hermana de alguno de tus padres. "Comida": bien, puedes comer conejos y ovejas, pero no perros o caballos. ¿Puede la lógica o la ciencia habernos dicho eso? Para los románticos, las ideas, en el límite, no tienen fundamentación *racional*; y la forma en que el mundo "realmente es" varía según el "marco". De esta manera, para un romántico, carece de sentido preguntar, por ejemplo, "¿es correcto o no el aborto?"; la pregunta significativa sería "¿Dentro de qué marco el aborto es correcto y dentro de qué marco es incorrecto?". En el mundo del romántico los objetos no se clasifican juntos porque sean verdaderamente más parecidos que otros; muy por el contrario, afirma el romántico: los objetos se parecen más porque han sido clasificados juntos (Goodman, 1972c). ¿Y por qué se han clasificado juntos esos objetos en particular? Comprender eso, replica el romántico, es comprender algo muy diferente a la lógica y a la ciencia. Es comprender lo consuetudinario, lo tradicional, lo simbólico, lo expresivo, lo semiótico.

El desarrollo romántico más significativo que emergiera en la antropología de los últimos veinte años es quizá la definición de cultura como código arbitrario (véase por ejemplo, D'Andrade y Romney, 1964). Pese a que las figuras iluministas dentro de la antropología cognitiva estudiaron por cierto las ideas de los pueblos exóticos, su énfasis se sitúa en lo racional, en las "estructuras de conocimiento" científicas y cuasi-científicas y en los procesos intelectuales subyacentes. Pero es el romántico de la antropología cognitiva el que estudia la "Cultura" (con C mayúscula). "La religión como sistema cultural", "La ideología como sistema cultural", "El sentido común como sistema cultural" (Geertz, 1973); *American Kinship: A Cultural Account* (Schneider, 1968); *Culture and Practical Reason* (Sahlins, 1976); *The Forest of Symbols* (Turner, 1967); estos estudios, bien conocidos e influyentes, promueven una antropología "simbólica", una antropología interesada primordialmente en las ideas no-racionales (presupuestos, definiciones culturales, declaraciones, clasificaciones arbitrarias) y en sus modos verbales y no verbales de expresión. Por cierto, la idea principal de una antropología simbólica es que gran parte de nuestra acción "dice algo" sobre lo que nosotros representamos y representa nuestras construcciones no-racionales de la realidad.

Un símbolo expresivo es algo que "está en lugar de" o dice algo sobre otra cosa. Puede ser un objeto: un trozo de paño, el emblema nacional. Puede ser un movimiento: un gesto, una reverencia. Los símbolos expresivos frecuentemente se subdividen, siguiendo a Peirce (1955), en tres tipos principales: símbolos propiamente dichos, iconos e índices. Se dice que las propiedades de los símbolos propiamente dichos consisten en que no tienen una relación intrínseca (o causal) con las propiedades de sus referentes (por ejemplo, "microorganismo", una palabra larga, se refiere a una cosa muy pequeña), mientras que los iconos se parecen a sus referentes (la "altura", como símbolo de "autoridad"), y los "índices" son la causa, la consecuencia o los co-ocurrentes de sus referentes (por ejemplo, las "manos callosas" como indicador de que alguien es un "trabajador").

Parece dudoso que esas distinciones categóricas entre símbolos expresivos se puedan sostener sobre estas bases, especialmente dados los análisis de Goodman (1968, 1972a, 1972b, 1972c) sobre la arbitrariedad de los juicios de similitud y co-ocurrencia. Lo que parece claro es que los símbolos expresivos se pueden disponer a lo largo de un continuum: los símbolos expresivos difieren en que es más o menos fácil aprender a "leerlos" o interpretarlos. Existen símbolos expresivos que parecen más fáciles de "leer" (sabemos de qué se trata) y que requieren poco entrenamiento (por ejemplo, cualquier niño puede "leer" expresiones faciales para "feliz", "triste" y "loco", y todo el mundo "sabe" de alguna manera que "arriba" quiere decir "autoridad" y que la intensidad de la voz no indica "calma"). Otros símbolos expresivos permanecen opacos excepto para quienes por medio de conjeturas, demostraciones o aprendizaje, "se les permite entrar" en el código (de qué otra manera podríamos saber a qué se refieren los sonidos del lenguaje, o que un movimiento de la cabeza hacia los lados significa "no").

Tan importante como la distinción entre tipos de símbolos expresivos es la distinción entre la función "expresiva" versus la función "instrumental" de las acciones (Parsons, 1968). Como ya se ha señalado, los actos expresivo-simbólicos son formas de decir algo acerca de construcciones arbitrarias de la realidad, construcciones de la realidad no dictadas por la lógica o por la ciencia. Los actos instrumentales, en contraste, son formas racionalmente eficientes de lograr objetivos prácticos. Dormir es una actividad instrumental. Dormir solo en el propio cuarto y con la puerta firmemente cerrada es una actividad expresiva que comunica unas cuantas cosas sobre el compromiso no racional de nuestra cultura con la individualidad, la autonomía y la privacidad. Comer es una actividad instrumental. La pregunta a un niño de tres años "¿Qué quieres cenar esta noche?" es un acto simbólico-expresivo que comunica en otra forma redundante el compromiso no racional de nuestra cultura con la individualidad, la autonomía y la privacidad.

Una importante contribución de una estrategia romántica (por ejemplo, simbólica) es la concepción de que el apuntalamiento conceptual de un orden social es en última instancia no racional, y de que muchas de las prácticas acostumbradas en una sociedad —desde las maneras de mesa (Elias, 1978) y los códigos del vestido (Sahlins, 1976) a las prácticas de crianza (Shweder y

Bourne, 1984) a las técnicas de castigo (Foucault, 1979)— son expresiones simbólicas de esas elecciones no racionales.

Como se ha señalado, la vida social demanda una respuesta a ciertas preguntas existenciales que ni la lógica ni la ciencia puede proporcionar. ¿Tiene el grupo autoridad sobre el individuo? ¿De dónde deriva la autoridad? ¿Es la "voluntad del grupo" una mera agregación de voluntades individuales (de allí, una persona, un voto), o es mayor que la suma de sus partes (de allí, comprendida sólo por grandes líderes)? ¿Es "normal" ser autosuficiente o interdependiente? ¿Qué justifica la distribución desigual de los placeres de la vida? ¿Cómo se deberían distribuir las cargas y los beneficios? ¿A cada quién conforma a sus necesidades? ¿Igual para cada uno? ¿Qué soy yo (privado) y qué no soy yo (público)? ¿A quién se deben garantizar los "derechos"? ¿A los adultos varones? ¿A las mujeres? ¿A los niños? ¿A los perros? ¿A los insanos? ¿A los viejos? ¿A un feto? ¿Al esperma?

Un orden social es un diseño para la vida armado (o des-armado) a partir de respuestas a preguntas como ésas. Ni la razón ni la realidad dictan una respuesta única, y por cierto los hombres han diferido en sus respuestas a tales preguntas. Sea como fuere, las respuestas dadas por cualquier sociedad están escritas en la práctica acostumbrada. Cómo y qué comemos simboliza nuestras diferencias tanto respecto de los animales (no hay que tirarse pedos en la mesa) como de otros grupos sociales (no hay que poner cerdo en la mesa). Lo que vestimos (lana versus seda, mameluco versus cuello blanco) es un verdadero lenguaje para expresar la posición (género, status ocupacional, personalidad) en un elaborado esquema social que simultáneamante lo anuncia y lo perpetúa de acuerdo con pautas (Sahlins, 1976). Cómo tratamos a nuestros hijos (separación temprana de la cama, el cuerpo y el pecho de la madre) comunica a nuestros hijos qué es ser una persona (norteamericana, autónoma, individual y privada). Por cierto, si seguimos a Foucault (1979: 24) y nos desembarazamos de la "ilusión instrumental de que la penalización es ante todo un medio de reducir el crimen", podemos comenzar a interpretar modos de castigo (por ejemplo, paliza pública vs. confinamiento privado) como rituales expresivos, formas de decir cosas mediante la acción sobre nuestras concepciones arbitrarias de responsabilidad, obligación, autocontrol y personalidad.

Es mucho lo que se sigue de la idea de lo "arbitrario" y lo "no-racional". Ser un romántico es ser antinormativo. Es ser suspicaz respecto del concepto de "progreso". No se trata de que el romántico sea un anarquista: claramente hay reglas en todos los juegos, y cualquier "marco" posee sus propios estándares "internos". Si uno quiere producir un patrón de sonido inteligible como una frase "en chino", se enfrenta a unas cuantas rígidas constricciones; y por cierto no cualquier marca sobre una tela califica como un trabajo cubista, no digamos ya una buena obra cubista. Para el romántico, la idea de desarrollo se equipara a la idea de habilidad o competencia, y ser habilidoso o competente es dominar las reglas del juego en la práctica.

La afirmación romántica antinormativa establece que no hay estándares dignos de respeto universal que dicten lo que hay que pensar o cómo se debe actuar. Desde la perspectiva del romántico, preguntar cuál es la manera adecuada de clasificar el mundo, preguntar a qué se parece *el* mundo, preguntar cuál es la forma adecuada de diseñar una sociedad y todo eso, es como preguntar cuál es la comida más sabrosa o cuál es la mejor lengua para hablar. En consecuencia, el romántico se inclina a explicar el cambio ideacional por analogía con los mundos "expresivos" de la moda, la estética y la filología, mundos en los que el cambio rara vez es direccional y las preguntas sobre el progreso típicamente no surgen. En el mundo de la estética, los viejos modos de expresión no se tornan obsoletos. Lo viejo (realismo) y lo nuevo (cubismo) subsisten como formas de expresión igualmente válidas (Goodman, 1978) . En el mundo de la moda, los viejos estilos se tornan obsoletos sólo para ser renovados. En el mundo de las palabras y sus significados, los usos más antiguos desaparecen, pero los nuevos términos y usos que los reemplazan son sólo diferentes, no mejores. El concepto de progreso no es necesariamente aplicable a todas las instancias de cambio (véase Shweder, 1980b).

Todo el empeño del pensamiento romántico consiste en defender la coigualdad de "marcos" de comprensión fundamentalmente diferentes. El concepto de racionalidad, la idea de lo "arbitrario", libera cierta porción de la mente del hombre de los dictados universales de la lógica y de la ciencia, permitiendo la diversidad y dejando al hombre libre de elegir entre supuestos, esquemas de clasificación e ideas de valor irreconciliables. Por cierto, un indicador crudo pero digno de recordarse de una idea no racional es la persistencia de la diversidad a lo largo del tiempo, la habilidad de cada uno de los diversos marcos, persistentes pero incompatibles, para "manipular" toda y cualquier nueva evidencia y el hecho de que los "hechos" no parezcan alterar las ideas y las prácticas de nadie. Cuando la pena capital se vuelve "buena" (o "mala") independientemente de que reduzca el crimen (o no), cuando el incesto entre hermano y hermana se vuelve "malo" a despecho de que se produzca (o no) una progenie mutante, cuando las corporaciones continúan utilizando entrevistas para seleccionar empleados independientemente de que ayuden (o no) a predecir el rendimiento en el trabajo, en síntesis, cuando parece haber en cuestión algo más que determinar los hechos, tanto más probable es que todo sea cuestión de un enmarcamiento no racional.

Suscitar el espectro del desacuerdo irreconciliable es aceptar el desafío empírico de documentar las diferencias culturales y explicar sus reglas internas de coherencia. Por esta razón, el romántico se interesa primariamente en los contenidos del pensamiento del hombre: los presupuestos, valores y esquemas de clasificación específicos comunicados por personas específicas a otra gente específica en ocasiones específicas. Los miembros de una cultura común se conocen entre sí no por medio de estructuras profundas o por procesos hipotéticos subyacentes a su pensamiento, sino más bien por el contenido de superficie de los que se dicen y hacen los unos a los otros en el aquí y ahora. Cuanto más atención prestamos a los contenidos de superficie, menos común es la cultura del hombre.

Finalmente, el romanticismo tiende hacia una perspectiva de la adquisición de ideas como comunicación (ya sea tácita o explícita). Lo que es obvio a la razón no necesita comunicarse; cualquiera se puede "dar cuenta" por sí mismo que el todo es mayor que cualquiera de las partes. Lo que es obvio a los sentidos no necesita comunicarse; cualquiera puede "ver" por sí mismo que si se corta con un cuchillo, sangrará (véase Shweder, Turiel y Much, 1980). Pero los presupuestos no racionales, las ideas sobre el valor y las clasificaciones de un pueblo (un primo es una persona que no es para casarse; un cerdo no es un animal para comer; los miembros de una familia comen juntos y la comida se distribuye en partes iguales) no son derivables de la razón o de la experiencia directa con la naturaleza; de alguna manera, uno tiene que "penetrar" en el secreto, uno tiene que recibir de otras personas el "marco" de comprensión. En el estudio de la historia de las ideas esta perspectiva antievolutiva conduce al romántico a una preocupación por los procedimientos de adoctrinamiento en y conversión a paradigmas de pensamiento (Kuhn, 1962). En el estudio de la ontogenia de las ideas en los niños, esto conduce al romántico a preocuparse por la adquisición de las ideas como comunicación tácita.

La socialización como comunicación tácita: parando a Piaget sobre su cabeza

Durante veinte años, Piaget (1954, 1967; Inhelder y Piaget, 1958) ha sido la figura preminente entre las que estudian la mente infantil; sus supuestos iluministas han dominado el campo cognitivo "evolutivista". Básicamente, Piaget acepta la concepción tyloreano-frazeriana del hombre como un ser racional que pretende ser científico, luchando por elucidar qué causa qué en este mundo, luchando por adaptarse o por acomodar la inteligencia a las demandas de la realidad común, luchando por la consistencia entre las ideas, luchando por edificar o "construir" un conjunto de cánones (reglas de lógica, principios del método científico) para regular el propio pensamiento y para decidir si una pieza de ese pensamiento es de éxito o si no lo es.

De acuerdo con Piaget, la mente del niño crece en términos de etapas, yendo del pensamiento temprano concreto, indiferenciado y ligado con el contexto al pensamiento maduro abstracto, diferenciado y generalizado. La mente inmadura se aferra al contenido de superficie; la mente madura, libre de contexto, abstrae la estructura profunda.

Se dice que los niños son concretos en la medida en que enfatizan las diferencias particulares entre objetos, pasando por alto su similitud subyacente. Se dice que son indiferenciados sobre la base de que mezclan categorías, no pudiendo distinguir la perspectiva del sujeto de la de los demás (egocentrismo), lo necesario de lo contingente (pensamiento preoperacional) o las intenciones de las consecuencias (pensamiento orientado por los preceptos). Así, de acuerdo con Piaget, los niños menores de 18 meses se hallan tan ligados a su propia perspectiva personal y al contexto espaciotemporal particular de un estímulo que no pueden comprender la idea abstracta de que un "objeto" tiene tanto "constancia" a través de los cambios en la ubicación temporal y espacial, como "permanencia" a despecho de si se lo percibe o no en un momento dado. Para el niño, de acuerdo con Piaget, fuera de la vista significa fuera de la existencia, y mover un objeto de un lado a otro es crear un nuevo objeto. De una manera parecida, según Piaget, los niños de menos de 6 ó 7 años no pueden comprender las ideas abstractas de "número", "masa" y "sustancia". Así, por ejemplo, para los seis o siete años, los niños no reconocen que un montón de arcilla en una tabla debe necesariamente permanecer constante a pesar de manipulaciones contingentes y de transformaciones en su apariencia y forma superficial.

En la adolescencia, de acuerdo con Piaget, el joven abstrae invariancias, liberándose del contenido superficial, liberándose de las manifestaciones espacio temporales concretas de los objetos. La manzana vendida por Mr. Jones en un comercio durante la tarde se reconoce como la misma manzana que Mr. Jones arrancó del árbol por la mañana. Se piensa que la cantidad de sopa en un plato ancho y bajo no cambia cuando se la vierte en un envase alto y delgado. La mesa del comedor vista desde el sillón de papá puede parecer al "ojo" diferente de la mesa vista desde la silla del niño, pero la "mente" adolescente sabe que es la misma mesa. Por cierto, la mente adolescente está tan abstraída de la textura de superficie particularizadora de la experiencia que los objetos y los sucesos se pueden representar en abstracto como Ps y Qs, y se pueden ubicar objetos hipotéticos en mundos imaginarios.

De acuerdo con Piaget, esta transición del pensamiento concreto, orientado por preceptos y ligado a estímulos al pensamiento abstracto y generalizador es un proceso de *auto*construcción en el que el niño gana lentamente conocimiento del mundo y construye lentamente cánones más y más adecuados para el razonamiento (por ejemplo, el cálculo proposicional) y la experimentación con el mundo (por ejemplo, las leyes de Mill del acuerdo y la diferencia). A través de la autorreflexión, la razón y la experiencia directa, el niño construye un cuerpo de conocimiento abstracto y un sistema de reglas lógico-científicas adaptadas para sus tratos con la realidad.

Este no es lugar para evaluar la teoría piageteana de las etapas del desarrollo intelectual. El grado de: a) la disponibilidad y b) la accesibilidad de los niños y adultos con respecto a las ideas abstractas (por ejemplo, "número") y a los cánones correctos de razonamiento (por ejemplo, el cálculo proposicional) se halla bajo intensa investigación por parte de los científicos cognitivos (por ejemplo, Brainerd, 1978a y b; Cole y otros, 1981; Gelman, 1978; Gelman y Baillargeon, 1983; Mehler y Bever, 1967; Much y Shweder, 1978; Nucci y Turiel, 1979; Pool, Shweder y Much, 1981; Simon y Hayes, 1976; Turiel, 1979; Wason y Johnson-Laird, 1972). Baste decir que en la literatura cognitiva evolutivista reciente se han desarrollado dos tipos de objeciones a Piaget. En primer lugar, la idea de que los niños o adultos son característicamente preoperacionales ha sido vapuleada. Si se examina el funcionamiento cognitivo real de individuos a través de una serie de tareas o problemas, se descubre que ningún nivel operacional singular es propiedad general del pensamiento de un individuo (por ejemplo, Brainerd, 1978a, 1978b; Flavell, 1982; Roberge y Flexer, 1979; Siegler, 1981; Wason y Johnson-Laird, 1972). En segundo lugar, parece que Piaget subestimó seriamente la capacidad operacional de los niños pequeños (de dos a seis años). La evidencia reciente sugiere que la mayor parte de las estructuras mentales está *disponible* a la mente del niño de cinco años y bien pudiera estar disponible antes (por ejemplo, Bullock y Gelman, 1979; Goldberg, Perlmutter y Myers, 1974; Lempers, Flavell y Flavell, 1977; MacNamara, Baker y Olson, 1976; Mehler y Bever, 1967; Much y Shweder, 1978; Nucci y Turiel, 1978; Shatz y Gelman, 1973; Trabasso, 1975). Véase Shweder (1982d) y Gelman y Baillargeon (1983) para revisiones críticas. La evidencia sugiere una fuerte tendencia, aun entre los adultos, a que los procedimientos de resolución humana de problemas sean locales y específicas por contenidos, antes que abstractas y generales. Los hallazgos experimentales muestran que pequeños cambios en el contenido de superficie de diversas tareas cognitivas resultan en grandes cambios de rendimiento (véase D'Andrade, 1981). ¡Una consecuencia desconcertante de este hecho es que un experimentador puede demostrar mediante manipulaciones sagaces de contenidos de superficie ya sea la ausencia de pensamiento lógico en un adulto o la presencia de pensamiento lógico en un niño de tres años! Los resultados experimentales sugieren que la mente del hombre difícilmente tenga principios "estructurales profundos" de aprendizaje y generalización del razonamiento deductivo e inductivo. Los adultos inteligentes y normales parecen de menor éxito construyendo cánones de razonamiento abstractos (independientes del contenido) de lo que Piaget suponía, y muchos de los cánones que Piaget decía que no estaban disponibles para los niños pequeños parecen manifestarse en ciertos contextos concretos.

Sospecho que Piaget está equivocado en su concepción de la forma en que el pensamiento lógico-científico emerge en el niño. Sin embargo, lo que parece más notable a los antropólogos cognitivos que observan el campo de la psicología cognitiva no es que Piaget pueda haberse equivocado, sino que la estrategia iluminista de Piaget haya conducido a la mayoría de los psicólogos cognitivos a pasar por alto la mayor parte de las cosas de la mente infantil que interesan a los románticos. El desarrollo de la racionalidad no es todo lo que importa en la emergencia del pensamiento. Ciertamente, es muy revelador invertir simplemente cada uno de los supuestos claves de Piaget sobre la ontogenia del entendimiento. Párese a Piaget sobre la cabeza y lo que se obtiene es la "pragmática conversacional", o la socialización de los códigos culturales (véase Ochs y Schieffelin, 1984).

Inversión 1: Del conocimiento autoconstruido al aprendizaje dependiente del Otro

Piaget concibe al conocimiento como una "invención individual" (1970: 117). La mente del niño confronta las exigencias prácticas de la realidad. A través de un proceso dialéctico de extensión analógica (lo que Piaget llama "asimilación", es decir, tratar lo no familiar como si fuera familiar, una roca como si fuera un pezón), revisión de hipótesis (lo que Piaget llama "acomodación", es decir, una roca no puede chuparse, por lo tanto no es un pezón) y abstracción reflexiva, el niño, a lo largo de muchos años, construye por sí mismo un cuerpo válido de conocimientos y un conjunto adecuado de cánones lógicos y científicos. Cada niño o niña resuelve las cosas por sí mismo. Es como si cada generación, o cada individuo, reconstruyera de nuevo las leyes del pensamiento. La teoría de Piaget es una teoría del desarrollo cognitivo de tipo "redescubriendo la rueda".

La inversa de la imagen de Piaget del conocimiento autoconstruido es el "aprendizaje dependiente del otro" (D'Andrade, 1980). Como señala D'Andrade, mucho de lo que sabemos lo aprendemos de otras personas. La enseñanza de los otros puede ser formal, pero habitualmente es informal. La enseñanza puede ser deliberada, pero habitualmente no lo es. La enseñanza puede ser una instrucción paso a paso, pero más típicamente descansa en conjeturas poderosas y correcciones ocasionales. D'Andrade afirma que "la gente es muy buena descubriendo qué debe aprender en condiciones de descubrimiento informalmente guiadas, y no tan buena cuando debe aprender completamente por su propia cuenta".

D'Andrade describe algunos experimentos conducidos por Eisenstadt y Kareev sobre el procesamiento cognitivo en los juegos del Go y el Gomoku. Se enseñaron las reglas del juego a estudiantes de secundaria y se les hizo jugar contra una computadora que podía ser vencida, pero sólo si se inducían estrategias o patrones (por ejemplo, "dobles tres" en bloque, "dobles dos", etc.). Los estudiantes jugaron duramente un largo rato. Estaban sumamente motivados, y se les alentó a que cuando perdían "que reflexionaran qué era lo que había andado mal y que jugaran de nuevo a partir de eso". Pero incluso esos estudiantes motivados jugaron miserablemente. En Gomoku ganaron menos del 20% de los juegos. Lo que más sorprendió a D'Andrade fue que los experimentadores, y en realidad toda la gente que estaba en el laboratorio, eran muy buenos derrotando a la computadora. De alguna manera, *sabían* cuáles eran los patrones de triunfo, los que los estudiantes rara vez inducían por sí mismos.

Notando que "abstraer patrones no es algo fácil de hacer por cuenta propia", D'Andrade continúa:

> Pero nótese que la mayor parte de la gente del laboratorio no había tenido que aprender todo por su cuenta. Se hablaban mutuamente, poseían una terminología para los diferentes patrones de triunfo y formaban un grupo social y cultural efectivo. De esa forma, aprendieron el Go y el Gomoku de la misma manera en que la gente aprende las cosas: se trata de aprender las cosas por cuenta de uno, y otra gente —es decir, el acopio cultural de información— ayuda dando consejos ocasionales sobre los procedimientos e instrucción general clasificada cuando uno falla.

Lo concreto es que es fácil pasar por alto la forma en que una pequeña dosis de orientación puede afectar drásticamente el éxito y la dirección del proceso de aprendizaje (1980: 186).

Inversión 2: Del hombre racional al hombre no racional

La concepción de Piaget sobre la mente del hombre (y por lo tanto sobre la mente de los niños) es deliberadamente racional. Dado que el mundo "objetivo" consiste en que pensemos e induzcamos correctamente, la adaptación racional a la realidad requiere, de acuerdo con Piaget, cierto conocimiento de los dictados de la razón y de las regularidades de la naturaleza. De esta manera, Piaget dirige nuestra atención al conocimiento emergente del niño respecto de cánones de inferencia deductiva e inductiva, leyes del movimiento, concepto de número, velocidad, masa, etcétera. Indudablemente, Piaget está en lo cierto. Existen cánones de razón dignos de respeto universal (por ejemplo, todos los A son B; A, por lo tanto es B) y existen regularidades de las naturales que cualquier persona racional puede ver (por ejemplo, un dedo cortado con un cuchillo, sangra). Piaget es indudablemente correcto, pero también terriblemente incompleto. Hay mucho más en la mente del hombre que lógica y ciencia natural.

Lo que Piaget pasa por alto es lo no racional. Alguien que sólo lea la literatura piagetiana nunca adivinaría que todos los niños son sumergidos en un universo "enmarcado" hecho de presupuestos constitutivos, costumbres, tradiciones, rituales expresivos y clasificaciones arbitrarias diferentes, y que de alguna manera los símbolos expresivos y las ideas no racionales de una generación rápidamente se transforman en parte del sentido emergente del sujeto para la generación más joven. Aquí hay dos fragmentos de Much y Shweder. Escuchen lo que estos niños norteamericanos de cuatro años se dicen uno al otro en la escuela de una guardería:

Fragmento 1: El cuerpo inviolado

Algunos niños de la guardería se han mojado la ropa y se están colocando pares de pantalones extra, pertenecientes a la escuela. Están en un vestuario con una puerta doble que se abre separadamente arriba y abajo. Gary, Abel y Edith miran por la parte de arriba de la puerta, que está abierta. Edith está parada en una silla, mirando por la puerta. Gary y Abel atisban por arriba.

Vickie: Tontos... están espiando. Aún nos estamos vistiendo.
Maestro (acercándose): ¿Qué pasa? ¿Se están cambiando?
Vickie: Sí.
[El maestro cierra la puerta.]
Edith (a Gary): Déjala cerrada. No la abras.
Vickie: ¡No miren!, ¡no miren!

Fragmento 2: La ropa hace al hombre

Gary (a Sam): ¿Por qué siempre te vistes igual?
Sam: Ajá...
Gary: Siempre te vistes así.
Sam: No, a veces me visto de azul.

Lo que esos niños saben sobre la privacidad, la autonomía y la autopresentación no es ni natural ni lógico, y por cierto no ha sido autoconstruido. Esos niños han sido introducidos en el conocimiento heredado de la comunidad simbólica; y la sabiduría heredada en que se los ha introducido es menos sabiduría y más código arbitrario. El niño deliberadamente racional de Piaget nunca sería atrapado hablando convencionalmente sin sentido como Vickie y Gary.

El niño piagetiano es una copia desdibujada de la idea abstracta del lógico y del científico empírico. Su conocimiento estructural profundo es independiente del contexto. No tiene una cultura particular. No tiene un lenguaje particular. No tiene una identidad personal distintiva. No le interesan las cuestiones de la vida (véase más arriba) para las que sólo puede haber respuestas arbitrarias (y por lo tanto variables). Los códigos del vestido, los tabúes alimenticios, la sexualidad, los términos de tratamiento, el peinado, las clasificaciones sociales, la privacidad y la personalidad; la mente del niño piagetiano está vacía de temperamento, tradición, costumbre o convención. Invertir la pasión de Piaget por la racionalidad descarnada en un interés romántico en lo no racional es plantear esta pregunta, de ricos contenidos: ¿Qué es lo que hace al niño norteamericano tan norteamericano, y cómo es que un niño tan pequeño se convierte en norteamericano tan pronto?

Inversión 3: Del desarrollo progresivo al cambio de marcos

Es idea de Piaget que las formas tempranas de comprensión de un niño sean deficientes y se vean reemplazadas por formas de comprensión más adecuadas. Así como la astronomía precopernicana fue reemplazada por la poscopernicana, el pensamiento preoperacional es reemplazado por el pensamiento operacional concreto, sólo para ser reemplazado a su vez por el pensamiento operacional formal. Esta es una imagen de progresos y avances.

Esta imagen de desarrollo progresivo parece más adecuada para los dominios racionales-científicos. Un modelo normativo universalmente válido (por ejemplo, las reglas de Mill del acuerdo y la diferencia, las reglas del razonamiento silogístico apropiado) se pueden convertir fácilmente en un patrón para comparar diversas formas de comprensión y juzgar su valor relativo. El pensamiento lógico-científico puede hacer todo lo que el pensamiento mágico, y más aun.

La imagen del desarrollo progresivo comienza a resquebrajarse, sin embargo, a medida que uno se mueve de los dominios racionales del conocimiento a los no racionales. En los dominios no racionales del pensamiento (por ejemplo, clasificaciones de parentesco, conceptos de amistad, principios de justicia, ideas acerca del significado de los sueños, conceptos acerca de la persona, metáforas animistas versus mecanicistas) no existen estándares universalmente válidos para juzgar la corrección de las ideas, y las formas antiguas de pensamiento no son necesariamente deficientes. Para los dominios no racionales del pensamiento no existe una dirección universal de cambio y la noción de progreso es difícil de aplicar. Es para estos dominios no racionales del pensamiento que se pueden tomar modelos del mundo de la moda, de la estética y la filología (ver más arriba). Las viejas formas del pensamiento no racional sólo son diferentes, no peores. Pasar del cubismo al expresionismo abstracto no significa abandonar una forma de expresión menos adecuada. Es meramente cambiar de "marcos".

Las ideas no racionales no se pueden ubicar en una escala en términos de adecuación comparativa. Los que creen que la sangre es más espesa que el agua son obviamente distintos de los que prefieren sus amigos a sus parientes. Aquellos para quienes los sueños brindan acceso al mundo numinoso del alma y a sus transportes, son obviamente distintos de aquellos para quienes los sueños son "irreales". Aquellos que equiparan "primos" y "siblings" son obviamente distintos de los que distinguen al "hermano" del "hijo del hermano del padre". Aquellos que simpatizan con los "armenios hambrientos" son obviamente distintos de quienes "cazan la cabeza" de sus vecinos. Aquellos para quienes la justicia significa "a cada uno de acuerdo con sus merecimientos" son obviamente distintos de quienes proponen "a cada uno según sus necesidades". Aquellos para quienes un feto es una "persona" son obviamente distintos de aquellos para quienes un feto es un feto. Aquellos para quienes el rostro sin velo de una mujer es un pecado son obviamente distintos de aquellos para quienes el rostro con velo de una mujer es una vergüenza. Aquellos que tienen tres dioses y una esposa son obviamente distintos de aquellos que tienen un dios y tres esposas. Pero ¿existe algún criterio digno de respeto universal que determine los más racionales o avanzados de estos pensamientos? En la medida en que no hay una forma racional de escoger, la elección deviene en culturación, y cambiar de creencia es haber sido adoctrinado en las maneras propias de cualquier nueva subcultura que uno encuentre.

Por ejemplo, hace muchos años Margaret Mead (1932) demostró que el pensamiento animista (por ejemplo, atribuir intencionalidad y responsabilidad a objetos inanimados; tratar las fuerzas naturales como si fueran humanas) no podía ser asociado consistentemente a etapas inmaduras de la ontogenia. Parecía no existir una dirección general en los procesos adicionales que fuera del animismo al "realismo", o del "realismo" al animismo. Entre los norteamericanos, los niños son más animistas que los adultos (aunque una subclase de norteamericanos, los científicos naturales, parecen más proclives a la personificación). Sin embargo, entre los manus de Nueva Guinea, son los adultos quienes son animistas; los niños son secamente realistas. Para los adultos norteamericanos, el pensamiento animista es un "marco" de pensamiento apropiado para los niños y por lo tanto tolerado, e incluso alentado, en la juventud. Entre los manus, el animismo es el "marco" adulto (que aparentemente les sirve muy bien) y el acceso a este marco es deliberadamente interdicto a los jóvenes no iniciados.

Más recientemente, Higgins y Parsons (1983) han explicado cambios sociales y cognitivos en la niñez como la historia de las experiencias secuenciales del niño con las demandas de subculturas relativamente distintas (el hogar, la escuela, el grupo de pares). De esta forma, por ejemplo, a la luz de la evidencia de que los niños norteamericanos más grandes tienen más habilidad que los más pequeños en ciertas tareas de comunicación referencial, Higgins y Parsons nos recuerdan que la subcultura de los niños pequeños (el hogar) otorga un premio "a los objetivos de las relaciones sociales relativos a los objetivos de transmisión de información", mientras que para los niños mayores lo opuesto es verdad. Crecer no es meramente volverse más y más racional. Crecer es, con más frecuencia, entrar en un nuevo "marco" de la mente.

Hay otras dos maneras de invertir la concepción piagetiana de la mente. No tendré mucho que decir sobre ellas en esta ocasión, pero al menos mencionaré dos reversiones promisorias:

Inversión 4: De la coacción personal a la coacción interpersonal

No es de ningún modo evidente que la mente individual, abandonada a sus propios recursos, busca consistencia o amplia integración entre las ideas. Para cualquier individuo, el desarrollo de una concepción del mundo consistente, integrada y generalizada parece estar ligada a diversos procesos comunicativos sociales o *inter*personales, como tener que defender las propias ideas, anticipar objeciones de una audiencia o de un "público", y tener que discutir o sostener una conferencia. El estudio de Converse (1964) de la cultura política norteamericana, por ejemplo, revela que mientras los valores políticos de los congresales y otros portavoces políticos tiende a alinearse a lo largo de una dimensión netamente liberal contrapuesta a otra conservadora, los valores políticos de la población en general son demasiado fragmentarios y específicos a cada situación (por ejemplo, favorecer la ayuda gubernamental a las escuelas, pero no a la adquisición de viviendas). Cuanto menos tenga uno que presentar, justificar y defender la propia concepción personal, menor es la presión en favor de la integración global.

Inversión 5: De la invención personal a las representaciones colectivas

Como Piaget mismo señala (1970: 116-117), todo ambiente intelectual se empaqueta con "productos culturales ya cristalizados", representaciones colectivas del mundo que han sobrellevado un desarrollo colectivo prolongado. Por desgracia, Piaget no sigue el rastro de las conexiones entre esas estructuras cognitivas ya reguladas y el funcionamiento cognitivo individual. Otros lo han hecho. Ward y Jenkins (1965), por ejemplo, en un estudio del razonamiento correlacional, presentan a estudiantes secundarios información contingente sobre las relaciones entre sembrar semillas y lluvias posteriores. Donde la información se presenta sin el apoyo de ninguna representación colectiva, es decir serialmente, "sobre una base de ensayo y error, tal como ocurre habitualmente en el mundo real", sólo el 17% de los estudiantes muestran un razonamiento correlacional. Sin embargo, cuando se les presenta información sumaria en forma de una tabla de contingencia de 2 × 2, sin experiencia anterior de ensayo y error, más del 50% muestra razonamiento correlacional. Nótese que una tabla de contingencias de 2 × 2 es una de nuestras representaciones colectivas. Es colectiva en el sentido de que ninguno de nosotros la inventó; es parte de nuestra herencia cultural. Es una representación en el sentido de que constituye una forma de organizar y exhibir información correlacional relevante. Y debo agregar que se trata de un instrumento representacional colectivo bastante poderoso. Al mostrar información de una manera visual que torna obvio que uno debe *comparar* probabilidades condicionales al estimar una relación contingente, la tabla de 2 × 2 aumenta los procesos de pensamiento de individuos que no razonan típicamente en forma correlacional en otras situaciones. Las representaciones colectivas son a menudo decisivas para la forma en que piensan los individuos.

El aprendizaje dependiente del otro, los dominios no racionales de la comprensión, el cambio de "marcos", la coacciones interpersonales, las representaciones colectivas, estas cinco inversiones de los supuestos iluministas de Piaget nos recuerdan que las ideas emergentes del niño, en gran medida, les son transmitidas (véase Schwartz, 1981). Existe una cantidad de mensajes implícitos en un discurso social: mensajes acerca de qué presuponer, qué evaluar, cómo sentir, cómo clasificar; mensajes sobre lo que es ser una persona, cómo relacionarse con un grupo; mensajes sobre lo que es autoevidente, qué puede ser dado por sentado, etcétera. Los "juegos del lenguaje" del discurso norteamericano entre padres e hijos transmiten redundantemente los contenidos temáticos de la cultura norteamericana. Una breve lista de esos "juegos del lenguaje" incluiría: "Eres lo suficientemente grande como para saber...", "hagamos un trato", "¿Qué pasaría si todos hicieran lo mismo?", "¿Qué importa lo que otros quieran?", "Juega limpio", "Si tú mismo no te cuidas, ¿quién lo hará?", "¿Qué hiciste hoy en la escuela?", "Mejor lo haré yo mismo", "Sólo se vive una vez", "¿Puede usar tus juguetes?", "Esto es mío, esto es tuyo", "¿La pasaste bien?", "¿Cuál es tu opinión sobre...?" y "¿Qué quieres para cenar?". Mientras los teóricos del aprendizaje social se han concentrado en las recompensas y los castigos y los piagetianos han dirigido su atención a los rasgos estructurales profundos del razonamiento lógico-científico, los padres y los hijos se han estado hablando mutuamente sobre las cuestiones no racionales sustantivas de la vida social. Hace muy poco (Much y Shweder,

1978; Ochs y Schieffelin, 1984), estas conversaciones de rutina y rutinas conversacionales apenas habían sido reportadas por quienes estudian la mente de los niños. El campo está presto para una rebelión romántica.

Epílogo

El ensayo que acaba de leer es casi una réplica del manuscrito presentado en el Social Science Research Council del 8 de mayo de 1981, criticado por Spiro en este volumen. He agregado unos pocos párrafos, expandido algunos puntos y clarificado ciertas formulaciones, pero la mayor parte del ensayo está como cuando en esa conferencia Mel Spiro, hablando en nombre de la "derecha" (¿o fue de la "izquierda"?),* consideró al ensayo una defensa romántica del relativismo. Mientras que David M. Schneider, hablando por la "izquierda" (¿o era la "derecha"?) lo consideró una reivindicación iluminista de las categorías universales. Demasiado relativista para la perspectiva iluminista de Spiro; no suficientemente relativista desde la perspectiva romántica de Schneider. Mi primera reacción fue sentirme reconfirmado en mi tesis de que la división entre iluministas y románticos existe y es profunda entre los teóricos contemporáneos de la cultura. Mi segunda reacción fue preguntarme qué hacer con el hecho de que mi ensayo demostró ser difícil de clasificar convincentemente ya sea como iluminista y como romántico. En verdad, he taxonomizado y encasillado abundantemente, cosa que los románticos usualmente no aprecian, y he afirmado que la distinción entre lo que es racional, lo que es irracional y lo que es no racional es universal para la mente humana, un juicio ahistórico del tipo que los románticos típicamente aborrecen. Por el otro lado, he defendido una concepción de la mente pluralista (*vs.* monista), y al mismo tiempo he proporcionado una fundamentación basada en principios para las nociones románticas de que las realidades son construcciones nuestras, de que las prácticas culturales no son necesaria o aun típicamente adaptaciones a demandas ambientales externas, y que lo que hay en la cultura de las cosas no es necesariamente un dictado de la ley natural. Para gran sorpresa mía me encuentro en el medio, entre dos brillantes y admirados críticos y antagonistas. Me pregunto por las formas de salvar el vacío.

Desde la época de mi conferencia, me he beneficiado de la crítica iluminista de Spiro a mi ensayo (1984) y de otros agudos comentarios de amigos y colegas (véase Nota). Con estas críticas en mente, me gustaría reiterar, subrayar y clarificar ciertos puntos de mi argumentación.

He afirmado que cada generación, cada siglo, y aun cada milenio de teóricos sociales se ha dividido en dos campos opuestos, uno que postula una imagen del hombre deliberadamente racional, el otro una imagen deliberada-

* Aquí hay obviamente un juego de palabras intraducible, entre las numerosas acepciones inglesas de "*right*" y "*left*". [T.]

mente no racional. Aunque divididos, los dos campos enfrentan un problema común: ¿Cómo tenemos que explicar la aparente diversidad de ideas y prácticas humanas, y qué garantía hay para nuestras ideas y prácticas a la luz de esa aparente diversidad?

Esa cuestión, que podríamos llamar el problema de la "ley natural" (o racionalidad), no es un problema que sólo enfrenten los expertos y estudiosos. Definir las relaciones entre las propias ideas y prácticas y las de los demás, decidir qué es natural o racional y qué no lo es, decidir qué es optativo, convencional o personal y qué no lo es: esa investigación es una actividad de la mente difundida, quizás universal, practicada tanto por los niños como por los adultos, por la gente ordinaria y por los teóricos sociales autorreflexivos. Las respuestas a estas preguntas difieren mucho, por supuesto, tanto históricamente como a través de las culturas. Es más probable que los científicos sociales occidentales, seculares, democráticos e individualizados, más que otras personas, expandan el ámbito de lo que es personal, convencional o meramente cuestión de cultura y estrechen el ámbito de lo que es natural o requerido a cualquier persona racional por la ley natural (es decir, por la lógica o por el Corán). Sin embargo, los términos básicos de las cuestiones relevantes bien pueden haber sido los mismos a través del tiempo y de las culturas: qué es racional, qué es irracional, qué es no racional, qué es universal, qué es relativo y qué es lo que evoluciona. La gente difiere en lo que afirma que es racional (irracional o no racional), o universal (relativo o evolutivo), no en lo que respecta a plantear o no la pregunta.

Mi ensayo se concentra en las teorías de los expertos. La ventaja de este foco es que las teorías de los expertos a menudo son más explícitas, autorreflexivas y sistemáticas que las teorías de los legos. Sea lo que hagan los expertos en ciencias sociales, algo que hacen muy bien es reflexionar acerca de sus propias intuiciones legas, explicarlas, evaluarlas y eliminar de ellas fallas e inconsistencias. A menudo, la gramática de la mente cristaliza y se torna disponible mediante las autorreflexiones de los expertos teóricos sociales.

Existe una desventaja, no obstante, en concentrarse en torno de los teóricos sociales expertos. Los expertos en ciencias sociales tienden a ser territoriales, aferrándose a una pequeña celda en una gran matriz de posibilidades. Para muchos científicos sociales, este encasillamiento es continuado por una expansión imperialista: el ambicioso intenta que su celda incluya toda la matriz: ¡todo es racional! ¡Nada es racional! ¡No hay universales! ¡Todas las diferencias son meramente aparentes! Para los demás científicos sociales, al encasillamiento le siguen la fortificación y el afianzamiento de los límites: el oscuro intento de expulsar a los que no estén en la propia celda, el ignorar o incluso someter a tabú todos los fenómenos extraños. De este modo, algunos científicos sociales en realidad tienden a rotularse e identificarse a sí mismos como "relativistas", o "universalistas" o "evolutivistas", como si existiera una especial virtud en estudiar sólo la forma en que difieren las cosas (o en que se parecen, etcétera).

Me parece engañoso imaginar que uno debe elegir, *en general*, entre una concepción iluminista y una concepción romántica de la mente humana. Mirando hacia atrás, debemos agradecer a los científicos sociales, tanto antiguos como modernos, por haberse enclavado y por haber desarrollado casi todas las celdas en la matriz de las interpretaciones lógicamente posibles de la diversidad cultural (Figura 1.1). Pero ahora que la matriz ha sido elaborada, deberíamos sentirnos libres de explorar todas sus posibilidades. La mente humana es tripartita, tiene aspectos racionales, irracionales y no racionales; y comparando nuestras ideas con las de otros, siempre seremos capaces de encontrar formas en que nuestras ideas coincidan con las de otros (universalismo), formas en que nuestras ideas sean diferentes. A veces esas diferencias sugerirán progreso (evolutismo) y otras veces no (relativismo). El trabajo del etnógrafo es decidir qué es racional, qué irracional y qué no racional, y saber cuándo tiene sentido enfatizar la similitud, la diferencia o el progreso.

Una limitación de mi ensayo es que yo me concentré en la diagonal principal de una matriz más amplia de posibilidades (Figura 1.1), enfatizando el camino romántico hacia el relativismo y el camino iluminista hacia el universalismo y el evolutivismo (Whorf, Lévi-Strauss y Piaget son ejemplarmente representativos de cada postura, respectivamente). Sería un error, sin embargo, llegar a la conclusión de que la distinción entre lo que es racional versus irracional, versus no racional, es equivalente a la distinción entre lo que es universal versus evolutivo versus relativo. No sería adecuado pasar por alto el hecho de que algunas figuras del iluminismo (por ejemplo, Malinowski, Cole y Scribner) han reafirmado la coigualdad de formas culturales diferentes mientras argumentaban, al mismo tiempo, en la típica manera iluminista, que cada una de esas formas divergentes es en sí misma una adaptación racional a las demandas de su ambiente local o nicho. Por cierto, casi todas las combinaciones de las dos distinciones tripartitas están representadas en alguna parte de la literatura científico-social. Tversky y Kahneman derivan universales a partir de procesos irracionales, mientras que en las habilidosas manos de Whiting y Child los procesos irracionales se utilizan para explicar diferencias culturales, y así sucesivamente.

La matriz de posibilidades para interpretar los sucesos mentales diagramados en la Figura 1.1 es cruda y probablemente incompleta, y algunas de mis identificaciones de teóricos en particular pueden ser debatibles. Pero, por lo menos en este contexto, no es mi propósito ser sofisticado, completo o indisputablemente correcto. Mi objetivo es meramente reconocer que cada estrategia interpretativa representada en la matriz posee un rol legítimo, aunque limitado, en el estudio de la mente. A lo que debemos resistir es a la tentación de aprisionar todos los sucesos mentales en la misma celda.

Nota

Algunas secciones de este manuscrito se presentaron en el simposio sobre Fronteras en las Ciencias Sociales: Nuevas Direcciones en el Estudio de la

Cognición, Encuentro Anual de la Asociación Americana para el Avance de la Ciencia, 5 de enero de 1981, Toronto, Canadá. El manuscrito fue leído por muchos colegas y amigos, y me he beneficiado con sus comentarios. Mi agradecimiento a Jerome Bruner, Diane D'Andrade, Roy G. D'Andrade, J. David Greenstone, Donald N. Levine, David M. Schneider y Melford Spiro.

		Tipo de proceso mental		
		Iluminista	Romántico	
		Racional	Irracional	No-racional
Enfatiza Parecido	Universalismo	Lévi-Strauss Chomsky Berlin y Kay Antropología estructural	Tversky y Kahneman Nisbet y Ross	Eliade
Enfatiza Diferencia	Evolutivismo	7 Simon Experto *vs.* novicio	Tylor Frazer Horton Piaget	7 Enculturado *vs.* no enculturado
	Relativismo	Malinowski Cole y Scribner Etnociencia	Gorer Whiting Cultura y personalidad	Lévy-Bruhl Whorf Antropología simbólica

Figura 1.1. Matriz de estrategias interpretativas posibles.

II

Antropología fenomenológica

3

Hacia un lenguaje etnográfico

MICHAEL AGAR
(Universidad de Maryland)

La etnografía está en el corazón de las antropologías que tratan con los pueblos vivientes. Decir que es difícil hablar sobre muchas de las cosas que suceden en la investigación etnográfica es, sin duda, un truismo. Es también un truismo el hecho de que ésta resulte una dificultad; y es una dificultad, en parte, porque el lenguaje usual para hablar de la investigación social como un proceso genérico es poco adecuado para la etnografía. Como su peor consecuencia, esta falta de adecuación ocasionó en el pasado una sensación de embarazo en la confrontación de los antropólogos con quienes se designaban a sí mismos "científicos verdaderos". En el presente, a medida que la etnografía se utiliza cada vez más fuera de los contextos académicos antropológicos tradicionales, las consecuencias son otras. Ahora tenemos autodenominados "etnógrafos" produciendo basura superficial, o etnógrafos competentes, muchos de los cuales son incompetentes para dar cuenta de su comprensión de los otros.

Este artículo constituye un intento de avanzar hacia una forma general de hablar acerca de la etnografía. Se inspira en gran medida en la obra de dos filósofos habitualmente llamados "interpretativos" o "hermenéuticos": Alfred Schutz y Hans-Georg Gadamer. En cierta medida, resulta imperdonable escribir otro ensayo de ciencia social basado en su obra. Después de todo, Garfinkel (1967) construyó buena parte de su etnometodología sobre la obra de Schutz, y Habermas está desarrollando su teoría social utilizando en parte a Gadamer (McCarthy, 1978). También *La interpretación de las culturas* de Geertz (1973) y *Frame Analysis* de Goffman (1974) constituyen perspectivas bien escritas sobre el estudio de la vida social, y temáticamente son consistentes con algunos de esos escritos filosóficos.

Pero, sea por lo que fuere, ninguno de ellos soluciona el dilema de la etnografía. Quizás el problema radique en mi lectura, pero me gustaría tomar las mismas piezas e intentar una combinación diferente. Si la combinación difiere, pienso que es por tres razones: mi interés por una visión global de la investigación etnográfica, una relación estrecha con la práctica etnográfica y un foco centrado

* *American Anthropologist*, vol. 84, 1982, págs. 779-795.

en el desarrollo de un lenguaje etnográfico general. Aunque pienso que los autores mencionados arriba —y otros más— comparten algunas de esas preocupaciones, pienso que ninguno las comparte todas. Es posible que el punto de vista delineado en este artículo no funcione, pero los errores pueden estimular alternativas. Necesitamos desesperadamente un lenguaje para hablar en general sobre nuestro trabajo.

Algunos "problemas" etnográficos

La etnografía posee una variedad de características especiales; una de ellas, a menudo considerada un estorbo, es que dos estudios de grupos similares pueden diferir entre sí. Esto necesariamente se sigue de los ambiciosos objetivos de la investigación etnográfica; pero en la literatura antropológica, encontramos desparramadas razones más interesantes. Por ejemplo, el trabajo comparativo con los Human Relations Area Files reveló cierto número de problemas interesantes, entre ellos la dificultad de comparar reportes etnográficos diferentes que supuestamente versaban sobre "la misma cosa". Las descripciones de la crianza de los niños, por ejemplo, pueden variar en función del entrenamiento profesional del etnógrafo: los freudianos, los teóricos del aprendizaje y los especialistas en parentesco difieren en las clases de cosas a las que prestan atención. Como resultado, sus reportes parciales han sido difíciles de comparar. El problema se torna más agudo si consideramos cuestiones personales y profesionales. Devereux (1967), por ejemplo, ha escrito sobre los efectos de la historia personal en la investigación social. El título de su libro, *De la ansiedad al método en las ciencias del comportamiento*, resume su argumentación.

Otro ejemplo de la influencia de los etnógrafos sobre su investigación se encuentra en la discusión de re-estudios. Aunque Lewis y Redfield constituyen el caso clásico, ha habido muchos otros que muestran la forma en que dos etnógrafos producen descripciones de grupos similares que difieren en importantes respectos (véase Naroll, 1970 para una revisión). El problema se vuelve más interesante cuando los dos etnógrafos son de diferentes culturas. Hay por allí unos pocos casos tempranos, tales como el artículo de Li An Che sobre los zuñi (1973). Pero con el incremento del número de etnógrafos del Tercer Mundo, veremos más y más críticas de la etnografía euroamericana en el futuro (véase por ejemplo, la discusión de Owusu 1978 sobre la etnografía africana). De hecho, las recientes ediciones de *Current Anthropology* reflejan el crecimiento de esto que se ha llamado "antropología indígena". En estas discusiones aprendemos quc las etnografías pueden diferir debido a los diferentes medios culturales de los etnógrafos, y que a veces difieren en formas que arrojan luz sobre los supuestos occidentales implícitos subyacentes a la disciplina.

Un ejemplo particularmente sorprendente de las diferencias culturales en etnografía se manifestó en el Congreso Internacional de Ciencias Antropológicas y Etnográficas de Nueva Delhi: los antropólogos europeos y norteamericanos fueron criticados por los miembros indios de la audiencia por dividir las conductas en "sagradas" y "seculares". Para comprender la vida de un aldea india —afirmaban— uno se tiene que dar cuenta de que la "religión" es dominante en la mayor parte de las situaciones de la vida cotidiana. Si "nuestra" cultura no nos llevara a enfatizar esa distinción —aseguraban, añadiendo un denuesto a la injuria— comprenderíamos mejor nuestros problemas en Irán (el encuentro tenía lugar en diciembre de 1978).

Existen otras razones, aparte de las diferencias entre los etnógrafos, que nos ayudan a comprender por qué pueden diferir dos estudios. Por ejemplo, el grupo descrito puede cambiar. En mi propio trabajo, conducido originalmente en un centro de tratamiento de adictos a la heroína a fines de la década de 1960, describí algunos de los conocimientos necesarios para comprender la subcultura de los adictos a la heroína (1973). Cuando comencé a trabajar en Nueva York a mediados de la década de 1970, me sorprendieron los cambios que tuvieron lugar cuando la disponibilidad de la heroína declinó dramáticamente y se incrementó la metadona (1977). Las actividades de los adictos a la heroína resultó alterada en respuesta a cambios de lo que podría llamarse la ecología química de las calles. En este caso, la descripción cambió en parte debido a que el grupo había cambiado en respuesta a las alteraciones de su entorno social. Existen otros ejemplos de tales diferencias en los casos en que un etnógrafo revisita un grupo después de un período de tiempo (Mead, 1965; Foster y otros, 1978).

Las etnografías pueden diferir, además, en razón de la audiencia a que apunta un reporte etnográfico. En mi propio trabajo, la presentación del mismo trozo de material etnográfico toma una forma diferente, según yo lo escriba para los clínicos, para los que elaboran políticas referidas a la droga, para los sociólogos investigadores o para los antropólogos cognitivos. La antropología como campo está comenzando a percibir que éste es un problema que abarca a toda la disciplina.

En la antropología académica profesional, los etnógrafos escriben a menudo para una audiencia limitada, consistente en estudiosos parecidos a ellos. Con un entrenamiento y un entorno social similares, existe una superposición en las tradiciones del etnógrafo y de la audiencia. Estas colapsan en el interior del mismo grupo cultural y profesional. En contraste, cuando un etnógrafo trabaja en un mundo en el que la audiencia que se pretende consiste en no-etnógrafos, el grupo de lectores agrega nuevas limitaciones a la forma que la investigación puede asumir.

Estas nuevas audiencias constituyen una cuestión sumamente polémica, que se manifiesta a medida que la antropología tradicionalmente académica pugna con su nueva identidad en ambientes no antropológicos, tanto académicos como no académicos. Cuando la audiencia de uno incluye —digamos— psiquiatras de una escuela médica, burócratas del gobierno o miembros de la comunidad, surgen nuevos problemas. Sólo se necesita hojear los números recientes de *Human Organization* y de *Practicing Anthropology* para constatar la conciencia de este cambio y los pensamientos que ha inspirado. La "audiencia" siempre constituyó una influencia, pero mientras consistió en el grupo al cual pertenecía el etnógrafo no se la consideró un problema. El encuentro de la etnografía con cambiantes escenarios de trabajo nos ha forzado a tratar explícitamente el problema de los límites impuestos por otras tradiciones en la confección de etnografías. En síntesis, etnografías de grupos similares, o sobre temas similares, difieren entre sí. A cierto nivel, esto ocurrirá debido a las diferencias en el público al que se apunta, en el medio en que se desenvuelve el etnógrafo o en los grupos descritos. Tan profundo y recurrente es este "problema" que uno se pregunta si no será "normal". En otras palabras, nuestra epistemología debería esperar y dar cuenta de las diferencias entre las etnografías, en lugar de definirlas como una anomalía.

Una segunda característica del trabajo etnográfico es su naturaleza emergente. Es un ítem del folclore que los antropólogos son (in)famosos en las agencias de financiamiento por proponer el estudio A y volver con el estudio B. Barrett (1976) describe la forma en que recorrió cuatro modelos económicos a medida que avanzaba su trabajo de campo, y en que el cuarto modelo difería significativamente del primero. Como otro ejemplo, Glaser y Strauss (1967) muestran explícitamente la importancia de la emergencia y la revisión de categorías en el trabajo etnográfico. La centralidad de la emergencia choca con los tradicionales modelos lineales de la investigación social que comienzan con las hipótesis, siguen con la recolección de datos y finalizan con el análisis.

Otra característica es el énfasis en la comprensión de situaciones que han ocurrido, y no en la predicción del valor de una variable a partir del conocimiento de otras. Además, esa comprensión se manifiesta de diferentes maneras, aunque todas ellas involucran mostrar una conexión entre algo que se hizo o se dijo y un patrón más amplio. La comprensión puede tener que ver con ciertas intenciones del actor, con convenciones de la vida del grupo, o con ambas en diversas combinaciones; después volveremos sobre esto.

La filosofía hermenéutica pone todas estas cuestiones bajo un solo paraguas. Ella afirma que la gente existe necesariamente dentro de una tradición, en términos de la cual se ve a sí misma, a su mundo, a su pasado y a su futuro. Un individuo nunca puede situarse por completo aparte y examinar su tradición como si fuese un objeto, porque fuera de ella no hay nada en términos de lo cual pueda tener lugar la comprensión. La comprensión, en otras palabras, tiene una "pre-estructura" (Gadamer, 1975) o una "dimensión tácita" (Polanyi, 1966).

Estar enredado en una tradición no significa que no se pueda poner un fragmento de ella en la conciencia y examinarla reflexivamente. La reflexión consciente se suscita cuando surge un problema, cuando algo anda mal. El flujo rutinario de tradicionalidad que guía la vida cotidiana resulta perturbado y la conciencia se concentra en él. En síntesis, los problemas en la comprensión tienen lugar cuando se rompen las expectativas, cuando la tradición es incapaz de otorgar sentido a un suceso.

Gadamer prosigue discutiendo la forma en que se resuelven los problemas en la comprensión, forma que refleja la importancia central de las comprensiones emergentes. Pronto presentaremos con más detalle la naturaleza de este proceso. Por ahora, podemos comenzar con el problema de la relación entre el concepto de "tradición" y el "dilema" de las diferencias en los reportes etnográficos. Yo afirmo que esto encaja muy bien, y comienzo mi argumentación con dos historias.

Tradición y etnografía

La primera historia se origina en una vieja anécdota que he utilizado en otros escritos. Hace algunos años, mientras trabajaba en una aldea del sur de la India, me estaba preparando para ir de visita al mediodía a otra aldea, distante unas pocas millas. Cuando el cocinero me preparaba la comida, colocó un pequeño trozo de carbón sobre ella antes de envolverla en tela. Eso me sorprendió. Sencillamente no podía entender el sentido de ese acto. Más tarde, aprendí que yo iba a viajar a una hora del día en la que los espíritus se hallaban particularmente activos; y dado que la comida atrae a los espíritus, habían colocado carbón sobre ella para que actuara de repelente.

Recientemente me hallaba dictando clase en la Universidad de Puerto Rico y utilicé ese ejemplo, como a menudo lo hago, para ilustrar el proceso del trabajo de campo. Al final de la clase, el profesor y dos de los estudiantes me dijeron que les resultaba sorprendente que yo me sorprendiera tanto. Tan pronto oyeron la historia —me dijeron— presupusieron que tenía algo que ver con los espíritus. Recordé entonces lo que había leído sobre los *espiritistas* y las *santerías*, los sanadores espirituales que se encuentran en algunos grupos de Puerto Rico y en otros lugares. Aparentemente, su tradición los preparaba mejor para entender coherentemente el uso indio del carbón.

La segunda historia proviene de un trabajo que estoy realizando con Jerry Hobbs sobre el análisis de una historia de vida de un adicto a la heroína (Agar y Hobbs, 1982a, b). En una entrevista, Jack (como lo llamaremos) describe una situación que tiene lugar en la estación Penn de Nueva York. El se halla sentado en la estación para escapar del frío del invierno cuando aparece un joven "gato" que le pide que vigile su equipaje mientras hace un "john". Jack dice que él no pretendía robarse el equipaje, pero que otro tipo de la calle, que estaba sentado por ahí cerca, insistió en abrir las valijas y repartir su contenido. Jack se rehusó, tomó las valijas y abandonó la estación.

Cuando oyentes "honestos" escuchan esta historia, no tienen habitualmente problemas para comprenderla. Pero cuando explico que lo que tiene de sorprendente la historia es que Jack dudara, las expectativas que guiaron su comprensión se desmoronan. Por las reglas de la calle, cualquiera que sea tan tonto para separase de su propiedad es un "lisiado", un "tonto". Automáticamente se desprende que sacarle su propiedad es jugar limpio. Al señalar sus dudas y al reportar que él robó el equipaje sólo porque fue forzado a hacerlo, Jack se inclina en dirección al mundo honesto del que participa el auditorio, mientras reporta un hecho que es normativo en el mundo de la calle que constituye el escenario de la historia.

Estos dos ejemplos se presentan para mostrar la importancia de las diferentes tradiciones que conforman un encuentro etnográfico. Una etnografía es antes que nada una función del etnógrafo, quien lleva a su trabajo la tradición en la que participa, incluyendo el entrenamiento recibido en su socialización profesional. Las clases de sucesos que se presentan como problemas son en parte función de lo sensibilizadores y coherentes que ellos sean, dada esa tradición. El carbón generó inmediatamente problemas para mi comprensión de un suceso normal en la aldea; aparentemente, un etnógrafo de Puerto Rico habría experimentado menos dificultades.

Las etnografías también son, por supuesto, una función del grupo en el cual está trabajando el etnógrafo. Si el cocinero de la aldea no hubiera puesto un trozo de carbón en el envoltorio, yo lo habría llevado todo el camino sin pensar en eso. Si los adictos a la heroína entre los que trabajé no hubieran hablado de gente "zurrada" y "quemada", yo no hubiese planteado las preguntas ni realizado las observaciones que sugirieron la interpretación "deshonesta" del breve relato que discutimos más arriba.

Las etnografías también dependen de la naturaleza de la audiencia. El etnógrafo intenta producir un reporte para alguien, para mostrarle cómo es que la vida de algún pequeño grupo tiene cierto sentido. En la medida en que la audiencia participa de la misma tradición que el etnógrafo, éste sólo necesita hacer explícitas sus propias perspectivas personales. Sin embargo, en el ejemplo de la aldea india, aparentemente yo sobreexpliqué el incidente para la audiencia de Puerto Rico. En contraste, en la historia del robo del equipaje, se tiene que demostrar a las audiencias honestas que es posible una comprensión diferente de las cosas. Estas se dan cuenta enseguida que la historia tiene sentido dentro de su propia tradición; deben aprender que tiene un sentido adicional, un sentido que originalmente no advirtieron.

En pocas palabras, las etnografías son una función de las diferentes tradiciones del etnógrafo, los grupos y las audiencias previstas. La etnografía es, en su núcleo, un proceso de "mediación de marcos de signficado" (Giddens, 1976). Su naturaleza dependerá de la naturaleza de las tradiciones que se pongan en contacto durante el trabajo de campo. Esta argumentación nos aconseja dejar de preocuparnos por un acceso a un mundo objetivo independiente de la persona; no porque éste sea un objetivo difícil, sino porque es ilusorio y nos desvía de algunos aspectos importantes del trabajo etnográfico. Por otra parte, esa argumentación incomoda a quienes Hirsch (1976) llama "ateos cognitivos". Un reporte etnográfico no es sólo una reseña personal específica del momento, sin bases en otras tradiciones aparte de la del etnógrafo. Hay un grupo humano allá afuera que vivía en el mundo antes de que apareciera el etnógrafo y que continuará haciéndolo después que el etnógrafo se vaya. La etnografía, en síntesis, es también función del grupo estudiado.

El etnógrafo, la audiencia prevista y el grupo representan tradiciones que limitan —pero que no determinan— los reportes etnográficos que puedan surgir. En las palabras de la vieja oposición, la etnografía no es ni "subjetiva" ni "objetiva". Es interpretativa, mediando entre dos mundos a través de un tercero.

El proceso

En el encuentro entre tradiciones diferentes, la etnografía se concentra en las diferencias que aparecen. Las expectativas no resultan satisfechas; algo no tiene coherencia; los propios "supuestos de coherencia perfecta" —para usar la frase de Gadamer— son violados. Por conveniencia, llamaremos *quiebras** a las diferencias que percibe el etnógrafo. El término es de Heidegger, pero la idea general aparece ilustrada en toda una variedad de discusiones antropológicas. Sperber (1974), por ejemplo, escribe que las acciones señaladas por su interés simbólico son precisamente las que se apartan sensiblemente de lo que el etnógrafo espera.

Rosenblatt documentó varias instancias de este interés por las quiebras: "Si se miran las descripciones de las experiencias de campo de los antropólogos, resulta muy común que la reacción inicial incluya comparaciones con manifestaciones de sorpresa o atención ante lo inesperado" (1981:199). Rosenblatt también señala que Naroll y Naroll (1963) mencionan la "atención hacia lo exótico", aunque la caracterizan negativamente, como si fuera un "sesgo". Menciona luego varios documentos etnográficos que apoyan este punto (Nakane, 1975; Uchendu, 1970, Pandey, 1975; Gould, 1975; Mohring, 1980). Escribe además que algunos antropólogos "aconsejan servirse de la sorpresa, de lo inesperado y de la sensación de una diferencia como indicios para definir lo que hay que estudiar" (1981:200), y cita a LeVine (1970), Mead (1970) y Richards (1939) en apoyo de esa idea.

Estos ejemplos de la literatura y las anécdotas de mi trabajo de campo ilustran el rol central de la quiebra para poner de manifiesto problemas para la atención etnográfica. Una quiebra señala una disyunción entre los mundos; el problema para la etnografía es el de proporcionar una explicación que la elimine. La naturaleza específica de la quiebra —para repetir un argumento anterior— será función de las tradiciones del etnógrafo, del grupo y de la audiencia. Cambia alguna de las tres y el contenido de la quiebra cambiará con ella. La etnografía "definitiva" no existe.

Una vez que ocurre una quiebra, algo debe hacerse al respecto. Por conveniencia, llamaremos proceso de *resolución* al proceso de trasladarse desde la quiebra hasta la comprensión. Este proceso es emergente, y al igual que la quiebra que lo impulsa, se halla limitado por las tradiciones en las que ocurre.

* El término utilizado por Agar es *breakdown*, el cual podría traducirse también como "choque", "caída" o "crisis", con mejores efectos semánticos y contextuales que el que hemos escogido; no obstante, conservamos "quiebra" por ser éste el vocablo escogido por los traductores heideggerianos. [T.]

Parafraseando a Gadamer, uno formula inicialmente un significado para la quiebra, pero luego lo desarrolla y lo refina en interacción con la "cosa misma". Gadamer enfatiza la naturaleza emergente de este proceso, y la importancia de la apertura frente al fenómeno y la sensibilidad para lo que tenga de nuevo.

Una forma interesante de caracterizar el proceso es tomando prestada la noción de Hirsch (1976) de "esquema corregible". Una quiebra es una falta de concordancia entre el encuentro de uno con una tradición y las expectativas contenidas en los esquemas mediante los cuales uno organiza la propia experiencia. Uno modifica entonces los esquemas, o construye otros nuevos, e intenta otra vez. Basado en ese nuevo intento se realizan modificaciones adicionales, y el proceso continúa iterativamente hasta que la quiebra no es más un problema. (Nótese el paralelismo con las discusiones reunidas en Glaser y Strauss, 1967 y con la noción de Cicourel de "razonamiento abductivo"; véase Corsaro, 1981, para un resumen.)

Gadamer dedica buena parte de su *Verdad y método* al proceso de resolución. Señala que la resolución modifica la tradición en la cual se origina. Una tradición tiene un límite, el confín de sus puntos de vista, llamado "horizonte". La resolución tiene lugar cuando el horizonte de las diferentes tradiciones resulta "fundido", es decir, cuando este horizonte se modifica y se extiende de modo que la quiebra desaparece como problema. Esto "siempre involucra el logro de una universalidad más elevada, que supera no sólo nuestra universalidad particular, sino también la del otro" (Gadamer, 1975: 272).

La resolución aparece ilustrada informalmente en la reseña personal de Rabinow sobre su trabajo de campo en Marruecos (1977). Rabinow nos lleva a través de diversos encuentros que producen quiebras y luego nos muestra cómo se elabora la resolución. Plantea también el problema de los cambios de la tradición de los informantes como resultado de las quiebras que éstos encuentran trabajando con el etnógrafo. ¿Cuál es el efecto sobre un informante clave de muchas horas de preguntas que traen a la conciencia cuestiones sobre las que posiblemente no se reflexionó nunca antes? ¿Cuál es el efecto de observar a un etnógrafo extranjero en la vecindad, de ver un estilo diferente de actuar en el mundo? De hecho, algunas veces se afirma en la literatura que el informante (Blanchard, 1977) o la comunidad es dramáticamente diferente en el momento en que el etnógrafo la abandona. Por el momento, sin embargo, limitaré la discusión y seguiré observando las cosas a través de los ojos del etnógrafo.

Gadamer prosigue su descripción de la resolución señalando que la fusión de horizontes es conceptual y se expresa en el lenguaje. Este punto se relaciona con su visión general del lenguaje y la tradición como co-constitutivos. El lenguaje es el almacén de la tradición, el señalador hacia lo que haya en el mundo que sea un objeto, el recurso para crear especulativamente nuevos mundos. Como tal, la fusión de horizontes es "la hazaña propia del lenguaje" (1975: 340).

Además, el proceso de resolución puede ser visto como una "dialéctica negativa". Gadamer sintetiza como sigue la naturaleza "esencialmente negativa" de la experiencia: "Si tenemos experiencia de un objeto, eso significa que no hemos visto la cosa correctamente y que ahora la conocemos mejor" (1975: 317). Una quiebra, entonces, es una experiencia negativa en este sentido. Nos muestra que algo no es como esperábamos. La resolución es dialéctica porque es un esfuerzo para resolver qué es una cosa y qué no es. De este esfuerzo deriva un sentido de lo que pudiera ser. El proceso continúa luego hasta que la quiebra se resuelve.

Ahora, si combinamos la naturaleza lingüística de la fusión de los horizontes y la dialéctica negativa de la resolución, comprenderemos por qué Gadamer caracteriza el proceso de resolución como "una lógica de pregunta y respuesta". Con la excepción de la obra de Collingwood (1978), señala, poco ha sido hecho en torno de este tipo de lógica, aunque él ofrece los diálogos socráticos como un ejemplo de esa lógica en acción.

Basándose en este ejemplo, Gadamer caracteriza una buena pregunta como la que pone algo al descubierto, pero también establece presupuestos en términos de los cuales "se puede ver lo que aún permanece abierto" (1975: 327). Una buena pregunta nunca es puramente retórica, ni está al servicio de juegos interpersonales egocéntricos, ni es respetuosa de la opinión vulgar. Más aun, no hay un método para aprender a preguntar buenas preguntas de manera mecánica. En vez de eso, las preguntas se originan en la naturaleza de la quiebra correlativa al encuentro de mundos diferentes, inspirando una secuencia de preguntas y respuestas que emergen dialécticamente hasta que la quiebra se resuelve.

Puede encontrarse una versión antropológica de esta concepción en las obras de Charles Frake, recientemente compiladas (1981). Los artículos más tempranos muestran el desarrollo de la importancia etnográfica de las preguntas y respuestas encadenadas. Los artículos más tardíos critican a quienes ven en las argumentaciones iniciales un método desencarnado; estos artículos resitúan la argumentación en el contexto etnográfico global en el que ocurren las preguntas y las respuestas.

Para resumir esta discusión de la resolución, comenzamos con una quiebra, con una ruptura. Esta viola nuestras expectativas y trae a la conciencia lo que el fenómeno no es. Luego sigue un proceso dialéctico de preguntas y respuestas por medio del cual modificamos nuestra tradición y creamos nuestra versión de lo que el fenómeno es, dado nuestro punto de partida. Para Gadamer, una vez que la resolución está completa, los detalles de este proceso "desaparecen". Con esto quiere decir que una vez que una quiebra se resuelve, abandona nuestra atención consciente. Para la etnografía tendremos que alterar su argumentación. Más que abandonar el proceso una vez que hemos comprendido, tenemos que documentarlo sobre una base selectiva para que pueda servirnos.

Es interesante el hecho de que Moerman (1969) identificara esta cuestión hace algún tiempo. El afirmaba que a medida que progresa el trabajo de campo, el etnógrafo se vuelve menos reflexivo sobre los encuentros, mientras que los informantes se vuelven menos informativos porque presuponen que el etnógrafo sabe más. Recientemente fui testigo de esta misma situación cuando una realizadora cinematográfica presentó su obra en la Sociedad Antropológica de Washington. Ella reportó que el etnógrafo, que había permanecido en el campo durante un cierto tiempo, se entusiasmó por la presencia del equipo de filmación, pues sus preguntas y observaciones recuperaron algunas de las preocupaciones fundamentales que él tenía cuando comenzó el trabajo de campo, y que con el correr del tiempo se fueron olvidando. Traducido a nuestra discusión, vemos que en ambos casos los etnógrafos habían resuelto con éxito las quiebras iniciales y habían perdido luego conciencia de ellas. Lo que es, de hecho, comprensión con éxito desde el punto de vista de Gadamer, es un problema para la etnografía.

Hasta aquí, la quiebra es el punto de partida y la resolución es el proceso que inicia. Volvamos a Gadamer para tener alguna idea de cuál es el punto final de la *coherencia*. De la discusión de Gadamer, aprendemos que una resolución coherente: a) mostrará por qué es mejor que cualquier otra resolución que pueda imaginarse; b) vinculará una solución particular con el conocimiento más amplio que constituye una tradición; c) clarificará e iluminará, suscitando una reacción "ajá" en los miembros de las diferentes tradiciones que constituyen el encuentro etnográfico, y d) expandirá los horizontes de modo que queden conectados. En una sección posterior, veremos algunas dificultades implícitas en las sugerencias de Gadamer.

En su discusión de la "aplicación", Gadamer describe un aspecto adicional de una resolución de éxito. No es suficiente que se resuelva una sola quiebra. La coherencia que resulta debe aplicarse a situaciones posteriores. Hablando de los textos, dice que "si se han comprendido adecuadamente, es decir, de acuerdo con las afirmaciones que hacen, se los comprenderá en todo momento, en cada situación particular, de una manera nueva y diferente" (1975: 275). Para usar una frase de Winch, la comprensión debe avanzar "como una cosa común y corriente", en el sentido de que la coherencia recientemente adquirida se aplique a situaciones no encontradas con anterioridad. Esta es una noción crítica que orientará la elaboración del proceso de resolución que luego veremos.

Por el momento, entonces, tenemos una forma de hablar sobre un proceso clave de la etnografía. En el encuentro de diferentes tradiciones ocurre una quiebra. La resolución comienza con la apertura hacia nuevas posibilidades, y conduce a un proceso dialéctico de preguntas y respuestas, hasta que la naturaleza lingüístico-conceptual de las tradiciones queda ligada. Lo que originalmente era algo que se apartaba de las expectativas se ve ahora como algo coherente. La etnografía es el proceso de ir de la quiebra a la coherencia mediante la resolución.

En el trabajo de campo real, por supuesto, uno no se mueve simplemente de una quiebra a otra. Por el momento, sin embargo, podemos tomar cada una de las nociones —quiebra, resolución y coherencia— y discutirla más en detalle. Comenzaremos por el final, con la coherencia. Hacemos esto porque es mejor tener primero cierta idea del objetivo del proceso, y porque eso nos permite presentar la segunda figura importante en cuya obra se inspira esta discusión: Alfred Schutz.

Coherencia

Para dar carnadura a la idea de coherencia para la etnografía, debemos volvernos hacia el filósofo de la tradición interpretativa a quien más interesaba la ciencia social. La síntesis que realizó Alfred Schutz de la obra de Weber y de la de Husserl será nuestro punto de partida. En ciertas áreas, filósofos más contemporáneos —como Gadamer— encontrarían serios errores en la presentación que hace Schutz, especialmente en las raíces positivistas de su noción de comprensión. Pero para lo que nos interesa, espero demostrar que su visión de la coherencia en la comprensión de la vida social puede ser útil.

En síntesis, la versión schutziana de la coherencia reza como sigue: "Es suficiente... que yo pueda reducir el acto del otro a su motivo típico, incluyendo su referencia a situaciones típicas, fines típicos, medios típicos, etc." (1970: 180). Detrás de este resumen, no es necesario decirlo, hay unos cuantos argumentos elaborados. Luego veremos algunos de ellos para comenzar a elaborar una versión etnográfica de la coherencia.

Una persona que vive en un mundo dotado de significado, tiene, en un momento dado, un "interés a la mano". Para nuestros propósitos, este interés a la mano se llamará una *meta*, de la que la persona puede ser consciente o no. La meta del momento no es una entidad aislada: más bien es parte de un sistema mayor de metas en el mundo de la persona. Algunas metas conducen a una intención de realizar en el mundo un estado de cosas que se había proyectado. Estas metas son de particular interés para la etnografía, dado que la acción públicamente expresada de los informantes es la fuente de las quiebras y las resoluciones.

Antes de discutir la concepción schutziana de la coherencia, debo esbozar su análisis de las diferentes perspectivas temporales de la acción. La "acción" es la "experiencia vivida" del actor en el momento de su hacer. Un "acto", por otro lado, es una acción contemplada reflexivamente. Uno sólo puede conocer sus propias acciones como actos, dado que contemplarlas es salirse fuera de ellas. Si se imagina una acción como lo que se debería hacer en el futuro, eso es un "acto proyectado". Consideremos primero cómo se realiza esta proyección. Nuestro actor, meta en mano, construye un esquema de la acción basado en anticipaciones y expectativas del "repertorio de conocimiento" disponible en su mundo. El conocimiento se organiza alrededor de la meta, en términos de su grado de "relevancia". Llamaremos a esta atención hacia el conocimiento orientada por metas, una cuestión de *foco* (Grosz, 1978). Una meta, entonces, pone diferentes partes del conocimiento más o menos en foco. Schutz señala que la intención de realizar una meta (el motivo "para") focalizará conocimiento de inmediato si la situación es familiar. Si no lo es, los problemas no familiares pueden exigir a nuestro actor que salte un nivel y que lo resuelva antes de proyectar nuevamente. Schutz también señala que el conocimiento debe ser "lo suficientemente" claro y consistente dada la meta, pero que con un interés o foco decreciente este requerimiento se relaja.

El repertorio de conocimiento de nuestro actor está organizado primariamente en "tipificaciones", aunque en lugar de éste utilizaremos el término de *marcos* [*frames*]. Los marcos se desarrollan, de acuerdo con Schutz, cuando la experiencia de un objeto se transfiere a otro objeto similar (1970: 117). Para utilizar el término moderno los *frames* son "estructuras de conocimiento" generalizadas que tienen "lugares vacíos" y "variables" que se "llenan" con detalles en particulares instancias de su uso (*ibíd.*: 130). Muchos de ellos se encuentran eficientemente codificados en el lenguaje. De hecho, Schutz caracteriza al lenguaje como la "casa del tesoro" de los marcos, que contiene una tradición que trasciende a la situación biográfica de cada actor. También señala que esos marcos pueden cambiar con la experiencia; la realización concreta de un proyecto "los agrandará y reestructurará" (*ibíd.*: 142).

Ahora tenemos nociones como para hablar acerca de la comprensión desde el punto de vista de un observador. El observador imagina los motivos "para" de un actor, que podrían llegar a ser observables en un acto, y proyecta luego su propia "realización fantasiosa de tal acción como un esquema sobre la base del cual interpretar las experiencias vividas del otro" (*ibíd.*: 177). Para un observador, la coherencia se logra cuando una "expresión" observada (ejecutada con o sin intención comunicativa) se ve como si formara parte de un "proyecto" mayor, o de lo que ahora comenzaremos a llamar un *plan*. La coherencia, pues, se logra mediante la consideración de un acto en términos de su relación con las metas y de los marcos que se ponen en foco, o de ambos, en la medida en que se interrelacionan en un plan. Y esto es simplemente un resumen expresado en nuestra terminología, que coincide con la de Schutz citada al comienzo de esta sección.

Schutz señala que su análisis de la comprensión por parte del observador es diferente de y más simple que la comprensión en la que un ser humano se "armoniza en simultaneidad" en una "relación-nosotros" con otro (*ibíd.*). Para dar cuenta de la comprensión en esta situación más difícil, Schutz ofrece algunos conceptos adicionales. Aun aquí, sin embargo, el análisis de la "experiencia vivida" compartida llevará al analista a la contemplación de un acto, y nuevamente el analista comprenderá el acto en término de los planos de interacciones de los que el acto constituye una expresión.

De Schutz obtenemos un sentido más elaborado de la coherencia en la comprensión de la vida social. Ella involucra el examen reflexivo de la acción como acto, ya sea de una acción observada a la distancia o compartida como una experiencia vivida con los informantes. El acto se percibe como algo coherente si encaja en un plan del cual podamos imaginarnos que ese acto forma parte; en este contexto, *plan* es un término amplio que se refiere a la organización de metas y marcos. La coherencia etnográfica, en síntesis, ocurre cuando la quiebra inicial se resuelve mediante un cambio en el conocimiento propio de nuestra tradición, de manera que la quiebra comienza a verse como la expresión de alguna parte de un plan.

Quiebra

Tenemos ahora cierta idea de la coherencia etnográfica, el punto final del proceso de resolución. Si regresamos al principio, encontramos nuevamente la noción de quiebra. Anticipando discusiones ulteriores sobre la complejidad del trabajo de campo real, me gustaría hacer una partición de conceptos. Esta partición no pretende clasificar las experiencias de la quiebra con precisión. Más bien, se la introduce para comprender mejor la naturaleza emergente del trabajo etnográfico.

La primera distinción separa las quiebras *ocasionales* de las *voluntarias*. Cuando fui a trabajar al sur de la India, no tenía idea de que una quiebra que estaba por manifestarse explicaría el sentido de un trozo de carbón en mi bolsa de comida. Cuando sobrevino, me sorprendió como algo carente de sentido, y se presentó como algo que había que explicar. Fue ocasional. Por otra parte, cuando escuché que los *junkies* usaban los términos "golpeado" y "quemado", supe como antropólogo cognitivo que uno de mis trabajos claves era explicar su significado. La concentración sobre los términos, la atención consciente que les dirigí y el tipo de explicación que emprendí, eran voluntarios.

Las quiebras voluntarias son las que uno crea; las ocasionales son la que sobrevienen en el curso del trabajo etnográfico. La diferencia consiste primariamente en si las quiebras son o no propuestas por el etnógrafo. Como ya lo hemos señalado, ninguna de las dos es independiente del trabajo etnográfico concreto. Pero la distinción, pienso, vale la pena. Entre otras cosas, da cuenta de la experiencia etnográfica habitual de comenzar con algunas quiebras voluntarias y retornar con otras quiebras ocasionales que demuestran ser más interesantes.

Las quiebras voluntarias son dignas de distinguirse por otras dos razones. En primer lugar, incluyen muchos de los métodos tradicionales de la investigación social; un lenguaje etnográfico debe incluirlas, permitiendo al mismo tiempo otras posibilidades. En segundo lugar, las quiebras voluntarias permiten una instancia que alienta el cuestionamiento de la propia comprensión de las situaciones como principio general. Esa instancia es particularmente importante cuando se trabaja en la propia cultura.

Se puede hacer una segunda distinción entre quiebras *nucleares* y *derivativas*. Las quiebras nucleares son las que constituyen el foco del trabajo y del eventual reporte del etnógrafo. Las quiebras derivativas son las que son menos importantes para el etnógrafo. Se las puede considerar menos importantes simplemente debido a límites de tiempo, o porque son así evaluadas en la tradición del etnógrafo, o porque sólo se resuelven incidentalmente en la resolución de las quiebras nucleares. Esta distinción captura una sensación de niveles en las quiebras: algunas quiebras constituyen problemas de alto nivel para el etnógrafo; otras quiebras que sobrevienen se abordan con menos interés.

Para ejemplificar esta distinción, permítanme regresar a mis dos ejemplos. El encuentro con el carbón fue derivativo y ocasional. Yo me encontraba trabajando en el sur de la India como un estudiante no graduado que buscaba aprender cómo hacer etnografía. La quiebra nuclear que yo había puesto en foco era la relación entre los grupos sociales y el liderazgo en la resolución de conflictos. Esto a su vez, era más ocasional que voluntario, aunque retrospectivamente yo había llegado a ello en respuesta al interés en cuestiones similares por parte de la "audiencia" de mi facultad que había trabajado en esa área.

En el ejemplo *junkie*, la intención de aprender sobre "quemado" y "golpeado" era voluntaria y nuclear. Mi entrenamiento como antropólogo cognitivo enfatizaba una cuidadosa atención a los lexemas como vía de entrada primaria a la cognición. El proceso de elaborar el significado de esos términos era derivativo, pero al mismo tiempo voluntario y ocasional. Era voluntario porque yo de alguna manera me forzaba quiebras en mi comprensión sugerida por los antropólogos cognitivos; pero también era ocasional porque el uso de los términos por parte mía o de los otros y la observación de situaciones identificadas por esos términos, creaba problemas adicionales de comprensión.

Sin duda, se pueden establecer otras distinciones, pero por ahora éstas alcanzan. Cuando se las considera como parte de la etnografía no todas las quiebras son lo mismo. En un extremo, un etnógrafo puede forzar una quiebra y perder mucho tiempo resolviéndola: esa quiebra es voluntaria y nuclear. En el otro, sobrevienen quiebras inesperadas, las que reciben menos atención: son quiebras ocasionales y derivativas. Sin embargo, una de las virtudes especiales de la etnografía es que una quiebra que originalmente era voluntaria desaparezca o se vuelva derivativa, mientras que algo que sobrevino secundariamente como una quiebra ocasional se mueva hasta el centro y se transforme en nuclear.

Resolución

Ahora que tenemos una idea mejor acerca del punto inicial y el punto final del proceso de construcción del sentido etnográfico, podemos comenzar a enriquecer la noción de resolución. Para hacerlo, necesitamos una forma general de hablar acerca del conocimiento en la tradición del etnógrafo, en términos de la cual se comprenden o no los encuentros con la vida del grupo. Cuando hablamos inicialmente de Schutz, utilizamos las nociones de metas, marcos y planes. Ahora utilizaremos el término *esquema* [*schema*] para hacer alusión a los tres. (Todos estos términos merecen una elaboración más cuidadosa en ellos mismos. Eso está más allá del alcance de este artículo, aunque luego ofreceremos alguna justificación para su uso.)

Necesitamos ahora un término para los fenómenos encontrados por los etnógrafos en su trabajo. Utilizaremos el término genérico de *strip*, tal como lo introdujera Goffman (1974) y lo usara Frake (1981). Por el momento, no seremos exigentes en cuanto a la naturaleza de los *strips* que se confrontan. Un *strip* puede ser un acto social, reconocido como unidad por la naturaleza de su caracterización en el lenguaje del informante. Puede ser también una entrevista informal conducida por el etnógrafo, o una entrevista más estructurada o un experimento desarrollado en el trabajo de campo. También puede ser un documento de algún tipo. Un *strip*, en síntesis, es cualquier fenómeno delimitado contra el cual los etnógrafos pongan a prueba su comprensión del grupo.

La resolución, por lo tanto, consiste en la aplicación de esquemas a *strips*. Cuando los *strips* se entienden como los esquemas disponibles, no hay problema, aunque un etnógrafo puede intentar "provocar" uno. Cuando una parte de un *strip* no encaja o produce un conflicto, ocurre una quiebra y se requiere una resolución. Dejando por ahora en suspenso la multiplicación de los *strips*, consideremos la variedad de formas que puede asumir el proceso de resolución.

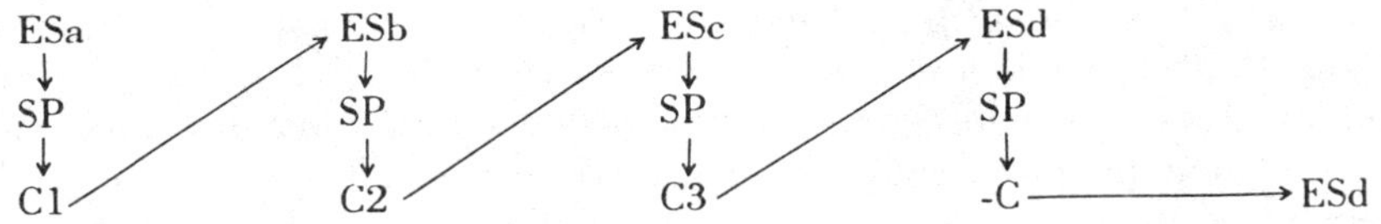

Figura 1. Resolución de un único *strip*.

El primer proceso de resolución se resume en la Figura 1. Algún esquema, rotulado "ESa" en la figura, se aplica a algún *strip*, rotulado "SP". La aplicación produce una quiebra, rotulada "C1", porque alguna expectativa de ESa no resulta satisfecha. Esto conduce a nuestro etnógrafo a modificar de alguna forma el esquema, lo que lleva al nuevo esquema "ESb". Este esquema se aplica a su vez al *strip*, pero ocurre otra quiebra, "C2". Se hacen modificaciones al esquema, lo que conduce a "ESc". El proceso itera mediante repetidas modificaciones al esquema y aplicaciones al *strip* hasta que no ocurre ninguna quiebra. En la figura esta situación se indica "-C", la cual lleva al etnógrafo a aceptar "ESd" como un esquema coherente con el *strip* SP.

La resolución de un solo *strip* se encuentra en el núcleo del trabajo etnográfico. También es importante, empero, aplicar esquemas a diferentes *strips*, así como resolverlos en su aplicación a uno solo. Esta "resolución de múltiples *strips*" se ilustra en la Figura 2. Por razones de continuidad con la Figura 1, comenzamos nuestro trabajo en la Figura 2 con el esquema ESd que elaboráramos finalmente en la resolución anterior. Más aun, consideraremos que la resolución de nuestra nueva figura comienza con un segundo *strip* para ESd, rotulada "SP2".

Ahora bien, la Figura 2 comienza con la simple aplicación de ES2 a SP2. Esta aplicación produce una quiebra, de modo que al igual que en la Figura 1 la flecha del diagrama se mueve hacia arriba. Pero nótese que la flecha está rotulada con "RSS" en vez de con una "C". "RSS" es sólo una abreviatura para la resolución ya descrita en la Figura 1, la resolución de un solo *strip*. He concentrado la Figura 1 en la Figura 2. Por medio de esto quiero mostrar que cuando ocurre una quiebra en la aplicación del esquema a un nuevo *strip*, se utiliza el proceso de resolución de un único *strip* hasta que la quiebra se resuelve.

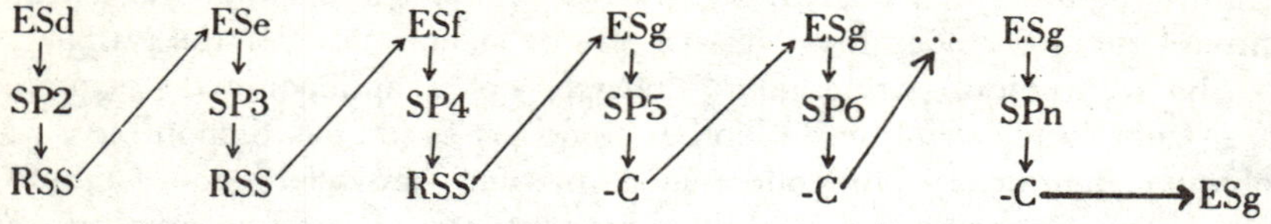

Figura 2. Resolución de múltiples *strips.*

Una vez que esto se lleva a cabo, tenemos un nuevo esquema, "ESe" en la Figura 2; éste se aplica a su vez a un nuevo *strip* SP3, y el proceso continúa iterativamente como en la Figura 1. Sin embargo, aquí hay una diferencia en la forma en que el proceso termina. Véase que el esquema ESg no produce quiebra cuando se aplica a SP6. El proceso no se detiene allí; en lugar de eso, aplicamos ESg a varios *strips* más, hasta que estamos "seguros" de que no ocurrirán más quiebras. ¿Cómo podemos saber cuándo estamos seguros? ¿Cuándo "n" es suficientemente grande? La idea general es que nos detenemos cuando los encuentros con *strips* adicionales no imponen más quiebras. Pero esto es inadecuado por dos razones: Una, las quiebras pueden ocurrir más tarde en el trabajo de campo, contra esquemas que se pensaban que eran coherentes. Dos, esta afirmación señala serios problemas metodológicos en el muestreo de *strips* en etnografía.

Hay aun otro nivel de resolución más que debemos presentar aquí, pues es central al énfasis etnográfico en el holismo (Phillips, 1976). La versión del holismo que utilizamos aquí involucra simplemente que las interpretaciones están hechas de esquemas interconectados, más que de esquemas separados entre sí. A medida que modificamos esquemas en resoluciones de *strips* únicos o múltiples, una de las preocupaciones etnográficas esenciales es la de preguntarse si esas modificaciones están pautadas de alguna forma interesante a través de los esquemas. Una descripción detallada de cómo procede esta interconexión está más allá del objetivo de este artículo. Pero por ahora podemos esbozar el proceso como otra forma de resolución.

Sieber (1973) señala que este enfasis holístico lleva con él el peligro de la "falacia holística". Esto quiere decir una tendencia a sobreenfatizar la consistencia y la integración a expensas del conflicto y la falta de armonía. Es por esta razón que se torna crítica una mirada más cuidadosa a lo que llamaremos "resolución del esquema". En nuestro sesgo holístico debemos implementar algunas limitaciones que nos ayuden a tenerlo bajo control.

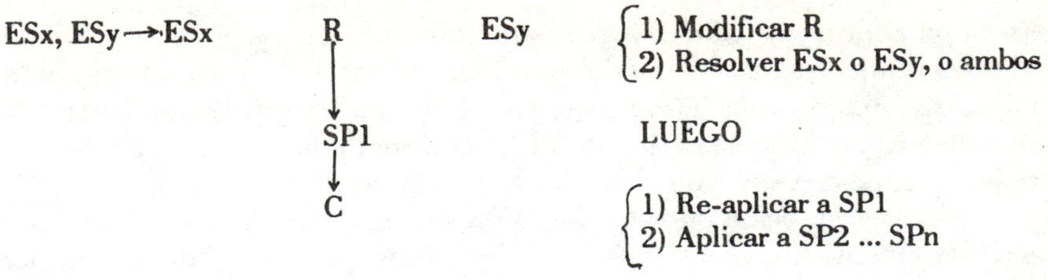

Figura 3. Resolución de esquema.

El proceso de resolución del esquema se ilustra en la Figura 3. Esta comienza a izquierda con dos esquemas, ESx y ESy. Nuestra concepción holística nos lleva a preguntarnos si existen interconexiones entre ambas. Las formas en que se pueden interconectar esquemas son numerosas. Por ahora, supondremos que tenemos cierta intuición de que los dos esquemas están relacionados porque uno de ellos representa un evento cuyo resultado es un prerrequisito para el evento representado en el segundo esquema. (Esta es una relación que yo utilicé en mis primeros trabajos etnográficos con adictos a la heroína. Por ejemplo, el producto de "conseguir" o comprar heroína era obviamente la heroína, que a su vez era un prerrequisito para "escaparse" o inyectarla.)

En la figura 3 yo muestro que puede existir una relación (como el vínculo producto-prerrequisito) entre ESx ESy. Represento esta relación con el símbolo "R", de modo que obtengo ESx R ESy. Ahora, igual que en las resoluciones anteriores, aplicamos los esquemas relacionados a un *strip* y ocurre una quiebra. En contraste con los primeros dos procesos de resolución, sin embargo, existen unos cuantos remedios posibles.

Podemos llegar a la conclusión, desde ya, de que hemos sido pillados en una falacia holista. Supongamos que aún no deseamos aceptar eso. Pero, como se muestra en la figura 3, podemos intentar todavía varias modificaciones posibles. Primero, podemos poner bajo sospecha la relación. Tal vez el producto-prerrequisito no era correcto, y los dos esquemas están en realidad relacionados de otra manera. En segundo lugar, podemos sospechar que el intento de resolver los esquemas ha suscitado nuevos problemas en uno de ellos o en ambos que no aparecían cuando se aplicaban individualmente a los *strips*. Si ése fuera el caso, podríamos utilizar resoluciones singulares o múltiples sobre uno de ellos o sobre ambos antes de intentar nuevamente la resolución del esquema. Después que se hacen las modificaciones usando esas estrategias, la nueva forma de ESx y R ESy podría re-aplicarse al mismo *strip* o a otros nuevos, como se muestra en la figura. La resolución procedería iterativamente, tal como lo hiciera en las formas más simples ya discutidas.

La noción de resolución de esquema es crítica para la antropología. En antropología cultural siempre ha habido un énfasis en el desarrollo de esquemas del más alto orden que muestran las relaciones entre varios otros esquemas de orden inferior. Esta tendencia hacia los niveles más altos representa nuestros continuos esfuerzos por formular una representación articulada de nuestro sentido del problema del grupo que son tan difundidos, tan fundamentales, que aparecen en numerosas situaciones a través de muchas relaciones sociales. Estos esquemas de alto nivel han recibido diversos nombres en antropología, pero el que yo prefiero es la noción de "temas", de Opler (1959).

Nótese que nada en esta discusión sostiene que la resolución determina necesariamente un esquema único, ni que esas modificaciones de esquema se originan en una sola fuente, sea la teoría, las afirmaciones de los informantes, las observaciones o las intuiciones. Al mismo tiempo, la resolución requiere que los esquemas —cualquiera que sea su fuente y su forma eventual— estén anclados en los *strips* que abstraemos para el estudio a partir de la vida del grupo. Es su compromiso con los *strips* lo que confiere a la etnografía su sabor "emic" y es en la posibilidad de aplicar esquemas a través de un amplio espectro de *strips* donde se origina el desarrollo de estrategias de validación.

Esta discusión de la resolución intenta preservar las características más importantes del proceso delineado por Gadamer, mientras se comienza a relacionarlo, simultáneamente, con las realidades del trabajo etnográfico. La mezcla peculiar de una tradición filosófica a menudo considerada "anticientífica" con el uso cuasi formal de algunos conceptos para articularla sorprenderá a ciertos lectores como un disparate epistemológico del peor tipo. Puede ser. Pero yo elaboraré esa mezcla con una discusión de lo que ella significa entre las experiencias que conforman la etnografía y de las que estoy tratando de dar cuenta. En el camino, veremos que la discusión también sugiere otras maneras diferentes de pensar acerca de aquello que queremos llevar a cabo.

El proceso y el campo

Primero que nada, hay que decir que la descripción que ofrecimos aquí es demasiado simple. Hemos quedado con la sensación de que la etnografía se halla constreñida por tres tradiciones —audiencia, grupo y etnógrafo— junto con un esquema en síntesis del proceso de quiebra-resolución-coherencia que la constituye. El trabajo de campo es claramente más complicado que eso: entre otras cosas, por el número de *strips* con que se trata, el número de esquemas bajo consideración y los muchos niveles en que procede la resolución. No hay duda de que ésta es en parte la razón de que el trabajo de campo, como esfuerzo intelectual, pueda llegar a ser agotador. Aparte de ello, además de esa iteración simultánea del proceso, éste puede ser exasperantemente recursivo. Ocurre una quiebra y comienza una resolución, la que a su turno produce una quiebra derivativa, de modo que el proceso queda en suspenso mientras esta resolución comienza, pero aparece una nueva derivación que deja en suspenso lo anterior, y así sucesivamente. Si me disculpan el retruécano, es fácil perderse entre los árboles.

Por añadidura, el proceso aquí esbozado no es un reemplazo para la comprensión sensitiva de otra gente que sobreviene mediante un íntimo contacto cara a cara durante un largo período de tiempo. De hecho, este proceso presupone ese compromiso. Es un supuesto clave del trabajo que mientras mejor y por más tiempo conozcamos a la "gente", más profunda resultará la comprensión. La mayoría de los etnógrafos, incluido yo mismo, está de acuerdo con ese supuesto. El proceso, por otra parte, es un marco intelectual que sirve como modo de organizar esa comprensión a los efectos de una discusión sistemática; y los resultados, a su vez, realimentarán el contacto humano del cual él mismo surge. Sin el contacto, la discusión general sería superficial; sin un lenguaje general, el contacto humano seguirá siendo una experiencia local y privada.

En jerga etnográfica, nos referimos a este compromiso con el término clave de "observación participante". Mi sensación acerca de ese término es que no constituye ni un método ni una clase de datos; en lugar de eso, es la situación que hace que nuestro trabajo sea posible a fin de cuentas. El contacto a largo plazo correlativo a la observación participante nos da esa sensación elusiva de la vida del grupo. Este "sentimiento", junto con algunas ideas creativas de nuestra parte, es una de las fuentes de inspiración para la modificación de esquemas en el proceso de resolución. La observación participante también nos capacita para tomar contacto con los miembros del grupo que serán una fuente de lo que ha sido llamado "*strips*". A través de la observación participante, tenemos acceso al flujo de la vida del que serán abstraídos los *strips* para su estudio reflexivo. Finalmente, es mediante el desarrollo del rapport en la observación participante que aumentamos las chances de que las expresiones de la vida del grupo se manifiesten sin ser modificadas por la visión de un extranjero temporario.

En síntesis, sin observación participante no tendríamos los *strips* o las buenas ideas para la modificación de los esquemas en la resolución. El lenguaje aquí desarrollado no pretende reemplazar a la observación participante. Más bien, pretende servirnos cuando volvemos del momento de la quiebra y planteamos preguntas sobre el nuevo conocimiento que necesitamos construir para comprender lo que inicialmente es una pieza enigmática de la vida de nuestros informantes.

Dado que el proceso tiene que ver con puentes entre tradiciones, algunas otras cuestiones etnográficas toman también una forma diferente. La "realidad psicológica", por ejemplo, no es una preocupación necesaria para el etnógrafo según esta argumentación. Aunque uno está empeñado en comprender las expresiones de la vida del grupo, no se afirma que la forma de esta comprensión tenga que ver con los procesos psicológicos internos que tuvieron lugar en el momento en que esas expresiones fueron ejecutadas. Más aun, no hay necesidad de afirmar que esas significaciones hayan sido verdaderamente articuladas por un informante, aunque las etnografías habitualmente reposan selectivamente en el relato de las situaciones por el informante. Como último punto relacionado con éste, el proceso no lo compromete a uno ni con un modelo del actor como constructor creativo de un mundo social, ni como encarnación pasiva de una acción convencional. En vez de eso, permite que el etnógrafo comprenda los actos consumados apelando a intenciones, a convenciones o a una mezcla de las dos.

También es evidente que ya no afirmamos que describimos "una cultura". Más bien tratamos de tender puentes entre tradiciones distintas. Una etnografía se convierte en una colección conectada de puentes relativos a las tradiciones que participan en el encuentro. La "cultura del pueblo X" ya no es un objeto a ser descrito en su integridad. Más bien es una de las tres tradiciones cuyo encuentro produce las quiebras, cuya resolución constituye el problema etnográfico (véase Becker, 1982, sobre la "pontificación").

Vista a esta luz, la etnografía comparte una preocupación con muchos otros campos (más ostensiblemente, algunos de los que ahora se han mezclado en la "ciencia cognitiva"), en lo que respecta a los problemas de la "representación del conocimiento". En lo que tiene de más relevante para la etnografía, esta preocupación se centra en el desarrollo de un lenguaje de patrones y propósitos que apunta a una forma más sistemática de modelar los puentes entre las tradiciones. De hecho, los cambios que realizamos en las terminologías de Gadamer y Schutz fueron hechos para mostrar esa relación. Pero hay que repetir que este uso de los conceptos difiere en gran medida de su uso en la ciencia cognitiva (y en antropología), porque son recursos para dar forma a nuestra comprensión de las expresiones, y no modelos de los procesos mentales que las producen.

Es evidente que las cuestiones terminológicas y los problemas metodológicos son abundantes. Por ejemplo, aquí la discusión se ha centrado en las quiebras que surgen en el trabajo etnográfico. Pero la etnografía es también el proceso de comprender las diferencias humanas en términos de similitudes humanas. Cuando se resuelven los esquemas, las similitudes entre las tradiciones son el contexto en el cual ocurre la resolución. Como otro ejemplo, hemos dicho poco sobre el método, aunque se reconocen algunas cuestiones metodológicas en la discusión. No hay aquí espacio para desarrollar estas y otras cuestiones. Sin embargo, por ahora, pienso que el esbozo de un "lenguaje etnográfico" define un marco de referencia dentro del cual ese desarrollo puede tener lugar.

En este artículo, quise tomar algunas cuestiones etnográficas centrales (diferencias en los reportes, emergencia y comprensión) y sugerir un marco para la etnografía menos disonante que los modelos tradicionales de investigación social. Lo he hecho inspirándome en la filosofía interpretativa y elaborándola, pero de una forma que según espero llevará a una formulación más explícita, que eventualmente conducirá a cierta claridad metodológica. Este uso de una tradición filosófica considerada a menudo como "anticientífica" para justificar el desarrollo de un "lenguaje etnográfico" puede parecer caprichoso. Pero como escribió Gadamer en *Verdad y método:*

> Si hay alguna consecuencia práctica en la presente investigación ciertamente nada tiene que ver con un "compromiso" acientífico; en vez de eso tendrá que ver más bien con la honestidad "científica" de admitir el compromiso que de hecho opera en toda comprensión (1960: xvi).

Y más adelante:

> Y nada más lejos de mi intención que negar que el trabajo metodológico sea ineludible en las llamadas ciencias del espíritu *(Geisteswissenschaften)*. Tampoco he pretendido reavivar la vieja disputa metodológica entre las ciencias de la naturaleza y las ciencias humanas. Difícilmente sea una cuestión de oposición entre los métodos (*ibíd.*: xvii).

La hermenéutica define un contexto para la etnografía que se ocupa de la significación. Pero la aplicación, la modificación y una especificación más precisa son problema nuestro. Espero que esta discusión contribuya a esa tarea.

III

Antropología posmoderna

4

Sobre la autoridad etnográfica*

JAMES CLIFFORD

Clifford toma a los antropólogos como nativos y también como informantes suyos... Estamos siendo observados e inscritos.

PAUL RABINOW, "*Las representaciones son hechos sociales*".

El frontispicio de la edición de 1724 de las *Moeurs des sauvages ameriquaines* del padre Lafitau muestra al etnógrafo como a una joven sentada junto a un escritorio y en medio de artefactos del Nuevo Mundo y de la Grecia clásica y Egipto. La autora aparece acompañada por dos querubines que la asisten en el trabajo de comparación y por la figura barbada del Tiempo, quien señala hacia un cuadro vivo que representa la fuente definitiva de las verdades que brotan de la pluma de la escritora. La joven gira su rostro hacia un banco de nubes donde aparecen Adán, Eva y la serpiente. Encima de ellos se yerguen el hombre y la mujer redimidos del Apocalipsis, a ambos lados de un triángulo radiante con la inscripción hebrea de Yahweh.

El frontispicio de *Los argonautas del Pacífico occidental* de Malinowski es una fotografía con el subtítulo "Un acto ceremonial del Kula". Se ofrece un collar de conchas a un jefe trobriandés, parado en la puerta de su vivienda. Detrás del hombre que ofrece el collar hay una hilera de seis jóvenes inclinados, uno de los cuales está soplando una caracola. Todas las figuras están de perfil, con la atención aparentemente concentrada en el rito de intercambio, todo un evento en la vida melanesia. Pero prestando más atención puede advertirse que uno de los jóvenes inclinados está mirando hacia la cámara.

La alegoría de Lafitau es menos familiar. Más que originar algo, su autor transcribe. A diferencia de la foto de Malinowski, el grabado no hace referencia a la experiencia etnográfica, a despecho de los cinco años que Lafitau pasó investigando a los mohawk, investigación que le ha ganado un sitial de respeto entre los trabajadores de campo de cualquier generación. Su relato se presenta no como el producto de una observación de primera mano sino como escritura en un taller atestado. El frontispicio de los argonautas, como todas las fotografías, afirma la presencia de la escena delante de las lentes; y también sugiere otra presencia, la del etnógrafo, componiendo activamente este fragmento de la realidad trobriandesa. El intercambio del Kula, el tema del libro de Malinowski,

* *The Predicament of Culture*, Cambridge, Harvard University Press, 1988, págs. 21-54.

se ha hecho perfectamente visible, centrado en el cuadro perceptual, mientras que una mirada participante redirige nuestra atención hacia el punto de vista observacional que, como lectores, compartimos con el etnógrafo y su cámara. Se señala el modo predominante de la moderna autoridad del trabajo de campo: "Estás allí... porque yo estuve allí".

Este capítulo rastrea la formación y la quiebra de la autoridad etnográfica en la antropología social del siglo XX. No es un relato completo, ni se basa en una teoría totalmente acabada de la interpretación y la textualidad etnográfica.[1] Los contornos de una teoría tal son problemáticos, dado que la actividad de la representación transcultural se encuentra ahora más en cuestión de lo que lo ha estado nunca. La actual dificultad está ligada a la quiebra y redistribución del poder colonial en las décadas posteriores a 1950 y a los ecos de ese proceso en las teorías radicales de la cultura de los años 1960 y 1970. Después de la revocación de la mirada europea por el movimiento de la negritud y después de la *crise de conscience* de la antropología con respecto a su status liberal en el interior de un orden imperial, y ahora que el Occidente no puede presentarse más a sí mismo como el único proveedor de conocimiento antropológico sobre los otros, ha llegado a ser necesario imaginar un mundo de etnografía generalizada. Con las comunicaciones expandidas y las influencias interculturales, la gente interpreta a los otros, y se interpreta a sí misma, en una pasmosa diversidad de idiomas: una condición global de lo que Mijail Bajtín (1953) llamara "heteroglosia".[2] Este mundo ambiguo y multívoco hace que cada vez resulte más difícil concebir la diversidad humana como algo inscrito en culturas cerradas e independientes. La diferencia es un efecto del sincretismo inventivo. En años recientes, obras tales como *Orientalism*, de Edward Said (1978) y *Sur la 'philosophie' africaine* de Paulin Hountondji (1977) han arrojado dudas radicales sobre los procedimientos por los cuales se pueden representar los grupos humanos extraños sin proponer métodos o epis-

[1] Sólo se discuten ejemplos ingleses, norteamericanos y franceses. Si bien es posible que los modos de autoridad que aquí se analizan se puedan generalizar ampliamente, no se ha hecho ningún intento de extenderlos a otras tradiciones nacionales. Se presupone asimismo, en la tradición antipositivista de Wilhelm Dilthey, que la etnografía es un proceso de interpretación, no de explicación. No se discuten modos de autoridad basados en epistemologías científico-naturales. Al focalizarse en la observación participante como un proceso intersubjetivo que se encuentra en el corazón de la etnografía del siglo XX, esta discusión soslaya cierto número de fuentes adicionales de autoridad: por ejemplo, el peso de conocimiento de "archivo" acumulado sobre grupos particulares, de una perspectiva comparativa transcultural y de un trabajo de investigación estadístico.

[2] La "heteroglosia" asume que "los lenguajes no *excluyen* a los otros, sino que más bien se intersectan con ellos de muchas maneras diferentes (el lenguaje ucraniano, el lenguaje del poema épico, el del simbolismo temprano, el del estudiante, el de una generación particular de niños, el del intelectual al día, el del nietzscheano, etcétera). Parecería incluso que la misma palabra 'lenguaje' perdiera todo su sentido en este proceso, puesto que aparentemente no hay ningún plano singular en que todos estos 'lenguajes' puedan yuxtaponerse todos juntos" (291). Lo que se dice de los lenguajes se aplica por igual a las "culturas" y "subculturas". Véase también Volosinov (¿Bajtín?) 1953:291, esp. capítulos 1-3 y Todorov 1981:88-93.

temologías sistemáticas y agudamente nuevas. Estos estudios sugieren que mientras la escritura etnográfica no puede escapar enteramente al uso reduccionista de dicotomías y esencias, puede por lo menos esforzarse autoconscientemente para no retratar "otros" abstractos y ahistóricos. Ahora es más crucial que nunca que los diferentes pueblos formen imágenes complejas y concretas de los demás, y de las relaciones de conocimiento y poder que los conectan. Pero ningún método científico o instancia ética soberanos pueden garantizar la verdad de tales imágenes. Ellas están constituidas —la crítica de los modos coloniales de representación lo ha mostrado suficientemente— en términos de relaciones históricas específicas de dominación y de diálogo.

Los experimentos en escritura etnográfica examinados en este capítulo no caen en una dirección reformista o en un sentido reformista claros. Son invenciones ad hoc, y no se los puede ver en términos de un análisis sistemático de la representación poscolonial. Se los puede comprender mejor como componentes de esa "caja de herramientas" de teoría comprometida recientemente recomendada por Gilles Deleuze y Michel Foucault. "La noción de la teoría como caja de herramientas significa (i) La teoría a construirse no es un sistema sino un instrumento, una *lógica* de la especificidad de las relaciones de poder y de las luchas alrededor de ellas; (ii) y esta investigación sólo puede ser sobrellevada paso a paso sobre la base de una reflexión (que necesariamente ha de ser histórica en algunos de sus aspectos) acerca de situaciones determinadas" (Foucault, 1980: 145; véase también 1977: 208). Podemos contribuir a una reflexión práctica sobre la representación transcultural realizando un inventario de las mejores, aunque imperfectas, estrategias actualmente a la mano. En éstas, el trabajo de campo etnográfico sigue siendo un método inusualmente sensitivo. La observación participante obliga a sus practicantes a experimentar, a un nivel tanto intelectual como corporal, las vicisitudes de la traducción. Requiere un arduo aprendizaje del lenguaje, y a menudo un desarreglo de las expectativas personales y culturales. Hay, por supuesto, todo un mito del trabajo de campo. La experiencia concreta, cercada de contingencias, rara vez alcanza la altura de lo ideal; pero como medio para producir conocimiento a partir de un compromiso intenso e intersubjetivo, la práctica de la etnografía conserva un status ejemplar. Más aun, si el trabajo de campo se identificó durante un tiempo con una disciplina específicamente occidental y con una ciencia totalizante de "antropología", esa asociación no es necesariamente permanente. Los estilos actuales de descripción cultural están históricamente limitados y se encuentran sufriendo importantes metamorfosis.

El desarrollo de la ciencia etnográfica no puede entenderse en último análisis prescindiendo de los debates políticos y epistemológicos más generales sobre la escritura y la representación de la alteridad. En esta discusión, sin embargo, he mantenido el foco sobre la antropología profesional, y específicamente en la etnografía a partir de 1950.[3] La actual crisis —o mejor, disper-

[3] No pretendo revisar nuevos estilos de escritura etnográfica que se han originado fuera de

sión— de la autoridad etnográfica hace posible trazar un período aproximado, delimitado por los años 1900 y 1960, durante el cual se estableció una nueva concepción del trabajo de campo como la norma de la antropología europea y norteamericana. El trabajo de campo intensivo, llevado a cabo por especialistas entrenados en la universidad, emergió como una fuente de datos sobre los pueblos exóticos privilegiada y sancionada. La cuestión aquí no es que haya prevalecido un único método de investigación. La etnografía "intensiva" ha sido variadamente definida (compárese Griaule, 1957, con Malinowski, 1922: cap. 1). Más aun, la hegemonía del trabajo de campo se estableció antes y más extensivamente en los Estados Unidos y en Inglaterra de lo que fue el caso en Francia. Los ejemplos más tempranos de Franz Boas y la expedición al Estrecho de Torres sólo fueron equiparados con retraso por la fundación del Institut d'Ethnologie en 1925 y con la publicitada Misión Dakar-Djibuti de 1932 (Karady, 1982; Jamin, 1982a, Stocking, 1983). Sin embargo, a mediados de la década de 1930 se podía hablar ya de un consenso internacional en pleno desarrollo: las abstracciones antropológicas válidas debían estar basadas, de ser posible, en descripciones culturales intensivas hechas por estudiosos calificados. A esta altura de las cosas el nuevo estilo se había hecho popular, y estaba institucionalizado y corporizado en prácticas textuales específicas.

Recientemente se ha hecho posible identificar y tomar una cierta distancia de estas convenciones.[4] Si la etnografía produce interpretaciones culturales a partir de intensas experiencias de investigación, ¿cómo es que la experiencia, no sujeta a reglas, se transforma en informe escrito autorizado? ¿Cómo es, precisamente, que un encuentro transcultural, locuaz y sobredeterminado, atravesado por relaciones de poder y desencuentros personales, puede ser circunscrito como una versión adecuada de "otro mundo" más o menos discreto, compuesto por un autor individual?

Al analizar estas complejas transformaciones se debe tener en mente el hecho de que la etnografía está, desde el principio hasta el fin, atrapada en la red de la escritura. Esta escritura incluye, mínimamente, una traducción de la experiencia a una forma textual. Este proceso está complicado por la acción de múltiples subjetividades y de constricciones políticas que se encuentran más allá del control del escritor. En respuesta a estas fuerzas, la escritura etnográfi-

---

Occidente. Como lo han demostrado Edward Said, Paulin Hountondji y otros, queda por hacer un considerable trabajo de "clearing" ideológico y de crítica oposicional; y esto es a lo que esos intelectuales no occidentales han estado dedicando gran parte de sus energías. Mi discusión permanece en el interior, pero en los límites experimentales de una ciencia cultural realista elaborada en Occidente. Más aun, mi discusión tampoco considera como áreas de innovación los géneros "paraetnográficos" de la historia oral, la novela no ficticia, el "nuevo periodismo", la literatura de viajes y el filme documental.

[4] En la presente crisis de autoridad, la etnografía ha surgido como un tema de escrutinio histórico. Sobre nuevas estrategias críticas, véase Hartog, 1971; Asad, 1973; Burridge, 1973, cap. 1; Duchet, 1971; Boon, 1982; De Certeau, 1980; Said, 1978; Stocking, 1983 y Rupp-Eisenreich, 1984.

ca pone en juego una estrategia de autoridad específica. Esta estrategia ha involucrado, clásicamente, la pretensión —no cuestionada— de aparecer como el que proporciona la verdad en el texto. Una experiencia cultural compleja es enunciada por un individuo: *We the Tikopia* por Raymond Firth; *Nous avons mangé la forêt* por Georges Condominas; *Coming of Age in Samoa* por Margaret Mead; *The Nuer* por E. E. Evans-Pritchard.

La discusión que sigue localiza primero históricamente esta autoridad en el desenvolvimiento de una ciencia de la observación participante de nuestro siglo, y procede luego a una crítica de los supuestos subyacentes y a una revisión de prácticas textuales emergentes. Estas estrategias alternativas pueden percibirse en recientes experimentos por parte de etnógrafos que, autoconscientemente, rechazan las escenas de representación cultural en el estilo del frontispicio de Malinowski. Están surgiendo diversas versiones seculares del atestado taller de escritura de Lafitau. En los nuevos paradigmas, la autoridad del escritor no aparece ya fascinada por figuras trascendentales, sea una deidad hebreo-cristiana o sus reemplazos del siglo XX, el Hombre y la Cultura. Nada perdura del tablado celestial, con excepción de la esfumada imagen del antropólogo en un espejo. El silencio del taller etnográfico ha sido quebrado por voces insistentes, heteroglóticas, por el raspar de otras plumas.[5]

Sobre el fin del siglo XIX nada garantizaba, a priori, el status del etnógrafo como el mejor intérprete de la vida nativa, en oposición al status del viajero y en especial del misionero y del administrador, algunos de los cuales habían estado en el campo mucho más tiempo y poseían mejores contactos de investigación y mejores habilidades lingüísticas. El desarrollo de la imagen del trabajador de campo en América, desde Frank Hamilton Cushing (un excéntrico) hasta Margaret Mead (una figura nacional) es significativo. Durante este período se creó una forma particular de autoridad, una autoridad tanto validada científicamente como basada en una experiencia personal singular. Durante la década de 1920 Malinowski jugó un rol central en el establecimiento del crédito del trabajador de campo, y es a esta luz que debemos rememorar sus ataques a la competencia de los adversarios en el campo. Por ejemplo, el magistrado colonial Alex Rentoul, quien tuvo la temeridad de contradecir los hallazgos científicos concernientes a la concepción trobriandesa de la paternidad, fue excomulgado en las páginas de *Man* por su nada profesional "perspectiva de tribunal policíaco" (véanse Rentoul, 1931a, b; Malinowski, 1932). El ataque contra el amateurismo en el campo fue llevado más lejos aun por A. R. Radclifffe-Brown, quien, como lo ha mostrado Ian Langham, vino a epitomizar el profesional científico, descubridor de leyes sociales rigurosas (Langham, 1981: cap. 7). Lo que surgió durante la primera mitad del siglo XX junto

[5] Sobre la supresión del diálogo en el frontispicio de Lafitau y la constitución de una "antropología" textualizada, ahistórica y visualmente orientada, véase Michel de Certeau, 1980.

al éxito del trabajo de campo profesional fue una fusión nueva de teoría general e investigación empírica, de análisis cultural con descripción etnográfica.

El trabajador de campo-teórico reemplazó a una vieja división entre el "hombre en el terreno" (en palabras de James Frazer) y el sociólogo o el antropólogo en la metrópolis. Esta división del trabajo variaba en diferentes tradiciones nacionales. En los Estados Unidos, por ejemplo, Morgan poseía conocimiento personal de por lo menos algunas de la culturas que constituían la materia prima para sus síntesis sociológicas; y Boas, más bien tempranamente, hizo del trabajo de campo intensivo el sine qua non del discurso antropológico serio. En general, sin embargo, antes de que Malinowski, Radcliffe-Brown y Mead establecieran con éxito la norma del estudioso universitario que comprueba y deriva teoría a partir de una investigación de primera mano, prevalecía una economía del conocimiento etnográfico un tanto distinta. Pór ejemplo, *The Melanesians* (1891) de R. H. Codrington es una compilación detallada de folclore y costumbres, extraída de un período de investigación relativamente extenso y basado en una intensiva colaboración con traductores e informantes indígenas. El libro no está organizado en torno de una "experiencia" de trabajo de campo, ni promueve una hipótesis interpretativa unificada, ya sea funcional, histórica o de otro tipo. Se conforma con generalizaciones de bajo nivel y con el amasado de un rango ecléctico de información. Codrington es agudamente consciente del carácter incompleto de su conocimiento, y cree que una comprensión real de la vida nativa sólo se puede alcanzar después de una década de experiencia y estudio (págs. vi-vii). Esta comprensión de las dificultades que existen para comprender el mundo de los pueblos extraños —los muchos años que se necesitan para aprender y desaprender, los problemas de la adquisición de una amplia competencia lingüística— tendió a dominar el trabajo de la generación de Codrington. Tales supuestos pronto serían desafiados por el relativismo más confiado del modelo malinowskiano. Los nuevos trabajadores de campo se distinguieron tajantemente de los "hombres en el terreno" que los habían precedido —el misionero, el administrador, el comerciante y el viajero— cuyo conocimiento de los pueblos indígenas, argumentaban, no estaba informado por buenas hipótesis científicas o por la suficiente neutralidad.

Antes del advenimiento de la etnografía profesional, escritores como J. F. McLennan, John Lubbock y E. B. Tylor habían procurado controlar la calidad de los reportes en que se basaban sus síntesis antropológicas. Lo hacían por medio de los lineamientos del *Notes and Queries* y, en el caso de Tylor, cultivando relaciones de trabajo duraderas con sofisticados investigadores de campo tales como el misionero Lorimer Fison. Después de 1883, como nuevo catedrático de antropología en Oxford, Tylor alentó la reunión sistemática de datos etnográficos por profesionales calificados. El United States Bureau of Ethnology, ya comprometido en la empresa, proporcionó el modelo. Tylor se ocupó de fundar un comité para estudiar las tribus noroccidentales del Canadá, y el primer agente de ese comité que en el campo fue E. F. Wilson, con diecinueve años de experiencia como misionero entre los ojibwa. En poco tiempo éste fue reemplazado por Boas, un físico en proceso de convertirse a la etnografía profesional. George Stocking argumentó persuasivamente que el reemplazo de Wilson por Boas "marca el inicio de una importante fase en el desarrollo del método etnográfico británico: la recolección de datos por científicos naturales de formación académica que se definían a sí mismos como antropólogos, y que además estaban involucrados en la formulación y evaluación de teoría antropológica" (1983: 74). Con las investigaciones tempranas de Boas y con el surgimiento en la década de 1890 de otros trabajadores de campo provenientes de las ciencias naturales, como A. C. Haddon y Baldwin Spencer, el movimiento hacia la etnografía profesional ya estaba encaminado. La expedición al Estrecho de Torres de 1899 puede verse como una culminación del trabajo de esta "generación intermedia", como la llama Stocking. El nuevo estilo de investigación era claramente distinto del de los misioneros y del de otros aficionados en el campo, y formaba parte de una tendencia general a partir de Tylor a "establecer una unión más estrecha entre los componentes empíricos y teoréticos de una investigación antropológica" (1983: 72).

El establecimiento de la observación participante intensiva como norma profesional, sin embargo, debía esperar aún a la cohorte malinowskiana. La "generación intermedia" de etnógrafos, típicamente, no vivía en un solo sitio durante un año o más, dominando la lengua vernácula y sometiéndose a una experiencia personal de aprendizaje comparable a una iniciación. No hablaban como portadores de la cultura, sino que retenían la instancia documental y observacional propia de los científicos naturales. La principal excepción antes de la tercera década del siglo, Frank Hamilton Cushing, siguió siendo un ejemplo aislado. Como lo ha sugerido Curtis Hinsley, el extenso estudio de primera mano de Cushing sobre los zuñi, su virtual absorción en su forma de vida, "suscita problemas de verificación y narratividad... Una comunidad de antropología científica construida sobre el modelo de otras ciencias requería un discurso de lenguaje común, canales de comunicación regular, y por lo menos un consenso mínimo acerca del método de evaluación" (1983: 66). La comprensión de los zuñi por parte de Cushing, intuitiva y excesivamente personal, no podía conferir autoridad científica.

Para decirlo esquemáticamente, antes de fines del siglo XIX, el etnógrafo y el antropólogo, el descriptor-traductor de costumbres y el constructor de teorías generales sobre la humanidad, eran distintas personas. (Un sentido claro de la *tensión* entre la etnografía y la antropología es importante si se quiere percibir correctamente la confluencia reciente —y quizá temporaria— entre ambos proyectos.) Malinowski nos ha dado la imagen del nuevo "antropólogo" infiltrado junto al fuego de la aldea, observando, escuchando y haciendo preguntas, registrando e interpretando la vida trobriandesa. La carta de fundación literaria de esta nueva autoridad es el primer capítulo de *Los argonautas*, con sus fotografías prominentemente destacadas de la tienda del etnógrafo en medio de las viviendas de Kiriwina. La justificación metodológica más aguda de esta nueva modalidad se encuentra en *Andaman Islanders* (1922) de Radcliffe-Brown. Los dos libros se publicaron a menos de un año de diferencia. Y aunque sus autores desarrollaron estilos de trabajo de campo y visiones de la ciencia cultural bien diferentes, ambos textos tempranos proporcionan argumentos explícitos a favor de la especial autoridad del etnógrafo-antropólogo.

Malinowski, como lo muestran sus notas a la crucial introducción de *Los argonautas*, estaba preocupado principalmente por el problema retórico de convencer a sus lectores de que los hechos que ponía ante ellos habían sido objetivamente adquiridos, y no eran creaciones subjetivas (Stocking, 1983: 105). Más aun, él era perfectamente consciente de que "en etnografía, a menudo hay una distancia enorme entre el material bruto de la información —tal como se presenta al estudioso a través de sus propias observaciones, o de afirmaciones de los nativos, o del calidoscopio de la vida tribal— y la presentación definitiva y autorizada de los resultados" (Malinowski, 1922: 3-4). Stocking ha hecho un análisis preciso de los diversos artificios literarios de *Los argonautas* (sus laboriosas construcciones narrativas, el uso de la voz activa para denotar el "presente etnográfico", las dramatizaciones ilusorias de la participación del autor en escenas de la vida de Trobriand), técnicas que Malinowski utilizó con el fin de que "su propia experiencia con los nativos [pueda] llegar a ser también la experiencia del lector" (Stocking, 1983: 106; véase también Payne 1981 y capítulo 3). Los problemas de narración y exposición que habían relegado a Cushing a la marginalidad profesional estaban bien presentes en el pensamiento de Malinowski. Esta ansiedad aparece reflejada en la masa de datos contenida en *Los argonautas*, en sus sesenta y seis láminas fotográficas, en la hoy un tanto curiosa "Lista cronológica de los sucesos del Kula presenciados por el autor", en la alternancia constante entre descripciones impersonales de conductas típicas y afirmaciones del tipo "Yo presencié..." o "Nuestro grupo, navegando desde el norte...".

Los argonautas es simultáneamente una narrativa compleja de la vida en Trobriand y del trabajo de campo etnográfico. Es arquetípica de la generación de etnografías que establecieron con éxito la validez científica de la observación participante. La aventura de la investigación construida en *Los argonautas*, en el popular trabajo de Mead sobre Samoa y en *We the Tikopia* [de R. Firth] devino una narrativa implícita subyacente a todos los reportes profesionales sobre mundos exóticos. Si algunas etnografías posteriores no necesitaron incluir relatos pormenorizados del trabajo de campo, fue porque tales relatos eran asumidos como supuestos, una vez que se afirmaban cosas tales como, por ejemplo, la simple frase de Godfrey Lienhardt al comienzo de *Divinity and Experience* (1961: vii): "Este libro se basa en dos años de trabajo entre los dinka, distribuidos en el período entre 1947 y 1950".

En la década de 1920, el nuevo trabajador de campo-teórico llevó a su consumación un nuevo y poderoso género científico y literario, una descripción cultural sintética basada en la observación participante (Thornton, 1983). El nuevo estilo de representación dependió de innovaciones institucionales y metodológicas que soslayaron los obstáculos para un rápido conocimiento de otras culturas que habían preocupado a los mejores representantes de la generación de Codrington. Estos pueden ser brevemente resumidos:

En primer lugar, se valorizó la figura del trabajador de campo, tanto pública como profesionalmente. En el ámbito popular, figuras visibles tales como Malinowski, Mead y Marcel Griaule comunicaron una visión de la etnografía como algo que era al mismo tiempo científicamente difícil y heroico. El etnógrafo profesional era entrado en las últimas técnicas analíticas y modalidades de explicación científica. Esto confería una ventaja sobre los aficionados en el campo: el profesional podía afirmar que llegaba más rápidamente al corazón de una cultura, apropiándose de sus instituciones y estructuras esenciales. Una actitud prescrita de relativismo cultural distinguía al trabajador de campo de misioneros, administradores y otros cuya visión de los nativos era, presumiblemente, menos desapasionada, y que estaban preocupados por los problemas del gobierno o de la conversión. Además de la sofisticación científica y de la simpatía relativista, surgió toda una variedad de estándares normativos para esta nueva forma de investigación: el trabajador de campo debía vivir en la aldea nativa, usar la lengua vernácula, permanecer un tiempo suficiente (pero rara vez especificado), investigar ciertos temas clásicos, etcétera.

En segundo orden, existía un acuerdo tácito de que el etnógrafo de nuevo estilo, cuya permanencia en el campo rara vez excedía los dos años, siendo con frecuencia mucho más breve, podía "usar" con eficiencia los lenguajes nativos sin "dominarlos". En un significativo artículo de 1939 Margaret Mead arguyó que el etnógrafo que siguiera la prescripción malinowskiana de evitar intérpretes y condujera su investigación en lengua vernácula no necesitaba, de hecho, alcanzar el "virtuosismo" en las lenguas nativas, sino que podía "usar" la lengua local para realizar preguntas, mantener el rapport y arreglárselas en la cultura general, obteniendo buenos resultados de investigación en áreas de concentración particulares. Esto, en efecto, justificaba su propia práctica, la que giraba en torno de estadías relativamente breves y se focalizaba sobre dominios específicos, tales como la infancia o la "personalidad", focos que funcionarían como "tipos" para una síntesis cultural. Su actitud hacia el "uso" del lenguaje era ampliamente característica de una generación etnográfica que podía, por ejemplo, reputar como autorizado un estudio llamado *Los Nuer*, basado en sólo once meses de investigación sumamente dificultosa. El artículo de Mead provocó una aguda respuesta de Robert Lowie (1940), escrita desde la perspectiva de la anterior tradición boasiana, de orientación más filológica. Pero ésta fue una reacción de la retaguardia; ya se había establecido en general la idea de que se podía realizar una investigación válida sobre la base de uno o dos años de familiaridad con una lengua vernácula extranjera (aun cuando, como sugería Lowie, nadie prestaría crédito a una traducción de Proust que estuviera basada en un conocimiento equivalente del francés).

En tercer lugar, la nueva etnografía estaba marcada por un énfasis creciente en el poder de la observación. La cultura se hallaba construida como un conjunto de conductas características, de ceremonias y de gestos susceptibles de registro y explicación por parte de un observador entrenado. Mead llevaba este punto más allá (ciertamente, sus propios poderes de análisis visual eran extraordinarios). En líneas generales, el *observador* participante emergió como una norma de la investigación. Por supuesto, el trabajo de campo con éxito movilizaba un amplísimo rango de interacciones posibles, pero se acordó a lo visual una primacía distintiva: la interpretación estaba ligada a la descripción. Después de Malinowski, una sospecha general hacia los "informantes privilegiados" reflejó esta preferencia sistemática por las observaciones (metódicas) del etnógrafo en detrimento de las interpretaciones (interesadas) de las autoridades indígenas.

En cuarto orden, ciertas abstracciones teoréticas poderosas prometían ayudar a los etnógrafos académicos a "alcanzar el corazón" de una cultura más rápidamente, por ejemplo, que la realización de un extenso inventario de costumbres y creencias. Sin pasar años enteros tratando de conocer a los nativos y a los detalles íntimos de sus complicadas lenguas y de su hábitos, el investigador podría buscar más bien datos seleccionados que le permitieran dar cuenta de la armadura central o de la estructura de una totalidad cultural. El "método genealógico" de Rivers, y luego el modelo de la "estructura social" de Radcliffe-Brown, proporcionaban este tipo de atajo. Se podía, aparentemente, elicitar términos de parentesco sin un conocimiento profundo de la lengua vernácula local, y el rango de conocimiento contextual necesario era, de este modo, convenientemente limitado.

En quinto lugar, dado que la cultura considerada como una totalidad compleja, era siempre demasiado amplia como para dominarla en una investigación breve, el nuevo etnógrafo procuraba focalizarse temáticamente sobre instituciones particulares. El propósito no era contribuir a un inventario completo o a una exhaustiva descripción de costumbres, sino alcanzar la totalidad a través de una o más de sus partes. Ya he señalado el privilegio que durante un tiempo se concedió a la estructura social. Un ciclo de vida individual, un ritual complejo como el anillo de Kula o la ceremonia de Naven, podían también servir al mismo efecto, al igual que categorías de conducta como la economía, la política y demás. En la instancia retórica prevalentemente sinecdóquica de la nueva etnografía, se asumía que las partes eran microcosmos o analogías de la totalidad. Esta disposición de primeros planos institucionales sobre un trasfondo cultural en el dibujo de un mundo coherente, llevó por sí mismo a convenciones literarias de tipo realista.

Sexto, las totalidades así representadas tendían a ser sincrónicas, como que eran producto de una actividad de investigación de corto plazo. El trabajador de campo intensivo podía esbozar plausiblemente los contornos de un "presente etnográfico": el ciclo de un año, una serie ritual, patrones de conducta típica. Introducir indagación histórica de largo alcance habría complicado hasta lo imposible la tarea del nuevo estilo de trabajo de campo. De este modo, cuando Malinowski y Radcliffe-Brown establecieron su crítica a la "historia conjetural" de los difusionistas, les resultó también fácil excluir los procesos diacrónicos como objetos del trabajo de campo, con las consecuencias que ya se han denunciado suficientemente.

Estas innovaciones sirvieron para validar una etnografía eficiente basada en la observación científica participante. Su efecto combinado se puede observar en lo que bien podría ser el *tour de force* de la nueva etnografía, el estudio *Los Nuer* de Evans-Pritchard, publicado en 1940. Basándose en once meses de investigación, conducida —como nos narra la notable introducción del libro— en condiciones casi imposibles, Evans-Pritchard fue capaz no obstante de componer un clásico. El había llegado a Nuerland en los talones de una expedición militar punitiva, ante el requerimiento urgente del gobierno del Sudán anglo-egipcio. Fue objeto de constante e intensa sospecha. Sólo en los últimos meses pudo conversar efectivamente con informantes, quienes —nos dice— eran muy hábiles para evadir sus preguntas. En estas circunstancias, su monografía es una especie de milagro.

Mientras plantea exigencias muy limitadas y no hace ningún secreto de las constricciones que pesaron sobre su investigación, Evans-Pritchard se las ingenia para presentar su estudio como una demostración de la efectividad de la teoría. El focaliza su atención sobre la política y la "estructura social" de los nuer, analizada como un conjunto abstracto de relaciones entre segmentos territoriales, linajes, grupos de edad y otras agrupaciones más fluidas. Este conjunto analíticamente derivado se retrata contra un telón de fondo compuesto de patrones migratorios, relaciones con el ganado, nociones de tiempo y espacio. Evans-Pritchard distingue tajantemente entre su método y lo que él llama documentación (malinowskiana) "fortuita". *Los Nuer* no es un extenso compendio de observaciones y textos vernáculos en el estilo de *Los argonautas* y *Jardines de Coral* de Malinowski. Evans-Pritchard argumenta rigurosamente que "los hechos sólo pueden ser seleccionados y ordenados a la luz de la teoría". La abstración admitida de una estructura político-social ofrece el marco de referencia necesario. Si luego se me acusa de describir los hechos como ejemplificaciones de mi teoría —continúa en una nota— quiere decir que se me ha comprendido (1969: 261).

En *Los Nuer* Evans-Pritchard efectúa enérgicas vindicaciones del poder de las abstracciones científicas para focalizar la investigación y ordenar los datos complejos. El libro a menudo se presenta a sí mismo como una demostración más que como una descripción, pero no lo hace consistentemente: su argumentación teorética se encuentra circundada por evocaciones e interpretaciones de la vida nuer observadas y narradas con habilidad. Retóricamente, estos pasajes funcionan más que como una simple "ejemplificación", puesto que efectivamente implican a los lectores en la compleja subjetividad de la observación participante. Esto se puede ver en un párrafo característico, que progresa a través de una serie de posiciones discursivas discontinuas:

> Es difícil encontrar una palabra inglesa que describa adecuadamente la posición social de los *diel* en una tribu. Los hemos llamado aristócratas, pero no desearíamos implicar que los nuer los consideran de rango superior, pues, como hemos declarado enfáticamente, la sola idea de un hombre enseñoreándose sobre los demás les resulta repugnante. En general —luego cualificaremos esta afirmación—

los *diel* poseen más bien prestigio que rango y más bien influencia que poder. Si usted es un *dil* de la tribu en que vive, usted es más que un simple miembro de la tribu. Es uno de los dueños del país, de los sitios de la aldea, de las pasturas, los estanques de pesca y los manantiales. La demás gente vive allí en virtud de su casamiento en vuestro clan, de adopción en vuestro linaje o de algún otro lazo social. Usted es un líder de la tribu y el nombre del emblema de vuestro clan se invoca cuando la tribu va a la guerra. Dondequiera que haya un *dil* en la aldea, la aldea se arracima en torno de él como un rebaño alrededor del macho (1969: 215).

Las primeras tres frases se presentan como un argumento acerca de la traducción que, de pasada, atribuye sin embargo a los "nuer" un conjunto estable de actitudes (más adelante tengo más que decir sobre este estilo de atribución). Seguidamente, en las cuatro frases que comienzan con "Si usted es un *dil*...", la construcción en segunda persona reúne al lector y al nativo en una participación textual. La frase final, ofrecida como la descripción directa de un evento típico (que el lector asimila ahora desde el punto de vista de un observador participante), evoca la escena por medio de metáforas nuer relativas al ganado. En las ocho frases del párrafo un argumento acerca de la traducción pasa, a través de una participación ficticia, a una fusión metafórica de descripciones culturales tanto externas como indígenas. La conjunción subjetiva de análisis abstracto y experiencia concreta se ha consumado.

Evans-Pritchard se alejará más tarde de la posición teorética de *Los Nuer*, rechazando su reivindicación de la "estructura social" como un marco de referencia privilegiado. Cada uno de los "atajos" o "recetas" de trabajo de campo que he enumerado ha sido y continúa siendo cuestionado. Desplegada en combinaciones múltiples de esas directivas, la autoridad del teórico-trabajador de campo académico se estableció no obstante en los años entre 1920 y 1950. Esta peculiar amalgama de experiencia personal intensa y análisis científico (entendida en este período simultáneamente como rito de pasaje y como laboratorio) emergió como un método: la observación participante. Aunque entendido de diversas maneras y hoy discutido en muchos ámbitos, este método sigue siendo el principal rasgo distintivo de la antropología profesional. Su compleja subjetividad se reproduce rutinariamente en la escritura y en la lectura de las etnografías.

"Observación participante" sirve como taquigrafía para un oscilar continuo entre el "adentro" y el "afuera" de los sucesos: por un lado, atrapar empáticamente el sentido de eventos y gestos específicos; por el otro, dar un paso atrás para situar esos significados en contextos más amplios. De esta manera los sucesos particulares adquieren una significación más profunda o más general, reglas estructurales, etcétera. Literalmente entendida, la observación participante es una fórmula paradójica y equívoca; pero se la puede tomar en serio si se la reformula en términos hermenéuticos como una dialéctica entre la experiencia y la interpretación. Así es como lo han reafirmado los más persuasivos entre los recientes defensores del método, situándose en la tradición que lleva desde Wilhelm Dilthey, vía Max Weber, a los antropólogos de los "símbolos y significados", como Clifford Geertz. Sin embargo, cuando de reclamos de autoridad se trata, se han acordado diferentes énfasis a la experiencia y a la interpretación. En los últimos años ha habido un marcado cambio de énfasis en detrimento de aquélla y en beneficio de ésta. Esta sección y la que sigue explorarán las reivindicaciones más bien diferentes de la experiencia y de la interpretación, así como su interrelación cambiante.

El prestigio creciente del teórico-trabajador de campo disminuyó el interés (sin eliminarlo del todo) hacia cierto número de procesos y mediadores que habían figurado prominentemente en métodos anteriores. Hemos visto cómo el dominio del lenguaje se definió a un nivel de uso adecuado para amasar un discreto volumen de datos en un período limitado de tiempo. Se relegaron los trabajos de transcripción y traducción textual y el rol dialógico crucial de intérpretes y de "informantes privilegiados" a un status secundario, y a veces incluso menospreciado. El trabajo de campo se centró en la *experiencia* del estudioso observador participante. Apareció una imagen bien delineada, una narrativa: la del extranjero que penetra en una cultura, arrostrando una especie de iniciación que conduce al rapport (en su expresión mínima, aceptación y empatía, aunque habitualmente implica algo que se parece a la amistad). De esta experiencia emerge, de maneras no especificadas, un texto representacional escrito por el observador participante. Como veremos, esta versión de la producción textual oscurece tanto como revela. Pero su principal supuesto es digno de ser tomado en serio: que la experiencia del investigador puede servir como la fuente de la autoridad en el trabajo de campo.

La autoridad experiencial se basa en un "sentimiento" hacia el contexto extraño, una especie de sentido común acumulado y una sensibilidad hacia el estilo de un pueblo o de un lugar. Tal concepción es frecuentemente explícita en los textos de los observadores participantes más tempranos. La pretensión de Margaret Mead de captar el principio subyacente o ethos de una cultura mediante una exaltada sensibilidad hacia la forma, el tono, el gesto y los estilos de conducta, y el énfasis de Malinowski en su vida *en* la aldea y en la comprensión derivada de los "imponderabilia" de la existencia cotidiana, son, en este sentido, casos prominentes. Muchas etnografías —*Forest people* (1962) de Colin Turnbull, por ejemplo— están vertidas en modo experiencial, priorizando por encima de cualquier hipótesis de investigación específica y de cualquier método, el "yo estuve allí" del etnógrafo como poseedor de conocimientos de primera mano y como participante.

Por supuesto, es difícil decir mucho acerca de la experiencia. Como la "intuición", es algo que uno posee o no, y su invocación a menudo huele a mistificación. No obstante, está claro que uno debería resistir la tentación de traducir toda experiencia significativa en interpretación. Si bien ambas están recíprocamente relacionadas, no son idénticas. Tiene sentido mantenerlas aparte, aunque más no sea porque muchas veces se recurre a la experiencia para otorgar validez a la autoridad etnográfica.

La defensa más seria del rol de la experiencia en las ciencias históricas y culturales está contenida en la noción general de *Verstehen*.[6] En la influyente concepción de Dilthey (1914), la posibilidad de comprender a los otros surge inicialmente del simple hecho de la coexistencia en un mundo compartido; pero este mundo experiencial, sustrato intersubjetivo para las formas objetivas del conocimiento, es precisamente lo que falta o lo que es problemático para un antropólogo que ingresa en una cultura extraña. Por ello, durante los primeros meses en el campo (y también, por cierto, a lo largo de toda la investigación), lo que tiene lugar es un aprendizaje del lenguaje, en el sentido más amplio de esta expresión. Se debe establecer y re-establecer lo que Dilthey llama "esfera común", constituyendo un mundo experiencial compartido en relación con el cual habrán de construirse todos los "hechos", "textos", "sucesos" y sus interpretaciones. Este proceso de internarse en un universo expresivo extraño es siempre de naturaleza subjetiva, pero pronto se establece una dependencia entre él y lo que Dilthey llama "expresiones permanentemente fijas", formas estables a las que la comprensión puede retornar. La exégesis de estas formas fijas proporciona los contenidos de todo conocimiento histórico-cultural sistemático. Y es de esta manera que la experiencia queda estrechamente ligada a la interpretación. Dilthey es, entre paréntesis, uno de los primeros teóricos modernos que compararon la comprensión de las formas culturales a la lectura de "textos". Pero esta especie de lectura o exégesis no puede sobrevenir sin una participación personal intensa, un activo "sentirse en casa" en un universo común.

Siguiendo a Dilthey, la "experiencia" etnográfica se puede ver como la constitución de un mundo significativo común, basado en estilos intuitivos de sentimiento, percepción y conjetura. Esta actividad se sirve de indicios, trazos, gestos y fragmentos de sentido previos al desarrollo de interpretaciones estables. Tal forma fragmentaria de experiencia se puede clasificar como estética y/o adivinatoria. Aquí sólo podemos dedicar unas pocas palabras a tales estilos de comprensión en su relación con la etnografía. La revisión de A. L. Kroeber (1931) sobre *Growing up in New Guinea* de Margaret Mead proporciona una oportuna evocación de ese modo estético:

> Antes que nada, está claro que ella posee en un grado superlativo las facultades de percibir prestamente las corrientes principales de una cultura que chocan contra los individuos, y de delinearlas en cuadros compactos de sorprendente agudeza. El resultado es una representación de una vivencia extraordinaria, semejante a la vida. Obviamente, un don de sensacionalismo intelectualizado pero poderoso subyace a esta capacidad; obviamente, también, un alto orden de intuitividad, en el sentido de habilidad para completar una pintura convincente a partir de indi-

[6] El concepto se asocia a veces demasiado pronto con la intuición o la empatía, pero como una descripción del conocimiento etnográfico la *Verstehen* involucra propiamente una crítica de la experiencia empática. El significado exacto del término es materia de discusión entre los estudiosos de Dilthey (Makreel, 1975: 6-7).

> cios, puesto que indicios es lo que algunos de sus datos pueden llegar a ser, con sólo seis meses para aprender una lengua y penetrar en las intimidades de toda una cultura, especializándose además en conducta infantil. De todas maneras, esta pintura, hasta donde se puede apreciar, parece a este crítico enteramente satisfactoria, así como es digna de admirar la certeza de su intuición y la eficacia de sus pinceladas descriptivas (pág. 248).

Una formulación diferente aparece en *Do Kamo: Person and Myth in the Melanesian World* (1937) de Maurice Leenhardt, un libro que en su modo de exposición a veces críptico requiere de sus lectores la misma clase de percepción estética y gestáltica en la que tanto Mead como Leenhardt sobresalieron. El respaldo de Leenhardt a esta estrategia es muy importante, puesto que dada su experiencia de campo extremadamente prolongada y su cultivo profundo de un lenguaje melanesio, su "método" no puede verse como una racionalización de la etnografía de corto plazo: "En realidad, nuestro contacto con otro no se logra a través del análisis. Más bien, aprehendemos al otro en su integridad. Desde el principio, podemos esbozar nuestra visión de él utilizando un bosquejo o un detalle simbólico que contiene una totalidad en sí mismo y que evoca la verdadera forma de su ser. Esto último es lo que se nos escaparía si nos acercáramos a nuestro prójimo usando sólo las categorías de nuestro intelecto" (pág. 2).

Las investigaciones de Carlo Ginzburg (1980) sobre la compleja tradición de la adivinación proporcionan otra forma de tomar la experiencia en serio como una fuente de conocimiento etnográfico. Su investigación abarca desde las tempranas interpretaciones de los cazadores sobre las huellas de los animales hasta las formas de predicción de la Mesopotamia, el desciframiento de síntomas en la medicina hipocrática, la focalización en los detalles para detectar falsificaciones artísticas, Freud, Sherlock Holmes y Proust. Estos estilos de adivinación no extáticos aprehenden relaciones de significación circunstanciales y específicas y se basan en corazonadas, en la lectura de indicios aparentemente dispersos y en "coincidencias". Ginzburg propone su modelo de "conocimiento conjetural" como un modo de comprensión abductivo, disciplinado y no generalizador, que es de importancia central, aunque no reconocida, en las ciencias culturales. Se lo puede agregar a un almacén de recursos más bien magro, para comprender rigurosamente cómo se siente uno en una situación etnográfica nada familiar.

Precisamente porque es difícil de restringir, la "experiencia" ha servido como una garantía efectiva de la autoridad etnográfica. Hay, por supuesto, una ambigüedad notable en este término. La experiencia evoca una presencia participatoria, un contacto sensitivo con el mundo a comprender, un rapport con su gente, una tangibilidad de percepción. También sugiere un conocimiento acumulativo, en profundización constante ("sus diez años de experiencia en Nueva Guinea"). Los sentidos trabajan en conjunto para autorizar una sensibilidad o una propensión real pero inefable del etnógrafo hacia "su" pueblo. Hay que subrayar, sin embargo, que este "mundo", cuando se lo concibe como una creación experiencial, es subjetivo, y no dialógico o intersubjetivo. El etnógrafo acumula conocimiento personal sobre el campo (la forma posesiva *mi pueblo* se ha utilizado familiarmente hasta hace poco en círculos antropológicos, pero la frase significa en efecto "mi experiencia").

Es comprensible, dada su vaguedad, que los criterios experienciales de autoridad —las creencias no examinadas sobre el "método" de la observación participante, sobre el poder de la empatía, el rapport, etc.— hayan sido objeto de crítica por parte de antropólogos hermenéuticamente sofisticados. El segundo momento de la dialéctica de la experiencia y la interpretación ha merecido una atención y una elaboración crecientes (véanse, por ejemplo: Geertz, 1973, 1976; Rabinow y Sullivan, 1979; Winner, 1976; Sperber, 1981). La interpretación, basada en un modelo filológico de la "lectura" textual, ha surgido como una alternativa sofisticada a los reclamos, ahora evidentemente ingenuos, de la autoridad experiencial. La antropología interpretativa desmistifica gran parte de lo que anteriormente permanecía no cuestionado en la construcción de las narrativas, los tipos, las observaciones y las descripciones etnográficas. Contribuye a una visibilidad creciente de los procesos creativos (y en un amplio sentido, poéticos) por medio de los cuales se inventan y se tratan como significativos los objetos "culturales".

¿Qué involucra mirar a la cultura como un conjunto de texto a interpretar? Paul Ricoeur, en su ensayo "El modelo del texto: La acción significativa considerada como texto" (1971), proporciona una exposición clásica del asunto. Clifford Geertz, en un puñado de discusiones estimulantes y sutiles, ha adaptado la teoría de Ricoeur al trabajo de campo antropológico (1973: cap. 1). La "textualización" se entiende como el prerrequisito de la interpretación, la constitución de las "expresiones fijas" de Dilthey. Es el proceso a través del cual la conducta no escrita, el habla, las creencias, la tradición oral y el ritual son caracterizados como un corpus, como un conjunto potencialmente significativo separado de toda situación discursiva o performativa inmediata. En el momento de la textualización este corpus significativo asume una relación más o menos estable con un contexto; ya estamos familiarizados con los resultados de este proceso, a través de lo que se conoce como descripción densa etnográfica. Por ejemplo, decimos que una determinada institución o un segmento de conducta es típico de (o es un elemento comunicativo en el interior de) una cultura circundante, como cuando la famosa riña de gallos de Geertz (1973: cap. 15) deviene un locus intensamente significante de la cultura balinesa. Se crean campos de sinécdoques en los que las partes están relacionadas con las totalidades, y en los que la totalidad (lo que a menudo llamamos cultura) es constituida.

Ricoeur no otorga en realidad ningún privilegio a las relaciones parte-todo y a los tipos específicos de analogías que constituyen las representaciones funcionalistas o realistas. Simplemente postula una relación necesaria entre texto y "mundo". Un mundo no puede ser aprehendido directamente; siempre se lo infiere sobre la base de sus partes, y esas partes deben ser arrancadas conceptual y perceptualmente del flujo de la experiencia. De esta manera, la textualización genera sentido a través de un movimiento circular que primero aísla y luego contextualiza una cosa o un suceso en la realidad que lo engloba. Se genera un modo familiar de autoridad que afirma representar mundos discretos, significativos. La etnografía es la interpretación de las culturas.

Un segundo paso fundamental en el análisis de Ricoeur es su exposición de los procesos mediante los cuales un "discurso" se vuelve texto. El discurso, según la clásica discusión de Emile Benveniste (1971: 217-230), es un modo de comunicación en el cual la presencia del sujeto hablante y de la situación inmediata de la comunicación es intrínseca. El discurso está marcado por pronombres (pronunciados o implícitos), *yo* y *tú*, y por indicadores deícticos —*éste, aquél, ahora*, etcétera— que señalan la instancia presente del discurso más que algo que se encuentra más allá de él. El discurso no trasciende la ocasión específica en la cual un sujeto se apropia de los recursos del lenguaje para comunicarse dialógicamente. Ricoeur afirma que el discurso no puede ser interpretado de la manera abierta, potencialmente pública en que se "lee" un texto. Para comprender el discurso "usted tiene que haber estado allí", en presencia del sujeto discursivo. Pues para que el discurso llegue a ser texto, debe devenir "autónomo", en términos de Ricoeur, separado de una elocución y de una intención autoral específicas. La interpretación no es interlocución. No depende de estar o no en la presencia de un hablante.

La relevancia de esta distinción para la etnografía es quizá demasiado obvia. El etnógrafo siempre termina yéndose, llevándose textos para su interpretación ulterior (y entre esos "textos" llevados podemos incluir memorias: sucesos pautados, simplificados, arrancados del contexto inmediato para ser interpretados en la reconstrucción y en la descripción posterior). El texto, a diferencia del discurso, puede viajar. Si bien mucha escritura etnográfica se produce en el campo, la composición concreta de una etnografía se hace en cualquier parte. Los datos constituidos en condiciones discursivas y dialógicas, sólo pueden ser objeto de apropiación en una forma textualizada. Los sucesos de la investigación y los encuentros se transforman en notas de campo. Las experiencias se transforman en narrativas, acontecimientos significativos o ejemplos.

Esta traducción de la experiencia de investigación en un corpus textual separado de sus ocasiones discursivas de producción posee consecuencias importantes para la autoridad etnográfica. Los datos así reformulados no necesitan comprenderse como la comunicación de personas específicas. La explicación de un informante o la descripción de una costumbre no necesitan exponerse en una forma que incluya el mensaje "él dijo tal y tal cosa". Un ritual textualizado o un suceso ya no se encuentra estrechamente encadenado a la producción de ese suceso por parte de actores específicos. En vez de eso, los textos se transforman en evidencia de un contexto envolvente, de una realidad "cultural". Más aun, como los autores y actores específicos han sido separados de sus producciones, se tiene que inventar un "autor" generalizado para dar cuenta del mundo o del contexto dentro del cual se han reubicado ficcionalmente los textos. Este autor generalizado recibe una variedad de nombres: el punto de vista de los nativos, "los trobriandeses", "los nuer", "los dogon" u otras expresiones similares que aparecen en las etnografías. "Los balineses" funcionan como autor de la riña de gallos textualizada de Geertz.

El etnógrafo disfruta entonces de una relación especial con un origen cultural o un "sujeto absoluto" (Michel-Jones 1978: 14). Es tentador comparar al etnógrafo con el intérprete literario (y esta comparación se está volviendo cada vez más un lugar común), y aun más específicamente con el crítico tradicional, quien concibe su trabajo como la ubicación de los significados ingobernables de un texto en el marco de una intención coherente particular. Al representar a los nuer, los trobriandeses o los balineses como sujetos totales, fuentes de una intención significativa, el etnógrafo transforma las ambigüedades de la situación de investigación y las diversidades de significado en un retrato integrado. Es importante, sin embargo, tomar nota de lo que se ha perdido de vista. El proceso de investigación ha quedado separado del texto que genera y del mundo ficticio que ese texto evoca. La realidad de las situaciones discursivas y de los interlocutores individuales ha sido filtrada. Pero los informantes —junto con las notas de campo— son intermediarios cruciales, típicamente excluidos de las etnografías autorizadas. Los aspectos dialógicos y situacionales de la interpretación etnográfica tienden a desvanecerse del texto representativo final. No se desvanecen del todo, desde ya; existen *topoi* aprobados para retratar el proceso de investigación.

Cada vez nos resultan más familiares las narraciones sobre el trabajo de campo (un subgénero todavía clasificado como subjetivo, "soft" o no científico); pero aun en las etnografías clásicas, existen "leyendas de rapport" que narran, de una manera más o menos estereotipada, la obtención del status pleno de observador participante. Estas leyendas pueden ser elaboradas o dichas al pasar, ingenuas o irónicas. Normalmente muestran la ignorancia inicial del etnógrafo, la falta de comprensión y de contactos, con frecuencia una especie de status infantil dentro de la cultura. En la *Bildungsgeschichte* de la etnografía, estos status de inocencia o de confusión son sucedidos por un conocimiento adulto, seguro, desengañado. Podemos citar nuevamente la riña de gallos de Geertz, donde una alienación inicial respecto de los balineses, un confuso status de "no persona", se transforma gracias a la elocuente fábula de la batida policial con sus escenas de complicidad (1973: 412-417). La anécdota establece una presunción de conectividad, la cual permite al escritor en sus análisis posteriores funcionar como un exégeta omnipresente y dotado de conocimiento y como un portavoz. Este intérprete sitúa el deporte ritual como un texto en un mundo contextual y "lee" brillantemente sus significados culturales. La abrupta desaparición de Geertz en su rapport, la cuasi-invisibilidad de la observación participante, son paradigmáticas. Aquí Geertz se sirve de una convención establecida para escenificar el logro de la autoridad etnográfica. Como consecuencia, rara vez nos damos cuenta del hecho de que una parte esencial de la construcción de la riña de gallos como texto es dialógica: el autor hablando cara a cara con balineses particulares, más que leyendo la cultura "por encima de sus hombros" (1973: 452).

La antropología interpretativa, al mirar a las culturas como ensamblados de textos unidos, vaga y a veces contradictoriamente, y al subrayar la poiesis inventiva que opera en todas las representaciones colectivas, ha contribuido significativamente a la desfamiliarización de la autoridad etnográfica. Sin embargo, por lo que tiene en común con la corriente principal realista, no escapa a la censura general por parte de aquellos críticos de la representación "colonial" que, desde 1950, han rechazado los discursos que retratan las realidades culturales de otros pueblos sin poner su propia realidad en tela de juicio. En las críticas tempranas de Michel Leiris, y luego de Jacques Maquet, en Talal Asad y en muchos otros, se ha puesto de manifiesto la naturaleza no recíproca de la interpretación etnográfica (Leiris, 1950; Maquet, 1964; Asad, 1973). De aquí en más, ni la experiencia ni la actividad interpretativa del investigador científico se pueden considerar inocentes. Se hace necesario concebir la etnografía no como la experiencia y la interpretación de "otra" realidad circunscrita, sino más bien como una negociación constructiva que involucra por lo menos a dos, y habitualmente a más sujetos conscientes y políticamente significantes. Los paradigmas de la experiencia y de la interpretación están dejando el paso a los paradigmas discursivos del diálogo y la polifonía. Las secciones restantes de este capítulo revisarán estos modos emergentes de la autoridad.

Un modelo discursivo de la práctica etnográfica sitúa en primer plano la intersubjetividad de toda elocución, junto con su contexto performativo inmediato. El trabajo de Benveniste sobre el rol constitutivo de los pronombres personales y de la deixis subraya precisamente estas dimensiones. Cada uso de *yo* presupone un *tú*, y cada instancia de discurso está inmediatamente ligada a una situación compartida específica: no hay significado discursivo, entonces, sin interlocución y contexto. La relevancia de este énfasis para la etnografía es evidente. El trabajo de campo se compone significativamente de sucesos lingüísticos; pero el lenguaje, en palabras de Bajtín, "yace en el límite entre uno mismo y el otro. En el lenguaje, la mitad de la palabra es de algún otro". El crítico ruso urge a repensar el lenguaje en términos de situaciones discursivas específicas: "No existen —escribe— palabras y formas 'neutrales', palabras y formas que puedan no pertenecer a 'ninguno'; el lenguaje ha sido poseído por completo por intenciones y acentos". Las palabras de la escritura etnográfica, por lo tanto, no se pueden construir como si fueran monológicas, como afirmaciones autoritarias sobre, o como interpretaciones de una realidad abstracta y textualizada. El lenguaje de la etnografía está afectado por otras subjetividades y por resonancias contextuales específicas, puesto que todo lenguaje, en la concepción de Bajtín, es "una concreta visión heteroglótica del mundo" (1953: 293).

Las formas de escritura etnográfica que se presentan a sí mismas en un modo "discursivo" tienden a ocuparse de la representación de los contextos de la investigación y de las situaciones del diálogo. De esta manera, un libro como *Reflexions on Fieldwork in Morocco* (1977) de Paul Rabinow, se ocupa de la representación de una situación de estudio específica (una serie de tiempos y lugares restringentes) y (de una manera un tanto ficcionalizada) de una secuencia de interlocutores individuales. Por cierto, todo un nuevo subgénero de "relatos de trabajo de campo" (del cual el de Rabinow es uno de los más vigorosos) se sitúa en el interior del paradigma discursivo de la escritura etnográfica. *Les mots, la mort, les sorts* (1977) de Jeanne Favret-Saada, es un experimento insistente, autoconsciente, de etnografía en modo discursivo.[7] Ella afirma que el suceso de interlocución siempre asigna al etnógrafo una posición específica en un tejido de relaciones intersubjetivas. No hay puntos neutrales en el campo de fuerzas de las posiciones discursivas, en una matriz de relaciones cambiantes de *yos* y *tús*.

Numerosos trabajos recientes han escogido presentar los procesos discursivos de la etnografía en forma de un diálogo entre dos individuos. *Dialogue des femmes en ethnologie* (1977) de Camille Lacoste-Dujardin, *The Headman and I* (1978) de Jean-Paul Dumont y *Nisa: The life and words of a !Kung Woman* (1981) de Marjorie Shostak son ejemplos notorios. El modo dialógico es defendido con considerable sofisticación en otros dos textos. El primero, las reflexiones teoréticas de Kevin Dwyer sobre la "la dialógica de la etnología", surge de una serie de entrevistas con un informante clave y justifica la decisión de Dwyer de estructurar su etnografía en forma de un registro casi literal de esos intercambios (1977, 1979, 1982). El segundo trabajo, más complejo, es *Tuhami: Portrait of a Moroccan* de Vincent Crapanzano, otro relato de una serie de intercambios que rechaza cualquier separación tajante de un sujeto interpretante y un otro textualizado (1980; véase también 1977). Tanto Dwyer como Crapanzano sitúan la etnografía en un proceso de diálogo en el que los interlocutores negocian activamente una visión compartida de la realidad. Crapanzano argumenta que esta construcción mutua debe estar operando en todo encuentro etnográfico, pero que los participantes tienden a presuponer que ellos simplemente prestan aquiescencia a la realidad de sus contrapartes. De esta manera, por ejemplo, el etnógrafo de los isleños trobriandeses no fragua abiertamente una versión de la realidad en colaboración con sus informantes, sino que más bien interpreta el "punto de vista trobriandés". Crapanzano y Dwyer ofrecen intentos sofisticados para romper con esta convención literaria y hermenéutica. En el proceso, la autoridad del etnógrafo como narrador e intérprete resulta alterada. Dwyer propone una hermenéutica de la "vulnerabilidad", subrayando las rupturas del trabajo de campo, la posición dividida y el imperfecto control del etnógrafo. Tanto Crapanzano como Dwyer buscan representar la experiencia de investigación de manera que dejan al descubierto la textura textualizada del otro y también la del sujeto que interpreta.[8] (Aquí las etimologías son evocativas: la palabra *texto* está relacionada,

[7] El libro de Favret-Saada ha sido traducido como Deadly Words (1981); véase especialmente capítulo 2. Su experiencia ha sido reescrita en otro nivel ficcional en Favret-Saada y Contreras, 1981.

[8] Sería erróneo pasar por encima de las diferencias entre las posiciones teoréticas de Dwyer y Crapanzano. Dwyer, siguiendo a Georg Lukács, traduce la dialógica en términos de la dialéctica hegeliano-marxista, sosteniendo así la posibilidad de una restauración del sujeto humano, una especie de acabamiento en y a través del otro. Crapanzano se rehúsa a aferrarse a cualquier teoría

como bien se sabe, con el tejido; *vulnerabilidad* con hender o herir, en este caso, la revelación de una autoridad cerrada.)

El modelo del diálogo subraya precisamente esos elementos discursivos —circunstanciales e intersubjetivos— que Ricoeur había excluido de su modelo del texto. Pero si la autoridad interpretativa se basa en la exclusión del diálogo, lo inverso también es verdad: una autoridad puramente dialógica reprimiría el hecho inescapable de la textualización. Mientras que las etnografías modeladas como encuentros entre dos individuos pueden dramatizar con éxito el toma y daca intersubjetivo del trabajo de campo e introducir un contrapunto de voces autorales, ellas siguen siendo *representaciones* del diálogo. Como textos, esas etnografías no serían de estructura dialógica, pues como ha señalado Steven Tyler (1981), aunque Sócrates aparece como un participante descentrado en sus encuentros, Platón retiene todo el control del diálogo. Este desplazamiento, pero no eliminación, de la autoridad monológica es característico de toda estrategia que retrate al etnógrafo como un personaje discreto en la narrativa del trabajo de campo. Aun más, existe frecuentemente una tendencia en la ficción dialógica a hacer aparecer al interlocutor del etnógrafo como representativo de su cultura —un tipo, en el lenguaje del realismo tradicional— a través del cual se revelan los procesos sociales generales.[9] Tal retrato reinstaura la autoridad interpretativa sinecdóquica por la cual el etnógrafo lee un texto en relación con el contexto, constituyendo así un "otro" mundo significativo. Si bien es difícil para los retratos dialógicos evitar los procedimientos de tipificación, ellos pueden, hasta un grado significativo, resistir el impulso hacia la representación autoritaria del otro. Esto se debe a su habilidad para mantener ficcionalmente la extrañeza de la otra voz y conservar la perspectiva de las contingencias específicas del intercambio.

Decir que una etnografía está compuesta de discursos y que sus distintos componentes se hallan dialógicamente relacionados, no es lo mismo que decir que su forma textual debería ser la de un diálogo literal. Tal como Crapanzano reconoce en *Tuhami*, un tercer participante, real o imaginado, debe funcionar como mediador en cualquier encuentro entre dos individuos (1980: 147-151). El diálogo ficcional es de hecho una condensación, una representación simplificada de complejos procesos multívocos. Una manera alternativa de repre-

---

englobante y su única autoridad es la del escritor del diálogo, una autoridad socavada por una narrativa inconclusiva de encuentro, ruptura y confusión. (Es importante señalar que la dialógica, tal como la utiliza Bajtín, no es reductible a la dialéctica.) Para una defensa temprana de la antropología dialógica véase Tedlock, 1979.

[9] Sobre los "tipos" realistas véase Lukács, 1964, passim. La tendencia a transformar a un individuo en un enunciador cultural se puede observar en *Dieu d'eau* de Marcel Griaule (1948a). Lo mismo ocurre con cierta ambivalencia en *Nisa* de Shostak (1981). Para una discusión de esta ambivalencia y de la complejidad discursiva resultante en este libro, véase Clifford, 1986b: 103-109.

sentar esta complejidad discursiva es comprender el curso general de la investigación como una negociación continua. El caso de Marcel Griaule y los dogon es bien conocido y particularmente claro. El relato de Griaule sobre su instrucción en la sabiduría cosmológica dogon, *Dieu d'eau* (1948a), fue un temprano ejercicio en narración etnográfica dialógica. Más allá de esta ocasión interlocucional específica, sin embargo, se estaba desarrollando un proceso más complejo, pues es evidente que el contenido y la regulación temporal de la investigación a largo plazo del equipo de Griaule, era controlada de cerca y moldeada significativamente por las autoridades tribales dogon. Esto no es nuevo. Muchos etnógrafos han comentado las formas, a la vez sutiles y vocingleras, en que su investigación era dirigida o circunscrita por sus informantes. En su provocativa discusión sobre estas cuestiones, Ioan Lewis (1973) llega a considerar la antropología como una forma de "plagio".

El toma y daca de la etnografía está claramente retratado en un estudio de 1980, notable por su presentación en un único trabajo de una realidad extraña interpretada *y* del proceso de investigación en sí mismo: *Ilongot Headhunting* de Renato Rosaldo. Rosaldo llega a las tierras altas de Filipinas pretendiendo escribir un estudio sincrónico de la estructura social; pero una y otra vez, pese a sus objeciones, es forzado a escuchar interminables relatos ilongot sobre su historia local. Con dudas, mecánicamente, como en una especie de trance de monotonía, transcribe esas historias, llenando libreta tras libreta con lo que él considera textos disponibles. Sólo después de abandonar el campo, y tras un largo proceso de reinterpretación (un proceso que se hace manifiesto en la etnografía), Rosaldo se da cuenta de que esos oscuros cuentos le proporcionan su tópico definitivo, el sentido ilongot, culturalmente distintivo, de la narrativa y la historia. La experiencia de Rosaldo en lo que pudiera llamarse "escritura directa" plantea agudamente una cuestión fundamental: ¿Quién es en realidad el autor de las notas de campo?

Esta cuestión es delicada y merece un estudio sistemático. Pero hemos dicho lo suficiente como para establecer que el control indígena sobre el conocimiento que se adquiere en el campo puede ser considerable, y aun determinante. La escritura etnográfica actual está buscando nuevas formas para representar adecuadamente la autoridad de los informantes. Existen pocos modelos disponibles; pero vale la pena reconsiderar las antiguas compilaciones textuales de Boas, Malinowski, Leenhardt y otros. En esas obras el género etnográfico no se había unificado en torno de la moderna monografía interpretativa, estrechamente identificada con una experiencia personal de trabajo de campo. Podemos contemplar una modalidad etnográfica que no es autoritaria de esas maneras específicas que están ahora política y epistemológicamente en entredicho. Esas viejas colecciones incluyen textos virtualmente o en gran parte escritos por los propios informantes. Uno piensa en el rol de George Hunt en la etnografía de Boas, o en los quince "transcriptores" enumerados en los *Documents néo-calédoniens* (1932) de Leenhardt.[10]

[10] Para un estudio de este modo de producción textual, véase Clifford 1980a. En este contexto véase también Fontana, 1975; la introducción a *The Pima Indians* de Frank Russell sobre el co-

Malinowski es un complejo caso de transición. Sus etnografías reflejan la coalescencia incompleta de la monografía moderna. Si bien él fue centralmente responsable de la unión de descripción y teoría en la autoridad del trabajador de campo profesional, Malinowski incluyó de todas formas material que no apoyaba directamente su propio sesgo interpretativo. En los numerosos mitos y encantamientos dictados que llenan sus libros, publicó muchísimos datos que él reconocidamente no comprendió. El resultado de ello fue un texto abierto, sujeto a múltiples reinterpretaciones. Vale la pena comparar esos viejos compendios con la etnografía de modelo reciente, la cual cita evidencia en apoyo de una interpretación focalizada pero muy poco más.[11] En la monografía moderna y autoritaria no existen, en efecto, más voces sonoras que la del escritor; pero en *Los argonautas* (1922) y en *Jardines de Coral* (1935) leemos página tras página de hechizos mágicos, ninguno de ellos, en un sentido esencial, expresado en las palabras del etnógrafo. Estos textos dictados, en todo excepto en su inscripción física han sido escritos por trobriandeses específicos y sin nombre. Ciertamente, cualquier exposición etnográfica de alguna extensión incluye rutinariamente en sí misma una diversidad de descripciones, transcripciones e interpretaciones debidas a una variedad de "autores" indígenas.

¿Cómo es que estas presencias autorales se tornan manifiestas?

Un punto de vista útil —si bien extremo— lo proporciona el análisis de Bajtín sobre la novela "polifónica". Una condición fundamental del género, asegura, es que él representa sujetos hablantes en un campo de discursos múltiples. La novela está inextricablemente comprometida con la heteroglosia, a la que ella misma pone en acción. Para Bajtín, preocupado por la representación de totalidades no homogéneas, no hay mundos culturales o lenguajes integrados. Todo intento de postular tales unidades abstractas es un artificio del poder monológico. Una cultura es, concretamente, un diálogo abierto y creativo de subculturas, de propios y extraños, de facciones diversas. Un "lenguaje" es el juego interactivo y la contienda de dialectos regionales, jergas profesionales, lugares comunes genéricos, el habla de diferentes grupos de edad, individuos, etcétera. Para Bajtín la novela polifónica no es un *tour de force* de totalización cultural o histórica (como han argumentado críticos realistas como Georg Lukács o Erich Auerbach) sino más bien una arena carnavalesca de diversidad. Bajtín descubre un espacio textual donde se pueden acomodar la complejidad discursiva y la interacción dialógica de voces. En las novelas de Dostoievski o

autor clandestino del libro, el indio papago José Luis; Leiris, 1948, discute la colaboración como coautoría, y lo mismo hace Lewis, 1973. Para una anticipatoria defensa del énfasis de Boas sobre los textos vernáculos y su colaboración con Hunt, véase Goldman, 1980.

[11] El elaborado *Bwiti* (1985) de James Fernández es una transgresión autoconsciente de la forma monográfica estrecha, que retorna a la escala malinowskiana y revive las funciones de "archivo" de la etnografía.

de Dickens él valora precisamente su resistencia a la totalidad y su novelista ideal es un ventrílocuo, en idioma del siglo XIX un "polifonista". "El hace de policía en diferentes voces", exclama admirativamente un oyente refiriéndose al niño Sloppy en *Our Mutual Friend*. Pero Dickens el actor, el ejecutante verbal y el polifonista debe ser contrastado con Flaubert, el maestro del control autoral, quien se movía como Dios entre los pensamientos y sentimientos de sus personajes. La etnografía, igual que la novela, lucha con estas alternativas. El etnógrafo ¿retrata lo que los nativos piensan por medio de un "estilo libre indirecto" flaubertiano, un estilo que suprime la cita directa en favor de un discurso controlado que siempre es más o menos el del autor? (Dan Sperber, 1981, tomando a Evans-Pritchard como ejemplo, ha mostrado convincentemente que el *style indirect* es por cierto el modo preferido de la interpretación etnográfica). ¿O más bien el retrato de otras subjetividades requiere una versión que sea estilísticamente menos homogénea, llena con las "diferentes voces" de Dickens?

Algún uso del estilo indirecto es inevitable, a menos que la novela o la etnografía se compongan enteramente de citas, algo que teóricamente es posible pero rara vez se ha intentado.[12] En la práctica, sin embargo, la etnografía y la novela recurren al estilo indirecto en diferentes niveles de abstracción. No necesitamos preguntar cómo es que Flaubert sabe lo que piensa Emma Bovary, puesto que la habilidad del trabajador de campo para habitar la mente de los indígenas siempre está puesta en duda. Desde ya que éste es un problema permanente y no resuelto con que se enfrenta el método etnográfico. En general los etnógrafos se han abstenido de adscribir creencias, sentimientos y pensamientos a los individuos. Empero, no han dudado en adscribir estados subjetivos a las culturas. El análisis de Sperber revela de qué manera frases como "los nuer piensan..." o "el sentido nuer del tiempo" son fundamentalmente distintas de las citas o las traducciones del discurso indígena. Tales afirmaciones carecen "de cualquier hablante especificado" y son literalmente equívocas, combinando de una manera inconsútil las afirmaciones del etnógrafo con las del o los informantes (1981: 78). Las etnografías abundan en frases no atributivas como "los espíritus retornan a la aldea por las noches", descripciones de creencias en las que el escritor asume en efecto la voz de la cultura.

En este nivel "cultural", los etnógrafos aspiran a una omnisciencia flaubertiana que se mueve libremente a través de un mundo de sujetos indígenas. Bajo la superficie, no obstante, sus textos son más indisciplinados y discordantes. La obra de Victor Turner proporciona un caso elocuente, digno de ser investigado más de cerca como un ejemplo de la acción recíproca entre la ex-

[12] Tal proyecto es anunciado por Evans-Pritchard en su introducción a *Hombre y mujer entre los azande* (1974), un trabajo tardío que puede ser visto como una reacción contra la naturaleza cerrada y analítica de sus etnografías anteriores. Su inspiración reconocida es Malinowski. (La noción de un libro íntegramente compuesto de citas es un sueño modernista asociado con Walter Benjamin.)

posición monofónica y la polifónica. Las etnografías de Turner ofrecen soberbios ejemplos de retratos complejos de los símbolos rituales y creencias de los ndembu; él nos proporciona también una mirada inusualmente explícita por detrás de las escenas. En el centro de los ensayos reunidos en *La selva de los símbolos*, su tercer libro sobre los ndembu, Turner ofrece un retrato de su mejor informante, "Muchona de Abejorro, Intérprete de la religión" (1967: 131-150). Muchona, un sanador ritual, y el propio Turner poseen en común un interés hacia los símbolos rituales, las etimologías y los significados esotéricos, y se los presenta juntos. Ambos son "intelectuales", intérpretes apasionados de los matices y las honduras de las costumbres; ambos son estudiosos desarraigados que comparten "la sed inagotable del conocimiento objetivo". Turner compara Muchona con un rector universitario; el relato de su colaboración incluye más que pasajeras insinuaciones de un fuerte *doubling* psicológico.

Sin embargo, en su diálogo está presente un tercero, Windson Kashinakaji, un profesor ndembu en la escuela de la misión local. El presentó a Muchona y Turner y comparte la pasión de ambos por la interpretación de la religión tradicional. A través de su educación bíblica, adquirió "una pasión por elucidar significados ocultos". Escéptico reciente del dogma cristiano y de los privilegios misioneros, mira con simpatía a la religión pagana. Kashinakaji, nos cuenta Turner, "abarcaba la distancia cultural entre Muchona y yo, transformando la jerga técnica del pequeño doctor y su sabroso argot aldeano en una prosa más accesible a mi comprensión". Los tres intelectuales pronto se instalaron "en una suerte de seminario cotidiano sobre religión".

El relato de Turner acerca de este seminario es estilizado: "Ocho meses de chispeante conversación entre los tres, principalmente sobre el ritual ndembu". Aquí se revela un extraordinario "coloquio" etnográfico; pero significativamente Turner no hace de esta colaboración triple el núcleo de su ensayo. Se focaliza más bien sobre Muchona, transformando así el triálogo en diálogo y achatando una relación productiva compleja en el "retrato" de un "informante". Esta reducción, entre paréntesis, resultaba exigida en cierta forma por la estructura del libro en que el ensayo se publicó por primera vez, la importante colección de Joseph Casagrande, de 1960, de "Veinte Retratos de Informantes Antropológicos", *In the Company of Man*.[13]

Las obras publicadas de Turner varían considerablemente en su estructura discursiva. Algunas están compuestas principalmente de citas directas; en un ensayo, por lo menos, se identifica a Muchona como la fuente principal de la interpretación abarcadora; en algunas partes se lo invoca anónimamente, por ejemplo, como "un especialista ritual, varón" (1975: 40-42, 87, 154-156, 244). Windson Kashinakaji aparece como un asistente y traductor, más que como una fuente de interpretaciones. Por encima de todo, las etnografías de

[13] Para una estrategia de "dinámica de grupos" en etnografía véanse Yannopoulos y Martin, 1978. Para una etnografía explícitamente basada en "seminarios" nativos, véanse Jones y Konner, 1976.

Turner son inusualmente polifónicas, construidas abiertamente sobre citas ("De acuerdo con un adepto...", o "Un informante supone..."). Sin embargo, él no hace de ndembu en diferentes voces, y escuchamos poco "sabroso argot aldeano". Todas las voces del campo han sido pulidas en la prosa expositoria de "informantes" más o menos intercambiables. La puesta en escena del habla indígena en una etnografía, el grado de traducción y de familiarización necesario son problemas prácticos y retóricos muy complicados.[14] Pero los trabajos de Turner, al proporcionar un lugar visible a las interpretaciones indígenas de la costumbre, plantean concretamente estas cuestiones de dialogismo textual y polifonía.

La inclusión del retrato de Muchona en *La selva de los símbolos* de Turner puede ser vista como un signo de los tiempos. La colección de Casagrande en que apareció originalmente tenía el efecto de segregar el problema crucial de las relaciones entre los etnógrafos y sus colaboradores indígenas. La discusión de estos pormenores no tenía aún cabida en las etnografías científicas, pero la colección de Casagrande sacudió el tabú profesional posmalinowskiano hacia los "informantes privilegiados". Raymond Firth refiriéndose a Pa Fenuatara, Robert Lowie con referencia a Jim Carpenter: una larga lista de distinguidos antropólogos han descrito a los "etnógrafos" indígenas con quienes compartieron, en algún grado, una visión de la costumbre distanciada, analítica, incluso irónica. Estos individuos llegaron a ser informantes valiosos porque comprendieron, a menudo con verdadera sutileza, lo que implicaba una actitud *etnográfica* hacia la cultura. En las citas de Lowie de su intérprete crow (y colega "filólogo") Jim Carpenter, se percibe una perspectiva compartida: "Cuando escuchas a los viejos hablando de sus visiones, les tienes que creer" (Casagrande, 1960: 428). Y ciertamente hay más que un parpadeo y un guiño en la historia referida por Firth sobre su mejor amigo e informante de Tikopia:

> En otra ocasión la conversación giró hacia las redes para la pesca de truchas en el lago. Las redes se habían vuelto negras, posiblemente por la acción de alguna sustancia orgánica, y tendían a cortarse fácilmente. Pa Fenuatara contó entonces una historia a la multitud reunida en la casa sobre cómo, hallándose una vez con sus redes en el lago, sintió que un espíritu andaba por la red, suavizándola. Cuando levantó la red la encontró viscosa. El espíritu lo había hecho. Le pregunté entonces si el hecho de que los espíritus fueran responsables del deterioro de las redes era una pieza tradicional del conocimiento. El contestó: "No, es mi propio pensamiento". Y luego agregó con una carcajada: "Mi propia pieza de conocimiento tradicional" (Casagrande, 1960: 17-18).

[14] Favret-Saada utiliza el dialecto y el tipo bastardilla en *Les Mots, la mort, les sorts* (1977); ésta es una solución entre muchas para un problema que ha preocupado desde hace mucho a los novelistas realistas.

El pleno impacto metodológico de la colección de Casagrande permanece latente, en especial la significación de sus reseñas para la producción dialógica de textos e interpretaciones etnográficas. Esta significación ha sido oscurecida por una tendencia a presentar el libro como un documento universalizante, humanista, que revela "una galería de espejos... en una variedad enorme, que reflejan infinitamente la imagen del hombre" (Casagrande, 1960: xii). A la luz de la presente crisis en la autoridad etnográfica, no obstante, estos cuadros reveladores se esparcen por la obra de sus autores, alterando las formas en que puede ser leída. Si la etnografía es parte de lo que Roy Wagner (1980) llama "la invención de la cultura", su actividad es plural y se encuentra más allá del control de cualquier individuo.

Una manera cada vez más común de manifestar la producción colaborativa del conocimiento etnográfico es la de citar regular y extensamente a los informantes. (Un ejemplo sorprendente es *We Eat the Mines, the Mines Eat Us* de June Nash, 1979.) Pero tal táctica sólo comienza a quebrar la autoridad monofónica. Las citas siempre son puestas en escena por el citante y tienden a servir meramente como ejemplos o testimonios confirmativos. Mirando más allá de la cita, se puede imaginar una polifonía más radical que "harían los nativos y el etnógrafo en diferentes voces"; pero esto también desplazaría solamente la autoridad etnográfica, confirmando todavía la virtuosa orquestación final por un solo autor de todos los discursos de su texto. En este sentido la polifonía de Bajtín, demasiado estrechamente identificada con la novela, es una heteroglosia domesticada. Los discursos etnográficos no son, de ninguna manera, los parlamentos de personajes inventados. Los informantes son individuos específicos con nombres propios reales, nombres que pueden ser citados, de forma alterada cuando la táctica lo requiera. Las intenciones de los informantes están sobredeterminadas, sus palabras son política y metafóricamente complejas. Si se les acuerda un espacio textual autónomo y se las transcribe en longitud suficiente, las afirmaciones indígenas tendrán sentido en términos diferentes a los del etnógrafo que las manipula. La etnografía estará invadida por la heteroglosia.

Esta posibilidad sugiere una estrategia textual alternativa, una utopía de la autoría plural que acuerda a los colaboradores no meramente el status de enunciadores independientes sino el de escritores. Como forma de autoridad ésta debe ser considerada todavía utópica por dos razones. Primera, los escasos experimentos recientes con obras de autores múltiples requieren, como fuerza instigadora, el interés investigador de un etnógrafo quien al fin y al cabo asume una posición editorial ejecutiva. La instancia autoritaria de "dar voz" al otro no es trascendida por completo. Segunda, la idea misma de la autoría colectiva desafía una profunda identificación occidental del orden de cualquier texto con la intención de un autor singular. Si esta identificación era menos fuerte cuando Lafitau escribió sus *Moeurs des sauvages ameriquains*, y si la crítica reciente la ha puesto en cuestión, es todavía una constricción poderosa sobre la escritura etnográfica. Como quiera que sea, hay signos de movimiento en este dominio. Los antropólogos tendrán que compartir sus textos cada vez más, e incluso tendrán que compartir las portadas, con aquellos colaboradores indígenas para quienes el término *informantes* ya no es más adecuado, si es que alguna vez lo fue.

Birds of My Kalam Country (1977) de Ralph Bulmer y Ian Majnep es un prototipo importante. (Diferentes tipos de imprenta distinguen las contribuciones yuxtapuestas del etnógrafo y del hombre de Nueva Guinea, colaboradores durante más de una década.) Aun más significativo es el estudio producido colectivamente en 1974 *Piman Shamanism and Staying Sickness (Ka:cim Mumkidag)*, el cual enumera en la portada, sin distinción (aunque no, debe ser notado, en orden alfabético), a Donald M. Bahr, antropólogo; Juan Gregorio, chamán; David I. López, intérprete, y Albert Alvarez, editor. Tres de los cuatro son indios papago, y el libro está diseñado conscientemente para "transferir *a un chamán* tanto como sea posible las funciones normales asociadas con la autoría. Estas incluyen la selección de un estilo expositivo, el deber de efectuar interpretaciones y explicaciones, y el derecho de juzgar qué cosas son importantes y qué cosas no" (pág. 7). Bahr, el iniciador y organizador del proyecto, opta compartir la autoridad en la medida de lo posible. Gregorio, el chamán, aparece como la fuente principal de la "teoría de la enfermedad" que se transcribe y traduce, a dos niveles diferentes, por López y por Alvarez. Los textos vernáculos de Gregorio incluyen explicaciones sucintas, a menudo gnómicas, que son ellas mismas interpretadas y contextualizadas por comentarios separados de Bahr. El libro es inusual en su presentación textual de la interpretación de las interpretaciones.

En *Piman Shamanism* la transición de los enunciados individuales a generalizaciones culturales está siempre visible en la separación de las voces de Gregorio y de Bahr. La autoridad de López, menos visible, es similar a la de Windson Kashinakaji en la obra de Turner. Su fluidez bilingüe orienta a Bahr a través de las sutilezas del lenguaje de Gregorio, permitiendo así el chamán "hablar extensamente sobre cuestiones teóricas". Ni López ni Alvarez aparecen como una voz específica en el texto, y su contribución a la etnografía permanece ampliamente invisible para todos excepto para los papago calificados, capaces de calibrar la adecuación de los textos traducidos y el matiz vernáculo de las interpretaciones de Bahr. La autoridad de Alvarez radica en el hecho de que *Piman Shamanism* es un libro dirigido a audiencias separadas. Para la mayoría de los lectores, concentrarse en las traducciones y explicaciones de los textos impresos en pima será de poco o ningún interés. El lingüista Alvarez, sin embargo, corrigió las transcripciones y traducciones con un ojo en el uso para la enseñanza del lenguaje, utilizando una ortografía que había desarrollado para ese propósito. De esta forma el libro contribuye a la invención de la cultura por los papago. Esta lectura diferente, incorporada en *Piman Shamanism*, es de significación más que local.

Es intrínseco a la quiebra de la autoridad monológica que las etnografías ya no se dirijan más a un único tipo de lector. La multiplicación de lecturas posibles refleja el hecho de que la conciencia "etnográfica" ya no puede ser vista como monopolio de ciertas culturas y clases sociales de Occidente. Aun en etnografías que carecen de textos vernáculos, los lectores indígenas decodificarán de maneras distintas las interpretaciones y el conocimiento textualizados. Las obras polifónicas están particularmente abiertas a lecturas no planificadas específicamente. Los lectores trobriandeses pueden encontrar que las interpretaciones de Malinowski son tediosas, pero que sus ejemplos y prolongadas transcripciones siguen siendo evocativas. Los lectores ndembu no volarán tan rápidamente como los europeos por encima de las diferentes palabras insertas en las obras de Turner.

La crítica literaria reciente sugiere que la habilidad de un texto para alcanzar sentido de una manera coherente depende menos de las intenciones buscadas por un autor original que de la actividad creativa de un lector. Para citar a Roland Barthes, si un texto es "un tejido de citas tomadas de innumerables centros de cultura", entonces "la unidad de un texto no radica en su origen sino en su destino" (1977: 146, 148). La escritura de etnografía, una actividad ingobernable y multisubjetiva, alcanza coherencia en actos particulares de lectura. Pero siempre hay una variedad de lecturas posibles (más allá de apropiaciones meramente individuales), lecturas que están más allá del control de cualquier autoridad singular. Uno se puede acercar a una etnografía clásica buscando simplemente aferrar los significados que el investigador deriva de los hechos culturales representados. O, como he sugerido, uno puede también leer en contra del grano de la voz dominante en el texto, en pos de otras autoridades medio escondidas, reinterpretando las descripciones, los textos y las citas reunidas por el escritor. Con el reciente cuestionamiento de los estilos coloniales de representación, con la expansión de la alfabetización y de la conciencia etnográfica, están surgiendo nuevas posibilidades para la lectura (y, por lo tanto, para la escritura) de descripciones culturales.[15]

[15] Un modelo extremadamente sugestivo de exposición polifónica es el que ofrece la edición proyectada en cuatro volúmenes de los textos etnográficos escritos, provocados y transcritos entre 1896 y 1914 por James Walker en la reservación sioux de Pine Ridge. Hasta ahora han aparecido tres títulos, editados por Raymond J. DeMaille y Elaine Jahner: *Lakota Belief and Ritual* (1982a), *Lakota Society* (1982b) y *Lakota Myth* (1983). Estos volúmenes de transcripciones reanudan la homogeneidad textual de la clásica monografía de Walker *The Sun Dance*, de 1917, un resumen de las citas individuales que aquí se publican traducidas. Estas citas de más de treinta "autoridades" con nombre complementan y trascienden la síntesis de Walker. Una larga sección de *Lakota Belief and Ritual* fue escrita por Thomas Tyon, intérprete de Walker. El cuarto volumen de la colección será una traducción de los escritos de George Sword, un guerrero y juez oglala a quien Walker estimuló para que registrara e interpretara el modo de vida tradicional. Los primeros dos volúmenes presentan los textos inéditos de lakota reconocibles y las propias descripciones de Walker en formatos idénticos. La etnografía aparece como un proceso de creación colectiva. Es esencial notar que la decisión de la Sociedad Histórica de Colorado de publicar estos textos había sido estimulada por pedidos cada vez más frecuentes de copias de los materiales de Walker por parte de la comunidad oglala en Pine Ridge, para ser utilizados en clases sobre historia oglala (sobre Walker, véase también Clifford, 1986a: 15-17).

La corporización textual de la autoridad es un problema recurrente para los experimentos contemporáneos en etnografía.[16] El viejo modo realista —figurado en el frontispicio de *Los argonautas del Pacífico occidental* y basado en la construcción de un *tableau vivant* cultural diseñado para ser visto desde una sola perspectiva, la del escritor y el lector— puede identificarse ahora sólo como un paradigma de autoridad posible. Los supuestos políticos y epistemológicos están incorporados en éste y en otros estilos, y el escritor etnográfico ya no puede ignorarlos. Los modos de autoridad que hemos revisado aquí —experiencial, interpretativo, dialógico y polifónico— están disponibles para todos los escritores de textos etnográficos, occidentales y no occidentales. Ninguno está obsoleto, ninguno es puro: hay espacio para la invención dentro de cada paradigma. Hemos visto cómo las nuevas estrategias tienden a redescubrir prácticas descartadas. La autoridad polifónica mira con renovada simpatía a los compendios de textos vernáculos, formas de exposición distintas de la monografía focalizada ligada a la observación participante. Ahora que las reivindicaciones ingenuas de la autoridad de la experiencia han sido puestas bajo sospecha hermenéutica, podemos anticipar una atención renovada a la acción recíproca de los componentes personales y disciplinares en la investigación etnográfica.

Los procesos experienciales, interpretativos, dialógicos y polifónicos operan discordantemente en toda etnografía, pero la presentación coherente presupone un modo controlador de autoridad. Ya he afirmado que esta imposición de coherencia sobre un proceso textual difícil de gobernar es ahora, indiscutiblemente, una cuestión de elección estratégica. He tratado de distinguir estilos importantes de autoridad tal como se han vuelto visibles en las últimas décadas. Si la escritura etnográfica está viva, como yo creo que lo está, lo está en lucha en y contra estas posibilidades.

[16] Para un estudio muy útil y completo de la etnografía experimental reciente, véanse Marcus y Cushman, 1982; véanse también Webster, 1982; Fahim, 1982 y Clifford y Marcus, 1986.

5

Las etnografías como textos*

George E. Marcus y Dick E. Cushman
(Departamento de Antropología, Universidad de Rice, Houston, Texas)

Introducción

Finalmente los antropólogos han comenzado a prestar atención explícita a la escritura de textos etnográficos, un tema largamente ignorado ya sea porque se concibe primariamente a la etnografía como una actividad que se desarrolla en el campo, o porque se la trata como un método —más que un producto— de la investigación. Aunque han aparecido unos pocos artículos que tratan algunas de las dimensiones retóricas y narrativas de la escritura etnográfica (Bruner, 1981; Clifford, 1980a y d; Crapanzano, 1977a y b; Dwyer, 1977 y 1979; Marcus, 1980; Thornton, 1980a y b; Tyler, 1982), las principales cuestiones se han explorado directamente en el mismo interior de diversas etnografías (por ejemplo, Alverson, 1979; Briggs, 1970; Bulmer, 1978; Chernoff, 1979; Crapanzano, 1980; Dumont, 1976 y 1978; Favert-Saada, 1980; Gregor, 1977; Levy, 1973; Lewis, 1980; Ortner, 1978; Östör, 1980; Rabinow, 1975; Riesman, 1974; Rosaldo, 1980 y 1980a; Schieffelin, 1976; Shore, 1982; Siegel, 1979; Thornton, 1980; Weiner, 1976). Estas representan en su conjunto una tendencia creciente hacia la experimentación en escritura etnográfica, en gran medida como una reacción filosóficamente inspirada a las convenciones del género del realismo etnográfico, sobre el que ha existido un consenso tácito y artificial en la antropología anglonorteamericana durante aproximadamente los últimos 60 años. Es posible que esta experimentación no sólo esté alterando la naturaleza tradicional de la etnografía; puede más bien estar señalando el comienzo de una profunda reforma de las ambiciones teoréticas y de las prácticas de investigación de una disciplina que ha dependido crecientemente de textos etnográficos, tanto en lo que respecta a los datos como al desarrollo de perspectivas teóricas. En ausencia de una literatura histórica y crítica sustancial sobre el género etnográfico, este trabajo revisará un conjunto de temas sobre los cuales existe considerable autoconciencia por parte de los escritores recientes. Estos temas atañen a la manera en que las etnografías alcanzan su efecto como conocimiento de los "otros".

* *Annual Review of Anthropology*, vol. 11, 1982, pág. 25-69.

La característica principal compartida por las etnografías experimentales es que integran, en sus interpretaciones, una preocupación epistemológica explícita por la forma en que se han construido tales interpretaciones y en que se las representa textualmente como discurso objetivo sobre los sujetos entre los cuales se ha conducido la investigación. En cierto sentido, la escritura etnográfica contemporánea intenta sintetizar el debate clásico sobre la hermenéutica (Palmer, 1969) entre la reflexión filosófica sobre la naturaleza de la interpretación (que enfatiza la apertura de la actividad interpretativa) y el intento metodológico de crear una ciencia de la interpretación (que enfatiza la posibilidad de interpretaciones sistemáticas y autocontenidas). Si las etnografías podrán, como parte de una convención permanente, balancear tanto la *reflexión sobre* la comprensión y *una* comprensión en sí misma en un solo texto, es un problema que estos experimentos dejan sin resolver. Sin embargo, el propósito de explorar cuestiones epistemológicas como una parte vital e integral del análisis cultural distingue a estos textos y hace a sus autores, tanto como a sus lectores, cada vez más conscientes de sus estructuras narrativas y de su retórica.

Es necesario subrayar, quizá, que todo el asunto en torno de la autorreflexividad en las etnografías recientes no es meramente una repetición metodológicamente orientada de los relatos sobre las experiencias y las condiciones del trabajo de campo, tal como se la encuentra en la literatura etnográfica confesional de los últimos quince años. Mientras que tales trabajos han ayudado ciertamente a estimular la clase de cuestionamiento a los supuestos tácitos de la práctica de investigación que ha conducido hoy a una perspectiva crítica más aguda sobre la escritura etnográfica en sí misma, su objetivo principal ha sido el de desmitificar el proceso del trabajo de campo antropológico, cuyo velo de secreto público ha sido cada vez más embarazoso para una disciplina que se precia de "científica". Tales reseñas, en razón de estar concebidas y de ser publicadas, en general, como fines en sí mismos —como artículos o libros independientes— sólo están tenuemente relacionadas con los objetivos etnográficos de sus autores. Los escritores de etnografías experimentales, en cambio, a menudo representan las experiencias del trabajo de campo como una técnica vital para estructurar sus narrativas de descripción y análisis.

En estos experimentos, el reporte de la experiencia del trabajo de campo es sólo un aspecto de un amplio rango de reflexiones personales, las cuales se manifiestan en formas más fuertes y más débiles. Estas abarcan desde discusiones muy explícitas y focalizadas en el interior del texto acerca de las relaciones entre la forma textuaria y la naturaleza de la interpretación (por ejemplo, Bachnik, 1978; Favert-Saada, 1980; Lewis, 1980; Rosaldo, 1980; Shore, 1982), pasando por referencias ocasionales a la naturaleza de la interpretación (por ejemplo, Alverson, 1979; Gregor, 1977; Levy, 1973; Rosaldo, 1980; Schieffelin, 1976; Thornton, 1980c; Weiner, 1976), hasta preocupaciones epistemológicas más difusas, mayormente en las nuevas formas en que se presentan el material y las interpretaciones (por ejemplo, Crapanzano, 1980; Riesman, 1974; Siegel, 1979). Tal diversidad existe porque en una circunstancia histórica en la que las formas convencionales no se adecuan al planteamiento de los problemas etnográficos, la creatividad es no sólo requerida, sino particularmente alentada. Mientras las etnografías estándar se siguen produciendo continuamente, se ofrecen considerables recompensas (tanto en grado de interés editorial como en respuesta crítica positiva) a los etnógrafos que ofrezcan sus trabajos expresados en formas más personales y novedosamente estructuradas. En esta situación emergente, los etnógrafos leen ávidamente los nuevos trabajos en busca de modelos, interesándose tanto —si es que no más— por los estilos de construcción de textos como por los análisis culturales, los cuales son, de todas maneras, aspectos difíciles de separar. De este modo, la tendencia actual se caracteriza por textos muy personalmente escritos, pero que son sin embargo emulativos en su búsqueda de nuevas convenciones: algo que se asemeja al patrón clásico del desarrollo de los géneros literarios.

Aunque el tema de la escritura etnográfica podría (e idealmente, debería) tratarse en amplia escala, las discusiones siguientes han puesto entre paréntesis ciertos asuntos, estableciendo exclusiones y distinciones a fin de definir un objeto manejable. En primer lugar, una perspectiva más amplia sobre la escritura etnográfica que la que aquí se intenta debería asomarse no sólo a toda la historia de la etnografía dentro de la tradición angloamericana, incluyendo formas premalinowskianas surgidas de proyectos de investigación sumamente diversificados; y debería abarcar el trabajo etnográfico fuera de la tradición angloamericana y fuera incluso de la disciplina antropológica: por ejemplo los relatos de viaje, el trabajo de los misioneros, los reportes de los administradores coloniales, superpuestos a los desarrollos tempranos de la etnografía antropológica; las tradiciones etnográficas francesa, alemana e italiana; y el interés hacia la interpretación cultural y lo exótico en la tradición literaria del Continente (véase en especial Clifford, 1981). Un amplio tratamiento también relacionaría la escritura etnográfica con la realización fílmica (Asch, 1973; Heider, 1976; MacDougall, 1978) y con su uso —sumamente infrecuente— en obras más focalizadas y teoréticas que no se presentan directamente como el simple producto de la investigación de campo (por ejemplo, Fischer, 1980; Taussig, 1980; Taylor, 1979). En este trabajo, sin embargo, nos limitamos a un examen de las tendencias actuales de experimentación (algunas de las cuales están inspiradas en el *revival* de estilos etnográficos antiguos), en contraste con los últimos 60 años de realismo etnográfico angloamericano.

En segundo lugar, definimos una etnografía simplemente como un informe que resulta del hecho de haber realizado trabajo de campo, una actividad relativamente indisciplinada cuyo folclore ha conferido identidad a una disciplina académica. Hacer trabajo de campo es algo muy distinto a representarlo en una etnografía; pero así como ciertas convenciones de documentación señalan un trabajo como historia, del mismo modo la evidencia del trabajo de campo —aunque sólo sea escrita en un texto— señala un trabajo como etnografía. Debemos ocuparnos, en consecuencia, de la representación del trabajo de campo en textos, pero es válido excluir aquí lo que realmente sucede en el campo. Más aun, por mor de la simplicidad, no consideramos la relación sumamente interesante entre la producción de un texto etnográfico publicado y sus versiones escritas preliminares en forma de notas de campo, disertaciones o artículos.

En la etapa pionera del realismo etnográfico, se consideraba que el trabajo etnográfico abarcaba varios volúmenes proyectados (como era el caso de Malinowski, Firth y Evans-Pritchard), una concepción del formato que se remontaba al contexto de la etnografía anterior a la era del trabajo de campo. En contraste, la moda contemporánea, dominada por una investigación más focalizada en problemas definidos, impone un solo volumen ligado a un período de trabajo de campo, que combina varias tareas complejas, descriptivas e interpretativas. El proyecto etnográfico multitexto podría, de hecho, volver a imponerse nuevamente (por ejemplo, Dumont, 1976 y 1978; Rabinow, 1975 y 1977), pero aquí limitaremos la perspectiva a la reseña en un solo volumen, simétrica con uno o dos períodos de trabajo de campo.

En tercer lugar, nuestro punto de vista al presentar estos asuntos es el del antropólogo practicante, que escribe y lee etnografía con un interés empírico añadido por la producción de conocimiento cultural sobre otras formas de vida. La perspectiva del historiador intelectual de la antropología, o del teórico social o cultural interesado en la escritura etnográfica podría coincidir considerablemente con la del practicante, pero el manejo preciso del asunto sería sin duda diferente. Nuestra preocupación subyacente es la utilidad de una perspectiva crítica sobre la escritura etnográfica, en este momento preciso del desarrollo de la disciplina, para la comunidad de antropólogos que se ven a sí mismos como etnógrafos.

En cuarto y último lugar, entre los experimentos en curso es importante —aunque no necesariamente sencillo— distinguir entre dos subtendencias. La mayor parte de las etnografías experimentales pretenden cambiar las convenciones del género, en línea con un giro en las orientaciones teoréticas hacia los problemas del significado, aunque sin cambiar los objetivos etnográficos fundamentales de descripción e interpretación. En la actualidad, algunos experimentos etnográficos (menores en número, pero más extremos) modifican las convenciones del género, manteniendo una indefinición básica acerca de lo que deberían ser los propósitos y los intereses de una escritura etnográfica todavía basada en el trabajo de campo. Como ha dicho Frederic Jameson (Jameson, 1981, pág. 106), "los géneros son esencialmente instituciones literarias o contratos sociales entre un escritor y un público específico, cuya función es establecer el uso correcto de un artefacto cultural". Aquellas etnografías, al perseguir objetivos teoréticamente modificados pero tradicionales en el ámbito de la disciplina, operan aun conforme al concepto de género, no importa cuán rico se haya vuelto éste. En su aparente desprecio hacia cualquier clase de función "policíaca" inherente a la noción de género, las etnografías nombradas en segundo término parecen querer dejar que los proyectos de escritura exploren sus propios objetivos, en lugar de atenerse a los de la disciplina.[1] El hecho

[1] Una analogía dentro de la literatura de ficción reciente con la distinción de subtendencias que he hecho aquí la ofrece *The French Lieutenant's Woman* de John Fowles, un experimento

de que todo el campo de la experimentación esté en plena emergencia y de que ambas tendencias de escritura compartan características comunes, ya señaladas, hace que distinguir entre ellas sea difícil en algunos casos. No obstante, en este ensayo nuestra atención primordial se dirige hacia la mayoría de los experimentos, los cuales están restringidos por su género y por consideraciones disciplinarias, pero que plantean dificultades considerables a los antropólogos al clasificar y evaluar críticamente los trabajos etnográficos, que hoy en día dependen fuertemente de diversas retóricas para lograr sus efectos [compárense por ejemplo las críticas de Mangarella (Mangarella, 1980) y Crapanzano (Crapanzano, 1981) sobre una etnografía reciente realizada por Geertz y sus colaboradores, críticas basadas en los *hedges* de su retórica].

El resto de este ensayo se referirá a cada uno de los siguientes temas: el desarrollo histórico del realismo etnográfico como un conjunto de convenciones de género y la reacción contra él en las tendencias contemporáneas de escritura etnográfica; el desafío a las convenciones realistas a través de una serie de cuestiones interrelacionadas que se plantean en los experimentos actuales, concernientes a la forma en que se establece la autoridad en las etnografías, en que se logra la plausibilidad y autenticidad de las interpretaciones y en que todo ello es recibido por parte de los diversos lectores; las fuentes de la crítica literaria capaces de conferir forma a una perspectiva sobre los hechos etnográficos; las relaciones entre las tendencias culturales en escritura etnográfica, la realización del trabajo de campo y los cambiantes intereses teóricos de la antropología social y cultural; una consideración sobre los experimentos etnográficos que se hallan fuera de las tendencias predominantes; y, finalmente, una evaluación concluyente sobre la importancia de la etnografía realista experimental y la utilidad de una perspectiva crítica de la escritura etnográfica en antropología.

El realismo etnográfico

El realismo etnográfico —para tomar prestado el término de la concepción literaria de la ficción del siglo XIX (Auerbach, 1953; Stern, 1973)— es un modo de escritura que busca representar la realidad de todo un mundo o de una forma de vida. Como dice Stern a propósito de una desviación descriptiva en una novela de Dickens (Stern, 1973, pág. 2), "el propósito cabal de esta desviación es agregar y agregar más a ese sentido de la seguridad, la abundancia y la realidad que nos habla desde cada página y cada capítulo de la novela...". De la misma manera, las etnografías realistas están escritas para aludir a una totalidad por medio de partes o focos de atención analítica, que constantemente evocan una totalidad social y cultural. Otros aspectos de la escritura realista son una cuidadosa atención hacia los detalles y demostraciones redun-

---

creativo e inusual en el interior de la tradición del realismo literario, y *La Jalousie* de Alain Robbe-Grillet, un experimento igualmente creativo e inusual que conscientemente toma por asalto las características realistas, especialmente en lo que concierne a las dimensiones temporales.

dantes de que el escritor compartió y experimentó ese mundo. De hecho, lo que otorga autoridad al etnógrafo y un sentido penetrante de realidad concreta al texto, es la afirmación del escritor de que él está representando un mundo como sólo puede hacerlo alguien que lo conoce de primera mano; de esta forma se establece un nexo íntimo entre la escritura etnográfica y el trabajo de campo. La descripción etnográfica no es en absoluto el trabajo simple y carente de problemas que las ciencias sociales creen que es, sino un efecto complejo que se alcanza a través de la escritura y que depende de la elección estratégica y de la construcción de los detalles disponibles. La presentación de la interpretación y el análisis están inseparablemente unidos en la representación vívida y sistemática de un mundo que parece total y real para el lector.

El surgimiento de la etnografía realista como el género aprobado de la antropología, dependió claramente de dos desarrollos históricos: el establecimiento de la antropología como disciplina académica y la elaboración del trabajo de campo profesional como el prerrequisito esencial de los informes etnográficos. Es interesante notar que estos dos desarrollos tuvieron lugar en orden inverso en las tradiciones norteamericana y británica. En América, décadas de experiencia de trabajo de campo precedieron al nombramiento de Boas en la Universidad de Columbia, mientras que en Inglaterra la disciplina ya estaba firmemente establecida en las universidades antes de que Malinowski elaborara el trabajo de campo como un método [lo cual está expresado formando parte de una etnografía (Malinowski, 1922)] y de que se ligara el trabajo de campo a la escritura, definiéndose así la actividad profesional correcta del antropólogo profesional. Las elaboraciones de Malinowski definieron condiciones de la práctica de la investigación que rompían con el pasado inmediato de los estudios británicos, cuando el trabajo de campo corría por cuenta de expediciones o de observadores que no participaban en la escritura de textos etnográficos basados en sus propias observaciones. A despecho de este desarrollo histórico heterogéneo y a pesar de sus orientaciones teóricas discrepantes (cultural versus socioestructural), las tradiciones etnográficas norteamericana y británica convergieron en la consolidación del realismo etnográfico como *el* género para la antropología, como *la* "institución literaria" que servía a los objetivos científicos positivistas.

Un resultado de semejante consolidación fue que los etnógrafos angloparlantes esperaban cierta adhesión a determinadas convenciones del género por parte de los demás escritores. Sin embargo, ni en la antropología social británica (donde la etnografía realista se hallaba más estrictamente disciplinada, debido al influyente trabajo profesional de Malinowski como fundador de la institución), ni en la antropología cultural norteamericana (donde el estilo de la escritura etnográfica siguió siendo un tanto difuso y experimental) se había acordado a esas convenciones alguna consideración explícita y algún examen crítico. Consecuentemente, durante mucho tiempo su desarrollo fue escaso y de muy poco interés. Más aun, una articulación de convenciones tan pobre no pudo menos que influir directamente sobre la manera caprichosa en que se fundaban los juicios críticos sobre la adecuación de etnografías específicas (por ejemplo, en las críticas de las disertaciones doctorales y en las revisiones de las publicaciones periódicas); simplemente había que tener un "sentimiento" de las convenciones que hacían que un texto fuera consistente o insatisfactorio.

Como son precisamente estas convenciones del género realista las que hoy en día se encuentran sujetas a diversas clases de experimentación y las que, en algunos pocos casos, están siendo trascendidas (quizás en dirección a lo que puede llegar a ser una nueva concepción de la etnografía), intentaremos identificarlas y caracterizarlas con cierto detalle. Comenzamos intentando aplicar las discriminaciones literarias habituales de argumento, punto de vista, caracterización, contenido y estilo. Sin embargo, a medida que nuestro análisis avanzaba, encontramos que el cuarto y el quinto factor necesitaban descomponerse en categorías analíticas menores y más manejables (contenido en tres categorías, estilo en tres); de allí nuestro total de nueve convenciones para delinear el género del realismo etnográfico. Deberíamos subrayar el hecho de que fue a través de la conjunción de estas convenciones en las obras individuales que la etnografía tradicional se las arregló para proyectar esa distintiva ilusión de totalidad —la sensación de crear todo un mundo— que, como dijéramos antes, es la característica más básica de la escritura realista.

1. La escritura narrativa de la etnografía total

La escritura narrativa típica de la etnografía tradicional se desarrolló en relación de dependencia con las imaginerías analíticas culturalista y estructural-funcionalista, las cuales ofrecían una respuesta fácil y sorprendentemente congruente al problema de la representación de las relaciones entre el todo y las partes. Como el objetivo del escritor antropológico era la "etnografía total" (la descripción completa de otra cultura o sociedad), la solución obvia consistía en atravesar, en orden secuencial, las unidades (complejos culturales o instituciones sociales) en las que —según se suponía sobre bases teóricas— las culturas o las sociedades estaban divididas. El resultado fue una tabla de contenidos mínimamente ortodoxa (geografía, parentesco, economía, política y religión) y la eventual creación de los Archivos de la HRAF. Tal estructura narrativa normativa prevaleció en la antropología desde los días de la reconstrucción de las culturas indias norteamericanas, pasando por los grandiosos proyectos etnográficos de Malinowski y Firth en los que los capítulos se convirtieron en volúmenes y por los "estudios de comunidades" de las décadas de 1940 y 1950, hasta la cada vez más común etnografía de "partes" (la religión de los tales y tales, por ejemplo, donde se supone que estudios posteriores rellenarán las partes "perdidas" de la etnografía total). En los experimentos recientes con la escritura etnográfica se han desarrollado por lo menos dos estructuras narrativas alternativas. Una consiste en convertir la naturaleza temporal de la experiencia del trabajo de campo en un marco de referencia espacial para el texto (Briggs, 1970; Castaneda, 1968). La otra, en plantear un problema o paradoja cultural en el primer capítulo y, a través de cierto número de capítulos dedicados al examen del material relevante, llegar a una solución en las conclusiones.

2. La presencia no intrusiva del etnógrafo en el texto

La experimentación con el punto de vista ha sido desde hace tiempo uno de los elementos clave que distinguen el modo de escritura de la ficción y de la no-ficción. Además de eso, los antropólogos tempranos fueron altamente sensibles a la existencia de un predecesor inmediato y semejante contemporáneo de la etnografía profesional: el relato de viajes.[2] Una de las diferencias primordiales entre el relato de viajes y la etnografía realista es la marcada ausencia, en esta última, del narrador como una presencia en primera persona en el texto, y el predominio en su lugar de un narrador científico (invisible u omnisciente) que sólo se manifiesta como un observador desapasionado, semejante a una cámara; la tercera persona, colectiva y plena de autoridad ("el X hizo esto") reemplaza a la primera persona, más falible ("yo vi que el X hacía esto"). El efecto resultante, por supuesto, es paradójico. Mientras que el uso del autor omnisciente aumenta la sensación de objetividad científica proyectada por el texto, tal recurso también contribuye a quebrar la relación entre lo que el etnógrafo sabe y el modo en que ha llegado a saberlo. Mientras que existen, por cierto, algunas llamativas excepciones entre las etnografías realistas pioneras respecto de la estéril ausencia del narrador en el texto, incluso esas excepciones relegan al autor a prefacios, notas al pie o apéndices.[3] *Naven* de Bateson (Bateson, 1958) siguió siendo durante mucho tiempo una rareza virtualmente única entre los relatos realistas, en su preocupación explícita por su textualidad en relación con sus objetivos analíticos.

[2] Por desdicha, las similitudes siguen siendo irresistibles para filósofos tales como Louch (Louch, 1966) y también para etnógrafos de ciertos pueblos como los beduinos; en este caso, toda una tradición de relatos de viaje ha ejercido un impacto apremiante y reconocido sobre la escritura profesional, véase la etnografía de Cole (Cole, 1975), que paga tributo a/y se encuentra claramente en la tradición de T. E. Lawrence, Charles Doughty y Wilfried Thesiger.

[3] Véase además de la introducción de Malinowski a *Los argonautas, Coral Gardens and their Magic*, textualmente más interesante. En particular el Apéndice, titulado "Confesiones de ignorancia y de fracaso" (Malinowski, 1935, vol. 5, págs. 452-82), se encuentra en gran medida dentro del espíritu contemporáneo de autorreflexión y autocrítica; pero lo más notable es que critica no el trabajo de campo, sino todo el proyecto de investigación que el texto mismo comunica retrospectivamente. Véase también, por ejemplo, la breve pero atormentada introducción de Evans-Pritchard a *Los Nuer* (Evans-Pritchard, 1940, pág. 15) y el estilo autorreflexivo atípico de *Brujería, Magia y Oráculos entre los Azande* (Evans-Pritchard, 1937), atípico en razón de su desacostumbrado proyecto intelectual. Existen otros trabajos que son reseñas personales dentro de los márgenes del funcionalismo, tales como *Divinity and Experience* de Lienhardt (Lienhardt, 1961), pero están claramente fuera de la corriente principal.

3. *El común denominador personal*

Dada la abrumadora preocupación de los antropólogos tempranos por establecer la cultura o la sociedad como un foco legítimo de la indagación, era habitual que se suprimiera la existencia de los individuos en la escritura etnográfica profesional. En su lugar se colocaba una creación compuesta, el modelo normativo del rol o el carácter nacional. Existieron excepciones tempranas, pero se las concebía como un género separado, el de la "biografía antropológica" (Barton, 1938; Blowsnake, 1926). Nuevamente, surge la misma paradoja que en el caso del punto de vista: una desconexión entre los datos del trabajo de campo y la generalización etnográfica resultante. La exclusión de los personajes individuales de la etnografía realista probablemente explique, mejor que cualquier otro factor por separado, el tono seco e ilegible de tales textos, algo que el uso esencialmente ilustrativo de los estudios de casos (en realidad, un intento de hacer entrar la caracterización por la puerta trasera) sólo podía compensar en parte. Más aun, es notable el giro hacia la caracterización que tiene lugar apenas uno pasa de la etnografía escrita para colegas profesionales a la etnografía diseñada para consumo del público en general. En las obras contemporáneas se aprecia una tendencia creciente hacia un estilo de caracterización mucho más rico y más particularista; tanto que en algunas obras el límite tradicional entre los modos de escritura fáctica y ficticia se ha visto seriamente violado (Castaneda, 1968; Crapanzano, 1980; Turnbull, 1972).

4. *La marcación de la experiencia del trabajo de campo*

Desde los mismos inicios de la etnografía realista, ciertas indicaciones directas de las condiciones y experiencias del trabajo de campo resultaban cruciales para establecer la autoridad global de los textos antropológicos como una especie de legitimación envolvente, bajo la cual poder reivindicar argumentos específicos y validar la evidencia. Dado lo inmensamente pretencioso que es el intento de escribir una "etnografía total" y dado el tiempo necesariamente limitado que se había pasado en el campo, esto implicaba admitir la falibilidad del etnógrafo por un lado, para poder establecer, por el otro, la credibilidad general de sus afirmaciones específicas. La solución, sumamente estereotipada (y en sí misma un correlato del tratamiento del punto de vista que discutimos más arriba), consistió en relegar la información sobre el trabajo de campo verdaderamente desarrollado a prefacios, notas al pie y apéndices, con alguna que otra incursión ocasional en un capítulo introductorio. La distribución a lo largo de un estudio típico de mapas, dibujos y fotografías, cuya presencia como marcadores simbólicos del hecho de "haber estado allí verdaderamente" era al menos tan importante como la información que pretendían comunicar, era un refuerzo suplementario. En esencia, el estándar que se desarrolló a partir de los modelos pioneros, consistía en señalar las condiciones de trabajo de campo, pero sólo como un aspecto marginal y relativamente no integrado al resto del texto. Fue este virtual silencio lo que originó el relato del trabajo de campo, un género que anticipó con cierta ingenuidad —y que en parte inició— la tendencia actual a la experimentación en la escritura, en la que ha habido un esfuerzo general para aprovechar la experiencia de campo en el análisis etnográfico mismo.

5. *El foco en las situaciones de la vida cotidiana*

La presentación de detalles a través del análisis de situaciones o sucesos espacial o temporalmente circunscritos, ha constituido una forma común de representar la vida real en las etnografías realistas. Ese análisis no sólo tiende a validar indirectamente la sensación de intimidad del etnógrafo para con sus sujetos, sino que también proporciona, quizá, la síntesis perfecta de los objetivos interpretativos y de los realistas: los conceptos del análisis se superponen, y a menudo son idénticos, a los términos básicos mediante los cuales se puede describir una situación. En la etnografía funcionalista, esta convención alcanzó su desarrollo más sofisticado en la etnografía producida por la "escuela" de Manchester, y más particularmente en la obra de Victor Turner (Turner, 1957). La técnica del análisis de casos fue elaborada por los antropólogos de Manchester tanto para organizar los textos etnográficos como para orientar la recolección del material de campo. Con la poderosa influencia de la perspectiva legal de Max Gluckman, el método de casos recurría a una especie de autoridad alternativa con respecto a los cánones positivistas de la ciencia, pero que permanecía bien dentro de los modos legitimados para justificar un argumento en la academia occidental. Sólo el razonamiento legal tenía tanto prestigio como el método científico. De esta manera, el método de casos representó la solución más original, durante el período funcionalista, al problema de legitimar la producción del conocimiento con referencia a modelos generales de evidencia, sin dejar de emplear un instrumento semiliterario. Más recientemente, los etnógrafos han tomado en préstamo, en formas tan concentradas como diversas, marcos de referencia teóricos propios de pensadores y disciplinas capaces de proporcionar conceptos para el estudio de la interacción cara a cara. Esto ha incorporado muchas cosas de la lingüística interaccionista, de la fenomenología, del interaccionismo simbólico y de ciertas perspectivas únicas e individuales, como la de Erving Goffman.

6. *La representación del punto de vista nativo*

El relato de viajes es en general de tono perentorio y confiado en sí mismo, como es propio de un género de lectura que pretende una traducción culturalmente compartida de otro modo de vida (Fussell, 1981), pero el relato etnográfico realista, durante mucho tiempo, se ha dedicado a presentar el material como si fuera (o como si representara fielmente) el punto de vista de sus sujetos culturales, más que el de su propia cultura de referencia. El propósito de representar la realidad de un mundo entrañaba el intento de representar el mundo de los otros tal y como estos otros lo veían; sólo recientemente la problemática implicada por ese objetivo ha merecido una discusión teorética sofisticada. Estas son las sucesivas fases en el desarrollo de dicha doctrina: en la etnografía realista temprana la doctrina asumió la forma de simples afirmaciones respecto de que un informe determinado presenta o debería presentar la perspectiva nativa sobre el asunto (como en las etnografías de Malinowski); luego, el uso de declaraciones nativas con sus traducciones, para dejar "que ellos hablen", pero sólo con la estrecha vigilancia editorial del etnógrafo (como en las etnografías de Firth); luego, un largo período durante el cual prevaleció la idea —alardeada, pero no sujeta a examen— de que el relato funcionalista incorporaba (o era fiel a) el punto de vista nativo; luego, un giro hacia una visión distintivamente mentalista de la estructura social y de los puntos de vista nativos, debido a la influencia de Lévi-Strauss; o el proyecto, sistemático pero ingenuo, de los etnosemánticos; y la fase más reciente de legitimación filosófica, en la que las interpretaciones de los reportes etnográficos se enmarcan en una meditación sobre la traducción y los problemas del significado. Esta última, una preocupación común de muchos de los experimentos actuales, afronta finalmente todo el ámbito del problema que supone tratar de captar lo que esta convención entraña. Pues es precisamente el status no resuelto de esta cuestión lo que la ha hecho tan productiva en la gestación de toda una variedad de análisis, una vez que ella se abrió a examen en el discurso que los antropólogos sostienen sobre sus propias prácticas de escritura. Como se verá, los relatos contemporáneos que cuestionan con mayor fuerza la posibilidad de representar de un modo realista y no ficticio la subjetividad del otro, son aquellos que se encuentran experimentando en los límites o más allá de las fronteras del género realista.

7. La extrapolación estilística de datos particulares

Tomando a la "etnografía total" como su objetivo, los autores de etnografías realistas desarrollaron tempranamente un estilo distintivo de escritura que constituye, desde hace tiempo, una de las características dominantes del género. A despecho de la comprobación de que el trabajo de campo en el que se basaba cualquier estudio se hallaba seriamente restringido, tanto espacial como temporalmente, el estilo del reporte siempre propendió firmemente a la generalización, en vez de mantenerse a nivel del mero detalle de hechos particulares acumulados durante la investigación. Los particulares de cualquier cosa que se investigara (rituales, prácticas matrimoniales, formas de organización política, etc.) rara vez se presentaban en su individualidad; más bien se los amañaba en una afirmación de tipicalidad (un ritual típico, una práctica matrimonial típica, una típica reunión de la aldea, etc.). Lo que es significativo aquí es que este efecto se lograba mediante un estilo de escritura que, cuando se acoplaba a las demás características del género, se las arreglaba con éxito para divorciar la experiencia de campo y la información derivada de ella de lo que se comunicaba al lector. Para bien o para mal, esta discontinuidad significa que es imposible desandar el camino desde el reporte final hasta el trabajo de campo original, de una manera parecida a la del químico que desanda un experimento reportado por otro químico. El reciente aluvión de experimentaciones ha tratado de rellenar esta laguna reduciendo básicamente la escala del estilo de escritura al nivel de una presentación de evidencias particulares obtenidas en el campo, acompañada de una autoconsciente elaboración de las generalizaciones.

8. Embellecimiento por medio de la jerga

Otro elemento importante en el estilo de la etnografía realista fue el desarrollo y el uso de términos pertenecientes a una jerga, cuya sola presencia ha sido una de las demostraciones genéricas más claras de que un texto dado constituía una etnografía. Ciertamente, la ausencia de jerga en una obra era uno de los signos esenciales de que ella apuntaba a un lectorado popular, más que a uno académico. La introducción de jerga ha servido, además, para afirmar simbólicamente la competencia antropológica del autor y para reforzar el estilo de generalización que comentáramos más arriba. No obstante, los etnógrafos siempre han tenido que medirse un poco en el uso de la jerga, a riesgo de crear representaciones demasiado generalizadas de realidades culturales particulares: una paradoja latente, que se ha evitado merced a un juicioso equilibrio entre la jerga técnica y los conceptos nativos. Las etnografías experimentales más recientes tienden a evitar esta paradoja simplemente arrojando al agua la jerga y concentrándose en la explicación de los conceptos nativos, una estrategia que a menudo presta a dicha escritura un tono superficialmente aun más realista.

9. Exégesis contextual de los conceptos y el discurso nativo

Dado que trabajar en la lengua nativa es uno de los pilares que sustentan el trabajo de campo como una base preferencial para discutir el punto de vista nativo, la evidencia de la competencia lingüística del etnógrafo —aunque sea indirecta— es una de las representaciones claves y más sensitivas que se puede lograr en un texto realista. En la reacción crítica frente a un proyecto etnográfico, éste es uno de los criterios más salientes sobre el que se lo juzga. Y sin embargo es uno de los aspectos de la experiencia de campo sobre el que los textos son, generalmente, más silenciosos; esto es algo sobre lo que se debe "leer entre líneas" en un reporte etnográfico. Admitir incompetencia o reconocer el uso extensivo de intérpretes equivale a minar seriamente la autoridad del escritor (o al menos del clásico reporte realista). Pero ésta no es necesariamente una cuestión de deshonestidad: la mayoría de los etnógrafos trabaja en la lengua de los actores, pero también la mayoría nunca alcanza el ideal de un control perfecto de la misma en el campo. Es difícil escribir con precisión y en términos generales sobre la propia competencia lingüística.

En la etnografía funcionalista, construida sobre abstracciones conceptuales que eludían toda atención directa al lenguaje, el etnógrafo podía permanecer silencioso acerca de su dominio de las cuestiones lingüísticas. Pero con el impacto de los modelos lingüísticos y de las teorías del significado que dependían de la exégesis de conceptos indígenas, el silencio sobre la competencia lingüística debía romperse. En los trabajos recientes los etnógrafos siguen siendo renuentes en la explicitación de su control del lenguaje, pero tienen que manifestar competencia lingüística como una parte integral del análisis. En numerosos textos recientes, la exégesis contextual de conceptos claves constituye la forma principal en que se estructura el análisis etnográfico (por ejemplo, Rosaldo, 1980; Schieffelin, 1976). La exégesis contextual de conceptos nativos es a la etnografía interpretativa lo que el parentesco y la estructura social fueron a la etnografía funcionalista: en ambos casos, los etnógrafos podrían constituir sus reportes sin haber cumplimentando la tremenda cantidad de trabajo de campo necesaria para satisfacer las convenciones, tal como idealmente se las concibe. Ambos son modos de representación que permiten al etnógrafo decir lo que sabe autorizadamente. Es posible que un control lingüístico total no sea necesario para establecer la autoridad etnográfica, y que sólo se necesite más bien controlar esa parte del lenguaje relativa a un trabajo de interpretación definido. Parte del trabajo de interpretación consiste, entonces, en obtener un nivel de competencia en el lenguaje particularmente alto pero selectivo, a través de preguntas y chequeos intensivos, necesarios para un análisis particular. El ideal del control lingüístico, de esta manera, ha sido puesto en línea con una base más realista de la autoridad etnográfica, confinada a los problemas específicos del texto y no al mito del trabajador de campo omnisciente que antes dicho ideal evocaba.

Al clasificar generalmente a la etnografía como un arte descriptivo que encajaba torpemente en el conjunto de metodologías prevalentemente positivistas, las ciencias sociales impidieron la clase de discurso crítico sobre la práctica etnográfica conforme a las convenciones señaladas que pudiera tener implicancias subversivas para sus propios métodos. De la misma manera que al privilegiar la literatura como un arte, al mistificarla como una actividad, se bloquea la investigación sobre su práctica (Williams, 1977), al concebir la etnografía como un arte tanto se la respeta como se la mantiene a distancia, lejos de la corriente principal de investigación social. Durante mucho tiempo, los antropólogos estuvieron atrapados entre su pertenencia a una ciencia social y el uso de sus métodos, sin un marco de referencia para evaluar a éstos críticamente. El ambivalente silencio resultante sobre la misma actividad de investigación que había conferido a la disciplina su profunda identidad, fue roto primero por la literatura confesional del trabajo de campo y luego, principalmente, por nuevas orientaciones teoréticas más preocupadas por el significado que por la acción. Estas derivaban de la teoría social europea, y tuvieron un impacto disruptivo sobre los "primeros principios" a lo largo de las ciencias sociales, con la posible excepción de la economía (Bernstein, 1976; Geertz, 1980; Giddens, 1976 y 1979). El impacto ha sido quizá más fuerte en la antropología, porque la etnografía literalmente había estado esperando un cuerpo teórico semejante. Característicamente, en lugar de dar origen a un nuevo cuerpo autónomo de teoría antropológica que sucediera al estructuralismo (el cual, aunque sumamente estimulante, perdió eficacia como paradigma de investigación porque no guiaba a la etnografía), estas orientaciones sobresalieron precisamente porque podían someterse a una prueba práctica —por así decirlo— en la escritura de análisis etnográficos desde el trabajo de campo. Su manifestación no ha sido a través de un aluvión de tratados teoréticos, sino de una proliferación de experimentos en la escritura de textos etnográficos.

En esta tendencia Clifford Geertz ha sido una figura influyente, no sólo como escritor de etnografías sino como introductor de fuentes de estímulo teorético. No hay una escuela geertziana como tal, pero la discusión de su obra y de la de sus alumnos configura uno de los centros —quizás el más vigoroso— de todos estos experimentos. La etnografía se ha convertido en un modo de hablar sobre teoría, filosofía y epistemología, mientras se realiza el trabajo tradicional de interpretación de los diferentes modos de vida. Existen otros modelos estilísticos de los experimentos actuales aparte del de Geertz (especialmente Bateson y Evans-Pritchard), y el mero espíritu innovativo de esta tendencia, que procura apartarse de un género restringido, significa que los escritores se oponen a reconocer explícitamente que sus esfuerzos compartidos constituyen algo así como una "escuela". Sin embargo Geertz es por lo menos históricamente importante para esta tendencia, tanto por su notable independencia de estilo como por el hecho de que su obra, aparecida cuando declinaba el vigor del funcionalismo, sirvió para inspirar la tendencia actual de proyectos experimentales de la que ella es pionera. Más importantes que sus etnografías han sido sus series de artículos, comenzando con el ensayo sobre la riña de gallos balinesa (Geertz, 1973), que han servido por lo menos para poner a prueba y alentar la tendencia. De esta manera, Geertz quizá lideró inicialmente la tendencia y la promulgó con amplitud en el interior de la antropología y hacia otras direcciones relevantes de las humanidades y las ciencias sociales a través de artículos elevadamente literarios; pero él no domina artificialmente, en absoluto, el amplio conjunto de etnografías muy personalmente elaboradas que han aparecido en los últimos tiempos.

Habiendo esbozado las condiciones que originaron los actuales desafíos a las convenciones realistas establecidas y tras delinear las convenciones mismas, podemos discutir ahora la naturaleza de los experimentos en las etnografías actuales. Para soslayar el riesgo de desarrollar un catálogo demasiado doctrinario e ilegible —el cual sería ciertamente el caso si enmarcáramos nuestra discusión en términos de las nueve convenciones ya enumeradas—

hemos preferido refundir nuestro análisis en términos de tres cuestiones fundamentales, parcialmente solapadas: desde la perspectiva del escritor: a) cómo se han modificado o reemplazado las convenciones para establecer nuevas formas de autoridad textual; b) cómo se comunican al lector la autenticidad y la plausibilidad de las interpretaciones en un texto, y c) cómo reciben la escritura etnográfica los diferentes lectorados.

La autoridad de los textos etnográficos

El positivista podría preguntar por qué el escritor etnográfico experimental no conduce su reflexión epistemológica en privado y luego publica desapasionadamente los datos confirmados, como conocimiento seguro y objetivo. Esta postura no pretende la quiebra fundamental entre el saber sujeto a métodos hermenéuticos y la tradición racional que se origina en la Ilustración. Tal como lo articula Gadamer (Gadamer, 1975), el acto interpretativo, concebido como un proceso de traducción en un diálogo continuo entre intérprete e interpretado, depende del examen *explícito* de los propios sesgos y supuestos como una etapa de análisis básica y positiva que avanza de una manera dialéctica. En términos de retórica y de práctica de la escritura etnográfica, esto involucra indagar la forma en que se establece la autoridad en el texto. La autoridad es la estructura combinada de una legitimación envolvente y de los estilos de evidencia que se derivan de ella a través de las descripciones página a página y de las afirmaciones de un texto. Esta estructura, inherente al texto, debería reforzar constantemente y en forma inconsciente la confianza del lector en los conocimientos del autor en tanto credibilidad suficiente de lo que el texto afirma.

La mayor parte de los experimentos actuales no trasciende los objetivos realistas o las convenciones de la etnografía, sino que más bien las pone en línea con un giro hacia un interés orientador mucho más explícito en los problemas del significado y en la sensitividad hermenéutica que esto conlleva. La forma de expresar la autoridad en las etnografías que está surgiendo se manifiesta en una característica saliente de los textos experimentales, ya señalada, cual es la de ofrecer y sustentar las argumentaciones mediante la autorreflexión y la intrusión calculada del etnógrafo. Sólo en el contexto del programa hermenéutico esta característica se constituye en la dinámica merced a la cual la autoridad textual se alcanza.

La autoridad se apreciará mejor si discutimos tres trabajos constructivos que se confrontan en la escritura etnográfica contemporánea: establecer una presencia narrativa, definir una organización textual y preencodificar la presentación de los datos. Colectivamente, dichos trabajos modifican las convenciones realistas cuestionando las hazañas epistemológicas que se exigen a los trabajadores de campo y que presuponen las expresiones textuales de esas convenciones. La influencia hermenéutica en los experimentos contemporáneos es en cierto sentido una representación aun más realista, dentro del texto, de los alcances de las representaciones realistas. La pregunta, que se desarrolla brevemente más abajo, es hasta qué punto en la escritura de etnografías experimentales se pueden transformar fundamentalmente estas convenciones y, con ellas, los objetivos tradicionales de la etnografía.

1. Estableciendo una presencia narrativa

En la escritura etnográfica actual, la intrusión del etnógrafo y su experiencia de trabajo de campo, característicamente desarrollada en forma marginal o aun reprimida en el realismo etnográfico clásico, se ha convertido quizás en el foco central de la elaboración y la experimentación. Este foco se debe al rol teorético sustantivo que la autorreflexión ha alcanzado gracias a la influencia de perspectivas que enfatizan el significado y la interpretación. Los lectores deben prestar una atención cuidadosa a las diversas formas en que las marcas de la enunciación (por ejemplo, el uso de la primera persona por parte del autor), las fabulaciones sobre el rapport en el campo y más generalmente la representación de la experiencia del trabajo de campo aparecen escritas en el texto, porque todo esto constituye precisamente la retórica básica de autoridad que legitima todo lo que se diga o se afirme acerca del "otro".

Una vez que se establece un marco para la presencia narrativa (en conjunción con las otras operaciones que luego se discutirán), la intrusión de testimonios personales en distintos puntos de un texto juega un rol sumamente crucial y sutil como soporte de determinadas ideas y argumentos desarrollados en el curso de la descripción. Por ejemplo, en *The Sorrow of the Lonely and the Burning of the Dancers*, de E. L. Schieffelin (Schieffelin, 1976), el incidente en primera persona aparece ocasionalmente en la narración, por lo común como un "remache" o elaboración final de un punto interpretativo. Sin embargo, esas intrusiones son mucho más que las ilustraciones marginales que podrían aparecer en los textos funcionalistas. El texto de Shieffelin se encuentra escrito y presentado de una manera autorreflexiva tal que la intrusión de testimonios personales bajo la cáscara de la legitimación hermenéutica es la forma de soporte más persuasiva para sus argumentaciones de tipo interpretativo.

Como problema de escritura, muchos de los aspectos de la cuestión de establecer la presencia narrativa se resuelven de acuerdo con la manera en que el etnógrafo comienza su texto. En las etnografías contemporáneas, una de las formas más efectivas y comunes en que se introduce la autorreflexión es la de colocarse uno mismo en un contínuum histórico con todos los extranjeros anteriores que han observado y vivido en el grupo sobre el cual se escribe. Este es un comienzo particularmente efectivo cuando uno puede orientar su etnografía en relación directa con las lagunas y problemas de las etnografías anteriores (véase especialmente Rosaldo, 1980; Weiner, 1976). Se trata de señalar un problema o un enigma que el trabajo debe resolver, y que se localiza no tanto en el interior de la cultura misma como en la forma en que ésta ha sido interpretada en el pasado. De esta manera, la autoridad del texto actual se sitúa con precisión en un contexto hermenéutico, y lo que sigue a partir de allí queda naturalmente abierto al apoyo retórico de las descripciones y de las afirmaciones realizadas a título de testimonio personal.

2. *Definiendo una organización textual*

Un texto etnográfico requiere una concepción general en forma de alguna clase de imaginería organizacional de su objeto temático, dentro de la cual se habrá de confinar todo lo que le concierna. La autoridad del escritor etnográfico queda así ligada, en última instancia, a la clase de historia que él define. La narrativa histórica se puede prestar mejor a un formato argumental; pero el efecto de la narrativa etnográfica no está menos determinado que el de aquélla por el tipo de marco organizacional en el cual se captura y se pone en foco la atención del lector sobre los detalles descriptivos.

La etnografía funcionalista descansaba en el concepto de estructura social (léase parentesco) como un marco dentro del cual asuntos aceptados y más encasillados tales como la religión, la economía y la política (todos ellos diferenciados como instituciones en las sociedades complejas), podían discutirse sistemáticamente. Escritores como Bateson, Turner, Evans-Pritchard y Monica Wilson ofrecieron organizaciones textuales idiosincráticas que tuvieron su atractivo, pero no ha habido ningún desarrollo amplio y ninguna adaptación de ellas hasta muy recientemente. Una vez más, la mayoría de los experimentos actuales meramente enriquece, con influencias hermenéuticas más explícitas, lo que fue marginal o ignorado en las etnografías realistas tradicionales. Existe una variedad de formas establecidas de organizar el objeto temático, mediante una concepción holística referida a qué es lo que una etnografía está haciendo: meditar sobre un suceso, un ritual, una práctica o un concepto que se presenta inicialmente como problemático (por ejemplo, Lewis, 1980; Schieffelin, 1976; Shore, 1982); tomar parte de una unidad (por ejemplo, Geertz, 1975; Stack, 1974); acompañar una actividad (por ejemplo, Malinowski, 1922); seguir a actores o a grupos a través de un proceso temporal, incluyendo un siglo, un año o aun un día en la vida de una aldea o de un grupo, la historia de vida individual y los estadios de vida de las personas en general, diferenciadas por edad y género (por ejemplo, Rosaldo, 1980). Estas son formas organizacionales básicas, sujetas a combinación y a elaboración creativa por parte de los escritores etnográficos contemporáneos. En esta tendencia de experimentación también aparecen textos únicos que son difíciles de relacionar con los modos anteriores, tales como *Mehinaku* de Gregor (Gregor, 1977), inspirado por Erving Goffman, que presenta sistemáticamente la "imagen negativa" de la privacidad en una sociedad tribal estrechamente ligada, y *Deadly Words* de Favret-Saada (Favret-Saada, 1980), que, quizá de mayor éxito que cualquier reseña que hayamos leído, utiliza la experiencia del trabajo de campo como la imagen organizacional para un análisis que es primordialmente sobre el "otro".

Uno de los modos más efectivos y comunes de organización textual es el primero que mencionamos antes, el cual fue prominentemente desarrollado por primera vez en *Naven* (Bateson, 1958) de Bateson: presentar un suceso o una práctica ricamente descrita que corporiza un enigma para el lector, moverse luego a lo largo de una serie de tópicos que en general tienen que ver con la cultura, pero que se relacionan con el enigma original, y finalmente reconsiderar el éxito o la práctica, resolviendo o explicando al lector el problema, contextualizándolo a través de capítulos intermedios que versan sobre la organización cultural y social. Este concepto organizacional es potencialmente muy efectivo, debido a que es capaz de integrar todas las convenciones realistas presentadas en la última sección en una sola estrategia narrativa que posee la coherencia de la narración de historias, pero que permite también cierta digresión y descripciones particulares.

Sin embargo, los textos que nos son familiares y que han utilizado esta organización han fallado hasta ahora en aventar la impresión de que esta técnica es meramente un recurso autoconsciente y sagaz, y no una organización narrativa integrada. La etnografía que interviene en esos textos a menudo va más allá del detalle necesario para explorar el suceso focal introductorio, explicado finalmente en la conclusión de cada texto, y en la organización se percibe cierta sensación de desprolijidad. La naturaleza artificiosa del efecto se debe a la mezcla de las cualidades literarias de la introducción y la conclusión con el lenguaje más austero y analítico de las discusiones que componen el cuerpo del texto. Sin embargo, parece haber un respeto y una aprobación general hacia estos esfuerzos experimentales; y, concurrentemente, la transparencia de la técnica no ha suscitado críticas capaces de inhibir su evolución ulterior como un modo distintivo de escritura etnográfica. Pero a medida que esos textos se tornan más articulados para servir a su problemática organizacional de explicar los sucesos o las prácticas enigmáticas, la preocupación por la forma puede tener un efecto aun más selectivo sobre lo que se reporta o no se reporta de lo que es el caso con los desmañados usos actuales, en los que los capítulos intermedios tienden a cubrir un rango de temas muy amplio sin reconocer la necesidad de restringirse al enigma organizante.

3. Precodificando la presentación de los datos

Lo que en el texto se representa como los hechos o los fenómenos empíricos bajo análisis depende mucho de la manera en que las dos dimensiones de la autoridad textual hayan sido manejadas por el escritor. La instancia que el narrador seleccione en relación con un objeto de estudio define la forma de los datos. Por ejemplo, a veces los etnógrafos sugieren la analogía de que ellos son como niños o aprendices que aprenden las reglas de la conducta cotidiana o de la conducta ritual a partir de la perspectiva de los actores. Alternativamente, y ahora más a la moda, se pueden concebir a sí mismos como traductores que confrontan actos culturales a interpretar o decodificar. La primera instancia acomoda intereses teóricos cognitivos, lingüísticos y fenomenológicos que han sustentado la escritura etnográfica y genera como datos descripciones de conducta, clasificaciones, juegos de lenguaje y sistemas de reglas. La segunda acomoda intereses teóricos semióticos, estructuralistas y simbólicos más generales y genera descripciones de secuencias ordenadas de interacción como comportamiento simbólico. La manera en que se haya diseñado el espacio organizacional de un texto establece la instancia del narrador y refina de allí en más el "montaje" de los datos para la interpretación. Los argumentos (Schieffelin, 1976), los dramas sociales (Turner, 1957), los textos (Geertz, 1973), las taxonomías (Spradley, 1970), los conceptos clave o las categorías en uso (Rosaldo, 1980) y los sucesos rituales (Lewis, 1980), entre otros, han servido como recursos de encuadre para seleccionar detalles para la presentación textual, operando al mismo tiempo como marcos interpretativos. De este modo, el análisis interpretativo se halla estrechamente implicado en —y es casi indistinguible de— la manera en que su objeto se presenta como dato.

Para comprender el desarrollo actual de la escritura etnográfica experimental, es importante distinguir dos estilos prominentes en el cumplimiento de la tarea —ya señalada— de relacionar las descripciones textuales con su interpretación. O bien lo que se interpreta se establece primariamente en las interacciones del etnógrafo con otros significativos en la cultura, tales como el clásico informante clave, o bien se lo construye como un elemento aislado, que está por lo menos un paso apartado de los contextos de diálogo e interaccción del trabajo de campo en los que el etnógrafo es una presencia principal y elicitante. En el primer caso, los datos se representan como subsumidos en diálogos entre el informante y el etnógrafo, el cual posee sus propias observaciones en las que confía a los efectos contextuales; en el segundo, el etnógrafo como observador o traductor se encuentra separado de lo que interpreta y sólo descansa marginalmente en el diálogo contextual con los informantes para otorgar forma a sus análisis incorpóreos de textos, argumentos, situaciones o rituales.

Muchas etnografías combinan estos estilos de presentar los datos, pero uno o el otro son predominantes como foco para definir el sujeto temático de la etnografía. En un artículo excelente, pero aún no publicado, sobre la autoridad etnográfica (Clifford, 1980) Clifford compara el modo dialógico, corporizado en el discurso entre etnógrafo e informante [y común a las etnografías psicológicamente orientadas, como las de Levy (Levy, 1973) y Crapanzano (Crapanzano, 1980)], con el modo textual, en el que el etnógrafo se ocupa de las conductas nativas abstraídas de contextos específicos de comportamiento en que el etnógrafo está presente como participante. Mediante una variante u otra, el realismo etnográfico en sus formas clásicas y experimentales ha utilizado el modo textual de representación de su sujeto temático, el cual encuentra su expresión más elaborada y autoconsciente en los artículos de Clifford Geertz (Geertz, 1973, 1976). Ricoeur (véase Ricoeur, 1973) proporciona el estímulo teorético para llevar a cabo la textualización del discurso del trabajo de campo de modo que los datos puedan ser encuadrados de una forma que complementa la concepción del etnógrafo como traductor o lector de textos. Para extender la analogía literaria, estos textos generalizados, definidos por el escritor etnográfico para su interpretación, se suponen de autoría cultural.

El modo dialógico depende de una representación del discurso concreto del trabajo de campo, y pese a no ser menos una construcción del escritor etnográfico que la textualización de Geertz, por lo menos intenta permanecer, en su representación de los datos, cerca del material del que se abstraen los textos culturales para su interpretación. Lo que es más, el modo dialógico pretende mostrar que el corazón del análisis etnográfico debe estar en la negociación de realidades compartidas entre el etnógrafo y el sujeto. Clifford sugiere entonces que la forma de la alternativa etnográfica al modo dialógico estaría en la presentación literaria de lo que él llama autoridad dispersa, cuya consecución es, según cree, el problema crucial de los experimentos contemporáneos en escritura etnográfica. La autoridad dispersa es el intento de evitar la domesticación del texto etnográfico por un autor predominante, merced al reconocimiento de que el conocimiento de otras formas de vida involucra varios autores de facto, que deberían tener presencia narrativa en las etnografías (véase Bahr, 1974; Bulmer, 1978). Cómo se han de representar en el texto otras voces autorizadas junto a la del escritor etnográfico y quién reconoce los objetivos de la autoridad dispersa son problemas cruciales para la experimentación hacia la cual los ejemplos actuales del modo dialógico en la presentación del sujeto temático de una etnografía (por ejemplo, Crapanzano, 1980) se pueden considerar como una etapa.

Las tres tareas constructivas discutidas en esta sección afectan la autoridad textual envolvente del escritor etnográfico. Las primeras dos, y por lo común también la tercera, han permanecido dentro de los objetivos realistas tradicionales del género etnográfico, pero muchas convenciones de larga data se han transformado creativamente. A despecho de todas las salvedades epistemológicas, la mayor parte de la escritura experimental conserva obstinadamente el objetivo de presentar una visión autorizadamente real de otras formas de vida para la lectura profesional. Sólo con la tercera tarea de definir un foco descriptivo para el sujeto temático de las etnografías y, dentro de eso, la exploración de alternativas al foco dialógico, ha habido un movimiento aparente que se aleja de los objetivos realistas. Y como sugiere Clifford, esta transformación depende de un desafío a la estructura de una autoridad dominante singular en la etnografía de la cual han dependido para su expresión las convenciones realistas. Presumiblemente, la etnografía puede llegar a ser no tanto una interpretación coherente del otro, como una mezcla de múltiples realidades negociadas escritas en textos etnográficos de autoridad dispersa. En cierto sentido, este movimiento puede verse como una asociación bastante radical con la visión prerrealista de la etnografía como publicación de textos nativos. Sin embargo, ahora, en la incorporación de las voces nativas, se debe considerar la relación compleja entre el etnógrafo que escribe y el nativo que habla, así como el control de la comunicación de significados en un texto pensado para un ámbito de lectura predominantemente occidental.

El valor de este tipo de representación que no se preocupa por los límites del realismo podría no ser bien comprendido por muchos antropólogos contemporáneos y podría ser elocuentemente criticado por otros que examinen sus fundamentos. Por ejemplo, Tyler (Tyler, 1982, pág. 3) ha expresado en un artículo reciente:

> Aquellos que hicieran... del diálogo el foco de la etnografía en cierto sentido estarían en lo correcto, porque el diálogo *es* la fuente del texto; pero el diálogo vertido como texto (lo que debería ser la consecuencia) ya no es diálogo, sino un texto disfrazado de diálogo, un mero monólogo sobre un diálogo, en la medida en que las apariciones del informante en el diálogo están por lo menos mediadas por el rol autorial dominante del etnógrafo. Aunque es ponderable incluir al nativo, su posición no es mejorada por ello, porque sus palabras siguen siendo sólo instrumentos de la voluntad del etnógrafo. Y si se pretende que el diálogo proteja la autoridad del etnógrafo pasando el paso de la verdad de las palabras del etnógrafo a las del nativo, esto es aun más reprensible, porque ninguna invocación del "otro" puede establecerlo a *él* como el agente de las palabras y hechos que se le atribuyen en el registro de un diálogo, a menos que él también sea libre de interpretarlo y mecharlo con advertencias, apologías, notas al pie y detalles explicativos (pero contra Crapanzano, 1980). Estos por lo tanto no son diálogos, sino textos sofísticos como aquellos diálogos fingidos perpetrados por Platón.

Para los escritores de etnografías tradicionales y experimentales dentro de los límites del realismo, los experimentos con la autoridad dispersa corren el riesgo, por así decirlo, de dar por perdido el juego que ha definido la antropología social y cultural; pero si bien correr riesgos pertenece a la naturaleza de los experimentos, éstos pueden estimular, como reacción, una prolija reevaluación de lo que se considera deseable como práctica de investigación. De este modo, en la continuación del realismo etnográfico, ya sea por medios tradicionales o experimentales, los experimentos radicales más allá del modo dialógico sirven para enfatizar por contraste las habilidades de escritura necesarias para lograr el difícil balance de un texto que representa objetivamente otras formas de vida, mientras reflexiona salientemente sobre el trabajo de campo y los recursos literarios de su producción. La moda hermenéutica alienta el logro de la autoridad textual basada en el intento de encontrar este balance, y los experimentos más radicales subrayan los límites de esta empresa y los tipos de problemas y textos que pueden explorarse más allá de ella.

Para completar este punto, es importante señalar otra cuestión que está relacionada tangencialmente a los aspectos ya vistos de la autoridad etnográfica, pero que afecta notoriamente la capacidad del escritor para aparecer al mismo tiempo como científico y como intérprete. Esta es la dualidad impuesta a los etnógrafos por la difusión histórica del género entre las tradiciones científico-social y humanista. Por una parte, existe una tendencia inculcada a un análisis escrito en las etnografías de un marco de sistemas: las señales de un conocimiento confiable y seguro para el lector. Por la otra, uno de los mensajes básicos de gran parte del espíritu hermenéutico e interpretativo en los experimentos etnográficos actuales es que los sentidos son contingentes a contextos de interacción siempre cambiantes, que son imposibles de expresar como conocimiento determinante, agarrado con clavos por decirlo así, y que tanto los etnógrafos como sus lectores deben poseer una enorme tolerancia frente a la ambigüedad continua como un aspecto de la comprensión, en lugar de una explicación satisfactoria de un objeto fijo de análisis. No es que el análisis interpretativo sea necesariamente blando o nebuloso en su conceptualización, sino que él se confina a las condiciones por las cuales se produce el significado en la vida social. Algunas clases de interpretación, como las que se derivan del estructuralismo, están orientadas por sistemas formales y métodos que aparentan producir interpretaciones autocontenidas, formales. Estas han sido particularmente difíciles de adaptar como marcos modeladores de la escritura etnográfica. Otros tipos de interpretación, tales como los alentados por Geertz y los teóricos del interaccionismo simbólico en antropología, se alcanzan merced a la fuerza de su expresión literaria y de su imaginería en la discusión sobre la naturaleza esencialmente abierta de los significados culturales. Este tipo de interpretación se encuentra a sus anchas en la escritura etnográfica, pero es difícil abstraer un sistema teórico abstracto o un método a partir de sus diversas expresiones textuales [por ejemplo, ver el concienzudo análisis de Rice (Rice, 1980) sobre los variados usos del concepto de cultura en diferentes escritos de Geertz]. Como problema de la práctica de la escritura, existe entonces una oposición latente entre dos tipos de retórica en una etnografía experimental: la que intenta cerrar netamente un reporte con una explicación satisfactoria autocontenida (que es lo que esperan los lectores de la antropología como ciencia social) y la que deja el mundo observado como algo abierto, ambiguo y en continuo flujo (lo que puede resultar perturbador para los lectores, pero que es en parte el objetivo o el meollo de muchos experimentos).

Las etnografías experimentales manejan esta tensión de diversas maneras. Desarrollan algunas tareas analíticas y ciertas partes del texto con cerramiento y certidumbre; otras partes del mismo texto quedan suspendidas y desaliñadas: el autor elige autoconscientemente no ser autoritario en la orquestación de esas partes, porque ellas son presumiblemente conmensurables con la ambigüedad del fenómeno representado (por ejemplo, Rosaldo, 1980). Esta puede ser una forma mucho más honesta e interesante de construcción de texto, pero para los lectores de textos realistas convencionales puede ser desconcertante. La habilidad de balancear la escritura consiste entonces en no sobredeterminar lo que se reconoce como indeterminado, y en no minar las bases de autoridad del texto desorientando permanentemente al lector. Quizás el escritor pueda suscitar en el lector una tolerancia hacia la ambigüedad por medio de la cualidades literarias de su escritura o de la organización narrativa, y más generalmente por la habilidad con que ha llevado a cabo la tarea constructiva de establecer la autoridad de que hablamos más arriba. Si esto falla, si no se logran unir todos los cabos en un análisis sistemático, la autoridad del texto se socava. El riesgo esencial de las etnografías actuales es que ellas tratan de operar con ambas clases de retórica en el mismo texto, persuadiendo a los lectores para que alternen los criterios según los cuales se acuerda al texto su confianza y su autoridad.

Autenticidad y plausibilidad: Un problema de retórica

Aparte de su función legitimadora como forma de autoridad hermenéutica, un segundo efecto importante de las preocupaciones epistemológicas explícitas de las que los experimentos etnográficos contemporáneos están infundidos, es que aquellas preocupaciones facilitan la expresión de las diferencias culturales de una manera que las hace aparecer a la vez auténticas y plausibles para los lectores de las etnografías. La expresión de estas diferencias es inherente al cumplimiento de la convención realista de representar el punto de vista del nativo, lo que puede convertirse en una fuente de escepticismo entre los lectores. Puestos metafóricamente en el rol de traductores de textos o situaciones culturales, los escritores de etnografías experimentales se enfrentan al clásico doble vínculo de los traductores convencionales de textos estrictamente lingüísticos, tan bien expresado por Quine (Quine, 1960, pág. 58): "La traducción libre puede hacer sonar a los nativos tan extravagantemente como uno quiere. Una traducción mejor impone nuestra propia lógica sobre ellos...".

Dada la importancia particular que tiene para la etnografía realista la convención de representar el punto de vista nativo, las afirmaciones y descripciones del etnógrafo deben ser significativas para sus lectores a dos niveles, cuya interrelación es una problemática fundamental del lenguaje descriptivo en la escritura etnográfica. No sólo debe el lenguaje conceptual y descriptivo del etnógrafo tener sentido (común) para sus lectores dentro de su propio marco cultural de referencia, sino que debe comunicar a esos mismos lectores significados que ellos crean que tienen sentido (común, nuevamente) para los sujetos del etnógrafo.

El escritor utiliza un lenguaje de descripción que transporta, incorporadas profundamente dentro de él, asociaciones que entrañan el sentido común de su propia cultura, sin las cuales la comunicación con sus lectores sería imposible. ¿Cómo representa entonces el etnógrafo a sus lectores, plausiblemente, las profundas diferencias que él percibe, mediante el uso de un lenguaje que es desde la base sutilmente etnocéntrico?[4] Hasta el momento, la única solución a este acertijo ha sido un elaborado trabajo de construcción en la escri-

[4] Si nuestros supuestos sobre la naturaleza de las personas como actores sociales (supuestos que encarnan nociones de agencia, motivación y patrones de respuesta emocional) penetran sutilmente el lenguaje etnográfico de descripción, entonces los más innovadores de los experimentos recientes, los que confrontan este sesgo conceptual de bajo nivel, son los que toman como su sujeto temático las teorías de la persona en otras culturas (véase Kirkpatrick, 1980; Levy, 1973; Rosaldo, 1980, por ejemplo). Estos trabajos se enfrentan directamente a cuestiones que están soterradas como supuestos en el lenguaje de otras etnografías, cuyo foco analítico está fijado en un nivel diferente. Pero aunque las etnografías de la persona tratan de la forma quizá más radical en que difieren las culturas —a nivel de la agencia y definición de la persona— ellas mismas no extienden su visión sistemática de la persona a otros niveles de análisis. Aún está por verse un texto en el que los modelos de la persona y los modelos de la acción social sean integrados. Esta es precisamente la clase de texto que requiere una experimentación radical en las convenciones de representación de los mundos nativos desde sus perspectivas y experiencias auténticas, sin dejar de satisfacer un proyecto analítico que se define dentro de los límites y los intereses teoréticos de una disciplina académica occidental.

tura de textos etnográficos, el cual debe seguir un curso que evite tratar las diferencias culturales de los significados nativos como algo tan profundamente diferente que desoriente por completo el sentido común del lector ("haciéndolos sonar tan extravagantemente como uno quiera"), y que retrate las diferencias representadas como las auténticamente propias del nativo, más que como el producto del artificio retórico del etnógrafo.

En las etnografías experimentales contemporáneas, existe un marcado interés en representar los sistemas de significación de los mundos nativos como radicalmente distintos de los nuestros. De este modo, aun si los escritores de estos textos deben descansar sobre un lenguaje de descripción culturalmente sesgado, se esfuerzan en hacer de la diferencia cultural el objetivo clave de la construcción textual. Consecuentemente, los trabajos de preparar a los lectores para una suspensión al menos parcial de sus propios supuestos de sentido común y, más aun, de persuadirlos de la autenticidad de lo que se les ofrece como significados nativos, son cuestiones de inventiva retórica crucial en estos experimentos.

La preocupación epistemológica en las etnografías experimentales puede ser vista como una meditación filosófica que ejercita en público un cuestionamiento radical de los prejuicios y presuposiciones del etnógrafo. Esto al mismo tiempo ornamenta y prepara el camino para descripciones y análisis que, como representaciones de mundos nativos, de otro modo podrían parecer tan extrañas e implausibles a un lectorado imbuido de expectativas de sentido común, que estimularan un escepticismo aplastante. Al detallar su propio shock o sorpresa epistemológica en puntos críticos de la narración, el etnógrafo conduce a sus lectores hacia una postura particular en relación con las diferencias culturales. El escritor no le habla explícitamente al lector, informándole que lo que sigue le parecerá extraño, como en ciertos relatos de viaje de los siglos XVIII y XIX. En lugar de eso, ofrece una reseña de su experiencia intelectual y de trabajo de campo con la que los lectores pueden identificarse, y mediante la autorreflexión del escritor como vehículo narrativo, deslizarse en una receptividad hacia descripciones que de otra manera podrían parecerles implausibles. La autorreflexión epistemológica garantiza así contra el riesgo de un escepticismo emergente de una reacción de sentido común contra lo extraño. Este modo de marcar la representación de la diferencia cultural no sólo es más sutil que otras modalidades del pasado, sino que es sumamente característico de las inclinaciones introspectivas y existenciales en el pensamiento moderno en general.

Aparte de preparar epistemológicamente a los lectores para afrontar las diferencias radicales, la autorreflexión sirve para agudizar la separación entre el etnógrafo y su representación de la diferencia, alcanzando así el efecto de que los mundos nativos sean auténticamente distintos del suyo propio y de los nuestros. Esto es así a pesar del hecho de que la representación textual de la diferencia es, en honor a la verdad, el trabajo constructivo de la práctica de escritura del etnógrafo. En este sentido, la autorreflexión epistemológica debe ser vista sólo como la forma más contemporánea y sofisticada de una técnica retórica de contraste comparativo que ha sido empleada desde hace tiempo en las etnografías realistas. El objeto de tal contraste es afirmar redundante y explícitamente la autenticidad con que los lectores perciben los mundos nativos. Para ver la forma en que la autorreflexión epistemológica en las etnografías actuales encaja en este contexto en desarrollo, será mejor esbozar la historia del uso del contraste comparativo como un aspecto de la convención realista concerniente a la representación del punto de vista nativo.

La comparación de los contenidos de una etnografía con las prácticas culturales de sus lectores ha sido siempre una exposición razonada implícita y constitutiva del género, sea que los escritores etnográficos incorporaran explícitamente comparaciones en sus trabajos o no. Pero mientras la dimensión comparativa está implicada en el acto mismo de la escritura etnográfica, el uso explícito del contraste comparativo para efectos retóricos o como un modo de organización textual apareció en numerosas etnografías realistas pioneras. Por ejemplo, tanto Mead como Malinowski utilizaron comparaciones "nosotros-ellos" no sólo para proporcionar una razón básica para la escritura de sus textos, sino para sustentar, mediante el contraste, algunos de los puntos principales de diferencia cultural en el fenómeno que se hallaba en foco. En esas obras pioneras, las comparaciones se ofrecían a los lectores de manera didáctica y eran, obviamente, un esfuerzo para legitimar una disciplina novata ante el público euroamericano. La comparación en el texto sugería para la antropología una utilidad por partida doble: demostraba que mediante la comprensión de la cultura de los otros podemos, en contraste, comprender mejor la propia, y constituía el modo por el cual la escritura etnográfica comunicaba la doctrina de la relatividad cultural, que fue la contribución ampliamente reconocida de la antropología —en tanto disciplina de mentalidad liberal— en Occidente.

Moviéndose más allá de su etapa pionera y de sus tempranos intentos de legitimación, en los que se requería que la antropología definiese objetivos que fueran útiles en su propio contexto cultural, la etnografía continuó incorporando el contraste comparativo como un rasgo retórico y organizacional común, sin una necesidad apremiante de señalar su utilidad para la vida en las sociedades occidentales. De una manera que es muy demostrativa, las etnografías han estado ritmadas con diferencias explícitas "nosotros-ellos", en las que el "nosotros" se refiere monolíticamente a la cultura occidental, euroamericana, en contraste con el "ellos", que es la aldea, grupo o cultura *específica* en tanto sujeto de la etnografía.[5] Mientras que estas citas comparativas son gruesas y con certeza no serían satisfactorias en textos que sean manifiesta y sistemáticamente comparativos en sus propósitos, proporcionan no obstante un sustento retórico muy fuerte para hacer que las prácticas y significados nativos, apartados de los nuestros, parezcan auténticamente los suyos propios, y no sólo el trabajo del "*bricolage*" imaginativo del escritor, a partir del conocimiento que

[5] Como ejercicios ejemplares de tipificación ideal Weberiana, algunos trabajos recientes, teoréticamente reflexivos, han empleado el conocimiento que tiene el escritor sobre otros específicos para construir contrastes holísticos entre el otro monolítico (es decir, la sociedad tradicional en todas sus variedades) y una modernidad igualmente monolítica, a la cual la concepción del capitalismo occidental de los historiadores sociales ha aportado su imaginería (véase, por ejemplo, Taussig, 1980; Wagner,

éste ha adquirido sobre otra forma de vida. De esta manera, el contraste comparativo en las etnografías ha pasado sutilmente de servir como pretexto didáctico para la antropología en su propia cultura, a servir como un recurso de rutina para lograr la convención del género de representar la diferencia, y especialmente de la diferencia que concierne a la subjetividad nativa.

El contraste comparativo en las etnografías ha sufrido un giro adicional y ha llegado a ser visto como la encarnación del problema clave de la traducción cultural que discutimos más arriba. Este es el dilema de expresar las diferencias culturales mediante el uso de un lenguaje y de conceptos sutilmente sesgados, que los antropólogos toman prestados ya sea de su uso cotidiano en la propia cultura, o de disciplinas especializadas, tales como la economía y el derecho, orientadas al estudio de instituciones occidentales. Durante las décadas de 1950 y 1960 surgió una serie de debates en la antropología social y cultural que dominó sus campos específicos y en algunos casos constituyó su instancia fundacional. Estos debates tomaron la forma de discusiones a favor o en contra del uso de conceptos occidentales para describir e interpretar fenómenos no occidentales: en antropología legal, se suscitó la controversia entre Bohannan y Gluckman sobre los términos apropiados para comprender la ley en las sociedades tribales; en antropología económica, ocurrió el debate entre formalistas y sustantivistas sobre la propiedad de la aplicación de conceptos de la teoría económica occidental a las así llamadas economías primitivas; y en los estudios del parentesco, se manifestó la teoría radical de la cultura de Schneider, que pretendió desconstruir como campo de interés el parentesco basado en concepciones genealógicas (occidentales). Pese a que estos debates descansaban en cuestiones filosóficas extremadamente importantes que afectaban el corazón de los análisis etnográficos, ninguno pudo resolverse mediante la clase de discurso teórico que modela la investigación empírica. En consecuencia, con el tiempo se agotaron como líneas de orientación teorética potenciales, capaces de conducir la investigación. De hecho, subyacente a estos debates había una cuestión aun más básica que sólo podía resolverse, más o menos satisfactoriamente, en la escritura de un texto etnográfico particular. No se trataba de una cuestión conducente al debate teórico, sino de una íntimamente ligada a la práctica de la escritura etnográfica.

Con la imposibilidad de extirpar de las etnografías esa especie sutil del choque cultural que se escribe en todo texto merced a los supuestos de sentido

---

1975). A diferencia de los contrastes comparativos en los textos etnográficos contemporáneos, donde el objetivo de la comparación es concentrar la atención en *ellos*, el contraste comparativo de los tipos ideales en esas obras utiliza caracterizaciones del otro para concentrar la atención crítica sobre *nosotros*. Estas obras son por lo tanto el legado directo, aunque mucho más sofisticado, de la función didáctica de la comparación de las etnografías realistas pioneras. Ahora, con la comparación separada de la forma etnográfica convencional y constituida en el núcleo de un discurso teorético autónomo, estas obras han adoptado una perspectiva crítica mucho más radical sobre Occidente de lo que era propio de las etnografías tempranas, en las que el relativismo cultural definía un curso estrecho entre una retórica estrictamente objetiva y una que podría verse como una tibia crítica de las prácticas occidentales.

común incorporados en el lenguaje, una alternativa importante ha sido la de enmarcar las diferencias culturales en el texto mediante el uso de contrastes comparativos en un plano de representación diferente del que ha sido el caso en el pasado. En vez de utilizar la forma didáctica de este recurso, "nosotros-ellos", las etnografías experimentales han adoptado una forma de contraste autorreflexiva, "yo-ellos", la cual, como se ha visto, invita a los lectores a empatizar con la experiencia revelada al etnógrafo y al hacerlo los prepara para una discusión de prácticas culturales que, pese a parecer como radicalmente distintas, se presentan también como algo auténtico y plausible. El lector ya no es más instruido, sino que es más bien un testigo de la forma en que los significados culturales que comparte con el etnógrafo son desafiados por la confrontación que éste realiza con diferencias que requieren interpretación.

De esta manera, el antiguo contraste comparativo directo de las etnografías realistas ha sido transformado en una dimensión importante de la autorreflexión epistemológica característica de los experimentos actuales. Así como el problema de la autoridad dispersa puede representar el desafío más crítico para la experimentación radical en la expresión de la autoridad etnográfica, el problema de describir satisfactoriamente a los lectores otras formas de vida que cuestionan en profundidad los presupuestos enclavados en el lenguaje de la descripción puede representar un desafío similar para la experimentación radical en esta cuestión filosóficamente no resuelta, básica para la etnografía, que es la traducción cultural.

Los diferentes lectorados de la etnografía

El consenso artificial sobre la etnografía que ha sustentado en parte a la antropología social y cultural como disciplina es desenmascarado reveladoramente si pasamos de la perspectiva de los escritores a la de los diversos lectorados de la etnografía, tanto dentro como fuera de la antropología. Una etnografía se puede escribir con un lectorado particular en mente, pero los diversos lectorados poseen cada uno un sentido homogéneo, aunque pobremente articulado, de lo que es o debe ser una etnografía *en general*. El actual desasosiego sobre cuáles son los estándares para la escritura etnográfica (si es que hay alguno), se manifiesta con más fuerza cuando las expectativas de un lectorado en particular sobre la etnografía en general no son satisfechas por un texto específico que satisfaría mejor las expectativas de otros lectorados.

La siguiente diferenciación de lectorados los distingue mediante la expresión de los aspectos de un texto etnográfico dado que atraen su interés principal y que definen la fuente de su reacción crítica frente a él. Por supuesto, los lectores individuales pueden mezclar algunas de las distinciones (en especial la de Alverson, 1979, y la Asch, 1973), pero vale la pena distinguirlas, aunque más no sea como orientaciones críticas colectivas hacia los textos.

1. El lectorado de especialistas en el área, que posee la mayor familiaridad con la temática del texto, se interesa primordialmente en los detalles y en

los puntos más finos de la interpretación, y es el más propenso a manifestarse sensitivo y crítico frente a la calidad del trabajo de campo y a las conexiones entre éste y la generalización resultante. La escritura en sí sólo deviene materia de atención crítica cuando se observa que obstruye la claridad o las implicancias de los detalles etnográficos.

2. El lectorado antropológico general tiende a ser el que más se preocupa por la disposición general de una obra y con la forma en que la teoría determina los hechos en consideración. Cada vez más, sin embargo, este lectorado presta atención a la forma narrativa, a la retórica y al lenguaje de un texto, es decir, a los rasgos expresivos mediante los cuales éste presenta un argumento o una interpretación. La exactitud o la claridad de detalles es menos importante que la forma y la coherencia de la "historia que el texto narra". Esta categoría apunta a lectores que son ellos mismos escritores etnográficos practicantes y cuyo interés crítico principal se centra en la habilidad artesanal de un texto, el cual puede ofrecer como modelo a imitar un estilo de argumentación expresado en su manejo de las convenciones realistas. La corriente de experimentación etnográfica estimula el desarrollo de la sofisticación crítica en este lectorado.

3. El lectorado de las otras ciencias sociales trata al trabajo de campo —de una manera simplista— como un método como cualquier otro, y a la etnografía como descripción. Desde esta perspectiva, la misión de la antropología es la de proporcionar hechos sobre sociedades marginales para ser usados marginalmente por las ciencias sociales occidentales. Como ya se ha señalado, cualquier revisión de lo que es o de lo que ofrece una etnografía mediante una reflexión sobre la forma en que se halla escrita, es potencialmente subversiva para las metodologías y propósitos positivistas. De este modo, con la etnografía respetuosamente marginalizada como un medio para proporcionar información trivial, el lectorado de la ciencia social general es probablemente el menos sensitivo entre todas estas categorías a la variación en la escritura etnográfica y el más sorprendido por la significación de los problemas teoréticos y epistemológicos que plantean los experimentos actuales.

4. El lectorado de los estudiantes es el único grupo que aquí se discute que carece de un ruedo formalizado para criticar las etnografías diseñadas para él y de un interés claramente identificable. Las etnografías producidas para este lectorado, de las que la serie de Holt, Rinehart & Winston es sólo la más antigua y prolífica, parecen estar concebidas —demasiado a menudo— como versiones diluidas y ampliamente simplificadas de las etnografías profesionales. Como tales, exhiben con frecuencia una adhesión pedestre a las convenciones del realismo etnográfico de que hablamos antes.

5. El lectorado orientado hacia la acción, consistente de funcionarios del gobierno, administradores de programas y personal militar se interesa por el contenido de las etnografías y particularmente por la información que puede trasladarse de inmediato a políticas y procedimientos prácticos. Para bien o para mal, los antropólogos siempre han sido sumamente sensitivos a la escritura de etnografías cortadas a la medida de este lectorado.

6. El lectorado popular mira a la etnografía por su mensaje o su verdad

en un marco de referencia culturalmente familiar y demanda legibilidad, con la jerga mínima suficiente como para legitimar el carácter experto de la reseña. Este es probablemente el lectorado más ingenuo desde la perspectiva de la antropología profesional. Siempre ha habido una crítica subterránea contra los profesionales que se comprometen prominentemente con este tipo de escritura, como ser Margaret Mead; o una sospecha, justificada o no, sobre su integridad, como con la serie de libros de Castaneda (por ejemplo, Castaneda, 1968); o, por último, una condena descarnada, como en un caso reciente y memorable que se menciona más abajo [Barth (Barth, 1974), pidiendo a Turnbull rendición de cuentas por *The Mountain People*.].

Las grietas en el presunto consenso sobre la etnografía son especialmente evidentes en las revisiones críticas de las publicaciones periódicas; el caso más común es el del lector especialista en el área que critica las trabas y los obstáculos en la escritura de un etnógrafo que tiene en mente un lectorado general como el de nuestro tipo 2 (Crapanzano, 1981; Fuller, 1981; Magubane, 1980; Mangarell, 1980 son buenas ilustraciones de ello, dado que los *reviews* señalan la retórica de esos textos como un obstáculo para el conocimiento). Existen muchos otros *reviews* donde esta clase de crítica es más amistosa y como hecha al pasar (por ejemplo, Samuel, 1980). Quizá para un estudio de las tendencias actuales, las críticas sustantivas más interesantes son las de los escritores de etnografías experimentales que leen los trabajos de otros experimentadores con un interés de lectorado de tipo 2 (véanse Crapanzano, 1981; Schieffelin, 1981). Tales revisiones críticas se han convertido en un foro para la discusión de varias temáticas ya tratadas en las secciones anteriores de este artículo.

Las críticas por los especialistas de áreas o por el lector antropológico general de obras escritas para un lectorado popular son interesantes por lo que revelan sobre la visión que tienen los primeros sobre los límites de la forma etnográfica como un medio serio, e incluso ético, de expresión del conocimiento. Fredrik Barth publicó un ataque extremadamente severo contra Colin Turnbull en *Current Anthropology* (Barth, 1974), precisamente en este contexto: una obra que parecía pasar por una etnografía profesional, incorporaba en ella observaciones morales sobre el mundo y sugerencias polémicas concernientes a la política que podrían afectar el destino de los Ik. La respuesta a este ataque en una edición posterior (Wilson, 1974) incluía comentarios moderadores de otros especialistas del área, lo cual por lo menos tendía a prestar un sustento más equilibrado al material etnográfico que Turnbull había elaborado de acuerdo con su proyecto de escritura. Pese a que estos intercambios se referían a los propósitos a los que podrían servir las convenciones realistas (después de todo, Turnbull pudo haber escrito un ensayo estipulando sus puntos de vista, de modo de suscitar un ataque menos vehemente por parte de Barth), ninguno de los moderadores trajo a colación el papel que jugaba el medio etnográfico atizando el fuego de esta controversia.

Por último, los etnógrafos que escriben para los especialistas de área y para el lectorado general a menudo critican los análisis comparativos amplios y ambiciosos intentados en la antropología, por su violación tanto del detalle como de la rica complejidad que se explora en las etnografías, utilizadas como fuente de datos para la comparación. No discutiremos aquí la forma en que los experimentos actuales parecen alejarse aun más de la posibilidad de las grandes comparaciones, en el contexto de la vieja y no resuelta controversia de la antropología entre el etnógrafo y el comparativista, quien considera que el propósito de la etnografía es ser una fuente de datos (más que una fuente teorética) para una eventual abstracción a desarrollarse en proyectos inductivos y nomotéticos. En efecto, el trabajo de los comparativistas generales, como habitualmente se lo concibe, apunta al lectorado de las ciencias sociales, el que definimos como 3 más arriba. La naturaleza misma de estos proyectos ofende a la concepción de la etnografía y de los usos a los que debe ser puesta que sustentan los lectores que representan las categorías 1 y 2 (Alverson, 1979; Asch, 1973) [por ejemplo, véase la extensa y negativa revisión de Weiner (Weiner, 1980) sobre la síntesis comparativa de Rosman y Rubel de los complejos materiales de Nueva Guinea].

De esta forma, los tipos de crítica de la etnografía contemporánea y del uso del material etnográfico en comparaciones por parte de lectores que son ellos mismos etnógrafos, demuestran con claridad que los desacuerdos sobre lo que deberían ser las etnografías como textos corren muy por debajo del consenso tácito de la disciplina y sólo han sido articulados parcial o indirectamente en el discurso autocrítico de la antropología.

Fuentes literarias

En la crítica literaria contemporánea existen numerosos marcos alternativos de referencia que podrían servir de modelos para una perspectiva sobre la escritura etnográfica, útiles para los lectores habituales de etnografía. Pero sería un error creer que la antropología, en continuo flujo, ha hallado una fuente estable de ideas de la cuales servirse. Las tendencias contemporáneas en crítica literaria son más bien volátiles. La convergencia y la existencia percibida de problemas comunes a la crítica literaria [véase, por ejemplo, la evaluación de White (White, 1981) de la tendencia desconstruccionista en el *review* de un libro de Paul de Man] y a la escritura etnográfica, ha llevado a los etnógrafos experimentales y a quienes simpatizan con ellos a inspirarse en el discurso de la crítica literaria sobre el análisis textual, discurso explícitamente más desarrollado pero ricamente variado, sin embargo.

Algunos de estos marcos de referencia serían mencionados más adelante; pero lo que es más pertinente para el tipo de cuestiones que se discute en este artículo es la literatura reciente que ha intentado revivir la significación de la retórica, quitándole la mancha que la afecta en el pensamiento occidental desde su tratamiento por parte de los filósofos clásicos (en especial, Platón y Aristóteles) en el debate entre la dialéctica y la retórica (Kennedy, 1963 y 1980).[6]

[6] Casi todas las versiones de las actuales teorías sobre el discurso podrían constituir también estímulos posibles para una perspectiva sobre la escritura etnográfica o histórica, pero mi impresión es

Originariamente la retórica tenía que ver con el habla, y consistía en un cuerpo teórico desarrollado autoconscientemente para el uso y el entrenamiento de los oradores. Se la distinguía tajantemente de la argumentación dialéctica, que era un cuerpo de lógica abstracta, por su foco en las técnicas del manejo de la impresión: cómo se ornamenta y se hace persuasiva una lógica teniendo un auditorio en mente. El tratamiento moderno de la retórica como una perspectiva crítica difiere considerablemente de la perspectiva clásica. Se focaliza en la escritura, más que en el habla, desde el punto de vista del lector crítico más que del escritor. Esta es una consecuencia natural de la declinación histórica de la retórica como un cuerpo de teoría para oradores o escritores conscientemente aplicada.

Las funciones retóricas son, entonces, una dimensión no autoconsciente e integral de cualquier clase de expresión escrita, ligada inseparablemente al contenido sustantivo de la narrativa, la interpretación o el análisis que se presenta. Así como la lógica de la argumentación de un texto se puede abstraer para un determinado propósito, como ser la discusión teorética, del mismo modo la dimensión retórica de un texto y de sus argumentaciones se puede abstraer para un propósito determinado, como ser la discusión crítica de la manera en que un texto persuade y comunica efectivamente sus significaciones. En ambos casos, la integración reconocida de todos estos aspectos de un texto se deja en suspenso, en obsequio de una especie particular de análisis; pero mientras la lógica niega o ignora la importancia de la retórica viéndola como contaminante, la retórica como ahora se la concibe nunca pierde de vista su relación de complementariedad en la práctica con los contenidos lógicos de un argumento o de una interpretación y con la inextricable ligazón de estos contenidos con la retórica de su expresión lingüística.

En la moderna resurrección de la retórica, Perelman y Olbrechts-Tyteca (Perelman, 1969) proporcionan una defensa vigorosa y sofisticada, relacionándola todavía con la actividad oral. Kinneavy (Kinneavy, 1971) ha escrito una amplia revisión de las fuentes clásicas y modernas de la retórica, así como un intento de teoría sintética. En literatura, Frye (Frye, 1957) y Burke (Burke, 1950) han sido pioneros al insistir y al demostrar la importancia de la retórica en la prosa de ficción y no ficción. Booth (Booth, 1961) desarrolló una influyente perspectiva retórica sobre la ficción, y más recientemente Valesio (Valesio, 1980) ha escrito un articulado estudio conceptual de lo que él llama retórica junto a un intento menos satisfactorio de una teoría formal de la retórica. Sin embargo, la obra de Hayden White (White, 1973 y 1980) es quizá la más útil a una perspectiva de la escritura etnográfica, no sólo por la sofisticación y la naturaleza sistemática de sus observaciones, sino debido a que aplica

---

que las versiones que han sido ensayadas no fueron elaboradas con éxito [por ejemplo, véase el defectuoso uso de Grice por parte de Waldman en un estudio de la historiografía islámica (Waldman, 1980)]. En contraste, una estrategia retórica como la desarrollada por Hayden White ha sido trabajada brillantemente a propósito de la escritura histórica, y es obviamente el tipo de perspectiva que está más en línea con la forma en que planteamos las cuestiones en este artículo.

una perspectiva desarrollada en la crítica literaria [en su obra principal (White, 1973) su deuda principal es con Northrop Frye] a una disciplina de escritura extraliteraria, pero que emplea un medio literario: la historia. En sus ensayos (White, 1978 y 1980), White proporciona convincentes muestras de la aplicación de sus ideas al análisis retórico de selecciones de escritura histórica.

Aplicar un análisis retórico a la historia es quizás un proyecto más interesante y más obvio que aplicarlo a la etnografía, al menos antes de la actual tendencia experimental. Esto se debe a que la historiografía es una inquietud más antigua y profunda entre los historiadores de lo que la escritura etnográfica ha sido entre los antropólogos, porque la narrativa histórica lleva más directamente a la narración de relatos que la narrativa etnográfica, y porque la imaginación ha tenido mucha mayor libertad para desarrollar formas textuales apropiadas en la historia, desde el momento en que no se encontraba ligada ni a una práctica de investigación dominante, como el trabajo de campo, ni a los objetivos de una teoría general. No obstante, siempre han existido convenciones de género tanto en la escritura histórica como en la etnografía, no importa cuanto más vívida haya sido aquélla como área de discusión e innovación.

Pese a que el elaborado esquema formal tropológico de White pueda tener escasa aplicabilidad a la etnografía, la mayoría de los puntos que él señala acerca de la base retórica de la escritura histórica son igualmente válidos para la escritura etnográfica. Por ejemplo, en la argumentación siguiente sólo se necesita sustituir la palabra histórico por etnográfico (White, 1978, pág. 105):

> Si Jakobson está en lo cierto, la escritura histórica debe analizarse primariamente como una especie de discurso en prosa, antes de que se puedan poner a prueba sus reclamos de objetividad y verdad. Esto significa sujetar todo discurso histórico a un análisis *retórico* para poner de manifiesto la infraestructura poética de lo que pretende pasar por una modesta representación en prosa de la realidad. Tal análisis nos proporcionaría, sostengo, un recurso... para poner de manifiesto la medida en que un discurso histórico dado se puede clasificar con más precisión por el lenguaje que utiliza para describir su objeto de estudio que por cualquier técnica analítica formal que aplique a ese objeto con el fin de "explicarlo".
> Un análisis retórico del discurso histórico reconocería que cada historia digna de ese nombre contiene no sólo una cierta cantidad de información y una explicación (o interpretación) de lo que esa información "significa", sino también un mensaje más o menos evidente sobre la actitud que debe asumir el lector ante los datos reportados y su interpretación formal...

Así, lo que revela el análisis retórico (y lo que no revela una mera evaluación de las argumentaciones) es la forma en que el lenguaje y la construcción narrativa de un texto histórico o etnográfico precodifica tanto el objeto de análisis (lo que cuenta como datos) como los fundamentos de una argumentación explicativa específica. Como con la escritura histórica, una perspectiva retórica podría ser una dimensión analíticamente autónoma de la evaluación crítica de las etnografías, pero no es de ningún modo un sustituto de una evaluación complementaria de la lógica y de la evidencia de las afirmaciones de un texto.[7]

Mencionemos otras fuentes de la crítica literaria que podrían ser útiles para una perspectiva de la escritura etnográfica: el elaborado análisis formal de Roland Barthes sobre el realismo en Balzac (Barthes, 1974); la perspectiva de Raymond Williams, imbuida de marxismo (Williams, 1977); Jacques Derrida como una fuente para la desconstrucción de los textos, independiente de la intención autoral (Derrida, 1978); la crítica orientada al lector (Fish, 1980; Iser, 1974; Suleiman, 1980); y el complejo e idiosincrático desarrollo de Michel Foucault de conceptos tales como discurso y episteme (Foucault, 1972). Foucault es interesante aquí porque un estudioso literario realizó un intento para incorporar sus ideas en un proyecto que incluye la consideración de escritura etnográfica del siglo XIX (Said, 1979). La dificultad con el uso de Foucault como un estímulo para el pensamiento sobre la escritura etnográfica es que su marco analítico de referencia niega la autonomía de textos y autores específicos, y más bien sitúa el concepto de discurso en términos espaciales y temporales más amplios. Esto hace difícil adaptar su método a nuestros proyectos, pese a lo estimulante que sean las intuiciones sustantivas que puedan derivarse de una minuciosa inspección de su sistema. En su aguda revisión crítica de Said (Clifford, 1980), Clifford explora las dificultades inherentes a la combinación de un interés hacia el análisis de textos particulares con la amplia concepción foucaultiana del discurso. Clifford concluye su artículo, asimismo, con un extenso comentario sobre el cuestionamiento radical de Said de los supuestos que legitiman las interpretaciones de otras culturas, el cual posee obvias implicancias para la escritura etnográfica; por desgracia, Said ignora estudiadamente la etnografía contemporánea, con excepción de una referencia positiva a Geertz, hecha al pasar.

Al sugerir fuentes de la crítica literaria (en especial, la perspectiva de la retórica) que podrían estimular la discusión sobre la escritura etnográfica, no pretendemos que ellas sirvan como un modelo de emulación de tipo "como hacerlo" a los escritores o lectores de etnografías. Esto sería repetir el error fatal de hipostatización de la retórica clásica, aislándola como un cuerpo de teoría aplicada y, como tal, exponiéndola a cargos de que todo es una manipulación de forma sin contenido. Son precisamente los paradigmas y las tipologías formales en la escritura de modernos escritores de retórica (por ejemplo, White, Valesio y Kinneavy) lo que se vuelve difícil de seguir y lo que está en agudo contraste con la elegancia de los planteamientos e intuiciones, expresados en

[7] Con White, sugeriríamos que el análisis retórico es anterior a una evaluación de los valores de verdad, porque la explicación y la construcción de teorías no pueden escapar a la retórica del lenguaje en que se expresan. La sensibilidad frente al lenguaje de la conceptualización aclara el camino de la discusión de la verdad y la evidencia. La reciente evaluación de Alan Jenkins de la teoría social de Lévi-Strauss (Jenkins, 1979) sigue una práctica que vincula un análisis del discurso conceptual previo y una consideración siguiente de su lógica abstracta, en un análisis crítico de una escritura más teorética que etnográfica.

un discurso de estilo más convencional que ellos de algún modo generan. Uno sólo puede llegar a la conclusión de que esos formalismos, aunque parecen ser modelos que otros pueden emular, son de hecho modelos personales de sus autores, originados como una heurística para su propio pensamiento. La presentación textual de estos modelos formales es en sí un ejercicio retórico encaminado a interesar a los lectores por un movimiento intelectual que asigna una enorme importancia a la retórica del análisis formal y el método. Los lectores y escritores que pretenden apropiarse de esos modelos tan útiles, tan productivos en las manos de sus creadores, a menudo encuentran que en sus propias manos se vuelven mecánicos.

La efectividad del análisis retórico no depende entonces de un método, sino de una prolija declaración de principios y de la demostración convincente, por parte de los críticos, de la importancia de tenerlo en cuenta tanto en la escritura como en la lectura de los textos. Para el escritor etnográfico, tener en cuenta las cuestiones retóricas podría enriquecer los procesos de pensamiento personal implicados en la producción de un texto, sin necesidad de resucitar una noción hipostatizada de técnica retórica. Ciertamente, existe un peligro de parálisis en la autoconciencia sobre la propia práctica de escritura que puede producir la reflexión sobre cuestiones retóricas; también existe el peligro de que un texto se aparte de su sujeto temático e involucione hacia problemas introspectivos que tienen que ver con su propia producción; ésta es, por supuesto, una de las objeciones posibles a la dirección que parecen haber tomado algunas etnografías experimentales, objeción que subraya aun con más fuerza el balance creativo necesario entre la reflexividad y la preocupación por el otro en esos experimentos. Para el lector de etnografías, una sensibilidad crítica a las cuestiones de retórica sólo puede acrecentar la sutileza con que se evalúa el conocimiento antropológico en forma etnográfica. Que el escritor o el lector preste atención a las dimensiones retóricas de un texto, por último, no es en absoluto subversivo para estándares del conocimiento objetivo que son más sofisticados que absolutistas; por el contrario, es una parte integral tanto de la generación como de la evolución de los reclamos de objetividad y de las explicaciones que pueden abstraerse de sus contextos escritos.

Los experimentos en escritura etnográfica, la práctica del trabajo de campo y la teoría

Debido al silencio sobre la práctica del trabajo de campo durante la mayor parte del período del realismo etnográfico, parecería que la forma en que las etnografías estaban escritas tenía escasa relación con la forma en que se había conducido el trabajo de campo. De hecho, cuando eventualmente se discute con cierto detalle la experiencia del trabajo de campo en la copiosa literatura confesional de las décadas de 1960 y 1970, que pormenorizaba las experiencias de investigadores que iban al campo con orientaciones problemáticas y teoréticas sumamente diversas, uno queda impresionado por la similaridad de esas experiencias, que toleran cierto margen de variación personal. Por desgracia, no tenemos un número semejante de relatos que traten del trabajo de campo como una odisea intelectual y que sitúen en primer plano la forma en que las interpretaciones surgen en el proceso del trabajo de campo. Los trabajos de Rabinow (Rabinow, 1977), Dumont (Dumont, 1978) y Crapanzano (Crapanzano, 1980), a pesar del artículo de Silverman (Silverman, 1972), son, por lo que sabemos, las únicas obras contemporáneas que aportan una visión detallada y frontal de la epistemología de la investigación. El estudio biográfico de Clifford (Clifford, 1980a y b, y 1982) sobre Maurice Leenhardt como hombre, trabajador de campo y escritor etnográfico es una reconstrucción holística, igualmente rara, de la epistemología de investigación de una figura histórica. Mientras que el folclore del trabajo de campo jugó el papel de una silenciosa influencia dominante, modelando las convenciones de la etnografía realista, no hubo nada en la etnografía realista misma que pudiera suscitar la discusión o reformular la manera en que el trabajo se concebía como una pesquisa intelectual, más que como una especie de experiencia personal.

Esta influencia unidireccional del trabajo de campo sobre las convenciones etnográficas puede cambiar con la actual corriente de etnografías experimentales, aunque más no sea porque éstas se ocupan, autorreflexivamente, de la forma en que el proceso total del conocimiento, incluyendo una representación intelectual del trabajo de campo, se relaciona con las interpretaciones y explicaciones que se ofrecen. Es decir, ahora los etnógrafos piensan mucho más retrospectivamente sobre su práctica de trabajo de campo como parte integral de la construcción de un texto etnográfico. Mientras que la realidad del trabajo de campo seguirá siendo siempre un tanto caótica y siempre seguirá estando, al menos parcialmente, más allá del control del etnógrafo, la reflexión sobre el trabajo de campo relevante para un estrategia narrativa y un estilo de representación puede tener finalmente algún impacto directo sobre la forma en que se conduce el trabajo de campo de los propios lectores profesionales de las etnografías experimentales. La modificación que estos experimentos entrañan en relación con las convenciones realistas es un cuestionamiento de las hazañas de campo, epistemológicamente irreales, que esas convenciones implican. Este cambio, por consiguiente, ha conducido por lo menos a una representación más lúcida de las prácticas de campo en relación con los tipos de explicaciones que ellas legitiman y a los cuales proporcionan autoridad textual.

La relación de la etnografía con el desarrollo de la teoría antropológica ha sido un tanto distinta a su relación con la práctica del trabajo de campo. En uno de sus sentidos, la teoría antropológica se concibe como un cuerpo de afirmaciones semejantes a leyes sobre ciertos tópicos de interés empírico como el parentesco, la religión y la economía, erigidos a partir de comparaciones de datos, abstraídos a su vez de las etnografías. Hace mucho que existe un antagonismo subyacente contra esta clase de teoría y contra la relación de la etnografía con ella, por parte de quienes se consideran a sí mismos primariamente como etnógrafos. La construcción eventual de amplias teorías tópicas basadas en el uso inductivo de etnografías ha sido la pretextación racional de la antropología social y cultural; pero los etnógrafos y los teóricos comparativos —supuestamente parte de la misma empresa— a menudo han sido gente distinta, con diferentes perspectivas.

La corriente actual de etnografías experimentales tiende a llevar la etnografía más allá —esta vez explícitamente— de dicha racionalización comparativa. Los intereses teóricos se focalizan más estrechamente en los problemas descriptivos e interpretativos planteados por un sujeto, rigurosamente circunscrito por el texto, que deviene parte del dominio de interés teorético.

Las comparaciones controladas de sujetos culturales superpuestos (y presumiblemente de preocupaciones textuales superpuestas en la etnografía, propias de pequeñas "comunidades" de investigadores) tal vez sean aceptables para los etnógrafos, por cuanto es posible un estrecho control de los contextos representados en la etnografía, contextos que se pierden en las comparaciones amplias o altamente abstractas. A través de esta comparación de etnografías experimentales entre especialistas de área se pueden construir tipos de teorías comparativas mucho más sofisticadas; peor esto sería sólo un subproducto de una preocupación contemporánea más directa por la clase de teoría fundamental que proporciona al etnógrafo una forma de pensar sobre su material y, más específicamente, un medio para construir un texto que es a la vez descriptivo y explicativo.

En este *otro* sentido de la teoría antropológica, la construcción de teorías generales procede por medio de refinamientos en la forma en que sucesivos escritores etnográficos manipulan textualmente ese material de campo, más que por medio de una recolección de más datos para una teoría envolvente basada en la comparación. Lo que se compara es la adecuación de formas o estilos de explicación alternativos de un fenómeno similar, desarrolladas en diferentes reseñas. Esta es precisamente la clase de teoría que depende de las variaciones innovadoras de las diferentes etnografías y que conlleva una experimentación en la escritura etnográfica.

En esta clase de interés teorético, los antropólogos han buscado estímulos más allá de sus propias fronteras; ellos invocan y desarrollan para sus propios propósitos las ideas de los "grandes" pasados y recientes como Marx, Weber, Durkheim, Ricoeur, Barthes y Wittgenstein. La antropología no ha producido puramente dentro de su propia tradición una teoría fundamentadora de la investigación etnográfica. Los etnógrafos han sido más bien *bricoleurs* teoréticos en el modelado de las actividades del trabajo de campo y de la escritura etnográfica, estrechamente ligadas, que constituyen su interés primordial. En el pasado, en lugar de crear teorías sociales o culturales para poner al servicio de sus informes, los etnógrafos han sido especialistas en la puesta a prueba y elaboración de perspectivas teoréticas generales, desarrolladas en otras disciplinas y por otros pensadores, por su utilidad en las tareas de explicación e interpretación emanadas de una tradición de investigación y actividad escrituraria. Los cambios en el interés teórico dependen en gran medida de la revisión crítica y de la insatisfacción con la forma en que esas influencias teoréticas en particular "lucen" cuando se las somete repetidamente a prueba en los proyectos del escritor etnográfico.

La evidencia más clara del interés prioritario de la antropología por el texto etnográfico antes que por la obra teorética modeladora, es el hecho de que los trabajos teóricos en antropología (por ejemplo, Sahlins, 1976) están motivados habitualmente por una reflexión sobre materiales etnográficos (aunque su registro sea más abstracto) y de que poseen una vigencia limitada, llegando a ser relevantes sólo como documentos en la historia de las ideas. En contraste, los textos etnográficos viven y poseen una relevancia mucho más perdurable. Esto puede ser un resultado de la continuidad distintiva y del carácter acumulativo de los marcos geográficos mediante los cuales los antropólogos definen su investigación etnográfica de una generación a la siguiente. Pero más allá de esto, los etnógrafos (pertenecientes a la categoría 2 del lectorado, según la sección anterior) parecen admirar el texto etnográfico como una fuente de inspiración a ser redescubierta y revivida; y esta atención primaria a la forma en que se tratan textualmente los problemas en la escritura etnográfica, genera constantemente obras teóricas.

La actual corriente de experimentos en etnografía parece estar en línea con esta relación tradicional entre la etnografía y la teoría de base que la modela. Sin embargo, ahora existe en los proyectos etnográficos un rango mucho más rico de perspectivas teóricas a ser exploradas. No es probable que esto modifique las relaciones básicas entre la etnografía y la teoría, pero, como se ha visto, entre los textos singulares de múltiple interés que se están produciendo, los experimentos que parecen ir más allá de una pretextación realista están utilizando el medio de la etnografía para un discurso teorético en sí mismo. La experiencia de campo puede conducir a un tipo de reflexión que al menos inspire una teoría sistemática totalmente local a la antropología, capaz de modelar su interés prioritario en la producción de etnografías.

Por último, vale la pena mencionar aquí el tratamiento de Hayden White sobre el debate entre la filosofía de la historia y la historiografía, a fines del siglo XIX (White, 1973), págs. 267-79), por su similaridad con el actual momento antropológico, en el que existe un debate paralelo entre la etnografía como sirvienta de una teoría general desarrollada fuera de ella y la etnografía como un fin en sí misma, reforzada por amplias teorías sociales que se ponen a su servicio. Una importante diferencia entre la historia y la antropología es que en la primera ciertos sistemas teoréticos innovadores (es decir, filosofías de la historia que determinaban el significado de las reseñas históricas individuales) penetraron, merced a Marx y a Nietzche, en el seno de una tradición historiográfica mucho más establecida que se concentraba en la autonomía de las reseñas y en su construcción como textos, mientras que en antropología la situación ha sido la inversa: en la corriente contemporánea de experimentación, una preocupación por las reseñas y las teorías que las modelan ha hecho intrusión en una tradición estable que tiene en la teoría general su finalidad putativa. En historia, la posición historiográfica, desarrollada por Croce, prevaleció. Resta por ver cómo habrá de resolverse un momento histórico ampliamente similar en la antropología cultural y social.

Otros sentidos de la experimentación

Hasta aquí, nuestra discusión se ha limitado sólo a cierto número de etnografías contemporáneas, y por una buena razón. Aunque existe apenas un puñado de textos escritos, éstos parecen ocasionar en la antropología un interés general desproporcionado. La mayor parte de las etnografías permanece fuera de este ámbito de experimentación, porque en su producción ellas no tornan problemáticos ni la construcción de interpretaciones y descripciones, ni su práctica de escritura. En contraste con los experimentos actuales, los intereses teoréticos y las formas realistas convencionales de estas etnografías las apartan del foco de la construcción social del mundo de sus sujetos, el cual ha sido quizás el principal estímulo para el desarrollo de un discurso autorreflexivo explícito sobre la práctica de la escritura en los experimentos etnográficos. En cierto sentido, entonces, estos experimentos se yerguen como un crítica de facto de todas las otras etnografías contemporáneas que no incorporan una reflexión sobre su propia producción como un componente vital de los análisis que ofrecen.

La animada discusión de las así llamadas perspectivas del significado en la antropología contemporánea contrasta rudamente con la relativa inmovilidad de la perspectiva de la conducta o la perspectiva de los sistemas, más interesadas en modelos analíticos de explicación que en la definición de los marcos indígenas del significado. Esta discusión se origina como una elaboración del antiguo interés de la etnografía realista en la representación del punto de vista (del) nativo. Los análisis de sistemas, de los que el funcionalismo tradicional era una forma no refinada, sólo han avanzado con cierta sofisticación teorética en ecología cultural, en antropología económica y en el proyecto marxista, campos en los que la escritura etnográfica no ha sido mayormente problemática.

En medio de una marejada de etnografías que no prestan una atención particular a las formas textuales, *Pigs for the Ancestors*, de Roy Rappaport (Rappaport, 1968) se destaca como un texto modélico para la etnografía orientada a los sistemas, porque intenta autoconscientemente ofrecer un marco narrativo que acomode una conceptualización rigurosa y una cuantificación en el análisis que el funcionalismo tradicional insinuaba pero que jamás realizó. Se trata entonces de una etnografía experimental fuera de la tendencia actual de experimentación. Pese a que es sensible a los puntos en que los modelos conscientes de los nativos podrían ajustarse a su texto, Rappaport intentó justificar explícitamente las razones por las cuales no estaba predominantemente interesado en ellos. En ensayos posteriores (Rappaport, 1979), Rappaport ha producido un esquema muy detallado de la manera en que los "modelos cognoscitivos" podrían encajar lógicamente en un marco de sistemas jerárquicamente dispuestos en muchos niveles de considerable complejidad. Estos ensayos pueden ser satisfactorios como avances suplementarios en la conceptualización teorética que de hecho preserva la primacía de los modelos analíticos, por otra parte descuidados en las corrientes actuales que se concentran en las significaciones. Sin embargo, todavía tienen que probarse a sí mismos como modelos viables o como guía para la escritura de etnografías de análisis de sistemas que vayan más allá de *Pigs for the Ancestors* en experimentación textual. No debe interpretarse que textos tales como los de Rappaport están exentos de un análisis de sus estrategias retóricas y narrativas en tanto prácticas de escritura. Dichos textos sólo son menos conscientes y prestan menos reconocimiento a su retórica de construcción que las etnografías interpretativas que de buen grado llaman la atención sobre sus propios fundamentos epistemológicos y literarios.

La naturaleza reflexiva, vuelta sobre sí misma de los experimentos recientes en escritura etnográfica puede ser considerada perversa por algunos, como un signo de crisis en la disciplina y no de salud. Podría sostenerse además que la experimentación productiva en etnografía debería centrarse más manifiestamente en nuevas formas de expresar textualmente problemas de investigación que se plantean en el trabajo de campo tradicional, pero cuya manipulación trasciende la perspectiva obtenida de la investigación en comunidades cerradas o pequeños grupos. Esta otra especie de experimentación textual se origina entonces en proyectos para los cuales el texto etnográfico simétrico al trabajo de campo es parcialmente relevante, pero demasiado limitado en sí mismo como medio para tratar un problema de investigación ampliamente concebido. Recíprocamente, es posible que surjan experimentos de escritura etnográfica en áreas de la investigación antropológica en las que el *medium* etnográfico (o su facsímil) es utilizado como un vehículo innovador para la presentación de datos y explicaciones.

Muchos antropólogos sociales y culturales nunca producen una etnografía publicada a partir de sus notas o eventualmente de las disertaciones que derivan de su trabajo de campo. Esto puede ser resultado de la pereza, o de un cambio en los intereses profesionales, o de una insatisfacción y una ambivalencia que tienen que ver con dudas sobre la adecuación del propio trabajo, dadas las exigencias epistemológicas irreales implícitas en las convenciones realistas. También es posible que la etnografía en sí misma sea demasiado limitante para el tipo de problemas en el que se interesa durante el curso de su investigación el antropólogo que hace trabajo de campo. De todas las ciencias sociales, la antropología ha sido la más entusiastamente interdisciplinaria en la exploración de vías relevantes de investigación. Donde la etnografía convencional sea limitada, los estudiosos de que hablábamos —por así decirlo— saltarán por encima del texto etnográfico amarrado al trabajo de campo y definirán por sí mismos problemas que requieren formas muy diferentes de expresión textual.

Dos clases de textos en los que puede incluirse como parte de un proyecto más amplio la propia etnografía de primera mano, son el estudio comparativo focalizado en un problema o en un tópico y el estudio de las sociedades complejas (y de unidades mayores que incluyan la aldea, la comunidad o la ciudad), el cual combina historia social, etnografía y economía política organizadas en torno de un asunto clave (Huntingdon, 1979; Meeker, 1979; Taussig,

1980) serían ejemplos recientes de la primera; Fischer, 1980; Taussig, 1980; Taylor, 1979; Wallace, 1978 de la segunda). El trabajo de campo, por lo menos en el área geográfica de interés, es una experiencia de investigación formadora que se encuentra detrás de esos textos y que les confiere por lo menos parte de su autoridad; pero muchas perspectivas, inspiradas en lecturas teoréticas e históricas, se están incorporando al tratamiento de los temas principales de esos textos, para los cuales el *medium* etnográfico por sí solo resultaría inadecuado.

En el estudio comparativo, el trabajo de campo puede darle a uno una idea interpretativa; pero aquél sólo se puede desarrollar en amplia escala comparando el trabajo propio con otros casos relevantes. En el estudio de procesos de gran escala en sociedades complejas, la combinación de la etnografía con otras perspectivas es necesaria para soslayar la crítica que ha merecido gran parte de la etnografía de las sociedades complejas como algo que es útil en cierta medida, pero que es asimismo esencialmente parroquial y ciego a otras perspectivas pertinentes que se focalizan en los macroprocesos [por ejemplo, ver la crítica de Magubane (Magubane, 1980) a la etnografía de Alverson]. En los textos citados más arriba, los autores no están dispuestos a abandonar diversas perspectivas que afectan a su material de campo en beneficio de otras clases de especialistas. En lugar de eso, abordan en sus propios textos varios niveles de significancia, expandiéndose sobre una amplia variedad de perspectivas y fuentes de ideas y datos modeladores, de las que su propio trabajo de campo de primera mano es sólo una. El problema de escritura de esos proyectos es el logro de la coherencia textual; consecuentemente, se tornan vulnerables a críticas por parte de los lectores antropológicos, en el sentido de que son textos pesados, que no se leen como antropología. Por supuesto, esta clase de reacción es un índice de su estado experimental. Particularmente en el estudio de las sociedades complejas, el trabajo de campo puede seguir siendo la actividad de investigación central de los antropólogos, suplementada por diversas lecturas y por una reflexión más amplia: pero aquél sólo dominará parcialmente los textos compuestos en los que la presentación y discusión del material etnográfico será sólo un componente entre otros. Los experimentos en los que la expresión etnográfica configura una nueva oportunidad de expresión, fundada en antiguas modalidades de reportaje propias de ciertos dominios de investigación de la antropología, son infrecuentes pero llamativos. Los estudios psicológicos y el trabajo conexo en los campos más nuevos de la antropología médica han favorecido ya sea la historia de vida (que algunos podrían considerar un subgénero etnográfico, pero que hemos ignorado en este artículo) o las comparaciones transculturales, que han evolucionado desde una retórica impresionista a una retórica que constituye la aproximación más cercana de la antropología social al modelo de testeo de hipótesis de la ciencia social positivista. Dentro del conjunto de experimentos en torno de las convenciones realistas, algunos han sido experimentales en el sentido de utilizar el *medium* etnográfico realista para describir y explicar características psicológicas de una población en textos que no están focalizados en historias de vida, no están pesada ni explícitamente cargados con un aparato teorético tal como la psicología freudiana y no se conforman a la retórica formal positivista. *Tahitians* de Robert Levy (Levy, 1973) en la antropología psicológica y *Kuru Society* de Shirley Lindenbaum (Lindenbaum, 1979) en la antropología médica representan usos efectivos del *medium* etnográfico en campos de interés de la antropología en los que la tradición realista de la escritura etnográfica ha permanecido poco desarrollada.

Por último, el campo de la sociobiología puede conducir crecientemente a una expresión textual de forma muy parecida a la del realismo etnográfico. A raíz de la controversia sobre la relevancia (o irrelevancia) mutua de la sociobiología y de las preocupaciones tradicionales de la antropología social, una mirada etnográfica a los reportes de estudios de campo de primates (o de otros órdenes) requeriría un manejo habilidoso. *Langurs of Abu* de Sara Balffer Hrdy (Hrdy, 1977) es uno de esos textos, cauto en sus afirmaciones pero cercano a las convenciones de la etnografía realista.

Conclusión

Quizá la pregunta conclusiva más obvia de este artículo sea adónde está llevando la etnografía experimental contemporánea a la antropología social y cultural, durante tanto tiempo identificada con una práctica de trabajo de campo y con una reseña etnográfica distintivas. Una respuesta desde el punto de vista de lo que hemos caracterizado como experimentos radicales, distinguidos por su falta de preocupación por la adhesión a las convenciones del género realista, no sería fundamentalmente distinta; la mayor parte de los experimentos, por más interesantes que sean las condiciones históricas que la originaron, es un refinamiento y representa un período esencialmente involutivo en la historia del realismo del siglo XX. El futuro, desde esta perspectiva radical todavía oscuramente definida [que ha tomado cuerpo en la caracterización que ofrece Clifford (Clifford, 1980) de los experimentos involucrados con el problema textual de la autoridad dispersa], se encuentra en las etnografías basadas en nociones muy diferentes sobre cómo deben definirse y representarse textualmente las diferencias culturales en un mundo contemporáneo; un mundo muy distinto al que ofrecía plausiblemente sistemas cerrados —tribus, pueblos— como sujetos merced a los cuales se desarrolló históricamente el realismo etnográfico.

Reconocidamente, esta perspectiva radical es hasta el momento sólo una débil voz en la disciplina. Dentro de los límites de la práctica realista, la respuesta convencional a los experimentos abarca desde la decepción hasta el entusiasmo sin reservas. Cualquier cambio en el foco de interés puede suscitar, razonablemente, reacciones tan variadas como éstas; pero la función reflexivamente crítica que entraña esta concentración particular del interés sobre el texto etnográfico, plantea una revisión de la empresa etnográfica sofisticada y penetrante, sin precedentes, en el corazón de las pretextaciones racionalizadoras de la antropología social y cultural. A este respecto, los experimentos están perturbando el consenso tácito sobre "lo que hacen los antropólogos". Esto puede leerse como algo que abre caminos o como algo subversivo, pero de cualquier manera el actual interés hacia la escritura etnográfica es más que otro foco de atención y otra moda pasajera.

Un punto apropiado sobre el cual finalizar esta reseña, entonces, concierne a para quién y de qué manera el desarrollo de una perspectiva crítica sobre los textos etnográficos puede ser más útil en la antropología. Debe admitirse que el desarrollo más rico y más sofisticado de esta perspectiva dependerá de los especialistas full-time en historia de la antropología y, más generalmente, de los campos que se intersectan de la historia intelectual y la teoría social. Un estudioso tiene ventajas considerables en el estudio de la etnografía cuando su tema es la obra de un "grande" reconocido del pasado, como Malinowski, Evans-Pritchard, Mead o Leenhardt [este último es el sujeto de la obra pionera de Clifford (Clifford, 1980a y b, y 1982) que va más allá de la biografía intelectual convencional]. No sólo puede verse un *texto* como una parte de un corpus total, sino que pueden estar disponibles detalles biográficos, textos intermedios tales como notas de campo y quizás incluso informantes y asociados sobrevivientes del etnógrafo. Cuando se puede analizar un texto contra un corpus, y a su vez éste contra una carrera y una vida, están presentes las condiciones más fructíferas para el desarrollo de una perspectiva sobre las etnografías como textos.

En este artículo, sin embargo, nuestro énfasis ha sido intencionalmente distinto; nos hemos concentrado en el lector profesional de la antropología, quien tiene escasa conciencia de los problemas textuales cuando aborda la lectura de etnografías. Aun si un lector es sensible a la retórica de textos individuales contemporáneos, sólo posee un contexto muy tenue (si es que posee alguno) sobre la trayectoria y el corpus en los que debe situar las obras individuales. Excepto en el caso de obras muy discutidas de Geertz y de las reseñas autobiográficas de escritores tales como Dumont y Rabinow, que las han incluido como parte de sus proyectos de investigación, el lector sólo tiene lo que el texto mismo revela como base para un juicio crítico. La obra de historiadores del intelecto que llamen la atención sobre la escritura modelará, ciertamente, las prácticas de lectura contemporáneas. Sin embargo, las etnografías sólo podrán evaluarse adecuadamente cuando los factores que conciernen a una captación crítica de la forma tanto como de los contenidos manifiestos del discurso etnográfico, lleguen a ser parte rutinaria de la práctica profesional. La virtud de la corriente de experimentación etnográfica radica en que ella alienta (si es que no impone) esta actitud crítica por parte de los lectores de etnografías, no mediante la imposición de métodos de crítica, sino mediante una disrupción de facto de las convenciones que han constituido desde hace mucho el sentido común profesional de los lectores y escritores de etnografía. Lo que *es* necesario es una discusión crítica, por y para los etnógrafos, de las obras de los demás, que, al prestar atención a lo retórico, no pierda de vista el objetivo de la construcción de un conocimiento sistemático de las otras culturas. Es precisamente la ausencia de tal literatura lo que ha hecho necesario que esta reseña se concentre en la crítica del realismo etnográfico como una función interna de las modernas etnografías experimentales.

Agradecimientos

Varias personas han leído críticamente un borrador inicial de este artículo; deseamos agradecer la ayuda de las siguientes, sin dejar de señalar nuestra exclusiva responsabilidad por su versión final: Jim Clifford, Vincent Crapanzano, Mike Fischer, Renato Rosaldo, Julie Taylor, Robert Thornton, Stephen Tyler y Jim Wooten.

6

Fuera de contexto. Las ficciones persuasivas de la antropología*

MARILYN STRATHERN

Esta es la confesión de alguien que se crió viendo a sir James Frazer de una manera particular, y que ha descubierto que el contexto para esa perspectiva ha cambiado. Desearía comunicar algunos de los sentidos que tiene ese cambio.

Hablar de un estudioso es también hablar de sus ideas. Pero en la historia de las ideas hay un enigma. Las ideas parecen poseer la capacidad de aparecer en toda época y lugar, en forma tal que podemos considerarlas anticipadas a su tiempo o fuera de época. Una de las cosas que aprendí sobre Frazer fue que sus ideas estaban pasadas de moda antes de ser escritas. Pero al mismo tiempo, algunas de ellas eran de un tipo decididamente moderno. De hecho, la experiencia de regresar a Frazer y sus contemporáneos de fines del siglo XIX consiste en darse cuenta de cuán modernos pueden resultar. Pero al mismo tiempo me desconcierta el hecho de saber que la antropología posfrazeriana es enteramente distinta de la que había antes. En este tema ocurrió un cambio decisivo unos 60 ó 70 años atrás, uno de cuyos resultados fue una generación de antropólogos sociales, como yo misma, educados para que pensaran que Frazer era ilegible.[2]

La presencia o ausencia de ideas particulares no parece suficiente para explicar ese movimiento. Esas ideas colapsan un sentido de la historia en un sentimiento de lo *déjà vu*. Esto es particularmente desconcertante para los antropólogos criados, también, para imaginar que las nociones culturales "encajan entre sí" y que lo que la gente piensa es un "reflejo" de su época.

* *Current Anthropology*, vol. 28, N° 3, junio de 1987, págs. 251-281.[1]

1 Esta es una versión de la Conferencia Frazer de 1986, dictada en la Universidad de Liverpool. La conferencia anual, un honor acordado a Sir James George Frazer durante su vida, circula entre cuatro universidades: Liverpool, Glasgow, Cambridge y Oxford. La primera fue dada por Bronislaw Malinowski, la más reciente (antes de ésta) por Marshall Sahlins. Estoy muy agradecida a John Peel y a la Universidad de Liverpool por su invitación, la que me convenció de leer a Frazer nuevamente; este trabajo es para E. E.

2 Quedará claro que escribo desde la perspectiva de la antropología social británica, y no desde otra perspectiva que buscaría explicar esta especie de antropología a otros. Que los escritores norteamericanos, igual que los ingleses, hayan llegado a ser significativos en las discusiones recientes de cuestiones contemporáneas, refleja otros giros que han tenido lugar en esta perspectiva.

Consideremos, por ejemplo, dos ideas sobre el etnocentrismo. Ambas se refieren al acertijo de cómo describir las costumbres aparentemente absurdas de otros pueblos de manera de hacerlas plausibles para el lector. Una se refiere a los antiguos israelitas, la otra a los salvajes modernos, temas que Frazer reunía en su *El folclore en el Antiguo Testamento* (1918).

La primera es una obra publicada en 1681 por el abate Fleury, *The Manners of the Israelites*. En 1805, Clarke, un clérigo de Manchester, produjo una versión aumentada en respuesta a la demanda pública que siguió a las primeras ediciones. La justificación con que comienza el libro es de sumo interés. Es debido a que las costumbres del pueblo elegido de Dios son tan diferentes de las nuestras, que ellas nos ofenden y que el Antiguo Testamento ha sido abandonado; "al comparar las costumbres de los israelitas con los romanos, los griegos, los egipcios y otros pueblos de las eras pasadas... esos prejuicios pronto se desvanecen... los israelitas poseían todo lo que era valioso en las costumbres de sus contemporáneos, sin muchos de sus defectos" (Clarke 1805: 15). La intención de Clarke es hacer que la Biblia sea legible, librar al Antiguo Testamento de su extrañeza, de manera que sus lectores puedan concebir a Dios entre los israelitas. El desea (pág. 16)

> que el lector se despoje de todo prejuicio, que pueda juzgar esas costumbres sólo mediante el buen sentido y la justa razón; que descarte las ideas que son peculiares a su propia época y país, y que considere a los israelitas en las circunstancias de tiempo y lugar en que ellos vivieron; que los compare con sus vecinos más próximos, y que de esa manera penetre en su espíritu y en sus máximas.

Estas ideas poseen una resonancia misteriosamente contemporánea, hasta el punto que el escritor decía que él no aspiraba a un panegírico, sino a "una sencilla semblanza" del pueblo que describía. En ciertos respectos, lo mismo dicen las palabras pronunciadas por sir John Lubbock en el Salón Municipal Hulme, en Manchester, en 1874. Al igual que la interpretación de Fleury por Clarke, se dirigían a una amplia audiencia popular: una conferencia sobre salvajes modernos en una serie, *Science Lectures for the People*, cuya sesión de apertura había atraído a 3700 personas (la concurrencia siguiente registra un promedio de 675). Lubbock (1975:238) comienza con el hecho de la diferencia:

> Toda la condición mental del salvaje, por cierto, es tan diferente de la nuestra que muy a menudo es muy difícil para nosotros seguir lo que está pasando en su mente... Muchas cosas que le parecen naturales y casi autoevidentes, producen en nosotros un efecto muy distinto... Así, aunque los salvajes siempre tienen una razón para todo lo que hacen y piensan, esas razones a menudo nos parecen irrelevantes o absurdas.

Pero comparando diversas reseñas de pueblos de todo el mundo, es posible mostrar lo ampliamente distribuidas que están esas ideas y costumbres que "al principio nos parecen inexplicables y fantásticas" (pág. 239). Lo que nosotros —y con esto quiere decir él y su audiencia— consideramos "obvio y natural", resultará no serlo. Lo que Lubbock quiere en especial es proporcionar "una correcta idea del hombre tal como existió en los tiempos antiguos, y de las etapas a través de las cuales evolucionó nuestra civilización" (pág. 237).

Al igual que Fleury/Clarke, afirma que para comprender a gente muy distinta de nosotros, es necesario prestar atención a sus premisas y valores particulares. Lubbock otorga sustancia a esa diferencia, presentando testimonios de un amplio rango de razones y costumbres, ejemplos que improbablemente habrían sobrevivido si él no los hubiese presentado como evidencia. La evidencia incluye items tales como la creencia en la realidad de los sueños, la afición a los ornamentos y ceremonias matrimoniales de esas que reducen a las mujeres a esclavas valoradas por sus servicios. El ve en esta última circunstancia una explicación del rapto matrimonial, que todavía es —dice— una cruda realidad en algunas regiones, aunque sólo persiste el remedo de la fuerza (1875b: 242).[3]

Pero hay también una vasta diferencia entre estos escritores. El clérigo de Manchester que promocionó a Fleury en los ochocientos sostenía un modelo cíclico del mundo en el que las naciones surgían y caían a medida que pasaban por etapas de prosperidad y declinación. Fleury y Clarke deploraban la corrupción de sus contemporáneos, la que les impedía apreciar las antiguas virtudes de los israelitas. No debe suponerse, afirmaban, que cuanto más mirara uno en la antigüedad "más estúpida e ignorante" le aparecía la humanidad (1805: 18). Por el contrario, "las naciones tienen su período de duración, igual que los hombres". En consecuencia, debemos aprender a distinguir "lo que no nos gusta, habida cuenta de la distancia de épocas y lugares, aunque en sí mismo sea indiferente, de lo que, siendo bueno en sí mismo, nos disgusta por la sola razón de que somos corruptos en nuestras costumbres" (1805: 15). Esto puede no estar muy lejos de Lubbock y de su implementación de la idea, en 1870, de que se debía comprender a los salvajes modernos porque ellos nos daban una idea de los tiempos antiguos: su estado miserable medía la distancia que había recorrido la civilización. El no vivía en un mundo cíclico, sino en uno que evolucionaba. Sus esfuerzos se dirigían a sustituir una visión lineal de la progresión de la humanidad por otra, presentando batalla a quienes veían a los modernos salvajes como degenerados descendientes de pueblos civilizados; verlos como ejemplos de etapas superadas, permitía albergar la esperanza del progreso.

Tan pronto como un conjunto de ideas se pone en el contexto de otras, ya no parecen para nada semejantes. De hecho, esos ejemplos particulares se podrían asignar a paradigmas radicalmente diferentes (Stocking, 1984).[4]

[3] Y procede a describir "costumbres similares" y "rastros" de ellas tanto en la Europa clásica como en la moderna, subrayando "lo persistentes que son todas las costumbres y ceremonias relacionadas con el casamiento" (1875b: 242).

[4] Stocking (1984: 136) se refiere a la historia temprana de la antropología como una alternancia entre dos paradigmas, ambos diacrónicos. Los escritos de Lubbock manifiestan el paradigma del desarrollo progresivo y el de Fleury/Clarke un paradigma difusionista que deriva de presupuestos bíblicos sobre la genealogía de las naciones. Invoco esta dicotomía no para parodiar los numerosos estilos y líneas de pensamiento que contribuyeron a las premisas en que se basaba Lubbock (y más tarde Frazer), ni para fingir una historia, sino meramente como un signo de que hubo una historia.

Podríamos seguir. Cuando más de 40 años después de la conferencia de Lubbock, Frazer describió las costumbres de los antiguos israelitas, fueron sus investigaciones de amplio espectro en "la historia temprana del hombre" las que tornaron a aquéllas ampliamente plausibles. Su intención era demostrar que los antiguos israelitas no eran una excepción a la ley general, que su civilización al igual que otras había pasado por una etapa de barbarie y salvajismo (1918; vol.I: Prefacio). Aunque ésta era una idea similar a la de Lubbock, proporcionaba sin embargo un contexto muy diferente al de las ideas sobre el etnocentrismo que publicara Malinowski cuatro años más tarde. En su famosa introducción a la obra que presentaba a los isleños trobriandeses de Melanesia, Malinowski (1922: 25) afirma que en "cada cultura, los valores son ligeramente diferentes"; sin una comprensión de los deseos subjetivos por los cuales la gente define sus objetivos, el estudio de las instituciones, los códigos, las costumbres, sería vacío.[5] El mismo propósito (comprender los valores de otra gente) se concibe de una manera distinta; para Malinowski el objetivo es "captar el punto de vista del nativo". Los trobiandeses se han vuelto "salvajes" en un sentido juguetón. O bien podríamos saltar a las ideas de Geertz expresadas en la década de 1980. Su afirmación de que la antropología es la primera en decir que "el mundo no se divide en píos y supersticiosos" resulta una postura familiar. Pero cuando afirma que "vemos la vida de los otros a través de lentes que nosotros hemos pulido y que... ellos nos retornan una mirada a través de los propios" (1984: 275), esta versión de una mirada en dos sentidos, a su vez, pone una distancia significativa entre lo que él quiere significar y lo que quería significar Malinowski.

Para un no historiador, el punto desconcertante es éste: si uno mira lo suficientemente fijo, puede encontrar ideas muy anticipadas a su tiempo, o bien puede rastrear su similitud a través del tiempo. Pero cuando uno mira de nuevo y considera otras ideas, el sentido de similitud se desvanece. Un modelo de un mundo en evolución posiblemente no puede producir las "mismas" ideas de un modelo en el que las naciones pasan a través de ciclos de vida. De la misma manera, la mirada en dos sentidos de Geertz posiblemente no puede conducir a la misma clase de comprensión que la confianza de Malinowski acerca de captar la versión trobriandesa del mundo. Al comunicar su concepción del etnocentrismo, ninguno de estos escritores parece proponerse la misma cosa. Esto hace imposible explicar la prevalencia de ciertas ideas simplemente con referencia a otras ideas. ¿Sobre qué bases se pondrán algunas en primer plano, relegando otras a un contexto secundario? ¿Escribimos una historia de la idea del etnocentrismo, o una historia de sus diferentes premisas? ¿O es que al fin de cuentas no estamos tratando en absoluto con la "misma" idea?

Estos son los enigmas intrínsecos a la comparación intercultural. Son misterios antropológicos familiares. El problema es, entonces, a qué se parecerá una resolución antropológica de esos problemas. El dilema es que yo sé que esos conjuntos de ideas son diferentes, que el abismo que separa a Geertz de Mali-

[5] Un punto sobre el que Marett también publicó algo con el rótulo poco feliz de "psicología".

nowski, digamos, es tan hondo como el que separa a Malinowski de Frazer, o a Frazer de Lubbock, de Clarke y de Fleury. Pero ¿cómo me *persuadiré* a mí misma de lo que yo sé? Si la secuencia de las ideas es siempre tan ambigua ¿de dónde viene nuestro dramático sentido de los cambios y de los abismos? Debe venir del lugar que esas ideas ocupan en nuestras prácticas. De modo que debemos buscar no si esta o aquella persona concebía las otras culturas de esta o aquella manera (si la idea de etnocentrismo existía o no), sino la efectividad de la visión, la forma en que se implementaba una idea. Esta es la razón por la que mencioné la popularidad de Fleury y la vasta audiencia de las conferencias de Lubbock. El punto nos conduce al sorprendente fenómeno de la celebridad de Frazer.

La frase es de Leach (1966). Atribuyéndola en gran medida a la habilidad para montar espectáculos de la mujer de Frazer, Leach descartó hace 20 años la idea de que su celebridad se correspondiera con una reputación académica firme en la época de Frazer, entre los antropólogos al menos. Si ahora regreso al mismo problema, es por lo que ha pasado en la antropología social desde que Leach presentara su punto de vista. Suspendo el juicio y procedo como si lo que estuviera realmente en cuestión fuera la fascinación que ejercía Frazer en la imaginación de la gente. Esto resultará aplicable a la historia reciente de la práctica antropológica, pues toda revisión de las prácticas de la antropología tiene que reconocer la fuerza de la observación de Geertz (citada por Boon, 1982: 9): "¿Qué es lo que hace el etnógrafo?: Escribe". Si nos fijamos en la práctica, no podemos hacer nada mejor que fijarnos en la escritura antropológica. Dedico cierto tiempo a los escritos de Frazer mismo, pues el abismo entre él y la antropología que vino después nos dice mucho acerca de cómo llegamos a imaginar que existen efectivamente abismos y, por tanto, cómo nos persuadimos nosotros mismos de que ha habido una historia.

Sir James Frazer

Se sostiene frecuentemente que Frazer ejerció un profundo efecto sobre las mentes de sus contemporáneos. Downie (1970: 64) repite la famosa historia de Jane Harrison sobre un policía que le había dicho: "Yo acostumbraba creer todo lo que me decían, pero, gracias a Dios, leí *La rama dorada*, y he sido un librepensador desde entonces". Desde su aparición en 1890 —subraya Downie— el trabajo generalmente fue tratado con respeto, y señala la observación de Malinowski respecto de que *La rama dorada* fue "una obra conocida por todo hombre culto, una obra que ha ejercido una influencia suprema en diversas ramas del saber". (pág. 57).[6] Por cierto, *El folclore en el Antiguo Testamento* de Frazer, publicado en

[6] Malinowski (1962) elogia efusivamente al libro como "en muchos respectos, el más grande logro de la antropología". Pero, por supuesto, lo hace mediante una yuxtaposición que además lo coloca a él mismo en relación con Frazer ¡dando la bienvenida a la edición abreviada de *La rama dorada* como algo adecuado para llevar al campo! Los antropólogos en general manifestaron sus reservas. La revisión de Marett de la tercera edición (reimpresa en Marett, 1920) objeta fuertemente los paralelismos de Frazer; las supervivencias no deben tratarse como fósiles, sino que se las debe situar en un contexto psicológico (es decir, sociocultural). Algunas revisiones literarias de la época fueron igualmente frías (Leach, 1966).

1918, encontró pronta aclamación tanto en las revistas teológicas como en las literarias. Su obra no sólo parece haber hablado por su época, sino que ha ejercido una autoridad perdurable. Más que nada, Frazer promocionó la antropología. Para muchos que no son antropólogos, nadie, ni siquiera Malinowski, lo ha desplazado. Pero lo que asombra del efecto de su escritura es que ese efecto sea asombroso para los antropólogos; o más bien son éstos lo asombroso, porque Frazer, durante muchos años (algunos dirían que desde siempre), no disfrutó de un lugar respetable en la historia de la disciplina. Por el contrario, la moderna antropología británica se considera a sí misma no sólo no-frazeriana, sino positivamente antifrazeriana. Los antropólogos sociales a menudo se burlan de Frazer, lo ponen en ridículo, y consideran que su folclore ha sido invalidado tiempo ha.[7]

¿Qué era, entonces, esa fascinación que Frazer ejercía en la imaginación de tanta gente? Y ¿qué es lo que crearon, a su vez, los que fundaron la antropología moderna? Utilizo la palabra "moderna" deliberadamente, en un contexto en el que todas las partes nos informan que estamos en una época posmoderna. Como resultará evidente, esta representación reciente deja un lugar contemporáneo para Frazer que difícilmente fuera concebible veinte años atrás. Este giro reciente sugiere que los antropólogos, después de todo, podrían encontrar que ciertas partes de Frazer son más legibles de lo que pensaban.

Lo interesante es la forma en que los antropólogos modernos llegaron a construir un Frazer que ostensiblemente no era de su tiempo, y en que una escritura que para tantos otros era eminentemente legible se presentó como algo sumamente ilegible.[8] Para el gusto de un historiador, mi versión inevitablemente otorgará demasiado peso a la significación de esta figura, como si hubiera sido verdaderamente central en el giro que tuvo lugar en la disciplina. Mi reseña ignora a otras figuras, tanto a las que se han convertido en ilegibles como a las que los antropólogos retornan cada tanto, considerándolas precursoras. Es extraño retornar a Frazer de esta manera: la más literaria de estas figuras llegó a ser la más completamente ilegible. Frazer se hizo visible como una víctima del cambio.

En un ataque más amargo, recientemente renovado, contra la moderna antropología social, Jarvie (1964, 1984) deliberadamente promueve a Frazer como víctima.[9] Toma en préstamo la metáfora del derrocamiento del sacerdote: "El primer grito de la batalla de la revolución fue 'maten al sumo sacerdote' ".

[7] Leach presenta una exposición flemática para audiencia no antropológica: "El actual renombre de Frazer en gran medida es inmerecido. La mayor parte de sus propias contribuciones a la antropología y a la religión comparada ha demostrado ser inútil" (1983: 13). Debo aclarar que no pretendo hacer una revisión de la concepción de Leach en particular (leí a Leach, 1966, después de escribir el núcleo de este estudio).

[8] Junto a Frazer caen incluso sus críticos contemporáneos, como Marett; se consideró ilegible una cantidad enorme de escritura antropológica. La obra de Frazer misma llegó a parecer sumamente aburrida, y ya no la "gloriosa y dramática lectura" que encuentra Jarvie (1964: 33).

[9] Jarvie quiere decir esto literalmente. Los que no conceden demasiada estatura a Frazer lo toman metafóricamente: las víctimas reales deben encontrarse en otra parte. Los blancos predilectos de Malinowski incluyen, por ejemplo, la antropología de investigación de Rivers y Seligman (Langham, 1981) y el difusionismo de Elliot Smith (Leach, 1966). Como un comentario de la creación de víctimas, véase la revisión de Urri (1983) de la reseña de Langham. Langhman se ocupa principalmente no de

Bastante más prosaica, sin embargo, es su queja respecto de que "infinitas dosis de trabajo de campo sean tan aburridas" (1984: 15). Desde una perspectiva de posguerra, por cierto, la nueva antropología tal como se desarrolló en las décadas de 1920 y 1930 aparecía en competencia directa con la de Frazer sobre la cuestión misma del trabajo de campo. Mirando retrospectivamente, Evans-Pritchard comentaba que las fuentes literarias habían tenido que suplantar la "observación directa" (1951: 10).[10] Fue más que nada por las posibilidades de observación directa del trabajo de campo que se pudo reemplazar a las fuentes literarias y que Malinowski, junto con Radcliffe-Brown, asesinó a Frazer (la imagen es de Jarvie 1964: 1).

Jarvie también promueve a Malinowski como el instigador de la revolución, fechada alrededor de 1920. En su alegoría, "Malinowski planeó y dirigió la revolución social, queriendo revocar al *establishment* de Frazer, Tylor y sus ideas; pero primordialmente la revolución fue contra Frazer" (1964: 173). Como él la ve, la revolución tenía tres objetivos: 1) reemplazar la antropología de sillón por la experiencia de campo; 2) en el dominio de la religión y la magia, reemplazar la atención de Frazer hacia las creencias por el estudio de la acción social (el rito); y 3) reemplazar las falsas secuencias evolutivas por una comprensión de la sociedad contemporánea. Jarvie está lejos de estar solo en esta perspectiva. La sabiduría recibida establece que la observación en el trabajo de campo implica que las prácticas de la gente se pueden registrar en su contexto social inmediato. Esto modificó los tipos de explicación que buscaban los antropólogos. Malinowski (igual que Radcliffe-Brown) insistió en que las prácticas debían relacionarse con otras prácticas, que los intercambios de alimentos y objetos valiosos en las ceremonias nupciales, por ejemplo, eran inteligibles a la luz de reglas locales de herencia y tenencia de la tierra. Para dar cuenta de tales ceremonias en las islas Trobriand, Malinowski se volvió no hacia las prácticas que se encontraban en otras culturas, sino a otros aspectos de la misma cultura. El resto es bien conocido: esto condujo a una perspectiva de las sociedades individuales como entidades a ser interpretadas en sus propios términos, de modo que tanto las prácticas como las creencias fueran consideradas intrínsecas a un contexto social específico. Estas sociedades así identificadas se vieron como todos orgánicos, y más tarde como sistemas y estructuras; y la empresa comparativa en la que situaron los modernos antropólogos devino así la comparación de sistemas distintos.

Ciertamente, esta concepción de la comparación transcultural se ha engranado tanto en la disciplina que resulta curioso leer la afirmación del propio Frazer respecto de que el suyo era "el método comparativo" (1918, vol. I: viii).

Frazer y Malinowski, sino de Rivers y Radcliffe-Brown. Urry señala que Langham acusa a Radcliffe-Brown "de prácticamente todo, y casi de asesinato" por eclipsar la contribución de Rivers a la antropología británica (pág. 401).

[10] Oscurecido por la dicotomía entre la observación directa y las fuentes literarias está el hecho de que las fuentes literarias de Frazer eran en gran parte reportes sobre observaciones de etnólogos a quienes había solicitado que mantuvieran correspondencia con él. La dicotomía oscurece entonces el status literario del reportaje mismo.

Frazer quería significar no la comparación de sistemas sociales, sino la recolección de diversas costumbres para arrojar luz sobre un conjunto particular. La luz se podía dirigir en cualquier dirección: las creencias y prácticas en cualquier parte del mundo iluminarían aquellas que estaban en estudio, mostrando antecedentes posibles o una tendencia de las gentes, en todas partes, a pensar de la misma manera. Los procedimientos comparativos de Frazer incluían tanto la proposición de que en cualquier pieza de conducta se encontrarán rasgos de hábitos anteriores que ayudarán a explicar las formas actuales, como la proposición de que las prácticas debían comprenderse como efectos de creencias. De este modo, era posible explicar prácticas ampliamente difundidas mediante creencias ampliamente difundidas. La revolución tuvo éxito, hasta el punto de que el método comparativo de Frazer comenzó a parecer no simplemente erróneo, sino absurdo. El nuevo trabajo era la comparación de sociedades como tales. Y ella requería una afanosa atención a esos detalles que tornan distintivas a las sociedades particulares y que Jarvie encuentra tan tediosos. Pero Frazer no era precisamente desatento a los detalles. Como veremos, fue sobre el ordenamiento de esos detalles que Jarvie ha estado protestando.

Aunque todavía hay algún debate sobre las propias argumentaciones de Frazer, con cierta frecuencia se las condena por su estilo. En lugar de ocuparse del problema de los residuos históricos o de la compatibilidad de las creencias, el antropólogo moderno tiende a objetar la estructura narrativa de Frazer. Su obra se critica por ser *demasiado literaria*. Se la critica también por tratar los sucesos, la conducta, el dogma, los ritos, fuera de contexto. La "antropología frazeriana" es sinónimo de correrías indisciplinadas sobre datos etnográficos sin respeto por su integridad interna, por la forma en que encajan como partes de un sistema o en que poseen significado para los actores. De hecho, es muy oportuno que sea su estilo lo que trastorna al antropólogo moderno, porque lo que está más allá de toda cuestión es la clase de libro que él escribió.

Tomo como ejemplo *El folclore en el Antiguo Testamento* de Frazer, el cual reúne un texto clásico y una tradición de exégesis histórica de la Biblia junto con los resultados acumulados de su método comparativo, una vasta colección de costumbres que arrojó luz sobre la vida de los antiguos hebreos.[11] La diversidad de sus ejemplos es escalofriante.[12] En primer lugar, recorre di-

[11] Este trabajo, escrito en vísperas de la revolución malinowskiana, está en directa continuidad con la posición que Frazer había alcanzado con la tercera edición de *La rama dorada*: él deseaba un contexto para anticipar la información que había estado amasando sobre el pensamiento y la cultura primitiva. Ciertamente, aquél puede leerse como una disquisición sobre la religión, el poder y la política (véase Feeley-Harnik, 1985), éste como un trabajo sobre el parentesco, el matrimonio y (con sus pasajes sobre la herencia y las relaciones de propiedad) economía.

[12] Mientras su predecesor en el campo, Robertson Smith, se había limitado en *The Religion of Semites* (1956 [1894]) a un grupo de naciones emparentadas (categorizadas globalmente, como para incluir árabes, hebreos, fenicios, arameos, babilonios y asirios), Frazer se permitía a sí mismo vagar por el mundo. Para una comparación entre esa obra y *La rama dorada*, véase Jones (1984). Smith estaba específicamente interesado en un contraste *entre* la religión semítica y la religión aria, y sencillamente no podía asimilar las creencias y prácticas de una a las de la otra.

versos episodios de la historia del Antiguo Testamento: la creación del hombre, su caída, la marca de Caín, el diluvio, la torre de Babel, el convenio de Abraham, la herencia o ultimogenitura de Jacob, Jacob y los cabritos, etc. En segundo término, todo eso sirve de ocasión para disquisiciones sobre los mitos de origen, el tratamiento de los homicidas, los mitos sobre el diluvio, las variedades de sacrificio, las reglas de herencia, la poligamia, etc., tratando cada tema como un episodio narrativo. En tercer lugar, esos episodios se hacen aun más episódicos, merced a los comentarios que los acompañan. El casamiento de Jacob es pretexto para un tratado (el término es de Marett) en 18 secciones y de casi 300 páginas: Jacob y sus dos esposas, el casamiento de los primos, el casamiento de los primos en la India, América, Africa, en el archipiélago indio, en Nueva Guinea y en las islas del estrecho de Torres, en Melanesia; por qué se favorece el casamiento de primos cruzados y se prohíbe el de los primos paralelos, incluyendo una detallada argumentación sobre diversas teorías acerca del casamiento de los primos cruzados, etcétera. Finalmente, las secciones son ellas mismas compuestas: la que trata sobre el casamiento en Africa incluye referencias a los hebreos, los bantu, los nyanja, los awamba, los wagogo, los wahele, los baganda, los banyoro, los basoga y otros.

Cada ejemplo está en su lugar. Frazer adscribe fielmente costumbres particulares a pueblos particulares. Hay respeto por sus orígenes específicos, como lo hay al establecer la diferente autoría de los manuscritos clásicos o bíblicos. Pero el efecto de apilar ejemplo sobre ejemplo logra lo opuesto. Se pierde cualquier sentido de la especificidad de los israelitas, por no decir nada de la distintividad del estrecho de Torres o de Melanesia. De hecho, hay una contraespecificidad en su demostración de la similitud. El mismo Frazer dice (1918, vol. 2: 97): "La narración del casamiento de Jacob, sea estrictamente histórica o no, refleja costumbres matrimoniales que han sido observadas por muchos pueblos más o menos primitivos en muchas partes del mundo; y de acuerdo con esto podemos suponer cabalmente que costumbres similares fueron practicadas por los israelitas en una etapa temprana de su historia". La demostración de similitudes establece la autenticidad de esos registros bíblicos como descripciones plausibles de conducta real. La fuerza de esto se puede apreciar si se lo contrasta con un ámbito de trabajo erudito, interesado en el problema de cuán verdadero puede ser un registro. Utilizar (digamos) las prácticas melanesias para que las israelitas parezcan menos extrañas, significa, por supuesto, que no se puede sostener un contraste interno entre las prácticas israelitas y melanesias. Pero la estrategia es deliberada. Frazer aísla tres elementos en las circunstancias de Jacob: el casamiento entre primos, el casamiento de un hombre con dos hermanas sucesivamente y el servicio de la novia:

> Propongo esas tres costumbres para ilustrar mediante ejemplos y para inquirir luego su origen y significación. Aunque al hacerlo nos alejaremos de nuestro tema inmediato, que es el folclore del antiguo Israel, la excursión puede disculparse si arroja una luz seria sobre las exquisitas pinturas de la edad patriarcal en el Génesis y si en consecuencia nos ayuda a revelar la profundidad y solidez del trasfondo humano contra el que están pintadas las figuras de los patriarcas.

Sus 280 páginas de ejemplos "alcanzan para probar que casamientos como el de Jacob han sido y siguen siendo practicados en muchas partes diferentes del mundo. ...El patriarca actuó conforme a costumbres que son plenamente reconocidas y estrictamente observadas por muchas razas (1918, vol. 2: 37i). El relato bíblico no es "un cuadro fantasioso", sino que retrata ordenamientos sociales "tomados de la vida".

Pero ¿alguna vez se pensó que esas costumbres eran meras fantasías? Frazer es ambiguo sobre la manera en que su reseña participa exactamente en el debate sobre la historicidad del Antiguo Testamento. La estrategia de Frazer tendría sentido en una atmósfera de incredulidad acerca de las costumbres israelitas, o por lo menos ante una actitud que considerara que muchos rasgos e incidentes menores eran ornamentos narrativos, no por otras razones. Su "sociología comparativa" mostraría que en el contexto de las culturas del mundo, la experiencia israelita no es tan extraña. Pero ¿era realmente así como la gente de su época consideraba el Antiguo Testamento? Seguramente, para muchas de las mentes que él influenció, el Viejo Testamento parecería sumamente familiar, y sus numerosos eventos una parte intrínseca del cuento muchas veces contado. De hecho, hay cierto tañido de Escuela Dominical en los episodios que él enumera. Realmente no podemos atribuir a Frazer el problema de Fleury de superar la antipatía de la gente hacia los antiguos israelitas, como paradigma de una sociedad menos educada que la propia. Sería más verosímil que fueran los ejemplos etnográficos los que pusieron a prueba la credulidad.

Al colocar los israelitas lado a lado con las culturas africanas o melanesias, sin embargo, Frazer no está precisamente haciendo creíbles a los israelitas. El afirma que se puede presuponer que los antiguos hebreos, como cualesquiera otros, han pasado a través de "una etapa de barbarie, y aun de salvajismo; y esta probabilidad, basada en la analogía con otras razas, se confirma mediante un examen de su literatura, que contiene muchas referencias a creencias y prácticas que difícilmente podrían explicarse, excepto bajo la suposición de que son supervivencias rudimentarias de un nivel inferior de cultura" (1918, vol. 1: vii). Continúa: "El instrumento para la detección del salvajismo bajo la civilización es el método comparativo, el cual, aplicado a la mente humana, nos permite rastrear la evolución intelectual y moral del hombre" (pág. viii). ¿Era esta rotulación de prácticas contemporáneas como supervivencias lo que constituía gran parte de la fascinación que ejerció Frazer en su época? ¿Habrían sus lectores aplicado a ellos mismos "la detección del salvajismo bajo la civilización"?

Y si Malinowski realmente derrocó al sacerdote ¿fue por haber derrocado su doctrina central? Malinowski y sus colegas formularon la misma proposición pero al revés: la detección de la civilización bajo el salvajismo. Quizá la visibilidad de Malinowski en la antropología moderna radique en parte en ello, porque él proporcionó un contexto particularmente persuasivo para su proposición por su forma de escribir. Sigo la observación de Boon: la antropología frazeriana, más que nada, fue superada por una nueva clase de libro; Malinowski tornó obsoleto el estilo de Frazer (Boon, 1982: 13, 18).

Se ha puesto muy de moda escrudriñar los efectos de la narrativa antropológica, especialmente en el caso de Malinowski, un escritor autoconsciente con un fundamento filosófico que modelaba su estrategia frente al arte de representación y la concepción de un texto (por ejemplo, Thornton, 1985). No quiero hablar con ligereza de la literatura crítica, hoy muy extensa. Quiero tocar más bien una cuestión más restringida: el impacto del escritor sobre la imaginación, desde la perspectiva del tipo de relación que se define entre escritor y lector y entre escritor y asunto. Ellas están mediadas por relaciones internas al texto, por la forma en que un escritor ordena sus ideas. En las obras de Malinowski aparecen nuevas yuxtaposiciones, nuevas distinciones, que permitieron que el método comparativo procediera de una manera muy distinta. Por cierto, para preparar la escena para una comparación entre las estrategias de Frazer (evidenciadas especialmente en *El folclore*) y las de la moderna antropología, necesito un terreno neutral; ésta es la razón por la que enfatizo sus obras como productos literarios. Al definir este terreno, me ocuparé de la primera de las dos críticas que frecuentemente se dirigen a la escritura de Frazer: que es *demasiado* literaria.

Ficciones persuasivas

Señalar una pieza de escritura como "literaria" es como señalar a una persona por tener "personalidad". Obviamente, en la medida en que una pieza de escritura persigue cierto efecto, debe ser una producción literaria.

Las dificultades surgen cuando se alteran o distorsionan los hechos evidentes de un caso en busca de un efecto particular. Frazer es ciertamente culpable de este cargo; no se esforzó por hacer una "narración llana". De modo que se lo ha acusado no simplemente de crear una atmósfera de salvajismo romántico, sino de corromper el testimonio de sus fuentes para hacerlo así (Leach, 1966: 564). Como sea, los antropólogos tienen en sus manos el problema particular de la producción literaria, y es este problema lo que torna a Frazer tan antropólogo como Malinowski.

El problema es técnico: cómo crear un conocimiento de diferentes mundos sociales cuando lo único que se dispone es de un conjunto de términos pertenecientes al propio.[13] Me refiero a algo más que a pasar por encima del aroma de una atmósfera particular: tanto Frazer como Malinowski crearon evocaciones descriptivas, coloreadas por una sensación de estar en el lugar[14]. También me refiero a algo más que a la facilidad de traducir de una visión del

[13] En parte, como demostraré luego, ésta es una construcción modernista (la idea holística de una cultura a la que todo pertenece). Estoy agradecida a David Lowenthal (comunicación personal) por señalarme que la preservación del lenguaje concede a la alteridad de los términos (extranjeros, anacrónicos) cierta vida propia. Pero hay en parte otra cuestión, que proporciona el marco a la reseña de Boon: el hecho de que no hay ningún lugar fuera de una cultura, "excepto en otras culturas o en sus fragmentos y potencialidades" (1982: ix). Se podría considerar este un "problema" técnico cuyo marco de referencia teorético está provisto por la percepción de un hecho social: la presencia de otros hechos sociales en el mundo. Esto conduce al tipo de técnicas esotéricas de resolución de acertijos que, como Langham afirma (1981: 19), indican la presencia de una ciencia madura.

[14] El escritor utiliza las impresiones que le produjo el lugar para comunicar al lector información

mundo a otra. Cuando se enfrenta con ideas y conceptos de una cultura concebida como diferente, el antropólogo afronta la tarea de dar cuenta de ellas en el interior del universo conceptual que las contiene, y por lo tanto tiene que crear ese universo. Si en los intercambios que acompañan a un casamiento melanesio yo observo que se paga a los padres de la novia por sus sentimientos hacia ella, estoy yuxtaponiendo ideas que en el lenguaje que estoy usando son normalmente antitéticas. La emoción no es una mercancía. Aunque puedo intentar escapar de la palabra "pago", sigue siendo evidente que estoy describiendo como una transacción lo que es también una relación de afinidad: una relación que normalmente interpretaríamos como flujo de emociones entre personas, y no algo que se puede transferir a terceras partes. El espacio debe clarificarse antes de que yo pueda comunicar la unidad de acción que una descripción en inglés refiere como un compuesto de elementos disjuntos.

Esto es parte de un problema general de comunicación, "tender un puente entre las experiencias del lector y las de la gente a la que el investigador desea describir para él" (Runciman, 1983: 249). El efecto de una buena descripción es aumentar la experiencia del lector. Pero las mismas experiencias del lector son un problema: ¿qué garantía hay de que la descripción no alimentará el prejuicio y que, lejos de aumentar, no encogerá aun más una perspectiva estrecha?[15] Típicamente pensamos que los antropólogos crean dispositivos por medio de los cuales se puede comprender lo que otra gente piensa o cree. Simultáneamente, por supuesto, ellos están ocupados construyendo dispositivos para modificar lo que su audiencia piensa o cree.

Preparar una descripción requiere estrategias literarias específicas, la construcción de una ficción persuasiva: una monografía se debe disponer de tal modo que pueda comunicar composiciones de ideas originales.[16] Esto es una función de su propia composición interna, de la organización del análisis, de la secuencia en que se presentan los conceptos al lector, de la forma en que

---

sobre éste. Lo que para un europeo es vivir en una tienda en las islas Trobriand, comunica un retrato de cierta clase sobre los trobriandeses. Thornton (1985: 9) sitúa esta aspiración por la imagen concreta en el contexto de las teorías de Malinowski sobre el rol de la imaginación, "fundadas en una concepción positivista de la exigencia psicológica real de las imágenes... en la mente, lo que permite que la aprehensión de la realidad tenga lugar".

[15] Goodenough (1970: 105) escribe que el problema de la etnografía es el de producir una descripción que represente satisfactoriamente "lo que uno necesita saber para jugar el juego aceptablemente, según los estándares de quienes ya saben jugarlo". Esto implica una fuerte intención de comparar estándares por parte del lector.

[16] Podemos ahora observar los argumentos de Frazer sobre la magia y el ritual sobre los orígenes del totemismo como algo que clarifica un espacio conceptual (en un campo de otra manera dominado por una dicotomía entre la religión y la ciencia) para, entre otras, la reseña de Spencer y Gillen sobre las ceremonias de crecimiento australianas. Thornton (1985: 10) habla de la influencia de Frazer (y de Mach) sobre Malinowski, como una influencia que creó "un nuevo espacio discursivo para la argumentación etnográfica". Sobre el espacio etnográfico en general, véanse Marcus y Cushman (1982: 42).

se yuxtaponen las categorías o se revierten los dualismos. Afrontar el problema es afrontar la disposición del texto. Que un escritor escoja (digamos) un estilo "científico" o uno "literario" señala el tipo de ficción que es; no existe la posibilidad de escapar a la ficción.

Utilizo el término "ficción" haciéndome eco de la observación de Beer (1983: 3) respecto de que la teoría es más bien ficticia cuando se la esboza inicialmente. Ella se refiere a la narrativa de Charles Darwin: "La desprolijidad de la correspondencia entre el mundo natural como se lo percibe habitualmente y como se lo imagina hipotéticamente mantiene a la teoría misma, durante un tiempo, en una perspectiva provisional semejante a la de la ficción". El problema es la nueva organización del conocimiento. Darwin —sugiere Beer— "narraba una nueva historia, a contrapelo del lenguaje disponible para narrarla" (pág. 5). ¿Cómo se "imagina" un mundo natural, en un vocabulario y en una sintaxis creados por un mundo social? Su éxito se mide por la medida en que la nueva narrativa se convierte en determinante. La cuestión no es simplemente cómo dar vida a ciertas escenas, sino cómo otorgar vida a las ideas.

Mediante la imaginería se ponen en circulación unos cuantos tropos. Darwin se basó en la metáfora del parentesco, entre otras (véase Beer, 1986), en la idea del tejido de interrelaciones entre parientes, para otorgar forma concreta al concepto de afinidad evolutiva. Se extendió una imagen de proximidad a todo el mundo viviente con un propósito específico: no sólo sugerir que todas las criaturas del mundo podían imaginarse bajo la tutela de una sola ley (o deidad), sino que existían grados demostrables de afinidad entre ellas. Beer sugiere que esta demostración se logró mediante algo más que la promoción de imágenes adecuadas. Se sugirió la idea de un todo orgánico con diversas partes mediante la organización del texto mismo (Beer, 1983: 97).[17]

> Para que su teoría funcionara, Darwin necesitaba dar la sensación de libre juego... En su epistemología, la argumentación debe surgir de una plétora de ejemplos porque, por su propia naturaleza, su texto debe evitar alinearse con los procedimientos de la selección artificial... Es esencial para la *teoría* de Darwin que la multitud y variedad del mundo natural fluyan a través de su lenguaje. Su teoría desconstruye cualquier formulación que interprete el mundo natural como algo conmensurable a la comprensión que el hombre tiene de él. El mundo es coextensivo a su razonamiento. Pero en el uso de la metáfora y la analogía encontramos una forma de restablecer la equivalencia sin una falsa delimitación.

[17] Darwin no estaba simplemente utilizando "realidades bien comprendidas" con las que las mal comprendidas "pudieran ser llevadas al círculo de lo conocido" (Geertz, 1983: 22). Estaba alterando el sentido mismo de las realidades bien comprendidas. De este modo, Beer sugiere que él destruyó los preconceptos de clase contemporáneos incorporados en las connotaciones aristocráticas de los árboles genealógicos; la historia del hombre se convirtió en una intrincada y extensa red familiar, siempre consciente de su origen inferior (1983: 63).

Si Frazer también escribió ficción determinante, lo que se debe explicar en su caso es su aceptación sorprendentemente pronta. Una razón, sospecho, es que las presuposiciones de la audiencia a la que se dirigía suministraban ampliamente el contexto para su escritura. Contra un trasfondo de erudición clásica y hebrea, cuya presencia —ya que no sus detalles— los lectores darían por sentada , él simplemente les presentó una tercera clase de material: el mundo primitivo del cual tomaba sus comparaciones. Aquí fincaba la fuerza organizadora de sus relatos. La efectividad de esta yuxtaposición yacía en las minucias comparables del caso que presentaba. El no tenía que crear el contexto en el que sus ideas pudieran tomar forma, ni promover como dispositivo organizador una imagen tomada de otro dominio, como la metáfora darwiniana del parentesco entre las cosas vivientes. Hacia el 1900, por cierto, muchas de las ideas de Frazer ya no eran notables. Encontrar vestigios del pasado en el presente, tratar el Antiguo Testamento como un archivo, establecer paralelismos contemporáneos con prácticas anteriores no requería en sí ninguna nueva conceptualización.

Frazer se ocupó de la pluralidad y la diversidad (como lo afirma Beer, eso era esencial para la conceptuación darwiniana de la profusión del mundo natural), pero no representó esta profusión en términos de un conjunto novedoso de interrelaciones. Las ideas sobre la evolución del pensamiento humano desde el salvajismo a la civilización habían sido ventiladas ampliamente. Más aun, lejos de ir a contrapelo de su lenguaje, Frazer se glorifica en el lenguaje que tenía a mano: los prefacios a *La rama dorada* (1900, 1890) y *El folclore en el Antiguo Testamento* expresan su parentesco literario con los antiguos. La música etérea que, en espíritu, él escuchó en Nemi, armonizaba con su oído para los salmistas, los profetas y los historiadores del Antiguo Testamento que iluminaron el lado oscuro de la historia antigua, glorias literarias "que vivirán para deleitar e inspirar a la humanidad" (1918, vol. 1: xi). Quizá, como en el caso de las inexistentes campanas de Nemi, él pudo tomarse las libertades que se tomó porque su lenguaje era tan seguro. Una de las causas del impacto de Frazer sobre sus lectores en general, entonces, debe de haber sido la familiaridad, y no la novedad, de su lenguaje y de sus temas. Y la *sensación* de novedad que también tenemos que reconocerle se originaba, como veremos, en su cercanía con los lectores, en lo que él compartía con ellos, y no —como fue el caso con la antropología que le siguió— en un distanciamiento deliberado.[18]

Pretendo sugerir que la autoconciencia respecto de crear un distanciamiento entre escritor y lector, y de crear de ese modo un contexto para ideas que en sí mismas son novedosas, resurgió en la antropología como un fenómeno "modernista". Esa autoconciencia requería que el escritor estuviera en una

[18] Frazer y sus predecesores tenían en claro que ellos eran modernos en una época que se consideraba a sí misma como moderna. Pero uno tiene la sensación de que los salvajes que presentan en sus páginas estarían de acuerdo, si pudieran, con su ordenamiento del mundo. Después vendría una clase diferente de autoconciencia, que ni siquiera habría de insinuar semejante acuerdo. Esto generó un nuevo distanciamiento entre el etnógrafo y sus lectores.

relación específica con su escritura. Por implicancia, el observador debía estar en una relación particular con el observado, enmarcando el ejercicio intelectual como un empeño de una clase particular.

Los libros que se han vuelto ortodoxos en los últimos 60 años son modernistas en este sentido. Recientemente, por supuesto, ha habido muchos cuestionamientos al status autoral del antropólogo. Si vamos a seguir a Ardener (1985), estos cuestionamientos señalan el fin del modernismo, porque tornan explícita la reflexividad implítica de todo el ejercicio antropológico de esos 60 años, la relación entre el antropólogo y el otro construido como un objeto de estudio (por ejemplo, Crick, 1982: 15). La división entre observador y observado siempre ha sido autoconsciente. Lo que tipificó el modernismo de la antropología fue la adopción de esta división como un ejercicio teorético a lo largo del fenómeno del trabajo de campo. El antropólogo que "entraba" en otra cultura llevaba con él esa autoconciencia del otro. Eso fue lo que inventaron los trabajadores de campo de la época de Malinowski. Cualquiera haya sido la naturaleza de sus experiencias de campo, ésta se reinventaba visiblemente en la forma en que se organizaban las monografías.

Poniendo las cosas en contexto

El modernismo puede significar tanto o tan poco como uno desee. No pretendo una definición de la idea, sino solamente señalar su actual apropiación, que define una época antropológica específica.[19] Ardener ha delineado cuidadosamente el carácter particular del modernismo en antropología, que no siempre está sincronizado con las formas modernistas de otros campos. El, sin embargo, vincula a Malinowski con su creación. Malinowski "reordenó por completo la antropología social" (pág. 50), dándole un manifiesto que por encima de todo fincaba en un cambio percibido en la técnica. El trabajo de campo fue la nueva estrategia, mediante la cual el antropólogo podía intervenir (como lo expresa Ardener) en ciertos puntos del tiempo y el espacio "en los que él o ella se comportaban como un dispositivo indicador ideal" (pág. 57). Se rechazó el historicismo en favor del descubrimiento del holismo y de la sincronía. La nueva antropología tornó obsoletas las viejas formas de tratar con la diversidad cultural, y se conoció a sí misma al hacer esto.[20]

Esta génesis del modernismo está de acuerdo con la noción de que Malinows-

[19] De aquí que mis referencias al modernismo (y al posmodernismo) estén mediadas por los escritos de un pequeño puñado de antropólogos y que estén enfatizadas pensando en los comentaristas, más que en los exponentes del género.

[20] Este conocimiento es importante. De aquí la afirmación de Ardener respecto de que el siglo XIX fue verdaderamente "moderno", y el XX sólo moderno como género, y por lo tanto más exactamente "modernista". Dentro de la antropología, la fase modernista expresa un desplazamiento del historicismo con un énfasis deliberado en lo contemporáneo.

ki instigó la revolución que derrocó a Frazer. Al mismo tiempo, es ampliamente superficial hablar de una revolución malinowskiana, como si hubiera habido semejante evento y como si Malinowski (a despecho de lo que él mismo afirmara) la hubiera dirigido solo. Lo que tenemos que explicar es cómo esta figura llegó a reemplazar a la idea de que ha habido una revolución, un giro en la disciplina.

Es importante desmistificar esto, porque es fácil demostrar que lo que fue verdad para Frazer lo fue también para Malinowski: sus ideas no fueron particularmente novedosas. De este modo, él promovió el funcionalismo, pero si los argumentos funcionalistas se pueden rastrear hasta en la misma obra de Frazer (véanse Lienhardt, 1966; Boon, 1982), hay aquí más continuidades que las que admite la idea de una revolución. Es posible recordar que Marett urgía en 1912 una interpretación funcionalista de "la vida social como un todo" (Langham, 1981: xix-xx; Kuper, 1973: 31),[21] o señalar que "Jarvie lo hace sonar como si Malinowski, sin ayuda de nadie más, reaccionara directamente contra la obra de Frazer. De hecho, Rivers y sus colegas, A. C. Haddon y C.G. Seligman, fueron decisivos en el cambio del estilo del evolucionismo social del siglo XIX al estructural-funcionalismo del siglo XX" (Langham, 1981: 59). También se puede preferir sindicar a Radcliffe-Brown como el principal instigador de la quiebra de las anteriores oscilaciones entre paradigmas diacrónicos (Stocking, 1984), o señalar la exageración de las subsecuentes valoraciones del interés de Frazer hacia las creencias, en detrimento de los ritos (Boon, 1982:11). Lo más irónico de todo han sido los exagerados reclamos que se han hecho para resaltar la promoción del trabajo de campo por parte de Malinowski y para negar que él lo hubiera inventado en absoluto.

Firth (1985) señala una tradición de trabajo de campo que ya se hallaba encaminada antes de su apoteosis por parte de Malinowski. Sugiere que la novedad de Malinowski radica más bien en la elevación del método al rango de teoría (véase Leach, 1957: 120). Stocking (1983: 93) ha desenterrado las prescripciones de Rivers sobre el trabajo de campo, quien, en 1913, difundió el programa que Malinowski actualizó: El trabajador debe permanecer un año o más en el campo, en una comunidad en la que se haga conocido de todos y, no conforme con información generalizada, debe estudiar cada rasgo de la vida en sus detalles concretos. "Mucho antes de que se sintiera la influencia de Malinowski, se saludó a Rivers como el apóstol de la nueva estrategia de trabajo de campo" (Langham, 1981: 50). ¿La diferencia era entonces que Malinowski hizo de su trabajo de campo una cuestión de "ponerse uno mismo en una situación en que se pueda tener cierto tipo de experiencia"? (Stocking, 1983: 112). Investigando a los numerosos antropólogos que por ese entonces abandonaron las universidades inglesas para ir al campo y comprobando la naturaleza inten-

[21] De la edición de 1912 de *Notes and Queries on Anthropology*. Marett recomienda una investigación exhaustiva e intensiva de la organización social, no sólo estáticamente (estructura) sino dinámicamente (proceso). Más aun, argumenta que el único esquema que posee valor científico debe ser articulado por el observador mismo, para adecuarse a las condiciones sociales de la tribu específica que se estudia.

siva de sus estudios, Stocking se ve obligado a afirmar: "Aquí parece haber algo más que carreras institucionalmente marginales... en la evocación de esos otros etnógrafos académicos de la generación de Malinowski... [conocer] sus monografías tempranas nos los presenta como innovadores etnográficos autoconscientes" (pág. 84).[22] Si Malinowski no inventó verdaderamente el holismo, la sincronía, el trabajo de campo intensivo y el resto ¿es que no ha habido invención en absoluto? Yo ya he insinuado mi respuesta: que todo se basaba en su forma de escribir, y específicamente en la organización del texto. Esto implementó las clases de relaciones entre escritor, lector y asunto que iban a dominar la antropología, británica y más allá, durante los siguientes 60 años.

En contraste, su estilo descriptivo como tal es retrospectivo. Ciertamente, es por este aspecto de su estilo que se ha afirmado a menudo que Malinowski imita a Frazer. Leach (1957: 119) se refiere a su "estilo frazeriano de fina escritura", Firth alude al modo romántico de Malinowski, opuesto al modo clásico de Radcliffe-Brown, y Kaberry (1957: 87) afirma que fue la aceptación de las distinciones conceptuales de Radcliffe-Brown (y no las de Malinowski) lo que llevó a un difundido estilo de escritura etnográfica que enfatizaba la precisión definicional y el estilo llano. Lo que debe dejarse en la puerta de Malinowski, más bien, es la proclamación de los tipos de espacios que deben hacerse para comunicar las "nuevas" ideas analíticas. Se debió a su contextualización novedosa que sus ideas parecieran nuevas y que otros estudiosos que podrían considerarse sus anteriores exponentes se volvieran invisibles. Para los antropólogos, su poder radica en el paralelismo entre el marco de la monografía y el marco de la experiencia de campo.

El trabajo de campo hizo posible una nueva clase de ficción persuasiva. Pero yo seguiría a Clifford (1986) al sugerir que esto debería considerarse al revés: la experiencia de campo *se reconstruía en las monografías*, de manera que se convertía en un dispositivo de organización de la monografía como tal.[23] Malinowski fue capaz de crear un contexto para ideas "nuevas" (tales como la percepción de la sociedad como un todo funcional) trazando gran parte del contexto cultural y social en el que se encontraban las ideas indígenas. Este, por cierto, fue el tema de su conferencia Frazer sobre el mito (Malinowski, 1932 [1925]), una disquisición acerca de la importancia de observar los mitos en su contexto de vida, es decir, en la sociedad y en la cultura que el etnógrafo describe. Las ideas trobriandesas poseen funciones que de otra manera no podrían apreciarse. El reconoce su deuda con la insistencia del propio Frazer en la conexión entre la creencia y el rito y entre la

[22] Ver también Leach (1957: 120); es interesante que Stocking (1983: 79) vea un precursor en *The Native Tribes of Australia* de Spencer y Gillen, "reconocidamente 'moderno' en su estilo etnográfico... poniendo en foco una performance cultural totalizante". Su status siguiente se vio comprometido —sugiere Stocking— por el fracaso de Spencer en la formación de una progenie académica significativa.

[23] Clifford (1986: 162): "La comprensión etnográfica (una posición coherente de simpatía y compromiso hermenéutico) se comprende mejor como una creación de la *escritura* etnográfica que como una cualidad constituyente de la *experiencia* etnográfica".

tradición, la magia y el poder social. Pero la importancia de colocar las cosas en su contexto social llegó a subrayarse universalmente en toda la antropología desacreditando el desprecio de Frazer hacia el contexto, pues las nuevas ideas habían adquirido una doble identidad: las ideas analíticas organizantes de los antropólogos se contextualizaban colocando en *su* contexto social las ideas indígenas mediante las cuales los pueblos organizaban sus experiencias. Los contextos podían compararse. Ello impulsó un nuevo mecanismo literario en la estructuración de los textos mediante los cuales se describían las sociedades y las culturas.

A Malinowski le vino bien explicar que los mitos trobriandeses eran parte y parcela de la experiencia pragmática de la gente. ¿Cuál era la naturaleza distintiva de esa experiencia que se comunicaba a una audiencia no trobriandesa? Se practicó un arreglo, mediante la descripción de la experiencia de la figura central del trabajador de campo penetrando en una cultura (véase Clifford, 1986: 162-163).[24] Las ideas trobriandesas así yuxtapuestas se contrastaban con las de la cultura de la que provenía el trabajador de campo. Así se construyó al Otro (Fabian, 1983: xi, Marcus y Cushman, 1982: 49). Y sea cual fuere la división entre el sujeto y el otro que se construyera en el encuentro colonial, en los prejuicios del trabajador de campo, en las presuposiciones de su audiencia, ella estructuraba las monografías resultantes con un gran efecto creativo.[25]

La nueva clase de libro que escribió Malinowski no era sólo una monografía holística centrada en un pueblo particular, o la elucidación de la distintividad de sociedades únicas que habría de servir para la fundamentación de una ulterior sociología comparativa. Leach (1957: 120) señala el significativo supuesto teórico de que el campo total de los datos bajo observación debe "encajar" y "tener sentido": "No se necesita considerar ningún dato fuera del presente subjetivo-objetivo inmediato". La nueva clase de libro, entonces, también partía de la premisa de una disyunción entre el observador (el sujeto) y el observado (objeto), una disyunción que hacía que el observador se hiciera consciente de la técnica y que condujo a continuación a la conceptualización de la práctica antropológica como construcción de modelos. Los marcos de referencia analíticos comenzaron a sancionarse como artificios deliberados. El contraste entre este modernismo y el historicismo de Frazer tomó cuerpo en una nueva versión de la primitividad,[26] una versión que incorporaba una nue-

[24] Clifford sugiere que la percepción del trabajo de campo se construía menos en el campo (donde Malinowski, en sus propias palabras, carecía de un carácter real) que en el proceso de escribir *Los argonautas*, donde se estableció a sí mismo como trabajador de campo-antropológico.

[25] No es sólo el mito de Malinowski como trabajador de campo lo que definió a la antropología moderna; el antropólogo fue un vehículo simbólico para una nueva especie de producción literaria. Por lo tanto, ninguna desmitologización afectará el hecho de que, fuera lo que fuese anteriormente el trabajo de campo, el símbolo del trabajador de campo adquirió un nuevo poder en la escritura posmalinowskiana. Estos y otros puntos que yo enfatizo fueron anticipados por Boon; por ejemplo, "el autor como trabajador de campo estaba siempre implícitamente ausente" (1983: 138). Véase Beer (1986: 226-227) sobre la presentación de Charles Darwin como trabajador de campo.

[26] Capturada en el chiste de Ardener de que Malinowski creó el primitivismo moderno para la gente moderna (1985: 59).

va relación. La diferencia entre "nosotros" y "ellos" se concibió no como un diferente estadio en la progresión evolutiva, sino como una perspectiva diferente. "Ellos" no usaban los mismos marcos que "nosotros" para visualizar el mundo. Como etnocentrismo, simplemente, no había en esto ningún descubrimiento. Más bien el etnocentrismo se inventó tanto como un principio teorético y como un marco organizador para la escritura. Y esto se manifestaba en la disposición y en la relación de las ideas en el interior de la monografía. Se abría una forma radical de presentar el sujeto etnográfico; sus dos elementos eran ambos creativos para la disciplina.

El primero fue la implementación literaria del etnocentrismo que ha caracterizado todo el período modernista: darse cuenta que los marcos son sólo marcos, de que los conceptos están culturalmente ligados, de que los términos analíticos están ellos mismos sepultados en premisas y presuposiciones. Desde el comienzo, los modernos etnógrafos buscaron perturbar lo que los conceptos occidentales daban por sentado; el desarrollo de una terminología técnica iba de la mano con el autoescrutinio. Siempre ha habido mucho más que relativismo cultural en la definición de términos como "ley" y "familia". El segundo fue el descubrimiento de lo ordinario en lo grotesco, de la civilización bajo el salvajismo. El modo dominante de la presentación etnográfica llegó a ser exactamente como lo parodia Jarvie (1984: 15; lo destacado es mío):

> Lo que involucra el trabajo de campo es ir a una sociedad exótica y tener éxito en *hacer que* sus costumbres e instituciones *tengan buen sentido* para el extranjero. "¡Miren esto! Aberrante ¿eh? Justo lo que usted esperaba de los ignorantes, irracionales y anárquicos primitivos. Pero mire más de cerca. ¿Qué es lo que ve? Ellos viven una vida social ordenada, razonable, quizás incluso admirable."

Hacer que las cosas "tengan sentido" fue, al menos inicialmente, cuestión de hacer que tuvieran "sentido común" (Leach, 1982: 28-29). Extravagante como era en su escritura atmosférica, Malinowski también insistía en la necesidad de cubrir seria y sobriamente todos los aspectos de la cultura tribal. Lo que para él fue un precepto —no tomar lo sensacional y lo singular, no hacer diferencia entre los lugares comunes y lo que se salía de la raya (1922: 11)— se convirtió después en una máxima sobre la ordinariez misma. Es así como Jarvie se basa en lo que señalara Evans-Pritchard respecto de que la antropología posfrazeriana no perseguía lo que era extraño o pintoresco para los intereses románticos, sino que sancionaba las investigaciones fácticas sobre las instituciones sociales (1964: 4, 13, 214). Recientemente Leach ha vuelto a traer a colación ese punto: "Siempre es altamente deseable que el trabajador de campo se purgue de la noción de que hay algo extraordinario en la situación que está observando" (1982: 29).

Y cuántos cursos antropológicos comienzan con el adagio de que el trabajo del antropólogo es explicar lo que inicialmente aparece como extraño, presentar las creencias y los actos en términos de su status dado por sentado en el contexto de la vida de la gente. La protesta de Jarvie radica en que después de la primera o segunda exposición a esta revelación, la repetición se vuelve aburrida.

Para la disciplina, ambas estrategias fueron enormemente productivas. Ellas condujeron al desarrollo de diversos marcos por medio de los cuales podían analizarse las otras sociedades y culturas, y ponían al antropólogo en situación de elucidar lo monstruoso, revelando así la lógica y el orden en la vida de otros pueblos. Se acredita al propio Malinowski haber impuesto racionalidad en sus sujetos. Su sentido de la ordinariez de la cultura trobriandesa ciertamente definió el espacio conceptual para las futuras investigaciones en la lógica y el pensamiento primitivos. Stocking (1984: 178) menciona jocundamente la desesperación de Bateson por no poder encontrar un solo ejemplo de la palabra "lógica" en todo *Coral Gardens and their Magic*. Pero el funcionalismo presuponía que el antropólogo "podía encontrar razón incluso donde nunca había estado de hecho presente a la conciencia del salvaje individual" (pág. 183). Al mismo tiempo el holismo de Malinowski creó el contexto para las investigaciones sobre los sistemas, aunque él mismo no llevó esto demasiado lejos.

Al final se tornó inevitable que se criticara a los antropólogos por tratar a la gente que estudiaban como "objetos" (véase Fabian, 1983). Pero esa objetivación era un producto del posicionamiento de las propias ideas del antropólogo (los marcos analíticos) en contraste con las que se atribuían a otros sujetos. Este siguió siendo un marco estructurante para la escritura de monografías mucho después de que se considerara de interés teorético al funcionalismo de Malinowski; el holismo que al principio establecía la relación subjetiva-objetiva ya no se necesitaba para la interminable investigación de esa misma relación crucial. El efecto de la dicotomía observador/observado ha sido el de crear un sentido de alienación o de alteridad, introduciendo al lector en lo bizarro y simultáneamente superándolo, ubicando lo que "nosotros" vemos como bizarro en un contexto que para "ellos" es familiar y ordinario. La ordinariez fue, en este sentido, una ordinariez técnica, es decir, un producto del hecho de dar cuenta de las ideas o de la conducta en términos del contexto a los que propiamente pertenecían. Preestablecidos en la nueva antropología (véase Clifford, 1986) la "sociedad" o la "cultura" encerraban domésticamente esas ideas. La extrañeza tenía que quedar fuera de estos límites, y sólo era identificable cuando se comparaban los contextos.[27] La suprema comparación de contextos ocurría entre observador y observado. Así se creó el problema central de la antropología modernista en cuyos términos articulé mi problema original:

[27] Aquí podemos recordar exámenes funcionalistas de la brujería y la hechicería: lo que se clasificaba como extraño o exótico debía cruzar algún límite social o de otro tipo. Yo diría que la antropología de la clasificación y de los límites prevalente en las décadas de 1950 y 1960 hablaba de una epistemología implícita que domesticaba a la conducta (toda ella "tenía sentido") como el atributo de una cultura o sociedad particular, desembocando así en un problema especial para dar cuenta de los conceptos de la propia gente acerca de lo bizarro y lo exótico.

cómo manipular ideas y conceptos familiares para comunicar ideas y conceptos extraños.

La concentración de las nuevas etnografías en culturas singulares inauguró la posibilidad de explotar los dualismos de la relación entre observador y observado, utilizando el lenguaje propio para dar vuelta o para poner del revés las propias categorías (por ejemplo, nosotros consideramos que el pago es antitético a las relaciones del parentesco, ellos consideran que las relaciones del parentesco, se basan en transacciones). Conceptos que en la cultura del observador aparecen apareados, se dan aparte (por ejemplo, nosotros tenemos una economía mercantil, ellos una economía del don). Dado que el otro ha sido sacado del marco, se torna posible utilizar términos dentro del marco para expresar significados diferentes a los que quedan fuera (el parentesco no es para ellos lo que nosotros significamos con el término). Y etcétera.[28] De esta forma, la manipulación de los propios conceptos para conceptualizar los conceptos que se construyen como extraños, establece distancias entre escritor, lector y el sujeto de estudio.

Espero haber dejado claro la medida en que yo defendería las disyunciones malinowskianas: la artificialidad (entre "nosotros" y "ellos") está contenida en la construcción de un producto literario que tiene que ver con un problema que está lejos de ser artificial: crear un espacio conceptual para los otros sociales. Ejemplificaré con un caso que me interesa: los términos "don" y "mercancía" para contrastar los sistemas de intercambio melanesios y occidentales. Los dos términos sólo tienen sentido desde el punto de vista de una economía mercantil. Al mismo tiempo, se los puede usar para hablar sobre dos formas radicalmente distintas de organizar el mundo. Esto deja cierta cabida a la sugerencia empirista de que el don nunca ha sido observado en su estado prístino. Pero objeciones de esta clase presentan un serio problema: ¿cómo presentaría un escritor que escribe sobre Melanesia a una audiencia mayormente occidental la distintividad de la organización social melanesia, de las ideas sobre la persona, de las formas sutiles o complejas, fundamentales o crudas en que los conceptos melanesios poseen o no analogías en el mundo occidental? En términos de una necesidad práctica literaria, ¿cómo se debe proceder? De Heusch, por ejemplo, desinfla la idea del don, convirtiéndola en una transacción económica, y pone en su lugar la idea de una cocina ritual como "expresión del orden social" (1985: 17). Los antropólogos hacen esto todo el tiempo; pero esto hace difícil la comparación, porque es preciso adivinar el

[28] Otras disyunciones propias de este modo incluyen: 1) dividir los datos en dominios, tales como parentesco o economía, para que colapsen o puedan verse como distintas versiones los unos de los otros; 2) definir conceptos por la negación —los X no tienen (digamos) ningún concepto de "cultura"— para introducir discontinuidades en las que vendrían a ser las dicotomías habituales en el pensamiento occidental (por ejemplo, el contraste entre cultura y naturaleza); 3) realizar comparaciones transculturales que se basen en una elucidación de parecidos y diferencias pero que siempre implique la distintividad de las unidades así comparadas; y 4) realizar comparaciones internas al análisis de lo que pasa entre ellos y nosotros (el otro se presenta ora como otra versión de uno mismo, ora como una antítesis del *self* familiar).

locus de esos constructos en la reseña del escritor: en lugar de qué están (no sólo cómo se los define, sino qué parte juegan en la construcción del análisis).

Jarvie censura a los antropólogos modernistas por esforzarse en demostrar que no hay nada excepcional en las vidas que ellos describen. La técnica analítica, derivada de postulados sobre la integridad de la sociedad y la cultura, está incrustada en una técnica literaria. El salto de imaginación está *entre lo que "nosotros" encontramos ordinario y entre lo que "ellos" encuentran ordinario*. De aquí la importancia de la constante insistencia de Malinowski en el sentido de que "ellos" eran más que proyecciones de las teorías occidentales. La dificultad de su conferencia Frazer radicaba en que los trobriandeses no trataban sus mitos como los teóricos de sillón especulaban que lo harían. Sus ideas tenían que apreciarse en sus propios términos, no menos por la razón de que los mitos no podían tratarse como "una ocupación intelectual primitiva de sillón" (1932 [1925]: 82). ¡No había teóricos de sillón en las Trobriand! Era preciso entonces sacudir a sus lectores/oyentes para que aceptaran la distintividad de las pasiones trobriandesas antes de exponer el lugar que ocupaban en la pragmática de la vida local. La audiencia tenía que aceptar la naturalidad de las ideas trobriandesas en su contexto; una vez que se había creado ese contexto mediante la separación de la cultura de aquellos a quienes hablaba de la cultura de aquellos sobre los que hablaba. Se exigía a la audiencia estar en connivencia respecto de su distancia con el tema del antropólogo. Mientras tanto, el antropólogo se movía entre ambos. Su proximidad con la cultura que estaba estudiando se convertía en la distancia con aquel a quien se dirigía, y viceversa. Esta es la forma, *tout court*, en que el trabajador de campo moderno (o modernista) se ha imaginado a sí mismo desde entonces.[29]

Fuera de contexto

Estamos ahora en una posición mejor para apreciar la persuasión de las ficciones de Frazer y su reputación entre los antropólogos modernistas que lo encuentran no demasiado persuasivo.

Una vez que se crearon los nuevos marcos de referencia para la comparación (la distintividad de las diferentes clases de sociedades proporcionó una base para lo que en esencia llegó a ser una comparación de contextos) la sociología comparativa de Frazer pareció absurda. De aquí el cargo más común contra él: que sacaba las cosas fuera de su contexto.[30] Su tratamiento episódico

29 La tríada escritor/tema/audiencia constantemente ha actuado como una díada (observador/observado, antropólogo-reporter/lector) (véase Webster, 1982).

30 Gellner (1985: b: 645) utiliza esta frase propia de la reacción del funcionalismo de Malinowski contra la especulación frazeriana. Frazer reúne un vasto repertorio de datos fragmentarios fuera de contexto, mientras que el trabajo de campo de Malinowski —observa— era una exploración exhaustiva de contextos sociales. Lienhardt (1966: 27) presenta en forma sucinta la ortodoxia modernista: Frazer "pensaba que podía comprender creencias muy extrañas fuera de sus contextos reales, meramente mediante un esfuerzo de la introspección".

del Antiguo Testamento y las similitudes que muestra entre las costumbres hebreas y las de Melanesia, Africa o donde sea, parecen entrañar la peor clase de préstamo indiscriminado, sin interés por sus circunstancias históricas o sociales. Frazer no estaba manipulando las discriminaciones internas entre el escritor y su tema, entre el observador y el observado, discriminaciones tipificadas por los modernistas. Por el contrario, dependía de una afinidad entre sus propias revelaciones y el interés contemporáneo hacia los clásicos y el Antiguo Testamento y hacia la historia temprana del hombre. Lejos de distanciarse él mismo de su audiencia, pareció compartir muchas cosas con ella.

Por cierto, él no manifestó ninguna de las estrategias que habrían de llegar a ser tan significativas. En primer lugar, no estaba interesado en el status de sus marcos, en especificar perpetuamente su propio etnocentrismo. De aquí la facilidad con que pudo comprender a qué se parecería estar en Nemi o qué se podía esperar que hicieran los antiguos hebreos (por ejemplo, 1918, vol. 3: 80). No había problemas sobre la interpretación de las emociones o los motivos de la gente. En el curso de sus disquisiciones sobre el casamiento, Frazer localiza meticulosamente las fuentes particulares de las que discierne sus innumerables piezas de información. Donde es posible, él cita tales razones que da la gente, pero no duda un instante en proporcionarlas él mismo. Este es un comentario sobre el intercambio directo de mujeres en Melanesia (vol. 2: 216):

> No hay ninguna duda de que la práctica de intercambiar mujeres en el matrimonio se puede observar a partir de una amplia variedad de motivos, uno de los cuales podría ser en ciertos casos el deseo de mantener un clan de plenitud, sólo cediendo mujeres a condición de recibir un número igual de mujeres en intercambio. Pero ese motivo de política pública parece menos simple y primitivo que el motivo puramente económico que supongo que está en la base de la costumbre; porque mientras que el motivo económico seduce directamente a cada hombre en su capacidad individual, el motivo público seduce a los hombres en su capacidad colectiva como miembros de una comunidad, y por lo tanto es capaz de afectar sólo a esa minoría iluminada que es capaz de subordinar su interés privado al bienestar público.

La selección de razones está gobernada por lo que él imputa como ejemplos plausibles de conducta simple y primitiva. Pocas monografías modernas no imputan pensamientos y sentimientos a la gente que describen; la diferencia radica en la presencia validante del trabajador de campo, quien utiliza del *self* como un dispositivo indicador (véase Clifford, 1983). Al hablar de los motivos económicos del casamiento, Frazer tenía que guiarse por los etnógrafos que se le reportaban. De esta manera, él expresa cuidadosamente que "se dice que los nativos de la costa norte de la Nueva Guinea Holandesa consideran a sus hijas casaderas como mercancías que pueden vender sin consultar los deseos de las muchachas mismas" (1918, vol. 2: 217). Pero esto no lo lleva a un escrutinio de lo que dichos nativos puedan significar, sino a una extrapolación general (pág. 220):

Parece probable que la práctica de intercambiar hijas o hermanas de casamiento fue en todas partes, al principio, una especie de comercio, y que se originó en un estado inferior de salvajismo en el que las mujeres tenían un alto valor económico como trabajadoras, pero en el que la propiedad privada se hallaba en un estado tan rudimentario que un hombre no tenía prácticamente nada que dar a cambio de una esposa, excepto otra mujer. El mismo motivo económico pudo llevar a los descendientes de esas uniones, que serían primos cruzados, a casarse entre sí...

Para un lector modernista, no son las estructuras económicas, sino las de parentesco, las que requieren elucidación. La relación entre éstas daría una cierta autoridad interna a la reseña. Frazer establece esta autoridad, sin embargo, con referencia a un marco extraño, el sentido de la historia que comparte con sus lectores (pág. 220):

Si la historia de la costumbre pudiera seguirse en las diferentes regiones del mundo donde ha prevalecido, sería posible en todas partes seguir el rastro hasta sus orígenes más simples; pues bajo la superficie tanto del salvajismo como de la civilización las fuerzas económicas son tan constantes y uniformes en su operación como las fuerzas de la naturaleza, de las que por cierto ellas son meramente una manifestación peculiarmente compleja.

Frazer no estaba particularmente interesado, entonces, en distinguir sus ideas ni de las de su audiencia ni de las de quienes describía, y el segundo punto es que consecuentemente *no* tenía que encontrar sentido a lo monstruoso. En verdad, él trataba de mostrar la forma en que las costumbres, desde que se las abandonó y repudió por bárbaras, no debían eliminarse del Antiguo Testamento como si fueran fantasías, pues tenían una estrecha semejanza con las prácticas de numerosas culturas. Pero esto no es lo mismo que explicarlas. Más bien, esto confirma su status como índices de salvajismo: el salvaje de Frazer era un hombre antiguo cuyas prácticas en tiempos simples y primitivos aún se conservan. El estableció la plausibilidad de numerosas costumbres que reportó mostrando la forma en que ocurrían una y otra vez, y proporcionó motivos y razones a partir de su comprensión general de la sociedad primitiva. Pero no tenía necesidad de justificarlas en términos de un sistema lógico o rastrear su conexiones con otras ideas. Su narrativa mostraba ejemplo tras ejemplo de lo que sucedía; no podía crear un contexto interno para tornar lo meramente concebible en una lógica cultural distintiva. Las costumbres tenían sentido sólo en forma muy limitada. Por encima de todo, él no tenía motivos teoréticos para tornar lo exótico en ordinario. Por el contrario, el efecto de su composición literaria era mostrar, en cada punto, que *lo ordinario está emparentado con lo extraordinario.*[31]

[31] Boon (1982: 11) afirma que la prosa de Frazer describe en forma creíble ritos increíbles. Al mismo tiempo, mientras Malinowski inscribía prácticas no como especímenes exóticos sino como experiencias humanas normales, Frazer "representó la culminación de compilaciones tradicionales de excentricidades y gabinetes de curiosidades" (1982: 17). Frazer hizo que tales curiosidades fueran plausibles, pero no lógicas. Véase Stocking (1984: 183): "El antropólogo de sillón —arquetípi-

Esta es quizá la fuerza de todos esos ejemplos fuera de contexto. A propósito del Antiguo Testamento, Frazer había tomado una historia que debería ser familiar para sus lectores. Fuera cual fuese lo que se pensara acerca de incidentes particulares, dentro del marco de la historia bíblica ellos tenían un lugar establecido desde hacía tiempo.[32] Expone la narración episodio por episodio, mostrando las afinidades de las costumbres hebreas con las costumbres tomadas de pueblos salvajes o patriarcales de todo el mundo. Demuestra que incidentes que parecerían haber sido aceptados simplemente como parte de la narrativa, son notoriamente comparables a costumbres exóticas. De esta manera, la disyunción contra la que juega Frazer se encuentra entre las percepciones previas de las costumbres bíblicas por parte de sus lectores como algo ordinario y sus costumbres afines que están lejos de ser ordinarias. Esto permite una disyunción ulterior, entre las costumbres que el lector da por sentadas en su propia cultura y los orígenes de esas mismas costumbres bajo regímenes salvajes muy diferentes. En síntesis, Frazer puso su texto aparte. Lo que adquiere coherencia, a medida que el relato bíblico se desenvuelve, resulta ser un palimpsesto de reseñas sobre sucesos que ya no se relacionan entre sí intrínsecamente, sino que tienen un aire de familia con otras cosas en todo el mundo. Se tienen que apreciar a la luz de las razones sociales y prácticas que aparecen en muchos lugares y en muchas épocas: una cultura global, por cierto, sólo diferenciada a través de las etapas del salvajismo y la civilización.[33]

Las puntualizaciones del prefacio de Frazer, fechadas en mayo de 1918, concluyen con la observación de que "la revelación de los elementos más bajos que subyacen a la civilización del antiguo Israel del mismo modo que subyacen a la civilización de la Europa moderna, sirve más bien como un baremo que aumenta por contraste la gloria de un pueblo que, desde las oscuras profundidades de la ignorancia y la crueldad, pudo elevarse a tan brillantes alturas" (1918, vol. 1: x). No es sólo la multitud de épocas y lugares que hace su

---

camente, Frazer— podía otorgar sentido racional [a las costumbres y creencias irracionales] mediante el utilitarismo racionalista preconstruido de la doctrina de la supervivencia: lo que tenía sentido racional en el presente era perfectamente comprensible como una pura persistencia de una imperfecta búsqueda de utilidad racional en una etapa anterior".

32 La revisión crítica del propio Malinowski (reimpresa en 1962) de la edición abreviada de *El folclore* comenta que Frazer otorga forma nueva a hechos y situaciones familiares (la "historia ha sido vivida por cada uno de nosotros") pero, aunque familiares, ellos fueron siempre perturbadores e incomprensibles, relacionados con sueños y fantasías inoculados en la infancia. Felley-Harnik (1985) desarrolla la sugerencia de que *La rama dorada*, como tratado sobre los pensamientos salvajes que impulsan a la gente a matar para prosperar, despliega el sacrificio del sacerdote/rey como una metáfora para comprender la irracionalidad y la violencia subyacentes —como ella lo expresa— a la suave superficie de los ideales cristianos de progreso en la Inglaterra victoriana y eduardiana.

33 El parece utilizar de tanto en tanto esta clasificación, pero ésta no organiza la presentación de sus ejemplos. El tampoco busca paralelismos históricos de sus personajes bíblicos. De este modo, aduce paralelismos de Nueva Guinea en sus discusiones sobre la Era Patriarcal y el Tiempo de los Jueces y de los Reyes.

efecto, sino que para sus paralelismos Frazer se basó en culturas que ya habían sido clasificadas como exóticas en la mente del lector en general. La revelación fue que la así llamada civilización podía consistir de mucho de lo que antes fue salvajismo. ¿Fue esta yuxtaposición de civilización y salvajismo lo que atrapó la imaginación de sus contemporáneos? Frazer presumía una continuidad entre las relaciones que disfrutaba con sus lectores en general y (a través de lo que él leía) aquellos sobre los que escribía. Era una continuidad que abarcaba tanto lo racional como lo irracional, que era compartida sobre las bases tanto del salvajismo como de la civilización, y que no se distinguía en ningún sentido absoluto como atributo de esta o aquella sociedad total. La "minoría ilustrada" entre los melanesios preanunciaba una atención civilizada hacia el bien público, igual que la luz literaria que emanaba de los escritores hebreos. Este tema de la iluminación corre a través de su narrativa en un paralelo consistente con su desvelamiento de los "elementos más bajos": "Los anales del salvajismo y la superstición desdichadamente componen una gran parte de la literatura humana; pero en qué otro volumen [fuera del Antiguo Testamento] encontraremos, *lado a lado* con ese registro melancólico, salmistas que difundan sus dulces y solemnes aprehensiones, etc." (1918, vol. 1: xi, el destacado es mío). El escritor y el lector comparten un texto: lo que el escritor fuerza a sus lectores a darse cuenta es el sesgo del texto mismo, su multivocidad, su conjunción lado a lado de salvajismo y civilización.

Cuando, 50 años antes, Lubbock dio su conferencia en la Royal Institution sobre "El origen de la civilización y la condición primitiva del hombre", admitió que tuvo que reprimir el deseo de describir "la condición social y mental de los salvajes" (1875a): habría tenido que referir ideas y actos que hubieran parecido aberrantes a sus oyentes. Frazer, que dominaba una cantidad asombrosa de materiales, muchos de ellos recolectados en esos años, ofrece un discurso vívido sobre las condiciones sociales y mentales de los salvajes, a través de la mediación de textos ampliamente familiares y respetables. El resultado, como ya lo he sugerido, es la exotización de esas ideas familiares y respetables. El mundo es visto como plural, compuesto, lleno de diversas costumbres, de ecos del pasado. El presente, lo ordinario, conserva todas las pintorescas posibilidades del folclore, de la misma manera en que la civilización se revela como algo que a duras penas concilia una mezcla de prácticas que pertenecen a días más viejos y oscuros.

De hecho, se podría llamar a Frazer "un esteta con habilidad para seleccionar referencias", para quien "el acto de invención consiste en releer el pasado y recombinar una selección de sus elementos" (*The Listener*, marzo 20 de 1986, pág. 32), o decir que su estilo "evoca, insinúa, recuerda", en un mundo de infinitos referentes donde los signos "no son arbitrarios porque los significados se han sedimentado sobre ellos: los signos han estado 'dando vueltas'; llevan los rastros de maniobras semánticas pasadas"; consecuentemente, "en vez de pasos analíticos hay aquí un uso sugestivo de imágenes, maniobras estrambóticas y numerosos apartes", de modo que la escritura llega a parecer una diseminación o explosión promiscua (Crick, 1985: 72-73 y citando a

Tyler, 1984: 329). Estas observaciones no están hechas a propósito de Frazer, por supuesto, sino que representan dos intentos de evocar un sentimiento posmoderno. Esto me lleva a mi comentario final sobre la índole creativa de Frazer.

Jugando con el contexto

Sea que estemos entrando o no en una fase posmoderna en la antropología social, mucha gente parece estar hablando como si la idea fuera atendible. Crick observa esa idea en diversas tendencias que incluyen a la antropología reflexiva, la antropología crítica, la antropología semántica, la antropología semiótica y el postestructuralismo (1985: 71). Esta, dice (citando a Hastrup, 1978), no es una posición unitaria; en las postrimerías del modernismo no nos debe sorprender que parezca no haber particularmente ningún futuro[34] o que la historia se pueda poner en reversa. Crick considera convenientemente irónica la reciente recuperación de Leenhardt, el predecesor de Lévi-Strauss en París, cuya obra ofrece una plétora de descubrimientos a una era posmoderna (Clifford, 1982: 2; véase Young, 1983: 169). Al mismo tiempo, Ardener (1985) argumenta que aunque otras disciplinas puedan pensar que el estructuralismo es posmoderno, su lugar en la antropología es el de un fenómeno ampliamente modernista. Remonta así el período del modernismo en antropología desde Malinowski hasta la declinación de la influencia estructuralista a mediados de la década de 1970. La ruina del estructuralismo/modernismo está marcada por la resurrección de Leenhardt, una figura que precedió al principal exponente del estructuralismo, en lo que a la antropología concierne (Crick, 1985: 72).

Crick presta aquí atención a la biografía de Leenhardt por Clifford. Leenhardt se presenta como alguien cuya obra "apunta al interés actual por las teorías culturales 'abiertas', modos de comprensión capaces de dar cuenta de procesos innovadores y de la discontinuidad histórica... y de la reciprocidad en la interpretación etnográfica" (Clifford, 1982: 2). El acceso de Leenhardt al "punto de vista nativo" no se logró sólo a través de la empatía en el trabajo de campo, sino que involucró una obra colectiva de traducción mutua, de un tipo que no podía ser dominado fácilmente por una interpretación privilegiada (Clifford, 1980: 526). El contexto para el interés de Clifford es identificable en similares reciprocidades en la escritura de una nueva generación de etnógrafos preocupados por la representación del diálogo, por la forma en que se manipula el encuentro en el trabajo de campo y en que, por consiguiente, se escribe la etnografía.

[34] Si lo moderno es una especie de futuro apropiado, su colapso debe percibirse como el colapso del futuro (Ardener, 1985: 57). Sin embargo, en la misma forma en que los actuales experimentos en escritura etnográfica tornan consciente el modernismo, deben verse también como parte del modernismo mismo (por ejemplo, Marcus, 1986). Véase Foster (1985 [1983]: ix: "Si el proyecto moderno debe salvarse de alguna manera, entonces se lo debe superar". Resultará evidente que utilizo el contraste entre modernismo y posmodernismo para indicar un giro en el interior de la escritura antropológica: uno puede o no desear subsumir todo esto con el término "moderno".

La vindicación de Leenhardt por los historiadores involucra también un ataque contra Malinowski (Clifford, 1983).[35] La época parece estar madura para exponer la figura del trabajador de campo que fue el registrador de la alteridad de las culturas. Clifford cuestiona la autoridad que según los antropólogos esto da a sus escrituras: el trabajador de campo que regresa de otra sociedad habla por ella de una determinada manera, que ahora parece repugnante. Si los antropólogos alguna vez reclamaron o no esa autoridad, ése no es ahora el punto. Lo que está en cuestión es el tipo de libro que escribieron: la monografía que se presentaba simplemente como si versara sobre un pueblo en particular, como un autor ausente, porque el trabajador de campo es la autoridad para el texto (véase Marcus y Cushman, 1982: 31-32). Pero "el silencio del taller etnográfico ha sido roto por voces insistentes y heteroglósicas, por el raspar de otras plumas" (Clifford, 1983: 121). Desde hace un tiempo se acepta ampliamente que el trabajador de campo debe figurar en el texto también como su autor y reproducir las condiciones de su encuentro con el otro. La antropología reflexiva ve la producción resultante como un diálogo entre el antropólogo y el así llamado informante: la relación observador/observado ya no puede asimilarse a la de sujeto y objeto.[36] El objeto (lo objetivo) es una producción conjunta. Muchas voces, muchos textos, la autoría plural (por ejemplo, Rabinow, 1983; Clifford, 1980, 1982), sugieren un nuevo género. "La etnografía debe seguir de cerca con buena fe la miríada de contingencias y de personalidades opacas que conforman la realidad, y negarse a sí misma la ilusión de una descripción transparente" (Webster, 1982: 111). La escritura se ha vuelto una cuestión de autoría, aun al punto de una nueva degeneración de la misma, en la medida en que la "realidad negociada" del texto no es la realidad experiencial o social de ninguna de las partes (Crapanzano, 1980).

En las últimas dos décadas se ha afianzado la convicción de que las dicotomías que caracterizaron al modernismo en antropología no funcionan; el blanco más fácil es la sincronía, la intemporalidad de descripciones que no

[35] "Ataque" es una palabra muy fuerte a la luz de su apreciación general hacia Malinowski. Al comparar seguidamente a Malinowski como escritor de diario y como el autor de *Los argunautas*, Clifford (1986) lo hace resucitar como un heteroglota original. Alguien capaz de intentar diferentes voces, diferentes personas; y luego describe con simpatía la "amplia, multiperspectual y sinuosa estructura de *Los argonautas*" (1986: 156), donde los modernistas sólo han visto argumentos sin estructura. El hecho de que en su obra siempre se escapara una totalización convincente, sugiere Clifford, alinea a Malinowski con el cosmopolitismo de los últimos días. En su artículo anterior, Los argonautas habían sido el arquetipo de una generación de etnografías que establecieron con éxito la validez de la observación participante" (Clifford, 1983: 123-124). La tesis de Clifford es que lo que se creó en la escritura de etnografía fue la experiencia del trabajador de campo como una fuente unificante de la autoridad, disonante con la experiencia misma del trabajo de campo. Lo que ahora debe atacarse es la autoridad incrustada en el símbolo literario de Malinowski como trabajador de campo.

[36] Webster (1982: 96) critica la tradición en antropología en la que el sujeto comprendedor y el objeto comprendido se captan como realidades primordiales. Pensar que podemos sustituir el sujeto por un objeto no funciona: tenemos que saber que es en el curso del diálogo que necesariamente se crean tanto la subjetificación como la objetificación.

están enmarcadas por la historia, sino por la distinción entre "nosotros" y "ellos". De hecho, siempre ha habido críticas contra la ahistoricidad de la antropología, con la acusación falsa de que los antropólogos crean una brecha idealizada entre la sociedad prístina "antes del contacto" y el "cambio social" después; esto es erróneo porque (para tomar prestada la idea de Ardener) lee las dicotomías como una cuestión de vida, más que de género. A esto se ha unido la crítica creciente de la audacia del antropólogo para hablar en lugar de otro, para tratar a las personas como objetos, no permitiendo a los autores expresarse en su propia voz, y así por el estilo.[37] En síntesis, ese poderoso marco modernista, la distinción entre nosotros y ellos que creó el contexto para posicionar al escritor en relación con lo que estaba describiendo, se ha convertido en algo ampliamente desacreditado. Tomar al otro como objeto literario, lo cual es para los críticos una actitud que trata a los sujetos humanos como objetos, ya no puede sostenerse como el marco organizador explícito de los textos. No se debería negar ni privilegiar ningún conjunto de voces; el autor debería objetificar su propia posición en la etnografía tanto como se esfuerza en dar cuenta de la subjetividad de otros.

Hay una ambivalencia inherente ("lúdica" es la palabra de Crick) en ciertos exponentes actuales del posmodernismo. Estos se establecen convenientemente después de los sucesos, pues su fuerza consiste en exponer el edificio artificial del estructuralismo, de la autoridad etnográfica o de lo que fuere.[38] El estructuralismo y el etnógrafo jugaron también sus juegos; la diferencia radica en que no lo sabían. Es este darse cuenta lo que es crucialmente posmoderno. El género apropiado no es la representación, sino la "representación de la representación" (Rabinow, 1986: 259).[39] En la reapropiación siguiente de la historia antropológica, Leenhardt resulta particularmente inte-

[37] Marcus y Cushman (1982: 25-26) afirman que la reciente autorreflexividad en la escritura etnográfica busca desmistificar el proceso del trabajo de campo y oponerse así a la objetificación de los textos resultantes. Geertz (1985) se refiere a la autoduda posmoderna como una ansiedad acerca de la representación del otro en el discurso etnográfico. Sin embargo, es interesante notar un paralelismo entre la crítica de Webster (1982: 97) a Geertz y la crítica de Clifford por Rabinow: tanto Geertz como Clifford están en sintonía con múltiples textos pero se ausentan ellos mismos de la narrativa, es decir, fallan en objetificar su propia participación.

[38] Un punto enfatizado también fuera del interés antropológico hacia el posmodernismo; de aquí el comentario de Jameson al respecto de que habrá tantas formas diferentes de posmodernismo como formas prominentes ha habido de modernismo (1985: 111). Si al igual que en la antropología el "modernismo" ha sido descubierto retrospectivamente, seguirá habiendo una cierta ambigüedad respecto de qué es el modernismo y qué es el posmodernismo (véase nota 36). Un simple binarismo no funciona: en la medida en que el posmodernismo recupera el pasado, busca recuperar también al modernismo, y es por lo tanto él mismo un proyecto modernista.

[39] Me ha resultado provechoso leer el artículo de Rabinow en borrador, igual que el de Marcus en el mismo volumen (*Writing Culture*). Este y el trabajo de Marcus y Fischer sobre la antropología como crítica cultural se publicaron después que la lectura se preparara; no los considero aquí, aunque ambos se relacionan claramente con mis temas. Estoy agradecida a Paul Rabinow por sus comentarios sobre mi conferencia.

resante como caso de un trabajador de campo premalinowskiano.[40] Quizá resulte atractivo porque la encarnadura religiosa de sus ideas (Clifford, 1982: 3) expresa su alejamiento de lo sociológico y lo fenomenológico, en pos de los signos incrustados en el uso humano y en la intencionalidad a los que se refiere Tyler (1984a: 328). El misionero observante es un buen ejemplar, pues su comprensión está orientada por propósitos. Pero la antropología británica poseía una figura prominente por sí misma, por así decirlo, en el supuesto predecesor de Malinowski, Frazer. Por cierto, en algunos respectos, la plenitud editorial de Frazer es enormemente evocativa.

No estoy sugiriendo que Frazer sea un posmoderno. No podría serlo, pues su espíritu debe su creatividad al modernismo (Ardener, 1985: 60). Pero quizá se trate de una persona a la que el posmodernismo nos permita vindicar. Es saludable pensar en Frazer, porque es saludable pensar en lo que el modernismo encuentra tan desagradable en él: arrancar las cosas de su contexto. El sentimiento posmoderno consiste en jugar deliberadamente con el contexto. Se dice que borra los límites, destruye el marco dicotomizador, yuxtapone voces, de modo que el producto múltiple, la monografía de autoría conjunta, deviene concebible. Queda al lector encontrar su camino entre las diferentes posiciones y contextos de los hablantes. Meros puntos de vista (véase Hill, 1986), esos contextos en sí mismos han dejado de proporcionar el marco de referencia organizante para la narrativa etnográfica. Se contempla una nueva relación entre el escritor, el lector y el tema. Decodificar lo exótico ("hacer que tenga sentido") ya no sirve; el posmodernismo exige que el lector interactúe con lo exótico en sí mismo.

Sin embargo, quiero introducir una nota discordante: elevar a Frazer a la vez con respeto y como espectro. La discordancia se encuentra entre lo que los antropólogos contemporáneos hacen al jugar con rótulos tales como posmodernismo y lo que continúan haciendo en su escritura. Ciertamente, como sucedió en los tempranos programas en pro de una escritura feminista, existen más palabras acerca de lo que debería ser el posmodernismo que ejemplos de ello. Sugiero que hay una diferencia significativa entre borrar los contextos y jugar con ellos, entre juego libre y juego, entre una identidad compuesta y la reciprocidad; y que la evocación del posmodernismo descansa en imágenes que no siempre son apropiadas para la antropología que va con ese nombre. Tales antropólogos identificablemente posmodernos[41] reconocidamente juegan con los contextos; ellos no los mezclan simplemente. Crick dice (1985: 85) que no hay tal cosa como juego libre sin una noción acerca de las reglas. El problema es que la *representación* de una actividad como posmoderna borra *esa* distin-

[40] Young (1983: 169): "Como etnógrafo Leenhardt satisfacía ampliamente las condiciones para el trabajo de campo intensivo una docena de años antes de Malinowski, procurando el dominio de la lengua nativa como la clave de su investigación".

[41] Los antropólogos que están interesados en las cuestiones que suscita la toma de una instancia deliberadamente posmoderna, pero que no necesariamente utilizan el rótulo para ellos mismos. Esta postura es exactamente análoga a la de los antropólogos interesados en las cuestiones feministas que no necesariamente se llaman a sí mismos antropólogos feministas.

ción: en lugar de eso descansa en la liberación trópica que depara saltar de contexto.[42] Aquí es donde el espectro hace su entrada. Si realmente queremos mezclar contextos, tenemos entonces una guía histórica en el mismo Frazer.

En este punto, debo hacer explícito mi propio interés. Existe una tensión entre dos estilos/marcos, ninguno de los cuales abarca totalmente al otro. El primero puede burlarse de sí mismo por seguir la moda contemporánea de enfatizar los aspectos literarios más que los científicos o argumentativos de la obra de Frazer. El mismo uso de la palabra "ficción" comunica un carácter de juego autoconsciente. Esto refleja incertidumbre por mi parte en lo que respecta a de qué se trata a fin de cuentas la idea del posmodernismo. Por supuesto, la respuesta es que la idea no es "sobre" nada (fuera de sí misma); ella es ejecutada, actuada. El segundo es un marco modernista. He buscado cierta perspectiva en Frazer, y he producido así una especie de historia. Aunque considerando a Frazer y a Malinowski por referencia a sus ficciones persuasivas, los he presentado como si compartieran el problema modernista: cómo dar cuenta de las ideas extrañas a través de las culturas.[43] Argumentar que Malinowski hizo esto de una manera diferente que Frazer proyecta el problema hacia atrás de la misma forma que Malinowski y sus colegas crearon. Sin embargo, al poner lado a lado estas estrategias, permítaseme sugerir cómo es posible apreciar a Frazer bajo una nueva luz y por qué debemos tener cuidado al hacerlo.

¿Una moda posmoderna?

Si hay una palabra que resume el reconocimiento antropológico de un espíritu posmoderno, ella es *ironía*.[44] Y el actual redescubrimiento de la ironía

[42] Lo que podría llamarse la malinterpretación del posmodernismo se origina en los mismos esfuerzos para representarlo. Una vez más, fuera de la antropología, Foster (1985: xi) se ve en aprietos para distinguir el posmodernismo, un contexto específico de modalidades viejas y nuevas, del relativismo y el pluralismo, "la noción quijotesca de que todas las posturas en cultura y política están ahora abiertas y son iguales".

[43] Marcus y Cushman (1982: 46): "El lenguaje conceptual y descriptivo del etnógrafo no sólo debe tener sentido (común) para su lectores dentro de su propio marco de referencia cultural, sino que debe comunizar a esos mismos lectores significados que ellos crean que tienen sentido (común, nuevamente) para los sujetos del etnógrafo".

[44] Estoy agradecida a Richard Fardon y a James Boon por sus comentarios a un borrador temprano de este artículo, y por señalar que la ironía puede tomar muchas formas. Se podría construir una virtual tipología de las ironías. No obstante, debe quedar claro que no pretendo discriminar así entre los tipos de mecanismos de distanciamiento y falsos reconocimientos que podemos discernir en las escrituras de los antropólogos del pasado; más bien mi interés finca en el hecho de que la "ironía" se ha convertido en un sonsonete contemporáneo para el reconocimiento y la distancia por parte de los comentaristas contemporáneos. Es la frecuencia con que ahora se utiliza el término en la contemplación de los escritores del pasado lo que me intriga. Necesariamente, por lo tanto, son los comentaristas quienes adoptan una instancia irónica, identificada por Jameson, en su forma extrema, con el pastiche: "El pastiche es la parodia hueca, la parodia que ha perdido su sentido del humor: el pastiche es a la parodia lo que esa cosa curiosa, la práctica moderna de una especie de ironía hueca, es a... la ironía estable y cómica de, digamos, el siglo XVIII" (1985: 114, lo destacado es mío).

señala toda la diferencia entre el "libre juego" que algunas descripciones del posmodernismo insinúan y el "juego" posmoderno, si es que existe, en la escritura antropológica. La ironía involucra no una mezcla sino una deliberada yuxtaposición de contextos, pastiche quizá, pero no desorden.

Quienes son conscientes de la ironía encuentran ironía en otros. Estoy tentada de sugerir que algunas de las lecturas de Darwin por Beer hacen ese juego. Ella comenta lo rica que es en elementos contradictorios la prosa de Darwin, cuán polivalente y llena de potencial hermenéutico, con su "poder para producir un gran número de sentidos significativos y variados" (1983: 10). Las profusas metáforas de Darwin renuncian a una claridad o univocidad cartesiana, sugiere ella: un eco del contraste que utiliza Boon al descubrir que la visión de Frazer, al igual que su prosa, podrían estar tocadas por la ironía. Frazer desplazó el reportaje unidimensional por la representación multidimensional (1982: 11).[45] El enfatizaba el rico conjunto del rito primitivo, afrontando la paradoja (dice Boon) que los antropólogos modernos iban a evitar: "cómo las culturas, perfectamente conformes al sentido común desde dentro, flirtean sin embargo con sus propias 'alteridades', ganan autodistancia crítica, formulan perspectivas complejas (y no simplemente reaccionarias) de las otras" (1982: 19). En contraste, argumenta Boon, el funcionalismo posterior a Malinowski devino una antropología sin ironía.[46]

A Beer le preocupan los problemas de Darwin para precipitar su teoría en términos de lenguaje (1983: 5). Ella trata *El origen de las especies* como un ejemplo extraordinario de obra que incluía más de lo que sabía en ese entonces quien la hizo, pese a todo lo que él sabía (pág. 4). No tenemos que considerar que su uso del lenguaje fue totalmente planeado; estamos hablando sobre la forma en que se registra una obra en la mente de sus lectores, y por lo tanto sobre su poder de persuasión. Stocking (1983: 105) escribe de Mali-

[45] Comparar con la afirmación de Downie (1970: 21) respecto de que el propósito de *La rama dorada* no era uno solo.

[46] Aunque parece no tener fin el descubrimiento contemporáneo de ironía en otros. Así Thornton (1985: 14), yuxtaponiendo contextos él mismo (Malinowski y Conrad como escritores), presenta un retrato de Malinowski como enclavado en la "agonía autoimpuesta de la soledad en la juntura misma de la contradicción" (una contradicción entre la interacción de lo imaginario y lo descriptivo, el pensamiento civilizado y el primitivo, la sanción y la duda). La visión de la monografía etnográfica, de los incomparables comparados, ocasionó un "profundo sentido de la ironía": ningún suceso era lo que parecía al nativo, en virtud de las categorías universales de la ciencia social occidental. El sugiere que a fines del siglo XIX, la escritura etnográfica había llegado a "reflejar una visión irónica de la gente que debía ser explicada, tanto a ellos mismos como al resto del mundo: (1983: 516) (Thornton incluye aquí a Frazer). Stocking da por sentada la "amable ironía" de la actitud de Malinowski hacia sus sujetos melanesios como una característica de gran parte de la etnografía moderna (1983: 108). El etnógrafo a la vez comparte sus visiones y conoce cosas sobre ellos que ellos no conocen (véase Webster, 1982: 93). Clifford (1986: 145) habla de "la instancia irónica de la observación participante" presupuesta en la antropología moderna. Todo lo que yo sugiero es que el descubrimiento de este juego como algo irónico parece caracterizar la reflexión sobre estos temas de la década de 1980.

nowski que pese a que fue consciente de la etnografía como artificio literario, nos abandona a nuestros propios recursos críticos para explicar el método de su artificio. A esto se puede agregar: somos *nosotros* entonces quienes estamos interesados en los recursos literarios de otros, porque en lo que es también una era posparadigmática, no podemos tomar sus marcos como límites naturales (Marcus, 1986).[47] Cuando Beer sugiere que el lenguaje de Darwin encajaba con su teoría, quizá quería decir que eso era verdad en lo que a ella concernía. Lo mismo se aplica probablemente a cualquier sugerencia en el sentido de que Frazer pugnaba con las estrategias modernistas que le he imputado. De esta manera, el "problema" de comunicar ideas extrañas (adscrito a Frazer) es escrito (por mí) retrospectivamente en sus obras, a partir de mi perspectiva sobre ellas. Sea o no una maniobra consciente, esto parece un efecto de su escritura. Pero esta apariencia, a su vez, debe originarse en la preocupación contemporánea por la representación de representaciones.

En lo que a la ironía concierne, Frazer me sorprende. No estoy segura de que sus intenciones irónicas sean las mismas que la de los irónicos de los últimos tiempos, ni de que podamos recuperarlo como alguien que se anticipa a nuestro ser posfuncionalista. Su diversidad lo llevó a la plenitud.[48] El realizó contrastes equívocos (las dos versiones del relato de la creación en el Génesis recrean el debate entre Darwin y sus detractores sobre la evolución y el creacionismo). El descentró sus textos (bíblicos y clásicos); restauró vestigios del pasado; atiborró sus libros con múltiples voces, por así decirlo; pero sólo es una forma de decir. Esas yuxtaposiciones numerosas, melanesios y africanos confundiéndose lado a lado, expresando esta o aquella creencia, no estaban allí como "melanesios" o "africanos". Probablemente él creía que la forma en que pensaba un pueblo iluminaba las creencias de otros pueblos; pero como sacaba la evidencia fuera de contexto, *no eran los contextos* (es decir, ser melanesio o africano) *los que resultaban yuxtapuestos*. ¿Puede ser esto, entonces, lo que los posfuncionalistas entienden por ironía? ¿No exigimos acaso que se reconozcan los contextos? ¿Esa ironía radica en un juego deliberado? Las creencias y las costumbres se deberían yuxtaponer no para revelar similitudes, sino para suscitar cuestiones sobre ellas. En contraste con el modernista que "explica" y trae a la superficie los fundamentos de la similitud o la diferencia, el posmoderno (lo he notado) deja ese trabajo al lector.[49] El o ella está interesado en la provocación como un fin en sí mismo. Pero el legado de los últimos 60 años es que la provocación radicará precisamente en la yuxtaposición de con-

[47] Clifford (1986: 14) habla de lo poscultural, es decir, una situación sincrética no complaciente con los paradigmas unidimensionales. El privilegio dado a las culturas naturales se ha disuelto en la apariencia contemporánea de la cultura como ficción.

[48] "Una rica y mezclada inspiración", decía Marett (1920: 173). En contraste, el sentido darwiniano de la profusión, de un mundo multivalente, se hallaba controlado por su teoría de las interrelaciones.

[49] Nuevamente Marett (citado por Kardiner y Preble, 1961: 106): "Por la magia de la pluma [del doctor Frazer], ha hecho vivir miríadas de datos, de modo que pueden narrar su propio cuento, y nos deja libres para leer su sentido según dicten nuestros diversos gustos y temperamentos".

textos sociales o culturales. Con ese significado, entonces, ¿atribuiríamos a Frazer un "comparativismo irónico" (Thornton, 1985: 14)? ¿Es que estamos en tren de ver toda comparación como irónica, y que sin un marco modernista explícito Frazer parece certificar nuestro propio sentido de la ironía?

Como quien encuentra ironía en otros, Clifford también figura centralmente en la reseña de Rabinow (1986) sobre el posmodernismo en antropología y la promulgación de los nuevos estilos etnográficos. Es concebible que el texto etnográfico vaya más allá de la dialógica (la reproducción escenificada de un intercambio entre sujetos) a la heteroglosia (una empresa colectiva que da a todos los colaboradores status de autor). Rabinow encuentra en las sugerencias de Clifford un sentimiento similar al que describe Jameson (1985) refiriéndose al posmodernismo en arte: más que un desorden de elementos, el pastiche de los filmes de nostalgia, por ejemplo, oscurece la línea entre pasado y presente, confundiendo la especificidad del pasado. Este aplanamiento histórico deliberado reaparece en el "aplanamiento metaetnográfico que hace a todas las culturas del mundo practicantes de la textualidad" (Rabinow, 1986: 250). Una proliferación de referencias a otras representaciones vacía a cualquier otra de contenido; el referente de cada imagen es otra imagen.[50] Las voces de Rabinow dudan sobre esta receta —sobre todo, dudan si al intentar eliminar la referencialidad social, otros referentes ocuparán la posición vacía (1986: 251)— y dudan sobre si tales estrategias de discurso se adecuan de hecho a la intención de alguien como Clifford.[51] Si la antropología suscribe el estilo posmoderno de una manera peculiar, lo mismo pasa con el posmodernismo. Sus exponentes juegan con diferentes contextos (como en una yuxtaposición de producciones literarias y etnográficas) en lugar de confundirlos. Este juego sigue siendo autoconsciente; de allí su capacidad para la ironía.[52]

Revisando la biografía de Clifford sobre Leenhardt, Young nota su pleni-

[50] Comparar la discusión de Lowenthal (1985: 382-3) sobre la reacción hacia la amnesia de vanguardia; el eclecticismo histórico en las artes tiene su contrapartida arquitectónica en el clasicismo posmoderno (los motivos clásicos se emplean con ironía, para un efecto decorativo, sacados de contexto en desafío a sus orígenes y relaciones, todo ello atrayendo el mismo grado de interés). Particularmente elocuente es su cita de un comentario sobre unos arquitectos italianos modernos que recuperan no la historia sino sus propias emociones, su nostalgia y sus incidentes autobiográficos para escapar a la tradición de lo nuevo.

[51] Al distinguir diferentes fuentes del comentario posmoderno (él contrasta a Lyotard con Jameson), Rabinow desconecta el pastiche de la mezcla, igual que Crick separa el juego del libre juego, para crear la distancia que también yo percibo entre la ironía (jugar con el contexto) y el "columpiarse" (repudiar el contexto).

[52] De esta forma, asimismo, la reseña de Crick sobre el más nuevo estilo antropológico, el cual evoca, insinúa y rememora, es ampliamente reconocible como argumentación. Su propio juego finca en la yuxtaposición deliberada de contextos: un contraste entre, por ejemplo, el trabajador de campo y esa figura de la que el trabajador de campo piensa que él es más diferente, el turista. Crick también afirma que los juegos requieren reglas. "Si 'todo vale', tenemos sinsentido, no juego" (1985: 85). La actitud de Boon hacia el trabajo de campo es "gozosa", porque es un concepto de un ideal y de una acción lo que se debe simultáneamente desenmascarar y preservar (1982: x). Es el esfuerzo en pro de un discurso que sea tanto interpretativo como sistemático (1982: 26).

tud y su carácter abierto: "Clifford ha pensado larga y profundamente sobre Maurice Leenhardt, y algo de la misma compleja colaboración entre etnógrafo e informante, algo del mismo tipo de diálogo que produce un texto etnográfico, se ha desarrollado en este caso entre el biógrafo y su sujeto" (1983: 170). La referencia al diálogo es también una referencia a la reciprocidad, al reconocimiento de relaciones (como las que se dan entre etnógrafo e informante), sin minimizarlas (véase Clifford, 1980). Esto es lo que da a la antropología posmoderna su sabor particular: si las relaciones involucradas entre el escritor y sus sujetos han de ser negociadas, o incluso amañadas como reciprocidad, sus contextos culturales después de todo no podrán (como podríamos decir de la escritura de Frazer) mezclarse.

En síntesis, hay más charla sobre la mezcla que práctica de ella. Siguiendo el rastro del giro que descubre Clifford, Rabinow contrasta a éste con Geertz, aunque a la larga, el propio uso de la autoironía por parte de Geertz (véase Webster, 1982: 92) presagiaba la transformación. Geertz habla de la antropología como una *mélange* descentrada de visiones dispersas, del trabajo de campo como coloquial, improvisado. Habla acerca de la antropología reciente dentro de un contexto social caracterizado por "un caos general de identidades [disciplinarias]" (1983: 23), de la antropología columpiándose (1985). Pero en el mismo discurso en que describe la antropología como algo que busca desbalancear el mundo, dejar sin base a la complacencia (véase 1984: 275), él también instituye un enmarcamiento sumamente deliberado. La doble negatividad de su título, "Anti antirrelativismo" (rechazar algo sin incurrir uno mismo en lo que ese algo ha rechazado), implica un juego con marcos. Más aun, cuando Geertz introduce por primera vez la idea de ironía, es con referencia a una tensión moral entre "antropólogo" e "informante", es decir, una tensión encarnada en la conducción de una relación social específica. Esto hace que jugar con los contextos sea posible, pero borrarlos resulte más bien difícil.[53] ¿Por qué, entonces, entretenernos con la noción de mezcla, de contextos confusos? ¿De qué estamos hablando?

La metáfora del juego es poderosa, como Crick lo insinúa. Privilegia un contexto por encima de todo: el escritor enmarcando su escritura con un mensaje teatral, "todo dentro de este marco es juego".* Esto es juego imaginado como libre juego. Determinar "ficciones" parece volverlos a ellos hacia las ficciones, las novelas con un nuevo préstamo de la vida como ejercicio antropoló-

[53] Aunque las frases "géneros confusos" y "mezcla de géneros" sean de Geertz. El escribe (1983: 23): "Los instrumentos del razonamiento están cambiando, y cada vez menos se representa a la sociedad como una máquina elaborada o un cuasi-organismo y cada vez más se la representa como un juego serio, una drama callejero o un texto conductual". La original elucidación de Geertz de la ironía antropológica apareció en 1968, con referencia a la observación participante como una forma continuamente irónica de conducta basada en el reconocimiento de la tensión moral entre el antropólogo y el informante.

* El término utilizado por Strathern es *play*, que vale tanto para "juego" como para "representación teatral". [T.]

gico. Aquí recordamos que Frazer admite en la tercera edición de *La rama dorada* (1911-15) que la alegoría del sacerdote/rey podía desenmascararse como un recurso dramático que le permitía hablar del pensamiento y la sociedad primitiva. Por supuesto, es el desenmascaramiento lo que constituye el drama; el jugueteo es racionalización.[54] Pero jugar con la idea del posmodernismo en antropología suscita cuestiones sobre los tipos de relaciones sociales sobre los que imaginamos que él habla. Existen problemas en la forma en que se lo representa, porque se interpreta el pastiche como mezcla. Preguntarnos si realmente queremos retornar a la clase de cosas que escribió Frazer es una forma de plantear esos problemas.

Problemas modernistas

Que pueden haber problemas de representación lo sugieren ciertos aspectos de la investigación feminista contemporánea. La mayor parte del discurso feminista se construye de una manera plural.[55] En la forma en que las feministas hablan de su propia investigación se superponen argumentaciones, se invitan nuevas voces. No hay textos centrales, ni técnicas definitivas; la empresa, deliberadamente transdisciplinaria, juega con el contexto. Se sostienen perspectivas provenientes de diversas disciplinas para que se iluminen mutuamente; los escritores, a la vez conscientes de los diferentes contextos de esas disciplinas y rehusándose a tomar cualquier contexto único como marco organizante, yuxtaponen intuiciones históricas, literarias o antropológicas. Si esto es reconociblemente posmoderno, entonces el estudio feminista es afín al espíritu posmoderno en antropología (véase Yeatman, 1984)[56] con su juego consciente con el contexto.

Y si los estudios feministas son provechosos a este respecto, su éxito se funda firmemente en la relación que se representa entre los estudios (género) y el movimiento feminista (vida). Jugar con el contexto es creativo debido a la expresada continuidad de propósitos entre las feministas como estudiosas y las feministas como activistas. Los propósitos se pueden percibir de diferentes maneras; pero al fin de cuentas el estudio se representa como enmarcado por

[54] "Asustado por la exuberancia de la extensión" de los crecientes volúmenes, Marett (1920: 177) nota que ha habido un cambio de diseño. El desenmascaramiento es por cierto una racionalización a posteriori en un libro que "debe de allí en más dejar de lado hasta la última pretensión de unidad dramática, y resolverse en una serie de perspectivas consumadas".

[55] Desde entonces, me he cruzado con una postura similar en la crítica de arte. Owens particularmente nos llama la atención sobre la postura feminista (en este caso expresada por un artista) de que no hay un solo discurso teorético (1985: 64). Lo que está en tela de juicio, asegura, es el status no sólo de la narrativa sino de la representación misma (pág. 66).

[56] Yeatman señala que ciertas estrategias dentro de la ciencia social feminista son posmodernas, por ejemplo, desmontar el paradigma arte *versus* naturaleza/público *versus* doméstico (1984: 47); pero es crítico con respecto a la medida en que los científicos sociales feministas, para todas sus expresiones, todavía suscriben paradigmas modernos.

un conjunto especial de intereses sociales. Las feministas discuten entre sí, en sus muchas voces, porque se conocen a sí mismas como un grupo interesado. El antropólogo está en una posición más bien diferente. Parecería no haber tal grupo de interés antropológico. Para la antropología, jugar con los contextos internos —con las convenciones de la investigación (género)— *parece* un libre juego con el contexto social de la antropología como tal (vida). De hecho, la incertidumbre resultante es intrínseca a la motivación antropológica y al impulso a estudiar.

Boon (1982: 21) se pregunta si tenemos que elegir entre la antropología de acuerdo con un montón de posibles Frazers, y la antropología de acuerdo con un montón de posibles Malinowskis:

> ¿Por qué no un sistema pluralista? Existen estándares de "convencibilidad" en varios estilos y géneros transculturales, así como hay cánones de verosimilitud en la etnografía realista. Para evaluar la adecuación ya sea de interpretaciones a la Malinowski o a la Frazer (o a la Geertz o a la Lévi-Strauss), debemos sondear las complejidades de los datos convergentes —de ellos y de nosotros— y renunciar a la fe iluminista en la "simplicidad" analítica, en los presupuestos de la determinación directa y en las esperanzas hacia la comunicación no mediada, ya sea intercultural o cualquier otra.

Las culturas percibidas aparecen entre sí en forma exagerada (como culturas), "cada una ejecutando para la otra *vis-à-vis*" (pág. 26). El discurso transcultural se enfrenta inevitablemente a tales exageraciones. El trabajo de campo debe hacerse porque la comunicación en un lenguaje común no se puede: el trabajo de campo mantiene la mitad de las dos culturas comunicantes (*ellos*) intacta, mientras *nosotros* nos tomamos el trabajo de escribir lo que pasa. "¿Qué puede ser más extremo o más teatral, y menos estandarizado u objetivo? Idealmente, todas las culturas podrían ser *nosotros* y *ellos* para cada una de las otras, a su turno. La política, sin embargo, se inmiscuye" (pág. 26). Puede haber juego, entonces, en beneficio de la comunicación entre "otros", como algo opuesto al libre juego, sólo circunscrito por la elección individual. Quizá sea la reducción consumista de la comunicación a la autoedificación, de todo conocimiento a autoconocimiento, lo que también represente la comunicación misma como teatro y la vida cultural como texto. Los pastiches deliberados de la escritura posmoderna a la vez suscriben y denuncian esa perspectiva. Los textos no pueden sobrevivir si se los pluraliza.[57]

La justificación del pluralismo paradójicamente está en contra de la idea de que vemos las culturas como dramas o como textos. ¿Cuál es, entonces, el poder de esta última imaginería? Ella descansa en un cierto encanto moral: un

[57] Ellos deben devenir discurso (político). Nótese que "pluralismo" es otro de esos términos como "ironía" y "pastiche" que pueden resultar apropiados ya sea en defensa del relativismo y el libre juego (véase nota 44) o en defensa de la yuxtaposición de juego y contexto. Aquí quisiera elaborar este último sentido.

texto posee la misma influencia sobre nuestra atención que cualquier otro. Pero luego surge este problema: ¿qué modelo del mundo social produce tal moralidad? ¿Es la sensación de un mundo que se hunde? Aquí estamos lado a lado, en ropas multicolores, confundiéndonos y empujándonos mutuamente, lanzándonos imágenes satelitales uno al otro, todos igualmente diferentes y por lo tanto todos igualmente lo mismo.[58] Ecos de Frazer, por cierto. Este es un mundo "con tantas voces hablando al mismo tiempo, un mundo en el que el sincretismo y la invención paródica se están convirtiendo en la regla y no en la excepción, un mundo urbano y multinacional de transitoriedad institucionalizada" (Clifford, 1986: 147); uno que trata las diferencias como elección del consumidor, los sucesos multiculturales como comida internacional, que contempla las distinciones en última instancia como creaciones culturales y no como los resultados de intereses sociales contrapuestos, en breve, un mundo donde *todos los contextos son iguales*. Todos los contextos son iguales puesto que, por sustentar lo establecido, constituyen los marcos para la conducta de la gente; razón de más para aducir ejemplo tras ejemplo, simplemente para mostrar que las creencias y prácticas son todas igualmente extravagantes. ¿Es el compendio de Frazer, entonces, nuestra guía de aventón para la aldea global?

La "aldea global" es una ficción interesante. Pocos antropólogos han estudiado realmente una aldea que no estuviera dividida por intereses sociales en conflicto. Por cierto, la aldea inglesa que conozco mejor estaba radicalmente dividida entre los residentes que pensaban que era una aldea y los que no. No creo que los antropólogos puedan creer en la idea de una aldea global más de lo que realmente mezclan contextos;[59] existe un interés que la escritura antropológica debe seguir patrocinando, y es la cuestión de las relaciones involu-

[58] Geertz rotula a esto como el terror del antirrelativismo (1984: 265), el temor de que todo sea tan significante, y por lo tanto tan insignificante, como cualquier otra cosa: "La imagen de un vasto número de lectores de antropología, yendo por ahí con un marco mental tan cosmopolita como para no tener idea de lo que es o no verdad, o bueno, o hermoso, me parece en gran medida una fantasía". Me resulta simpática la idea de que estas prescripciones literarias puedan ser más predicadas que practicadas; pero los antropólogos nunca estuvieron en el negocio de desacreditar fantasías porque ellas fueran difíciles de imaginar.

[59] Aquí yo repetiría la conclusión de Crick de que el dadaísmo involucra el antidadaísmo: "Si todo vale, seriamente, una mejor descripción y un trabajo de campo más exigente también están en la baraja" (1985: 86). "Todo el ruido con el asunto de las propiedades de la composición, la indagación y la explicación representa... una alteración radical en la imaginación sociológica... Si el resultado no ha de ser charla elaborada o elevado sinsentido, se deberá desarrollar una conciencia crítica" (Geertz 1983: 23). Geertz (1984) sugiere que la antropología combate en última instancia contra el provincianismo. Véase el "cosmopolitismo crítico" de Rabinow, que él distingue del posmodernismo. Fuera de la antropología, el pluralismo como "una reducción de la diferencia a una absoluta indiferencia" (Owens 1985: 58) se sostiene también como un espectro del que se disocian ciertos tipos de posmodernismo. El pluralismo se sugiere, por supuesto, dado que "el pensamiento posmoderno ya no es más pensamiento binario" (Owens, 1985: 62). Pero sobre la equivocación del pluralismo, véase nota 60.

cradas en la comunicación. Las relaciones sólo se pueden especificar con referencia a contextos.

Al considerar la disparidad entre la reputación popular de Frazer y su pobre reputación antropólogica, me he concentrado en los tipos de libros que escribió, porque es en la relación de la gente con estos artefactos que vemos la aprobación o el rechazo de las ideas del autor. Su organización interna define una relación particular entre escritor, lector y asunto.[60] Frazer compartió un texto y un lenguaje con su audiencia, pero procedió a mostrar cuán heterogéneo era el texto, qué mezcla de salvajismo y civilización entraña la familiaridad ordinaria con lo exótico. Tal relación afecta el destino de los textos mismos. La antropología contemporánea escribe su propia historia sosteniendo que en la década de 1920 tuvo lugar un nítido cambio. Cualquiera haya sido el blanco reconocido de Malinowski, fue Frazer el autor cuyas escrituras se volvieron más ilegibles. De este modo, no fue realmente el descubrimiento de nuevas ideas tales como la sincronía o el etnocentrismo lo que hizo que Frazer pasara de moda: fue su implementación como recurso de la ficción para el enmarcamiento de una nueva relación entre el antropólogo y su tema, un enmarcamiento que también invitaba a una nueva relación entre el escritor y los profesionales en su audiencia que se identificaban con él.* Los antropólogos definieron como problema profesional la organización de su escritura para comunizar conceptos para los cuales su cultura no tenía un espacio previsto. Se definió una distancia entre la sociedad que se estudiaba y la sociedad a la que pertenecía la audiencia principal del antropólogo. Al pertenecer a ambas, por así decirlo, el trabajador de campo se presentaba como un mediador. Y lo que presentaba como una mediación entre estilos de vida era por supuesto una mediación producida por el texto: la forma en que la sociedad era descrita y en que el antropólogo llegaba a analizar y teorizar sobre ella, autoconsciente de su propia especificidad. ¿Ha desaparecido este problema técnico?

En cierta medida, sí. Particularmente a lo largo de los últimos veinte años, ciertas dicotomías aparentes entre escritor, audiencia y sujeto temático se han plegado sobre sí mismas. Si los antropólogos escriben ahora sobre "otros pueblos", están escribiendo para sujetos que se han convertido en una

[60] En sus análisis de la ficción etnográfica, Webster (1982) señala varias combinaciones diferentes de las relaciones escritor-lector.

* Jorion (1983) argumenta efectivamente que la distinción emic-etic en la escritura antropológica, que según se sostiene corresponde a diferentes enmarcamientos del mundo, se puede también interpretar como una tensión interna del texto antropológico. La tensión es entre el sentido común y la comprensión técnica. En el lenguaje del sentido común (emic), el antropólogo crea ciertas bases para el entendimiento mutuo con sus lectores, quienes son entonces negados o distanciados en la elaboración técnica (etic). Así se definen dos relaciones con la audiencia. [Esta especificación es enteramente errónea: en su elaboración original por Kenneth Pike, ambos términos tienen que ver con el uso, respectivamente, de conceptos y perspectivas del nativo y del antropólogo o de sus correspondientes contextos culturales; la tensión ocurre, entonces, entre el autor y sus sujetos, y no entre aquél y su lectorado, como suponen equivocadamente tanto Jorion como Strathern.] [T.]

audiencia. Al describir ceremonias de casamiento melanesias, debo tener en mente a mis lectores melanesios. Esto a su vez torna problemática la distinción anteriormente establecida entre escritor y sujeto: debo saber a nombre de quién y con qué fin escribo.

Quizás esto sea sobre todo lo que se captura en las proclamas pluralistas del posmodernismo, que llevan las preocupaciones de la antropología cerca de las de los estudios feministas, y que tornan la preocupación hacia la ficción en un asunto enormemente apropiado. Los posmodernos tienen que cuidar sus textos en formas nuevas. Las yuxtaposiciones, ahora irónicas, se centran en el acto mismo de escribir, y el interés en el status ficcional de lo que escribimos deja abierta la cuestión de para quién escribimos. Preguntar retrospectivamente sobre las ficciones persuasivas de épocas más tempranas es preguntar de qué manera otros (Frazer, Malinowski y el resto) manejaron los problemas morales de la construcción literaria. Al contestar la pregunta, creamos giros históricos entre escritores del pasado en términos persuasivos para nuestros oídos, participando entonces en una historia posmoderna, releyendo en los libros las estrategias de la ficcionalización. Construir obras pasadas como juego literario cuasi-intencional es el nuevo etnocentrismo. No hay evidencia, después de todo, de que "nosotros" hayamos dejado de atribuir a "otros" nuestros problemas.

El giro de la década de 1920 entre Frazer y la antropología modernista ayuda a interpretar el presunto giro del modernismo al posmodernismo en la década de 1980. El fenómeno radica en la forma en que los antropólogos representan lo que ellos hacen, en lo que *dicen* que escriben y en el propósito de la comunicación. Al fin de cuentas, las ideas no se pueden divorciar de las relaciones. Se pueden encontrar precursores del modernismo en las ideas de la gran generación de 1870 que precedió a Frazer, así como se puede encontrar un precursor de la escritura posmoderna en Frazer mismo. Pero también ha habido una notable secuencia de prácticas en la evolución de las nuevas relaciones entre escritor, lector y sujeto. Frazer no es un posmoderno en el sentido antropológico contemporáneo, y el modernismo de Malinowski ejemplifica un conjunto diferente de relaciones de aquél vigente en la generación que leía el propio Frazer. Sólo puede haber una guía para representar el giro. La verdadera pregunta es si de toda esta cháchara se originará una nueva ficción. No seremos capaces de retornar a una conciencia preficcionalizada; pero podemos persuadirnos de que existen aún relaciones significativas que deben estudiarse.

Comentarios

M. R. Crick
Escuela de Ciencias Sociales, Universidad de Deakin, Victoria, Australia.

Contemplando retrospectivamente las dos décadas transcurridas desde la reseña de Jarvie (1964) sobre la "revolución en la antropología", con su victorioso Malinowski y su víctima Frazer, uno queda atónito ante la burda concepción que la antropología tiene de su propio pasado. Esto es quizá más así porque Jarvie amarra su narración específicamente al popperismo, sólo una entre una multitud de filosofías de la ciencia relacionadas con la actual diseminación de ideas científicas de algún modo afines a los cuentos del tipo "así fue como sucedió". A mediados de los 80 el número de antropólogos que han conducido y publicado trabajos históricos dignos de crédito sigue siendo excesivamente pequeño. Strathern no vuelve a acercarse a Frazer con información histórica detallada, sino que nos proporciona un marco interesante con el cual podemos plantear agudas cuestiones sobre cómo es que van y vienen las ideas, por qué las autoridades parecen autorizadas, cómo se pasa de moda una estrategia y luego parece volverse relevante de nuevo, cómo la historia se realiza con nuestros actuales sentidos cambiantes del contexto. La noción que ella usa aquí es la de "legibilidad", sin duda con el peso que la semiótica y el postestructuralismo recientes han agregado a los verbos en apariencia inofensivos "leer" y "escribir". Frazer devino "ilegible"; Malinowski no "estaba en lo cierto" ni era "científico", sino que produjo una nueva clase de texto. No es que Frazer arrancara las cosas de contexto para producir un texto, sino que Malinowski producía una sensación holística de la cultura manteniendo las cosas en su contexto; más bien, en el texto posmalinowskiano, las relaciones entre texto, contexto, audiencia, nativo, etnógrafo, sujeto u objeto se realinearon fundamentalmente. Strathern, entonces, trae a un problema histórico de la antropología la intuición de que los antropólogos por encima de todo "escriben" y de que nuestra obra es trópica, que nuestra autoridad es creada por un conjunto de convenciones de escritura. White (1973) ya ha prestado este servicio a la historia, y la antropología se halla ahora en el medio de una fase reflexiva, pensando acerca de la representación de la representación y escribiendo acerca de la escritura sobre la escritura. Mientras algunos contemplan estos desarrollos como algo excitante y largamente postergado, otros son escépticos respecto de su importancia, y otros más los ven como ridículos. En una etapa posparadigmática, la tradición "textual" aporta para algunos un autoconocimiento útil, y al mismo tiempo es inmensamente fastidiosa para los positivistas, materialistas, funcionalistas y para los tipos "salidores" de la disciplina; de hecho, esta tradición puede llegar a unir a los arrogantes extremos de casi todas las instancias epistemológicas.

Aparte de los comentarios de Strathern sobre la cuestión Malinowsi/Frazer, su artículo es valioso porque ella trae a la literatura sobre la tradición "textual" (y al postestructuralismo y al posmodernismo en general) una visión calmada, inteligente y crítica. Es muy difícil escribir sobre el postestructuralismo y el posmodernismo, particularmente porque no hay una clara correspondencia entre esos movimientos en el interior de la antropología y sus cronologías o características en otros campos. Como señala Strathern, sólo un puñado de antropólogos ha intentado escribir acerca de estos desarrollos recientes; pero su esbozo de algunos de estos rasgos —un juego deliberado con el contexto, la ironía, el borrado de los límites, una provocatividad producida por la ansiedad y productora de ansiedad— es suficientemente adecuado. Si Malinowski, en vez de pretender ser Joseph Conrad con respecto al Rider Haggard de Frazer, hubiese escogido escribir como Cervantes o Borges, no estaríamos ahora mostrando los efectos de un "encuentro cercano" con alguien extraño y horrible. El modernismo de Malinowski consistía en "estar allí"; el trabajo de campo "permitía" la descripción pormenorizada del contexto, permitía al etnógrafo "jugar" a ser un mecanismo de registración. Ardener, en su lectura de Malinowski (1971), nos mostró claramente la mística epistemológica y los defectos de la tradición de trabajo de campo funcionalista. Lo que tenemos ahora, en una fase posmoderna, no es un autor magisterial exhibiendo sus datos duros, sino, con un nuevo (o quizá mejor aun, "colapsado") sentido del "sujeto" y el "objeto", reflexividad, pluralismo, una sospecha hacia la autoridad autoral e incluso heteroglosia. Tenemos un nuevo género.

Como lo deja claro Strathern, el posmodernismo es en gran medida "posterior a los sucesos", tanto que irónicamente se lo podría considerar incluso un proyecto *del* modernismo. No podemos definirlo; no sabemos con qué tipo de suceso estamos tratando. Pero si parece lúcido e irónico comparado con tradiciones anteriores como el positivismo, esto es por supuesto un espejismo; los positivistas también jugaban un juego, pero no eran suficientemente conscientes del hecho. Manejándolo con cuidado, puede traer cierta intuición reflexiva; no necesitamos caer en el sinsentido y en la confusión si seguimos conscientes del juego deliberado con los marcos de referencia que es parte tan grande de la actual corriente. Ignorando los límites o moviéndolos estratégicamente, lejos de ser la misma cosa pueden llegar a ser opuestos, pues mover estratégicamente requiere en primer lugar sentido de la ubicación. No estoy seguro que sea imposible retornar a una conciencia "pre-ficcionalizada", como asegura Strathern. Esto quizá descansa en una fe similar a la de los colegas de Frazer, cuya creencia en la existencia de leyes evolutivas en los asuntos humanos y naturales implicaba que la "reincidencia" en la historia humana era inconcebible. Debemos ser realistas respecto del entorno académico en el que se enraíza una conciencia "hiperficcionalizada"; pocos son sus defensores (e incluso los que lo discuten) y los airados y los confundidos son legión. Mejor que suponer que un nuevo género ha llegado para quedarse, podemos ver una fase en la competencia de ideas en antropología en el futuro cercano, la cual, para distorsionar a Bismarck —un experto en *Realpolitik*— parecerá un período de "sangre e ironía".

Richard Fardon
Antropología Social, Universidad de St. Andrews, St. Andrews, Escocia

Esta es una pieza oportuna, sutil e ingeniosa. Una escritura tan matizada exige la relectura del comentarista, y la relectura está condenada a ser más literal y menos sugestiva que la lectura original. Quiero extraer sólo algunas posibles consecuencias. El debate sobre la responsabilidad antropológica, en el que este artículo se encuadra desde el vamos, es un lujo que no nos podemos permitir no afrontarlo nosotros mismos.

Aunque la ironía se torna un foco explítico de la postura de Marilyn Strathern al final del artículo, todo el ensayo se puede leer irónicamente. Cómo será de irónico —parece decir ella— que comentaristas recientes han descubierto ironía, en apariencia independientemente, en las escrituras de los miembros de la generación fundadora de los etnógrafos profesionales. Y cómo será de irónico que aquéllos escogen presentar una ruptura actual con la autoridad del escritor en los mismos términos con los que Malinowski (especialmente cuando se lo ve a través de los ojos de Jarvie) presentó su ruptura con Frazer. Pero la ironía es, por supuesto, un tropo peligroso, siempre proclive a exceder las ambiciones de quienes se sirven de él; pues, en la medida en que las dos revoluciones son la misma, se siguen consecuencias desagradables: la revolución debe ser un llamado dramático a la atención académica (para Malinowski lo era, aparte de mucho más), y al excluir la idea del contexto etnográfico, la nueva revolución debe estar suscribiendo la estrategia frazeriana de la construcción de etnografías de álbum de recortes. Y todo estudiante de primer año sabe que la obra de Frazer es la última boqueada del alto evolucionismo imperial en la antropología cultural. ¡Seguro que no podemos suscribir eso! El nuevo orden parece aun menos seductor.

La poética y la política se han unido en una doble crítica reciente de la escritura etnográfica; ellas forman el subtítulo de la piedra miliar actual de este debate (Clifford y Marcus, 1986). Pero la cualidad alusiva de gran parte de esa escritura confirma que la poética, más que la política, ha sido predominante en la mente de los escritores (la política ha tendido hacia la política de la poética, o la poética de la política, pero difícilmente hacia la política de la política). Parece significativo que la vieja revolución tuviera lugar en una Gran Bretaña que estaba en su cúspide colonialista (aunque los antropólogos "británicos" eran una pandilla heterogénea), mientras que la nueva revolución viene de una América que está en una posición a la vez más poderosa y menos definida. Los antropólogos británicos difícilmente no se dieran cuenta del contexto en el que escribían, aunque prefirieran ignorarlo (véase Arens, 1983, sobre Evans-Pritchard); no está claro que la nueva revolución sepa dónde está teniendo lugar. El funcionalismo extremo de Malinowski nos sugería que el pasado estaba hecho para servir al presente; cualquiera sea el desorden que los comentadores de escrituras etnográficas encuentren en el presente, la mayoría parece estar de acuerdo en un mapa del pasado relativamente coherente (todos saben que Clifford, 1983, es el texto crucial). Esto por lo menos sugiere un presente en el que los escritores comparten el uso de un telescopio. Un presente desde el cual el pasado parece simple y bien definido: las monografías eran monografías y los etnógrafos eran etnógrafos, y los lectores estaban hechos para saberlo. Los nuevos revolucionarios quieren sacudir las aparentes complacencias y reemplazar las viejas certidumbres con una ironía penetrante. Pero los etnógrafos más viejos estuvieron haciendo espacio, como lo muestra Strathern, para conceptos vigentes en sociedades que se hallaban bajo ostensible sujeción política; desafiaban los territorios mentales dados por sentados por los dominadores. Su autoridad estaba al servicio de hacer que ciertas lecturas fueran *imposibles*. ¿Ha perdido su fuerza este argumento con la caída de unos pocos imperios europeos? ¿Afirmará una revolución posterior a ésta que la ironía, las realidades multiperspectuales, la contingencia radical y la demás retórica de la incertidumbre eran simplemente mala fe? ¿Se dará cuenta que la polifonía es más democrática que la ejecución solista, de la misma forma en que escribir una obra de teatro es más democrático que escribir un soneto, o que escribir un *Te Deum* lo es más que escribir una sonata?

Malinowski tornó a Frazer ilegible; los nuevos revolucionarios harían que los materiales etnográficos de la antropología sean infinitamente relegibles, pero no etnográficamente. Es interesante, por ejemplo, que su argumentación no torne a *Una teoría científica de la cultura* de Malinowski algo menos ilegible de lo que pareció ser durante largo tiempo. La teoría se ha desatado (Wagner, 1986). No he escuchado que exista evidencia de que los sofisticados anuncios de autoduda sean recibidos con mucha simpatía por la nueva audiencia de sujetos antropológicos reactivos que Strathern correctamente enfatiza. La relectura irónica corre el peligro de convertirse en autorreferencia cultural; referencia a nuestra cultura académica y a nuestra preocupación por las diferencias étnicas dentro de nuestras naciones (Fischer, 1986). Estas tienen un lugar en nuestra atención, pero ¿debemos "metafor-mizar" completamente a las otras con las que empezamos? Como Strathern dice, tenemos —o deberíamos tener— un interés compartido como antropólogos en las relaciones que forman el contexto de nuestra comunicación. Las implicancias políticas del reciente análisis textual se revelan en la forma en que Strathern es capaz de jugar con los re-escritores su propio juego. El juguete textual es tan poderoso que debemos tener cuidado de dónde se lo apunta. Las afirmaciones de Strathern sobre el contexto traslucen como una contribución engañosamente cargada a este debate crucial.

Elvin Hatch
Departamento de Antropología, Universidad de California, Santa Bárbara

Gran parte de la fuerza del análisis de Strathern se origina en su noción de la distancia entre el escritor, el lector y el asunto. Frazer se distanció no de su lector, sino de su asunto, y podemos ver por qué fue así. Desde su perspectiva el otro exótico era como nosotros, al respecto de que todos tenemos los mismos intereses subyacentes, las mismas aspiraciones, procesos mentales y así sucesivamente. Esta es la razón por la que la distancia entre escritor y lector fuera insignificante: ambos podían mirar directamente las ideas y las prácticas del otro exótico y observar su punto. Frazer concebía entonces la diferencia entre el otro exótico y nosotros en términos cuantitativos: ellos no tienen capacidades intelectuales y morales tan elevadas como las nuestras.

En la antropología modernista, la diferencia cultural entre ellos y nosotros se concibe en términos cualitativos. No todos tenemos los mismos intereses subyacentes, las mismas aspiraciones e ideas, y consecuentemente las otras culturas necesitan comprenderse en sus propios términos: ellos creen en la brujería, nosotros en la causación natural y el azar, etcétera. Esto es lo que Strathern refiere como la invención del etnocentrismo; asociado a él está el distanciamiento del escritor con el lector y el asunto. El escritor es ahora un intermediario que se sitúa aparte del lector para tornar al otro exótico inteligible.

Hay otro aspecto de este proceso de distanciamiento que debe enfatizarse. El antropólogo modernista no sólo torna inteligible al otro, sino que lo hace empleando un marco de referencia que es extraño a la concepción cotidiana del pueblo que se estudia: el funcionalismo, la teoría de la personalidad, la etnociencia, el estructuralismo, el marxismo, la ecología cultural, etcétera. Las ideas y las prácticas del otro exótico se presentan en el contexto de un marco de referencia que ellos no reconocerían, y esto aumenta la distancia entre el escritor y el lector, por un lado, y con el asunto, por el otro.

Tales marcos antropológicos de referencia pueden ser descartados con el tiempo, pero dejan un residuo que continúa definiendo la perspectiva del antropólogo en la observación de los fenómenos humanos. Este residuo incluye ideas sobre el inconsciente, la racionalidad humana, las motivaciones y las categorías del pensamiento (incluyendo la noción de rasgos distintivos). Es posible afirmar que este residuo es esencial para la empresa antropológica: se necesita *alguna* perspectiva para captar las ideas y las acciones de otro (Frazer tenía una, desde ya, en sus ideas sobre la capacidad intelectual y moral), y la articulación de tal perspectiva podría ser el más importante trabajo a la vista. Esta perspectiva es sinónima a la teoría antropológica. Entraña un marco de referencia que nos dice cómo mirar —es decir, qué mirar y cómo entender lo que vemos— aunque puede no decirnos nunca de antemano qué es lo que se espera que encontremos.

El posmoderno busca reducir la autoridad del etnógrafo: dejar que el lector entre en el diálogo entre el etnógrafo y el asunto, o permitir que el lector interactúe directamente (como lo dice Strathern) con lo exótico mismo. De aquí la similitud entre Frazer y el posmodernismo: el escritor ya no es más el intermediario entre el lector y el asunto.

Al pretender reducir la autoridad del etnógrafo, el posmoderno también suscita cuestiones sobre el status privilegiado de la perspectiva antropológica. El funcionalismo no sirve, el estructuralismo tampoco, etc. Pero es imposible, en principio, eliminar todas las perspectivas que tenemos para construir a los otros. Realmente no comprendemos a los otros en sus propios términos; si Evans-Pritchard hubiera hecho eso al escribir sobre los azande, habría presentado una monótona reseña día a día de sus desgracias, muertes y pronunciamientos oraculares, y no la estructura interna de un sistema extraño de pensamiento.

Dada la importancia de la perspectiva al mirar hacia el otro, me pregunto si es posible eliminar al escritor como intermediario y permitir que el lector interactúe directamente con lo exótico. Lo exótico que se presenta de esta manera será inevitablemente confeccionado, resumido, expurgado e implícitamente interpretado. Frazer constituye un caso a propósito. La suya difícilmente fuera una presentación de un texto crudo, porque él presentaba sus "hechos" en una forma que les otorgaba un sentido muy distintivo. Aquí radica parte de su debilidad: él y sus lectores estaban ciegos ante el hecho de que tenían una perspectiva, de modo que dudosamente fueran capaces de autocrítica. La situación con el posmodernismo es por supuesto muy distinta, porque ésta es una era de elevada autoconciencia. Pero la eliminación del escritor como intermediario puede servir más para ocultar que para clarificar nuestro punto de vista.

I. C. Jarvie
Departamento de Filosofía, Universidad de York, North York, Ontario, Canadá

En un artículo reciente Gellner (1986) pondera a los antropólogos sociales por su sensibilidad a las diferencias que la escritura introduce en la sociedad. El escribe: "Si los hombres hablan para ocultar su pensamiento, escriben para ocultar su sociedad" (refiriéndose a las sociedades estudiadas por los antropólogos). La idea es igualmente verdad para las escrituras antropológicas mismas, que pueden servir para ocultar tanto la estrecha sociedad de los antropólogos como la sociedad más amplia a la que pertenecen (Jarvie, 1986). El artículo de Strathern es un ejemplo oportuno.

El proyecto de Strathern es reconceptualizar la revolución en la antropología. Lo que anteriormente se presentaba como un cambio en las ideas y los métodos ahora se ve como la invención y difusión de un nuevo género literario. En vez de escribir en el estilo de las grandiosas especulaciones históricas de Frazer, la revolución nutrió la monografía de trabajo de campo de textura apretada y sincrónica de Malinowski. Cada uno de estos géneros es una "ficción persuasiva". La estrategia literaria específica de la monografía etnográfica es una reconstrucción de la experiencia de trabajo de campo que "manipula ideas y conceptos familiares para comunicar ideas y conceptos extraños". Esta construcción textual de la revolución en la antropología fue posible gracias a otro cambio o giro en la antropología: el posmodernismo. El tradicional juego funcionalista de hacer befa del género literario de Frazer devino vulnerable para el posmoderno *tu quoque*: tanto los frazerianos como los funcionalistas producían ficción persuasiva. Para Strathern, "la verdadera pregunta es si de toda esta cháchara [posmoderna] surgirá una nueva ficción". Es cuestionable que ésta sea la *verdadera* pregunta.

Pese a que comprensiblemente, quizá, yo prefiero mi propia concepción de la revolución como una revolución científica (Jarvie, 1964), que involucra una apreciación crítica de las teorías y métodos del pasado, combinada con su refutación y reemplazo, admito que la preferencia que algunos antropólogos exhiben hacia una alternativa irracionalista no representa ninguna sorpresa.

La revolución alteró la forma preferida de la escritura antropológica, y los estudiantes de literatura más superficiales sólo tienen explicaciones irracionalistas del cambio. Los cambios en la moda literaria han tornado los trabajos científicos más tempranos (Frazer, Newton) "ilegibles" (aunque no para los historiadores). Este es un problema, no una explicación; un problema que no puede resolverse declarando "ficción persuasiva" a la ciencia de ayer, y evitando quedar atrapado admitiendo que la ciencia de hoy también es ficción persuasiva, como lo será la ciencia de mañana.

La pregunta *verdadera* en todo esto es qué ha pasado con la verdad. Strathern toma la frase de Ardener "ficción persuasiva". La elección de las palabras está preñada de efectos. "Persuasivo" tiene matices de "seducción" o de "atractivo", pero también de publicidad y propaganda. "Ficción" es aun más rica. La mayor parte de la literatura es ficción, en contraste con los hechos. Pero en defensa de la ficción a menudo se afirma que existe en ella una verdad poética, literaria o simbólica. Detrás del irracionalismo acecha la afirmación esotérica de ir a lo más profundo, pues la "ficción persuasiva" de la antropología —recordamos— utiliza ideas y conceptos familiares para comunicar ideas y conceptos extraños. Siendo la diferencia entre lo familiar y lo extraño meramente etnográfica, y siendo que la etnografía es ficción, uno se pregunta a quién se persuade de qué y de qué manera.

En el artículo de Strathern hay chabacanerías y contradicciones peores, pero son para los filósofos. Más pertinente para los lectores de *Current Anthropology* es la antropología que hay en todo eso, una antropología resumida en su afirmación: "En última instancia las ideas no se pueden divorciar de las relaciones". ¿Qué relaciones están casadas con ideas en el texto de Strathern? La lista de referencias muestra que sus afines se encuentran entre los antropólogos posmodernos. Los auspicios con los que se preparó el artículo —primero como Conferencia Frazer y luego como artículo de *CA*— revelan que sus ideas se encuadran en las relaciones de un antropólogo activo con sus colegas profesionales. ¡Estos son en apariencia lo suficientemente tolerantes como para que alguien que caracteriza su trabajo como "ficciones persuasivas" no deba temer el anatema, sino más bien la típica discusión del *Current*!

Si las monografías etnográficas de primer orden son "ficciones persuasivas", las Conferencias Frazer metaantropológicas, entonces, son a fortiori "ficciones persuasivas" también. ¿Qué significan, entonces, todos esos llamamientos a la profesión que se supone que a la larga habrán de persuadirnos? ¿Es posible que pretendan consignar el trabajo de los antropólogos al mismo montón de basura en el que yace gran parte del arte moderno y posmoderno y toda la "teoría" y la filosofía posmoderna? ¿Es que ciertos antropólogos trabajan para desconstruir su profesión? ¿Ellos también saltarán finalmente al basurero? Estas no son preguntas que yo sepa contestar. En vez de eso, permítanme ocuparme de una que puedo controlar: qué es lo que esto quizás esconde.

Un tema menor que corre a través de la presente ficción persuasiva de Strathern con el cual yo puedo reclamar cierta familiaridad es mi propia obra.

Strathern caracteriza dos de mis libros como "un ataque amargo... contra la moderna antropología social". De nada sirve que yo diga que "una apreciación crítica de la moderna antropología social" sería una descripción mejor; las historias en que se mata al padre hacen mejor ficción que las apreciaciones críticas. De todas maneras, el autor de la ficción es el único juez de lo que es la descripción correcta y de la relación entre los personajes que esa descripción entraña. Su descripción pretende mantener una distancia en nuestras relaciones, para evitar suscribir ya sea mi visión de la revolución en la antropología o mi aguda crítica de su confianza en detalles etnográficos muchas veces aburridos. (Asumiendo que las monografías etnográficas son ficción, debemos desear que sean más legibles y por lo tanto más persuasivas; pues serían mejores si se inspiraran en el astringente Trollope, en Surtees o en Waugh que —como a menudo parecen estarlo— en Melville, en Dreiser y en Dos Passos.) Por mi parte hay un enorme incentivo para tomar distancia de los irracionalistas irresponsables que pueden rotular el trabajo de Malinowski, Radcliffe-Brown, Firth y Evans-Pritchard como "ficción persuasiva".

Pero nuestros esfuerzos a la distancia son fútiles: las ideas —nos informa Strathern— no se pueden divorciar de las relaciones. Su reescritura de la revolución en la antropología es en parte una crítica de mi reseña. Este comentario sobre su artículo es una contracrítica. El contexto social de este intercambio es uno en el que lo que cuenta es la verdad, no las relaciones. La profesión de la antropología y la sección de discusiones de una de sus revistas más importantes existen no como una especie de PEN Club, sino como una búsqueda colectiva de la verdad. Fuertes lazos sociales e históricos conectan la antropología a la ciencia y al conocimiento. El intento de fraguar una conexión con la ficción oculta la conexión con la ciencia y el conocimiento, el contexto social del cual la antropología deriva su significación. En esta sociedad, que "las ideas no puedan en última instancia divorciarse de sus relaciones" es lo opuesto de la verdad. Tal divorcio no es sólo regular y por cierto normal, sino que es intrínseco a las instituciones sociales involucradas. Newton fue refutado por Einstein y el Viejo Testamento por Darwin sin que se produjera un colapso ramificado de otras instituciones y relaciones sociales (Gellner, 1974: 166-167). No comprender esto es no haber asimilado el hecho singular más importante de nuestra sociedad que la torna diferente a todas: la presencia y la tradición de la ciencia. ¡Debemos oponernos a las reseñas ficcionales de la antropología, por más persuasivas que ellas sean!

Rik Pinxten
Seminar voor Antropologie, Rijksuniversiteit-Gent, Gante, Bélgica

El artículo de Strathern es un análisis notablemente profundo de algunas de las características de la antropología contemporánea. Estoy de acuerdo con la mayor parte de sus intuiciones. Sin embargo, debido a que su visión es tan amplia, me inclino a diferir en mi apreciación respecto de los "giros" en la antropología en algunos puntos. Me concentraré en dos de ellos:

1. *Persuasión*. Strathern subraya que un antropólogo tiene éxito en el grado en que su visión posee "efectividad". En gran medida estoy de acuerdo con esta interpretación epistemológicamente relativista; pero, puesto que considero que el discurso antropológico es una empresa sofisticada y profesionalmente interdisciplinaria, me hubiera gustado un tratamiento más académico de este punto. Por cierto, durante casi 30 años ha existido una disciplina basada empíricamente y bien desarrollada conocida como la Nueva Retórica o la Teoría de la Argumentación (Perelman y Olbrechts-Tyteca, 1958) que nos proporciona el aparato conceptual para describir, medir, caracterizar y explicar una amplia variedad de fenómenos concernientes a la persuasividad de un hablante frente a una audiencia particular. Más aun, la disciplina se ha instrumentado discriminando los rasgos particulares de los tipos de persuasión "científicos" versus los "literarios", presuponiendo audiencias universales versus particulares. Pienso que las afirmaciones de Strathern podrían haberse fortalecido si ella hubiera utilizado los conceptos y las percepciones de esta disciplina, en lugar de basarse en una pintura más bien impresionista de "familiaridad", "impacto" y "audiencias". Esto no es mero "juego" por mi parte, sino la expresión de mi convicción respecto de que los antropólogos pueden otorgar fundamentos más firmes a su propio discurso tomando en préstamo elementos de otras subculturas científicas, especialmente cuando pretenden discutir problemas que han sido puestos en foco por éstas. No deberíamos "reinventar" lo que podríamos aprender fácil y provechosamente de nuestros colegas en otras disciplinas.

2. *El juego posmoderno*. Estoy casi persuadido del énfasis que pone Strathern sobre el juego en el posmodernismo. Sin embargo, ¿no era "*On the Origin of the State*" de Lowie un título irónico, que atacaba la idea misma de las pretensiones históricas? ¿Y no pretendía Malinowski provocar a su audiencia al titular uno de sus libros *La vida sexual de los salvajes*? Por lo tanto, mi impresión es que posiblemente juguemos más ahora que antes en la antropología (debido a la reflexividad), pero no somos la primera generación juguetona. Una intuición muy general que indudablemente comparto con muchos antropólogos de hoy día puede complementar el "acercamiento" de Strathern entre Frazer y el posmodernismo: las concepciones evolucionistas e históricas del siglo XIX sobre las relaciones entre las culturas fueron convincentemente rechazadas por Boas, Malinowski y otros, para ser reemplazadas por un énfasis "científico" y exclusivo sobre la estructura (y la función); pero con la tendencia general a "historizar" y "evolucionar" las ciencias (véase Prigogine y Stengers, 1984) ha surgido un nuevo interés en las concepciones históricas, evolutivas y en general dinámicas de los fenómenos sociales y culturales. Esta tendencia se manifiesta en la reflexión de los antropólogos sobre el tiempo, el otro, la estructura, etc. Sin embargo, las nociones de historia, evolución, proceso, etc.,

utilizadas en nuestro tiempo son distintas y por cierto más sofisticadas que en la época de Frazer.

En este período excitante de análisis epistemológico de nuestra propia disciplina, la ironía puede darnos la distancia que necesitamos; pero sólo puede ser una condición y no el contenido de nuestro discurso.

PAUL RABINOW
Departamento de Antropología, Universidad de California, Berkeley

Con su habitual modestia y brillantez, Strathern nos muestra la forma en que la vanguardia fracasa en el empeño de ser pasada de moda. Lo nuevo y lo antiguo son nociones ambiguas que no acarrean valencias inherentes. La vanguardia y las posturas libres de valores —todos los textos son iguales— pueden ser tan etnocéntricas y estar tan cargadas de valores como los más viejos etnocentrismos. Strathern demuestra la forma en que cierta estratagema posmoderna —disolver la historia en un revoltijo de otros a disposición nuestra— no escapa, sino que meramente parafrasea el problema intelectual y ético de la empresa antropológica: "¿Escribimos la historia de la idea del etnocentrismo, o una historia de sus diferentes premisas?". La claridad acerca de las premisas ayuda.

La textualidad finca en la afirmación moral de que una visión es tan buena como otra. Strathern pregunta cuál es el mundo moral que eso implica. Y contesta: "Uno en el que todos los contextos son iguales".

Este no era el mundo de Frazer, y ésta es una de las razones por las que él se hizo ilegible para nosotros. El no compartía las concepciones modernistas de la escritura, el pensamiento y la acción. Para Frazer y sus contemporáneos el mundo tenía una estructura fija y orígenes conocidos; consecuentemente, las prácticas y las instituciones se podían comparar a través de la proliferación de ejemplos. El método de Frazer era premoderno en su fijeza; no contenía ninguna proliferación posmoderna de voces africanas y melanesias. Recordándonos que, sin algún sentido del contexto, las relaciones —entre individuos, sociedades o textos— son imposibles, Strathern nos alerta de un peligro concreto en nuestras prácticas sociales que se está difundiendo por nuestras ciencias. "Construir obras pasadas como juego literario cuasi-intencional es el nuevo etnocentrismo. No hay evidencia, después de todo, de que 'nosotros' hayamos dejado de atribuir a 'otros' nuestros problemas."

Si "la verdadera pregunta es si de toda esta cháchara saldrá una nueva ficción", Strathern demuestra que saber cómo leer requiere una comprensión ética e intelectual de las determinaciones, tanto como la fuerza de la imaginación. Su postura está quizá pasada de moda, pero su habilidad de ideación nos pone en guardia contra el fulgor de las modas pasajeras.

Elizabeth Tonkin
Centro de Estudios de Africa Occidental, Universidad de Birmingham, Inglaterra

La fuerza distintiva de Malinowski no radica en sus reclamos de ser un innovador teórico o en el trabajo de campo, sino en su escritura innovadora. Enfrentado, como todo escritor debe estarlo, con la necesidad de una ficción persuasiva particular que representara sus afirmaciones a lectores no familiarizados con el asunto, él inventó, como una presencia autorial y autorizada, al trabajador de campo occidental que encuentra su camino en una cultura extraña. Este dispositivo narrativo reprodujo su experiencia y proporcionó una entrada mimética también a sus lectores. De manera crucial, efectuó simultáneamente una yuxtaposición entre la audiencia exótica, "ellos" y el escritor y los lectores en colusión, "nosotros".

Este es para mí el punto central y más novedoso que presenta Strathern. Los nuevos analistas de la narrativa están tratando principalmente con géneros de "ficción" que afirman crear un mundo sintéticamente, y no analíticamente como en la "no-ficción". Strathern tiene razón al afirmar que la no-ficción también necesita sus ficciones persuasivas y que éstas afectan al contenido que se presenta; en este ejemplo, esas facciones trabajan para sustentar la misma alteridad que los antropólogos de hoy en general quieren trascender.

Pienso que algunos de sus otros puntos acertados podrían llevarse más lejos. Ella muestra muy bien que el objetivo declarado de Frazer de arrojar "una luz seria sobre las exquisitas pinturas de la edad patriarcal en el Génesis" no casaba muy bien con lo que él hacía. Podemos desvelar en sus textos aun más contradicciones. Frazer sugiere que ver la Biblia como literatura no es suficiente; también se la debe ver como folclore. Las costumbres bíblicas se registran muy ampliamente. Ahora bien, este descubrimiento podía por cierto reafirmar al creyente, pero también confundir la reivindicación cristiana de una historia única. Si el Dios moribundo que vive de nuevo es un tema ritual común, ¿cómo creer en la promesa de una resurrección? Frazer hablaba a lectores perturbados por el darwinismo. Su escritura pudo, con ambigüedad, dar sustento a respuestas diferentes a Darwin y al secularismo. Frazer alimentó a los escépticos —la cristiandad se podía explicar como otra mitología más— y a los ecuménicos —después de todo, la verdad puede estar en todas partes—. El Génesis no era *meramente* literatura. Aparte de confortar a sus lectores, como Strathern muestra, esos escarceos irónicos —pienso— podían lisonjear a los intelectuales y ofrecer medios para reconstruir tradiciones destruidas (véanse las notas que adornan *Waste Land* de Eliot). Las ambigüedades de Frazer se sostenían y sus contradicciones se superaban, en apariencia, merced a una garantía unificadora: que lo suyo era una erudición *científica* que hacía uso de todo el nuevo conocimiento que aportaba el imperialismo. Afirmación al descubierto e ideología subliminal: ¡no sorprende que Frazer sedujera a tantos!

Malinowski llevó el cientificismo un paso adelante. Como lo ha señalado Leach (1957), el autor-como-trabajador-de-campo que otorga autoridad a sus reseñas por haber estado allí literalmente encarna al positivismo. Malinowski injertó su ficción en un género existente, el modo de isla-desierta de los cuentos de viajeros; y al sumirse en un detallado estudio de las vidas de los nativos, algo poco frecuente en la novela, persuadió a sus lectores no especialistas de que ellos también podían ser científicos. Se podía captar lo que él decía y —como dice Strathern— participar en sus descubrimientos sin ser uno mismo antropólogo.

Mediante sus esfuerzos no literarios, Malinowski agregó a su lectorado los especialistas que él entrenó y luego a sus estudiantes; pero estos profesionales que trabajaron para hacer de la antropología una disciplina científica siguieron sólo una parte de su receta literaria. En Gran Bretaña (a la que me limito) los escritores de esta segunda generación eliminaron con éxito la novela y ciertamente sus presencias autorizantes de la superficie de sus textos. Peter Morton-Williams me dijo que a él y a sus contemporáneos de posguerra se les había pedido que modelaran su trabajo conforme a la escritura vigente en las ciencias naturales. El objetivo ya no era persuadir al lector para que entrara en un jardín de las delicias, sino tratar a ese jardín como un objetivo positivo a ser descompuesto. Todavía es norma en la "ciencia" (¿en la academia?) reemplazar el "yo" subjetivo por construcciones impersonales. Esto desde ya mistifica, porque elimina la responsabilidad del autor por lo que él o ella dice e implica que existe una autoridad para ello. El lenguaje técnico, del mismo modo, sólo tiene una significación sucinta para el lector iniciado. De este modo, la antropología social británica dejó de ser accesible a los generalistas interesados. Sus practicantes están ahora dándose cuenta de sus consecuencias.

El artículo de Strathern sugiere cuán valioso sería juntar el desconstruccionismo y nuestra propia experiencia en contextualización social para relacionar las ideologías con las audiencias. Necesitamos ahora escudriñar los cambios en la escritura antropológica que surgieron después de Malinowski y antes de los intentos todavía tentativos de los antropólogos reflexivos.

STEPHEN A. TYLER y GEORGE MARCUS
Departamento de Antropología, Universidad de Rice, Houston, Texas

Lo que constituye al trabajo de lectura de Strathern es lo que podríamos llamar un doble quiasma, significado por la doble yuxtaposición Frazer/Malinowski y Malinowski/Frazer. Si fuéramos formalistas, podríamos escribir <F x M> X <M x F>. O quizá más jeroglíficamente

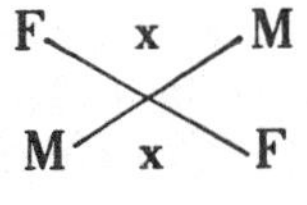

Frazer es el con-texto ("contra texto") para Malinowski. Frazer es el precursor, el antagonista dialéctico y la fuente de su "ansiedad de influencia". Dado que Frazer es el texto contra el cual escribe Malinowski, Malinowski es el "con-texto" ("con texto") y el texto a través del cual Strathern llega a comprender la ilegibilidad de Frazer. Pero, habiendo topado con el hecho de que el *con-texto* holístico de las costumbres de Malinowski afirma no ser un texto y encubre su textualización, Strathern desvela el con-texto ("truco-texto/texto-truco"): descubre cómo fue estafada por el artificio del texto. Esta es la forma en que el *con* [lit. el timo, el embaucamiento] triunfa sobre el texto, y al igual que en la inversión de Derrida de la relación histórica entre Platón y Sócrates en la imagen de Platón dando clase a Sócrates, podemos ahora hablar de la influencia de Malinowski sobre Frazer con tanta justificación como de la influencia de Frazer sobre Malinowski. Dado que para nosotros nunca hubo un Frazer antes de Malinowski, ¿qué podemos hacer con el deseo de Strathern de convencerse a sí misma del sentido de un hiato que constituiría una historia? ¿Se trata sólo de otra pieza de sincronía estructuralista? Puede ser; pero ¿por qué no jugar con los quiasmas que Strathern utiliza para construir el hiato, como "el salvajismo en la civilización"/"la civilización en el salvajismo" y "lo extraordinario en lo ordinario"/"lo ordinario en lo extraordinario", por ejemplo? Como dice Strathern, para nosotros tiene tanto sentido leer a Frazer y a Malinowski como si escribieran sobre nuestros problemas, como lo tiene leer a Frazer según Malinowski. Pero ¿no hay aquí algo más con lo cual jugar? Frazer es la inversa de Malinowski; juntos representan la diferencia entre la alegoría y el símbolo, lo hermenéutico y lo dialéctico. Frazer es alegórico y hermenéutico; la suya es una historia contada de muchas maneras. Malinowski es simbólico y dialéctico; la suya son muchas historias contadas del mismo modo. Frazer escribió entonces en una tradición textual que no ponía en cuestión esa tradición ni su textualización, sino que trabajaba, como dice Strathern, para explicar a su audiencia un discurso ya conocido. El podía usar el método de los sorites, o el apilamiento de ejemplos, porque la historia ya había sido contada. Frazer continuaba una tradición textual que corría desde Orígenes y Filón, a través de Agustín y Tomás de Aquino; una tradición cuyo problema constante era reconciliar la confusión en apariencia incoherente de las fantasías exóticas en el texto bíblico con el escepticismo griego y las formas retóricas, para justificarla en una economía del discurso que otorgaba valor al símbolo, la dialéctica, el silogismo, la dispositio y la episteme (es decir, una forma de discurso como forma de conocimiento sobre el significado, la memoria, los afectos y la ética), lo que es decir el contenido. Quizá podríamos decir, entonces, que Frazer escribió porque el acomodamiento entre lo cristiano y lo pagano, entre la barbarie y la civilización, lo griego y lo hebreo, Oriente y Occidente, el yo y el otro elaborado en la tradición occidental se hallaba bajo el ataque renovado de ideas paganas tales como la evolución, la cual, como observa Strathern, constituía una ruptura en la textualización mucho más severa que el "estilo llano" de cartesianos y baconianos, porque proyectaba una especie de argumentación que era tanto un megamito como una metanarrativa. Frazer realizó una nueva reconciliación. Usó el nuevo cuento de la evolución contra sí mismo, menos como refutación que como una estrategia textualizadora que hacía creíble la Biblia en una forma nueva. Como diríamos, utilizó su "capacidad negativa". Y ahora podemos contestar la pregunta de Strathern de por qué la obra de Frazer atrajo tanta atención en su día. Frazer elaboró una nueva reconciliación entre lo cristiano y lo pagano, utilizando la nueva historia pagana del evolucionismo para contar de nuevo el viejo relato bíblico y dar la buena nueva como si se hubiera contado antes. El suyo era un cuento que reaseguraba la reconciliación, la continuidad, el discurso compartido y el *ethos* compartido.

Malinowski, por su lado, escribió con un discurso emergente seudopagano de la ciencia que valorizaba la ruptura y lo nuevo, en la medida en que trabajaran sólo al nivel del contenido. La forma del discurso permaneció constante, de modo que los diferentes cuentos sobre el otro se pudieran contar en una forma que no variaba nunca. El género etnográfico, ya fuera inventado por Malinowski o no, simboliza lo que Strathern describe como el problema de Malinowski: contar una historia sobre lo exótico como si no fuera exótico. Lo exótico incomprensible es vuelto comprensible por una forma comprensible que siempre debe ocultar sus prácticas de textualización a riesgo de socavar su comprensibilidad. La textualización era para Malinowski un problema que nunca reconoció como problema, excepto en forma de revelación subrepticia o en oposición a prácticas textuales anteriores, y notablemente la de Frazer. El texto de Malinowski no era parte de una continua tradición hermenéutica con una colección de referencias intertextuales; se lo proyectaba desde las Trobriand como si no tuviera compañía textual. Sus gestos hacia la tradición del discurso antropológico eran desafiantes y disruptivos; los gestos hacia el discurso principal de la ciencia insinuantes y bombásticos. Quizá podamos leer a Malinowski, entonces, como la instancia quintaesencial que doblega la resistencia del otro mediante su incorporación absoluta, aunque parezca haber reconocido la independencia del otro.

Pero, ¿no es esta fácil inversión un poco demasiado oportuna, y demasiado simplista? Después de todo, ¿está libre Frazer de lo simbólico y lo dialéctico? El mismo tropo de la evolución ¿no recapitula toda la dialéctica, con su anhelo de trascendencia simbólica? Y aun cuando los padres de la iglesia usaban la alegoría como su estrategia trópica principal ¿no estaban de acuerdo Agustín y Tomás de Aquino con los griegos, tanto en retórica como en lógica? ¿Y qué hay de todo el asunto del neoplatonismo? ¿Y no era Malinowski tan alegórico como cualquier otro, reescribiendo *El corazón de las tinieblas* y todo eso? ¿No es su noción de "captar el punto de vista nativo", aunque entretenidamente imperialista y aromatizada con metáforas occidentales sobre el pensamiento y la comprensión, una paráfrasis sucinta de la hermenéutica de Schleiermacher? ¿Y qué hay del relativismo? Este no cuadra con la incorporación del otro ¿o sí? Si alguno incorporó, lo más probable es que haya sido Frazer.

¿Significa esto, entonces, que Malinowski ya estaba de alguna manera escrito en Frazer como una especie de subtexto, y Frazer en Malinowski como un pre-texto, porque ni la alegoría ni el símbolo alcanzaron jamás una hegemonía total, quizá porque se implicaban el uno al otro como los cristianos y los paganos, de modo que cada insurrección pagana es en realidad sólo un medio para una trascendencia ulterior? No; lo que tenemos en mente no involucra ni la trascendencia ni la fácil ironía del modernismo. El contexto no estaba ya allí ni como un campo previamente estructurado de significantes, como en la "cultura" de Frazer, ni como un campo de significados estructurales, como en las "culturas" de Malinowski. El contexto no es ni un significante trascendental ni un trascendental significado, pues sólo emerge dentro y por medio de los contextos que crea mientras es creado por ellos. Así, el contexto no está ni ya allí ni tampoco no allá, y ésta es la razón por la que el posmodernismo no es irónico; la ironía requiere un afuera, un lugar para apartarse del contexto, un *topos* donde los narradores objetivos e imparciales no estén ya representados en las ironías que los representan. Excepto como ilusión, ningún momento de pura libertad permite a los autores *de*-escribir como ellos de-*escriben*, ni garantiza a los textos inmunidades respecto de la comunidad de los lectores. Así como no hay texto que no implique el afuera que lo implica implicándolo. Y así ni los textos ni los autores se liberan de los con-textos, a los que sólo pueden parodiar.

Aproximadamente en el tercio final de su ensayo, Strathern aborda las reacciones contemporáneas a los predicamentos planteados por la antropología del momento por los quiasmas históricos que ella ha explorado tan perceptivamente. Hoy, ni la negación de Malinowski de la textualidad ni la certidumbre de Frazer respecto de la tradición textual en la que escribió pueden sostenerse. Por lo tanto, en lugar de las "muchas historias diferentes contadas de la misma manera" o de "una historia contada de muchas maneras", nos hallamos ante "muchas historias que se pueden contar de muchas maneras" como un problema de la conciencia posmoderna. Lo "posmoderno" se ha convertido en un término que es simultáneamente despreciado como moda y adoptado con seducción a través de las ciencias sociales, como una licencia para quebrar las lecturas canónicas y reinventar tradiciones de prácticas de investigación. Apropiada y notablemente, esta parte del ensayo de Strathern parodia a los influyentes documentos "posmodernos" (principalmente a los de Clifford), ampliamente leídos por los antropólogos, a los que a veces parece despreciar como "todo esta cháchara" (como si nada más estuviera en juego, o como si nada sustancial se hubiera producido en la etnografía que adopta este modo); la última parte de su ensayo está así llena de hesitaciones, ambivalencias, ambigüedades e ironías. Hay una polifonía no resuelta en su captación de este giro posmoderno, que alterna entre la precaución, el desprecio y la apreciación respetuosa hacia la arremetida crítica de la antropología que se está ofreciendo. Por ejemplo, ella reconoce con enorme sofisticación los peligros que para la comunicación entraña la inflación exponencial de significados que los múltiples e idiosincráticos usos de los términos "modernismo" y "posmodernismo" han aparejado. Y, sin embargo, se inspira ampliamente en un uso particularmente idiosincrático de esos términos para desarrollar su evaluación de las recientes críticas de la antropología. (Creemos que la antropología nunca tuvo autoconscientemente un momento "modernista" hasta la actualidad, cuando las influencias de modernismo cultural y literario *clásico* de fines del siglo XIX y comienzos del XX finalmente se están incorporando por obra de estudiosos transicionales, tales como Clifford, Rabinow y Crapanzano, quienes se han formado por igual en teoría literaria y en historia de la antropología. El hecho de que el modernismo clásico haya decaído y que esté siendo debatido y evaluado con mayor amplitud en la ciencias humanas bajo la bandera del posmodernismo es un factor que complica las cosas, por su explícita introducción, sin precedentes, como una crítica de la antropología del momento. Strathern está perfectamente al tanto de que el discurso actual que ella define como posmoderno se origina fundamentalmente en debates que la antropología en su propia historia ha ignorado hasta ahora; y aun así ella se basa ampliamente en sentidos más parroquiales y singulares de los términos "modernismo" y "posmodernismo", derivados de artículos recientes de Ardener y Crick, como si fueran adecuados para la historia de la antropología.) Para citar otro ejemplo de ambigüedad, Strathern niega que Frazer pueda ser considerado posmoderno o incluso predecesor de un estilo posmoderno en antropología; pero repetidamente evoca el embrollo sin contexto de la escritura de Frazer para sugerir, de una manera precautoria, que esto pudiera ser el lugar adonde "toda esta cháchara" está llevando. En este caso, ella parodia la técnica de recuperar las figuras del pasado encontrando una significación actual para ellas (por ejemplo, el tratamiento de Leenhardt por Clifford) mientras que niega que eso pueda hacerse, por lo menos con Frazer. Además, le preocupa la falta de atención hacia los contextos culturales y hacia las relaciones sistemáticas en el trabajo posmoderno, pero reconoce también que quienes se han embarcado recientemente en él tienen aun pleno control de sus estrategias de yuxtaposición y, a un nivel muy sofisticado, preocupados tanto por el contexto como por la textualización de los fenómenos culturales.

Las diversas ambivalencias en la última parte del ensayo de Strathern conducen a un detenimiento; ella concluye, fiel a su parodia del ensayo posmoderno, evocando con un gesto un ideal o un "bien" que no está demostrado y que está del otro lado de las cosas que han sido el objeto de su mirada crítica. Confía en que después del discurso posmodernista "aún existirán relaciones significantes a ser estudiadas" (estaríamos muy interesados en elaborar lo que ella tiene en mente al decir esto).

Lo que distingue más salientemente la parodia de Strathern de un documento posmoderno, es que ella no es autoconsciente del control escriturario de sus ambivalencias y hesitaciones, como supuestamente lo sería o pretende serlo un posmoderno practicante. Más bien, sus equivocaciones son distintivamente las mismas de las de un lector que trata de ponerse de acuerdo con provocaciones como las que perpetra Clifford, entre otros. Y lo importante de estas provocaciones para los antropólogos, creemos, no es tanto cambiar radicalmente las prácticas de escritura, como cambiar las condiciones de recepción del trabajo antropológico, crear un entorno abierto a muchas más lecturas alternativas de la obra antropológica de lo que es ahora el caso. Lejos de una "nueva ficción" que salga de "toda esta cháchara", lo importante de toda esta cháchara es impedir que se llegue a una nueva ficción, declinando prescribir lo que debería ser y en vez de eso caracterizando lo que ya es. (El ideal polifónico del ensayista posmoderno en antropología es exactamente eso: un ideal, entre otros, que enmascara un rico cuerpo de obras que es, al menos desde la década de 1970, experimental en su *ethos* y simultáneamente más interesante y más sofisticado, pero ampliamente en línea con las tradiciones etnográficas precedentes).

Con una práctica como la etnografía, en la que los escritores no se ven a sí mismos autoconscientemente como *escritores*, los cambios en la recepción —el comentario y el debate sobre los "hallazgos de la investigación"— son mucho más probables y poderosos que los cambios sugeridos en las prácticas de escritura (que eventualmente se seguirán al surgir los cambios en la lectura); y es este foco en la recepción lo que las provocaciones posmodernas en la antropología han desarrollado. Irónicamente (¿o paródicamente?) el ensayo de Strathern a la vez ejemplifica este efecto de "toda esta cháchara" y, en la superficie, lo subenfatiza.

Respuesta

MARILYN STRATHERN
Manchester, Inglaterra

Tal vez lo que salva a la no-ficción (por definición nunca "la cosa real") de la trascendencia sea su propia capacidad para detenerse al final: pues tratar un problema suscitará otros. Agradezco a los comentaristas por mostrar esto, pues una indagación ingenua, parecida a la etnografía, de ciertas usanzas antropológicas ha evocado el problema de la historia, ha hecho un llamamiento a la perspicacia política y ha puesto en duda mis términos. Por cierto, mi versión de dos conjuntos de términos (Frazer castigado por estar "fuera de contexto" y la "ironía" en el vocabulario de mis contemporáneos) se detiene apropiadamente en el final, pues de hecho no puedo comentarlos sin determinar asimismo el significado que tendrán en mi ensayo. La ingenuidad no sirve.

Sin embargo, he dicho "parecida a la etnografía" deliberadamente. El ensayo pretendía delimitar ciertas relaciones implícitas en la forma en que los antropólogos hablan de sí mismos (y es "toda la cháchara" sobre sí mismos lo que "desprecio" si es que desprecio algo, pues ellos son pobres autorrepresentantes, lo cual no es de sorprender [como se diría en psicoanálisis], incapaces de aplicar a sí mismos su experiencia mediadora). Uno puede discutir si he reportado adecuadamente los lenguajes en cuestión. Sin embargo, eso no parece ser el objetivo de la objeción de Jarvie, que yo me he apartado deliberadamente de la verdad. Sus comentarios parecen dirigidos centralmente a la tarea que yo delimité y constituyen un punto de partida.

Debo ser una pobre comunicadora para que Jarvie construyera a partir de mi reseña una antinomia entre ciencia y ficción. Pero su respuesta debe hacer que uno vacile acerca del carácter fugitivo de la evocación. Si a mi vez respondo que mi atención no se dirige a la "literatura" sino a la "escritura", ya he comprometido relaciones significativas entre ambas. Pero para hablar claramente: la pregunta verdadera, dice Jarvie, es qué ha pasado con la verdad. ¿La verdad sobre qué? A juzgar por la evidencia interna, no parecería que la verdad debiera fincar en la estrecha reproducción de lo que la gente dice, en hacer explícitas las propias premisas o en justificar las generalizaciones; todos éstos son procedimientos que espero adoptar al establecer las certidumbres etnográficas. La pregunta de Jarvie es seguida inmediatamente por una mala lectura, sin duda un desliz, pues la metáfora de la ficción (determinante) nunca se le imputó a Ardener; el siguiente párrafo insinúa errores y contradicciones demasiado terribles para revelarlas, aunque estamos seguros por las credenciales del autor en la materia; los montones de basura y los cestos de desperdicios se conjuran en el lenguaje del realismo, en el que todo es autoevidente, y la generalización de que el detalle etnográfico a menudo es aburrido está tan poco fundamentada aquí como la primera vez que él hizo esa afirmación.

Una disculpa, entonces: siento mucho no haber hecho extensiva a Jarvie la empatía estratégica que debe suscribir cualquier esfuerzo de comprensión entre personas. Pero mi intención nunca fue comprenderlo; ésta no es la cuestión que ahora interesa. De lo que se trata es de la forma en que se comunican las ideas y del efecto que esto tiene en la estructuración de las relaciones entre personas. Está claro que tengo que andar mucho para comprender la relación entre la reacción de Jarvie a la "ficción persuasiva" (que sólo sirve para anatematizarla) y su observación de que el Antiguo Testamento fue refutado por Darwin. "El Viejo Testamento" no "fue refutado" por "Darwin", pero tomemos el atajo con consideración. Sigue siendo el caso que exactamente esta clase de idea (todo el Viejo Testamento; los descubrimientos de un científico contra un libro sagrado, etc.) está vigente en un mundo inevitablemente caracterizado por "un colapso ramificado de otras instituciones y relaciones sociales". Supongo que debo considerar la posibilidad de que Jarvie no viva en ese mundo.

Aunque los demás comentaristas son más caritativos, pienso que no son acríticos. De una forma u otra la mayoría señala un movimiento más allá de la textualización, la que de este modo se transforma en la base para una refiguración de la "historia" o de la "política". Tomando el contraste que realiza Tonkin, uno pensaría que esta inversión se produce por concentrarse en la ficción: caracterizar la no-ficción como un tipo de ficción permite comprender las clases de cosas que hacemos cuando, en otro marco semántico, externalizamos uno en relación con el otro.

De este modo Crick señala la burda concepción que la antropología tiene realmente de su pasado, mientras Fardon comenta el pasado simple que construyen los nuevos revolucionarios. Hatch añade detalles históricos sobre las ideas de Frazer, como Tonkin lo hace en relación con la recepción de Frazer y Malinowski, mientras Pinxten recuerda la tradición de la teoría de la argumentación que proporcionaría a estas afirmaciones la sofistificación teórica de la que carece. Estas son críticas serias y valiosas de mi cuadro impresionista; igualmente agradezco a Tyler y Marcus la elucidación adicional de la continuidad de Frazer con una tradición textual que por cierto lo torna a él mismo a la vez nuevo y no nuevo. Sin embargo, la mayoría de los comentarios tiene que ver con las implicancias políticas del carácter autorreferencial del presente giro de la antropología.

Crick, increpándome mi optimismo al registrar un giro en las ideas, señala que el posmodernismo debe considerarse un proyecto del modernismo, una observación que las observaciones de Pinxten sobre el juego confirman. Sí, por cierto; como Jameson y el mismo Crick sostienen varias veces y como Tyler y Marcus sugieren, todos los rasgos están presentes: tenemos que dar cuenta del hecho de que la época presente *parece* lúdica y *habla acerca de* la ironía. Fardon se explaya sobre el peligro de la ironía como tropo, con una delicada ambigüedad sobre la forma en que yo la utilizo y un delicado contraste entre la re-legibilidad de los materiales etnográficos y la forma en que la revolución actual puede hacer que de hecho ciertas lecturas sean imposibles (los materiales no serán leídos "etnográficamente", y con ello quiere decir políticamente). Este es el peligro de la autorreferencia cultural. Hatch también realiza un afirmación política: que la eliminación del escritor como intermediario explícito puede ocultar más que clarificar posiciones que también existen. Realmente no comprendemos a los otros en sus propios términos, y la "teoría antropológica", con sus ideas foráneas, tiene aquí un rol distanciador significativo. La ironía mantendrá la distancia, sugiere Pinxten, siempre que no defina el contexto de nuestro discurso. A propósito de otras generaciones juguetonas, es desde ya el lugar que ocupa el juego lo que es importante: la distancia irónica posee un efecto propio.

Efectos de rebote: Rabinow no retrotrae al peligro de nuestras prácticas sociales, el nuevo etnocentrismo al re-escribir la historia. El tiene razón respecto de que soy una lectora pasada de moda (no "la cosa real" en otro sentido), lo cual es una postura y por lo tanto un contexto crucial para todo el ensayo. Tonkin proporciona un contexto adicional para comprender la naturaleza trascendental de la garantía unificadora de Frazer, su llamamiento a la erudición científica. Pero sus agregados referidos a las ambigüedades y contradicciones que yo apenas esbozo ayudan a quebrar el concepto de "audiencia" al que me he referido monolíticamente, insinuando que en este punto he sido una contextualista algo menos que adecuada. Pero yo he sido sacada de contexto por Tyler y Marcus. Ellos construyen un corte doble por su propia cuenta. Por un lado, re-representan deliciosamente mi interdigitación de Frazer-Malinowski-Frazer, y yo encuentro iluminador su ejercicio de acomodamiento entre barbarie y civilización; por el otro, se retiran del juego con inversiones porque pretenden tomar la historia directamente y colocar la contextualización sobre una base teorética. Es así relevante para su posición —no para la mía— que yo despliegue un uso idiosincrático de "la" ruptura modernista/posmodernista, como lo que es que ellos tomen una decisión acerca de si el posmodernismo "es" o "no es" irónico, porque es importante para su empresa despojar al contexto de la autoridad. De aquí la importante observación de que toda la cháchara es para impedir que venga otra nueva ficción: la nueva escritura no es un nuevo conjunto de representaciones, sino un intento por mediar entre hallazgos de investigación y lectores que han de recibirlos de una forma nueva. Son las viejas clausuras de la receptividad lo que debe desmantelarse. Esto es importante. Pero si en el final me aparto asustada de la autorreferencia y dispongo las palabras para hacerlas aparecer como no relacionadas internamente entre sí, no es porque yo crea que "no hay texto que no implique el afuera que lo implica implicándolo", sino porque hemos perdido la diferencia que el afuera constituye. La externalidad da a la autorreferencia su significado. Y hay una razón para poner esto asimétricamente y no meramente invocando lo que también es verdad, que la proposición trabaja al revés, porque esto sería y no sería una inversión oportuna. De hecho la inoportunidad de las inversiones no me preocupa, precisamente porque la relación interna entre términos no agota el uso que hago de ellos. Tyler y Marcus nos recuerdan que cada inversión que desplegamos es autorreferencial (salvajismo-civilización/Malinowski-Frazer); pero el despliegue de inversiones *particulares*, concretas, no lo es. La particularidad crea un contexto, definida necesariamente al referenciarse internamente como "afuera". De esta forma, el reflejo del salvajismo en la civilización, en el pináculo de su vigencia antropológica, desafiaba los presupuestos sobre el progreso de la cultura humana. Mi visión de Malinowski como el precursor de cierto Frazer se refleja contra las convenciones de la escritura de historia antropológica. Una contextualización semejante, por supuesto, puede recapturarse como algo que a su vez es autorreferencial, de la misma manera en que el "otro" siempre se disuelve como una versión del "sí mismo". Pero considerar esta última postura como una postura final es *esconder el movimiento* mediante el cual se alcanzó. Es tan importante que el "otro" ostente la naturaleza de nuestras inversiones ("ellos", los trobriandeses, no reconocerían "nuestra" distinción occidental entre salvajismo y civilización) como lo es reconocer la inversión ulterior (nosotros/ellos) así implicada. Este cambio en la escala no se produce sin un movimiento interpuesto, la "ruptura" a la que se refiere Tyler cuando escribe (yo no lo había leído antes): "La etnografía posmoderna es un objeto de meditación que provoca una ruptura con el mundo del sentido común y que evoca una integración estética cuyo efecto terapéutico se elabora en la restauración del mundo del sentido común" (Tyler 1986: 134). La pregunta es cómo construimos el movimiento intermedio. Necesitamos saber aún si existe algún sentido significativo en el que los sistemas intelectuales de otros pueblos no se reflejen en los nuestros y que por lo tanto puedan servir como puntos de referencia externos para ellos. Cómo los ponemos a trabajar suscita la cuestión adicional de nuestras responsabilidades en la materia.

Finalmente, entonces, e implícito en la apreciación de Jarvie, a la que retorno, está lo que yo llamo relaciones significantes, el "otro lado" de mi tema, como Tyler y Marcus tan convenientemente lo llamaron. Si fuera cierto que ficciones particulares inscriben relaciones particulares entre escritor, lector y asuntos, luego también se sigue que si las nuevas ficciones son lo suficientemente persuasivas, nos harán percibir relaciones significantes que será nuestra responsabilidad definir. He sido optimista. Todas las ambigüedades y ansiedades en la última parte del artículo, incluyendo una parodia interna de poco éxito (yo trato de cambiar la perspectiva, pero por supuesto eso privilegia las perspectivas), acaban en un rechazo a admitir un sentido de la responsabilidad más presente y más antiguo. Fardon lo ha señalado. La responsabilidad especial del antropólogo ha sido, por así decirlo, monitorear la ruptura: escudriñar la forma en que el saber y la ciencia occidentales, así como gran parte de la cultura gubernamental y popular, ha definido la externalidad de las sociedades y culturas de otros pueblos. No puedo estar más que de acuerdo con que —y tomo prestadas de nuevo las palabras de Tyler (1986)— la "función crítica de la etnografía deriva del hecho de que ella hace que nuestros fundamentos contextuales se tornen parte de la cuestión". Como antropólogos debemos monitorearnos nosotros mismos. Pero el mundo no está enteramente compuesto de antropólogos. Nos guste o no, nuestros sujetos etnográficos siguen jugando un rol externalizador en los juicios de los otros. Este es un hecho político con el que nuestras comunicaciones —también las que nos hagamos entre nosotros mismos— se deben enfrentar.

7

Preguntas concernientes a la antropología dialógica*

DENNIS TEDLOCK

(Programa de folclore, mitología y filme, Departamento de Inglés, Universidad del Estado de Nueva York en Buffalo, Buffalo, NY 14260)

Durante la década actual ha habido una creciente discusión del rol del diálogo en la antropología y de las consecuencias de pensar y hacer antropología como diálogo, no sólo durante el trabajo de campo, sino también en la publicación. Entre las principales cuestiones se encuentran los problemas de la traducción, la representación, el realismo, la evocación, la narración, la metanarración, la interpretación, el control autoral y las relaciones de poder, todos los cuales se reexaminan en este artículo.

PREGUNTA — ¿Qué es todo ese alboroto sobre la antropología dialógica? ¿Por qué no avanzar más allá del mero diálogo, hacia la polifonía o la multivocalidad?

RESPUESTA — Cuando hablamos de diálogo en una novela o en una obra de teatro, no hablamos sólo de dos personas, ¿no? Más aun, *dia* en diálogo no significa "dos", significa "a través".

P.— ¿Qué es un monólogo, entonces?

R.— En el teatro, un monólogo es un diálogo en el que un orador tiene interlocutores que están ausentes o son imaginarios.

P.—Bien, pues. Pero ¿no ha sido la antropología siempre dialógica de alguna manera? ¿No es el trabajo de campo más que nada eso: conversaciones entre el antropólogo y los otros?

R.— Sí, pero cuando vuelves a casa y escribes etnografías, difícilmente dejas que los demás digan algo, aparte de proferir unos pocos "términos indígenas" intraducibles.

P.— Algunos escritores clásicos de etnografías, como E. E. Evans-Pritchard, Bronislaw Malinowski o Ruth Benedict, por ejemplo, ¿no incluían acaso citas de lo que los informantes decían en las entrevistas, o citas de poemas nativos, o ambas cosas?

R.— Lo hacían, por cierto; pero existe cantidad de escritores, notas y

* *Journal of Anthropological Research*, vol. 43, N°4, 1987, págs. 325-344.

más notas de todos ellos, hasta la actualidad, cuyas únicas citas son citas de otros antropólogos. Y en lo que a esto respecta, aun cuando aparezcan algunas líneas nativas, siempre parecen estar insertas con el objeto de ilustrar alguna afirmación que trata de hacer el escritor; esto es lo opuesto a la hermenéutica. Los antropólogos se pueden involucrar en diálogos hermenéuticos con entrevistas o poemas grabados, tras bambalinas, o de regreso en el estudio o en el fondo de sus cabezas, pero la única clase de diálogo que ponen en las etnografías es aquella en la que el nativo habla brevemente, a la señal del antropólogo y en armonía con sus puntos de vista.

P.— Pero ¿qué hay de esos libros confesionales, de esos en los que el antropólogo dice las cosas tal cual son?

R.— Bien, esta vez tenemos un montón de diálogo interno, en el que el antropólogo se preocupa por los asuntos ajenos; pero no sabemos gran cosa de lo que puedan haber dicho los otros para provocar ese diálogo interno. Las citas son tan infrecuentes como en las etnografías y, una vez más, a veces provienen de gente que no son los otros. En *Tristes Tropiques* de Lévi-Strauss, el clásico confesional dominante, ningún indio brasilero pronuncia jamás una sola frase completa, ni siquiera con la ayuda de un intérprete. En libros de este género se pueden resumir conversaciones, o se pueden sacar conclusiones a partir de ellas, pero no se las cita a menudo. Las confesiones, puesto que los otros permanecen principalmente mudos en sus páginas, son en gran medida como las etnografías respecto de las que supuestamente ofrecen un escape.

P.—Bueno, pero ¿qué hay de las colecciones de "textos nativos" —todos esos libros llenos de mitos, cuentos y leyendas— y qué hay de las historias de vida de los nativos?

R.— El problema con esos libros es opuesto al problema con las etnografías y las confesiones. Cuando los antropólogos deciden dejar que los otros hablen, son los antropólogos mismos los que súbitamente desaparecen de la escena, como si no hubiera habido nadie en el campo preguntando por los mitos o las historias de vida y registrándolas. En esto hay como una especie de *apartheid*; es como si los antropólogos no permitieran que los nativos se articulen entre las mismas dos cubiertas que ellos tratan de articular. Y ahora esta segregación se ha reproducido a nivel institucional. Solía suceder que las mismas personas que hacían etnografías hicieran colecciones de textos; pero ahora los textos están a cargo de especialistas separados que en general se encuentran también en departamentos académicos separados, principalmente de lingüística.

P.— ¿Qué hay de los sociolingüistas, o de la gente que hace "etnografías del habla"? ¿No han combinado ellos las palabras nativas con las suyas propias entre las mismas dos cubiertas?

R.— Sí, pero los sociolingüistas, como los recolectores de textos del pasado, presentan instancias del discurso nativo como si ellos mismos no hubieran estado en el campo. Encima de eso, hasta ahora se han limitado a las formas y contextos de ese discurso; no les importa demasiado *acerca de qué* trata ese discurso. Hemos llegado a una situación extraña. Mientras que el antropólogo se siente libre de escribir sobre el significado sin considerar los textos, el lingüista se siente libre de escribir sobre los textos sin considerar el significado. En sus repectivas ocupaciones de trastienda ellos invierten sus roles: el antropólogo necesariamente echa una mirada al texto en el camino hacia los significados, mientras que el lingüista no puede llegar muy lejos describiendo la forma o el contexto sin echar miradas subrepticias al significado.

P.— Pero seguramente la antropología dialógica tendrá algún precedente. ¿Nadie ha llegado tan cerca de ella como los sociolingüistas?

R.— Los tiene. En 1933 Paul Radin, en el medio de un libro por lo demás polémico, intitulado *The Method and Theory of Ethnology*, inserto en un capítulo de setenta páginas dedicado al diálogo hermenéutico entre él mismo y los textos de John Rave, Oliver Lamerre, Albert Hensley y John Baptiste (los fundadores de la religión del peyote entre los winnebago) que había recopilado previamente en el campo. El hecho es que el discurso de Radin está en constante alternancia con el de los textos, en lugar de adoptar la forma de una introducción, notas al pie, un apéndice o un libro separado. En 1957, en la edición revisada de *Primitive Man as Philosopher*, abogó por una estrategia más directamente dialógica, citando dos ejemplos que ya había publicado. Uno era un breve diálogo entre J. R. Walker y John Finger (un sacerdote de la religión oglala sioux), publicado en 1917. El otro era un diálogo de la extensión de un libro ente Marcel Griaule y Ogotemêlli* (un sacerdote de la religión dogon), que apareció por primera vez en 1948.

P.—¿De modo que los fundadores de la antropología dialógica fueron J. R. Walker y Marcel Griaule?

R.— Sería mejor decir que fueron Walker, Finger, Griaule y Ogotemêlli. Y sería aun mejor decir que fueron precursores más que fundadores, dado que casi nada se hizo entre su época y la presente década, exceptuando un pasaje en el libro *Good Company*, de Monica Wilson, de 1963.

P. — Pero ¿no es el diálogo una maniobra muy popular en la actualidad?, ¿no es el diálogo la metáfora de moda en las preocupaciones modernistas?

R.— El diálogo (o la conversación) puede estar de moda como metáfora, pero sigue siendo raro como un modo verdadero de discurso en las escrituras de los etnógrafos. Y cuando tú tachas al diálogo como que está "de moda" o como que es "popular en el presente", suena como si te pusiera nervioso, y como si tuvieras la esperanza de que se vaya antes que se torne una verdadera amenaza. En lo que se refiere al rótulo de "modernista", si por tal cosa quieres

* Tedlock "italianiza" insistentemente el nombre dogon que Griaule transcribe como Ogotemmêli; hemos optado por no modificar la grafía del original inglés; véase *Dieu d'eau. Entretiens avec Ogotemmêli*, París, Editions du Chêne, 1948. [T.]

decir "no-posmoderno" —y "posmoderno" ciertamente se está convirtiendo en una palabra muy de moda— yo no pienso que el diálogo, sea metafórico o literal, sea particularmente modernista. Uno de los signos del posmodernismo es una incredulidad hacia las metanarrativas en que se hacen intentos de totalización. En tanto que un diálogo se esté desarrollando, no es posible ninguna metanarrativa abarcadora. Si las partes de un diálogo llegaran a un punto de completo acuerdo, ya no estarían dialogando entre sí. En este sentido, el diálogo (como proceso en marcha) es posmoderno.

P.— ¿No es posible que el respeto por la visión de los otros, tal como se la expresa en la antropología dialógica, degenere en un deseo romántico de preservar inviolada su subjetividad?

R.— ¿Desde cuándo un diálogo "preserva inviolada la subjetividad del otro"? ¡Los otros inviolados ni siquiera nos *hablarían*! Y los otros que fueran incapaces de autoobjetivación serían incapaces de hablarnos *a nosotros* acerca de *su* cultura.

P.— Pero ¿no es peligroso dejar que el diálogo entre los etnógrafos y los otros se convierta en un interés primario o exclusivo? Una escritura de ese tipo, ¿no dejaría de ser etnográficamente interesante?

R.— ¿Cuál es el peligro? ¿Existe algo que deba ser dicho, aparte de ese diálogo, que no pueda, tarde o temprano, ser puesto nuevamente en él? Cuando hablas de "interés etnográfico" suena como si estuvieras tratando de reservar un espacio —o un tiempo— para que el etnógrafo hable *sobre* lo que se dijo en el diálogo en el campo.

P.— Ciertamente. Pero entonces ¿cuándo se compararán los datos etnográficos provenientes de los distintos diálogos, o incluso los diálogos provenientes de distintas comunidades?

R.— No hay nada malo en la comparación, pero me preocupa la palabra "datos". Suena como el producto de una industria de extracción, como una materia prima que debemos liberar de su contexto original para hacerla parte de un nuevo producto de nuestra propia manufactura, en este caso metanarrativa. Este tiende a ser un proceso en un solo sentido, un intento de alejarse del diálogo con los otros y de moverse a un nivel del cual incluso se supone que ellos lo ignoran. Pero ¿por qué no podría el etnógrafo llevar esta metanarrativa de vuelta al campo y someterla al test de otros diálogos? De hecho todos hacemos algo parecido, y lo hacemos constantemente, incluso *dentro* de una sola visita al campo, pensando en lo que se dijo un día y en las preguntas que eso suscita, y luego retomando el diálogo el día siguiente. ¿Por qué todo lo que sea de "interés etnográfico" tiene que salir del discurso que se dice (o se escribe), de una vez y para siempre, *después* de volver del campo?

P.— Bueno, es que los *Moroccan Dialogues* de Kevin Dwyer me suenan como meras notas de campo, o como entrevistas muy poco editadas. ¿Dónde está la etnografía?

R.— Esas entrevistas están estructuradas etnográficamente y modeladas a cada paso, y los estarían aún si quitáramos los comentarios de Dwyer, que algunos lectores parecen haber salteado. De hecho, los comentarios ocupan el 45 por ciento del libro, de modo que presumo que un 55 por ciento de diálogo es demasiado para los lectores acostumbrados a la etnografía tradicional. Pero quizá lo más radical que hizo Dwyer fue involucrarse en diálogos sobre sucesos que tanto él como Faqir Muhammad habían presenciado. ¿Qué mejor manera puede haber de explorar las diferencias entre los etnógrafos y los otros? Y por último, Dwyer discutió el proyecto del propio libro con Faqir Muhammad e incluyó las discusiones en el libro. Esto mantuvo el diálogo en movimiento. Y el diálogo ha continuado en otro sentido, aun después de su publicación: ha habido lecturas orales del libro, retraducido al árabe o traducido al beréber, de vuelta en Marruecos.

P.— Pero yo quiero plantear una cuestión más básica. Si un verdadero diálogo es una conversación cara a cara entre personas, ¿cómo es que se lo puede representar en un libro? Una representación de un diálogo ya no es un diálogo, sino una mera representación de un diálogo.

R.— Esa objeción parece fundarse en una ilusión de una copresencia originaria con los otros, una presencia ligada a la oralidad y, más aun, en una noción respecto de que la representación tiene lugar sólo después que se ha dejado atrás la presencia oral y se ha comenzado la escritura. Si lo que quiere decir "el verdadero diálogo" es que nosotros y los otros estamos todos juntos, totalmente presentes —excepto por la inconveniencia de no poder hablar simultáneamente— entonces nunca podrá haber tal cosa como un "verdadero diálogo".

P.— ¿Qué quiere decir con eso?

R.— Primero que nada, que todo lo que sucede en un diálogo que se lleva a cabo se dice en el contexto de otras cosas que se dijeron en ocasiones anteriores, incluyendo muchas ocasiones en que nosotros y los otros no estábamos copresentes. Además, difícilmente pueda afirmarse que mucho de lo que nosotros y los otros decimos en un diálogo sea original, en el sentido de que nunca se dijo antes; de modo que todo tendrá necesariamente matices que son únicos de esa ocasión particular. Y aun más, uno de nosotros puede comenzar a pensar qué decir antes que el otro termine, y por lo tanto puede estar momentáneamente ausente, perdiéndose la verdadera importancia del discurso del otro. Todos estos problemas serían obvios, y quebrarían la copresencia del diálogo cara a cara aun si todos habláramos una lengua nativa compartida. Pero surge un problema adicional si consideramos que los diálogos clásicos entre los etnógrafos y los otros no tienen lugar en nada que se parezca a una lengua nativa compartida. No puede haber diálogo que vaya y venga a través de una frontera lingüística sin que haya actos de traducción; y esos actos nuevamente romperán la copresencia, aumentando el vacío temporal entre un hablante y otro y ocasionando períodos de ausencia a lo largo de todo el diálogo.

P.— Pero ¿qué pasa si el etnógrafo y los otros comparten una lengua, en vez de tener que servirse de un intérprete?

R.— Entonces habrá intérpretes dentro de la cabeza de la gente, sea en la cabeza del etnógrafo, en la de los otros, o en ambas. Si hablamos la lengua del otro, el intérprete estará en nuestra cabeza; si el otro habla la nuestra, estará en la suya. Si hablamos en una lengua que no es ni la del nativo ni la nuestra, todos tendremos intérpretes en nuestras cabezas. Aun cuando siempre habrá probablemente cierta asimetría entre los participantes en un diálogo, la lengua mutua siempre será más extranjera para unos que para otros. Es probable que esta asimetría se encuentre a lo largo de las líneas de un pasado o un presente colonial que ni nosotros ni los otros, como individuos, podremos erradicar.

P.— ¿Qué pasa si un etnógrafo pretende una situación se simetría lingüística?

R.— Con una perfecta simetría en todo momento del diálogo, es difícil ver de qué manera una de las partes se puede definir como etnógrafo y la otra como otros. Tampoco habría ningún lugar para el etnógrafo si todas las partes compartieran el mismo lenguaje y al mismo tiempo ocuparan posiciones sociolingüísticas simétricas. ¿Que es la etnografía si no la fenomenología de la asimetría, de la alteridad, del extrañamiento? ¿Y qué sería la etnografía si sus practicantes desistieran de buscar asimetrías como las que existen entre lenguajes separados, incluso entre lenguajes muy diferentes entre sí? Cuando pensamos en la etnografía desde el interior del lenguaje, está claro que ninguna fluidez adquirida en las lenguas de otros borrará jamás la asimetrías, y ninguna fluidez adquirida en nuestro lenguaje por parte de los otros lo hará tampoco.

P.— Pero ¿no es la traducción verdadera y finalmente imposible, si eso significa re-decir verdadera y completamente en un lenguaje lo que antes se dijo en otro?

R.— La imposibilidad que trajiste a colación también vale para cualquier clase de re-decir *dentro* de una lengua, lo que Jakobson llamaba "traducción intralingual": no hay modo de decir *exactamente* lo mismo utilizando *diferentes* palabras. Aun si repitiéramos exactamente las mismas palabras no funcionaría, porque lo estaríamos diciendo en un momento diferente, y por lo tanto en un contexto distinto. Por ejemplo, nuestra repetición se puede interpretar retóricamente, como si enfatizáramos lo que se dijo; o, si lo repetimos la suficiente cantidad de veces, nos acercaríamos al sinsentido. La traducción en el sentido in*ter*lingual es una extensión adicional del discurso anterior, a través del presente y hacia el futuro, una extensión que cambia las lenguas a medida que se desenvuelve. Y a medida que se desarrolla, toma algo de lo que se dijo antes, pero no todo, y puede ganar algo nuevo en la medida en que pierde algo de lo viejo. Algo reconocible permanece, algo que nos puede conducir de regreso al "texto original"; pero desde ya ese texto no puede aparecer ante nosotros exactamente como era antes de ser traducido.

P.— Pero, entonces, el lenguaje poético, o el lenguaje que llama la atención sobre su forma en vez de meramente transmitir un mensaje, esa clase de lenguaje, ¿no es en verdad imposible de traducir, ya que está incrustado en las formas de lenguas particulares?

R.— Como cuestión de hecho, el verso en el sentido métrico estricto, es decir el verso construido en unidades de sonido que son menores que las palabras y los morfemas, es muy infrecuente en las culturas que carecen de sistemas de escritura alfabética o silábica. En casi todas partes los versos se componen combinando paralelismos semánticos y sintácticos, en los que los patrones de repetición y variación se acompañan de patrones simultáneos de repetición y variación en el significado. En la mayoría de estos versos se puede decir casi todo por lo menos de dos maneras y a veces de más; o sea que tiene lugar una buena cantidad de traducción intralingual; por cierto, se trata de una traducción que constantemente llama la atención sobre sí misma. Lejos de ser ajena a la idea misma de la poesía, la traducción ya opera *dentro* de ella.

P.— Pero ¿de qué forma la traducción que ocurre dentro de un poema nos puede ayudar a cruzar el límite entre los otros y el etnógrafo?

R.— Los poemas con traducción interna se construyen a menudo (sea que se lo advierta o no) en el mismo proceso del diálogo de campo. Si un etnógrafo pregunta si es posible decir que un sueño claro resplandece, otro puede decir "en efecto, un sueño claro resplandece", y luego añadir que centellea, y luego poner ese resplandor y ese centelleo en el seno de la negrura de la noche, aceptando de este modo la afirmación del etnógrafo (a medida que se la propone), traduciéndola luego intralingualmente y realizando por último un juego interpretativo al incorporar el contexto de la oscuridad. Aparte de las acciones de este tipo, la traducción in*tra*lingual a veces lleva a la traducción in*ter*lingual. Sucede que la gente que habla náhuatl o alguna lengua maya y también español a veces llena una línea que se empezó en una lengua realizando un paralelismo en la otra, o por lo menos insertando una palabra española en el lugar antes ocupado por una palabra náhuatl o maya.

P.— Pero ¿qué pasa con los pedazos más grandes de discurso? ¿No es acaso la traducción interlingual del discurso extendido, especialmente cuando se trata de la "exactitud", una expresión del realismo familiar a la estética occidental de la representación? ¿No debería ser nuestro propósito escribir interpretaciones de lo que se dijo en el campo, más que construir representaciones de lo que se dijo?

R.— Si una re-representación significa a veces reproducir una experiencia pasada en un nuevo tiempo y lugar para una nueva audiencia, entonces la traducción no es representación. La traducción no reproduce ninguna experiencia que alguien haya tenido. En vez de eso crea una nueva experiencia, la experiencia de un oyente puramente hipotético que es como si fuera completamente bilingüe en la lengua del otro, siguiendo cada palabra del discurso del otro a medida que se desenvuelve, de momento a momento, sin tener que tomar dictado de un texto o grabarlo, y sin tener que posponer el deseo de seguirlo más de cerca para otra ocasión.

P.— Pero eso suena como si la traducción pretendiera reproducir la experiencia de los otros, que por casualidad estaban en la audiencia mientras se profería originalmente el discurso.

R.— No, la traducción no reproduce su experiencia, ya sea porque ellos no escucharon nunca el discurso en la lengua inglesa ni en la voz distintiva de un individuo leyendo en voz alta una traducción en inglés.

P.— Pero, si una traducción no es una representación, ¿qué es?

R.— Es una interpretación en inglés (en este caso) de algo que previamente se dijo en otro lenguaje. Es, por cierto, el comienzo de la misma interpretación que dijiste debíamos obtener cuando aseguraste que debíamos ir más allá de la representación. Sin alguna clase de traducción es difícil que la interpretación pueda ir muy lejos. Pero hay, por supuesto, un atajo en todo esto, un atajo que usamos parte del tiempo y algunos de nosotros la mayor parte del tiempo.

P.— ¿Y cuál es ese atajo?

R.— Es dejar que los otros, sean consultores en plenitud o meros *intérpretes*, se hagan cargo de casi todo el peso de la traducción y que depuren de este modo su inglés o su francés o su pidgin después de hacerlo. Este es el escándalo que se esconde detrás de la escasez y de la pobreza de discusiones sobre la traducción en la antropología. Y es la suprema ironía de una antropología que afirma ser interpretativa sin reconocer el hecho de que los otros no son sólo productores de textos, literales o figurativos, sino también *intérpretes* de textos, intérpretes en el pleno sentido, incluyendo a los traductores.

P.— Pero todavía me choca que haya algo demasiado representacional en la traducción. ¿Qué pasaría si trabajáramos en nuevas formas de *evocar* las cosas, en lugar de buscar nuevas formas de representación?

R.— ¿Que es la evocación sino una especie de representación selectiva, un paso hacia el costado, metonímico? ¿Y qué vamos a hacer cuando los otros hablan de manera evocativa? ¿Qué pasa si un narrador, en vez de describir un dios de la guerra como pubescente, evoca esa pubescencia dándole al dios una voz aguda y quebradiza? Supón que en vez de describir la tensión de un personaje, el narrador evoca esa tensión colocando las acciones del pesonaje en líneas que suspenden la acción de una frase en el extremo de una pausa, antes de revelar el resultado. ¿Qué pasaría si el narrador, en lugar de declarar que las palabras de cierto personaje son importantes, utiliza el registro y la amplitud para destacarlas como un promontorio acantilado entre colinas suaves? Sería ciertamente irónico que, con el pretexto de evitar la representación realista, tornáramos cada una de esas evocaciones en una rígida descripción y reserváramos la fuerza de la evocación para nosotros mismos.

P.— Pero ahora estamos hablando de narrativa, y aquí veo un nuevo problema. ¿No es la narrativa un monólogo, bajo el control de un solo narrador? ¿No va esto contra tu deseo de diálogo?

R.— No, no va en contra. Hay muchos sentidos en que se puede dialogizar ampliamente un discurso narrativo. Y contrariamente a lo que dice Bajtín (quien otorga el crédito de esta cualidad a la novela), las narrativas orales están tan dialogizadas como cualesquiera otras. Partamos del hecho de que un narrador oral puede requerir la participación vocal de una audiencia, puede rehusarse a narrar la historia en ausencia de una pregunta que requiera una respuesta, y puede rehusarse a continuar una historia en ausencia de más preguntas o respuestas. Y —debo agregar— existen culturas en las que se niega al antropólogo cualquier inmunidad hacia estas demandas.

P.— Pero, el diálogo que describes ¿no está subordinado a la autoridad del narrador?

R.— No necesariamente. Lo que dicen los miembros de la audiencia puede determinar qué historia se cuenta en primer lugar, y sus comentarios siguientes pueden tener un efecto en el desarrollo de los detalles y aun (aunque esto es raro) en la dirección de la trama.

P.— Muy bien, pero una vez que la historia se ha iniciado, ¿no sobreviene el monólogo? ¿No están subordinados ambos, el narrador y la audiencia, en efecto, a la autoridad de una narrativa en tercera persona legada por la tradición?

R.— El hecho es que los narradores de historias no se limitan ni a repetir lo que la tradición les da, ni a intentar reacomodamientos de frases formulaicas heredadas; ellos ofrecen *interpretaciones* de la tradición. Se les permite realizar apartes, mirando a los miembros de la audiencia, y aun pasar a la segunda persona, subrayando una ironía de la trama, exhibiendo su conocimiento personal de algún complicado ritual o de algún procedimiento técnico, e incluso comparando a alguno de la audiencia con un personaje de la narración. Ellos no hablan sólo con la voz de un ejecutante de un guión invisible, sino también con una voz interpretativa.

P.— Pero cuando *están* ejecutando, su voz es la de un monólogo autorizado, ¿no es así?

R.— No, no lo es. La voz de un ejecutante se parte en muchas voces. Las narrativas orales están llenas de diálogos entre personajes, diálogos que a menudo acaparan la mitad o más del tiempo transcurrido. Las partes pueden ser muy diversas, y el narrador debe hablar con diferentes voces para ejecutarlas.

P.— Pero las voces de los personajes, ¿no están subordinadas a la autoridad de la narración en tercera persona?

R.— No estamos hablando del mero discurso en primera o segunda persona incrustado en un discurso mayor en tercera, de un tipo de discurso en nítida alternancia con otro. Por un lado, es posible que la narración se aparte del narrador, como cuando uno de los personajes irrumpe con una narración en tercera persona, y esta narración incluso puede ser completa, con su propio diálogo interno en primera y segunda persona. El narrador que deja que un personaje inicie una narración puede ser un anciano, por ejemplo, mientras que el personaje narrador puede ser un venado hembra en la flor de la vida. Se puede dar una dialogización adicional en dirección opuesta, como cuando las voces de los personajes se mueven tan al unísono que se apoderan de la voz del narrador en tercera persona.

P.— ¿Cómo funcionaría eso? No puedo imaginármelo.

R.— Es más cuestión de oírlo que de imaginarlo. Por ejemplo, los tonos de voz utilizados en citas de personajes pueden salpicar las narraciones de sus acciones en tercera persona, en una especie de ventriloquía al revés. Y esto puede suceder no sólo con protagonistas sino también con antagonistas supuestamente desaprobados; el narrador puede estar disponible, por así decirlo, aun para los personajes *malos*. De la misma manera, las hesitaciones frecuentes que comunican incertidumbre pueden ocurrir no sólo en el discurso de un personaje que intenta hablar de lo desconocido, sino también en la narración de las acciones de ese personaje de cara a lo desconocido. Mientras esto sucede, los narradores de historias actúan no como narradores omniscientes, que hablan con la autoridad de la tradición, sino como si no supieran lo que va a suceder después.

P.— Pero ¿no es la dialogización de una historia sólo una especie de charada, y no se halla detrás de todo este espectáculo toda la autoridad de la tradición? ¿Y no es el narrador de historias finalmente responsable de esa autoridad? ¿No es verdad, incluso, como supone Lévi-Strauss, que los mitos, en la medida en que concierne a la gente que cree en ellos, excluyen cualquier diálogo real?

R.— Detrás de esta pregunta parece haber una creencia en que todos los mitos narrados en una comunidad de habla particular están en última instancia de acuerdo entre sí. Esto puede ser cierto si los reduces a estructuras separadas de los personajes y de sus diálogos y arrancadas de cualquier dialogización del acto narrativo mismo; pero en la medida en que hay una cantidad de discurso que se desenvuelve, lleno de diálogo dentro y fuera de esos mitos, no hay forma de que puedan hablar todos con la misma voz, con un solo fin. Aun en el proceso de ser narrado, un mito evoca a otros. El campo del mito está él mismo dialogizado, a la escala del diálogo entre mitos.

P.— Bien, entonces; tomemos el caso de algún mito en particular. El *final* de una historia ¿no establece un alto en el diálogo que se desarrolla dentro de ella? ¿No se deciden las cosas en favor de un resultado posible entre otros?

R.— No necesariamente. Dentro de una misma tradición pueden haber mitos que comiencen de la misma manera pero que terminen en forma distinta. Y en lo que a eso respecta, no sucede como si los finales de cualquier clase fueran completamente finales, o satisfactorios, o como si funcionaran perfectamente. Si los finales fueran toda la sustancia de los mitos, no habría necesidad de que nadie escuchara un mito dado más que una vez en la vida. Cada vez que se vuelve a narrar un mito desde el comienzo, es como si el final se deshiciera y las cosas estuvieran nuevamente sin decidirse.

P.— Pero ¿no puede suceder que algunos mitos de los que hablas sean mitos, sean cuentos para narrar junto al hogar, pero que algunos de ellos —un mito de origen general, digamos— puede ser autoritario?

R.— Aun cuando un mito en particular conlleve tanta autoridad que se intente estabilizarlos o aun congelar sus palabras y la forma en que se suceden las palabras, produciendo un cántico en el que el narrador y los personajes sonaran como si hablaran con una sola voz, autoritaria, daría lugar a un discurso interpretativo, incluso en forma de re-narraciones no autoritarias de la historia global, en las que las voces de los personajes y del narrador mismo estén dialogizadas nuevamente. Toda voz que pretenda establecerse como autoritaria y monológica, diciendo siempre exactamente las mismas palabras cada vez que habla, automáticamente deja de ser capaz de hablar por sí misma, en el sentido de hacerse clara sin ninguna ayuda. Sólo puede ser cada vez más anacrónica y cada vez más necesitada de explicación.

P.— Pero me sigue preocupando la especial autoridad que un autor tiene sobre un texto, yendo y viniendo sobre él para hacerlo consistente. ¿Puede el discurso escrito seguir siendo dialógico si alguien ejerce un único control sobre él?

R.— Hay dos sentidos importantes en los que un solo autor no puede posiblemente ejercer control. Primero que nada, ni la intención del etnógrafo ni la del otro con quien él dialoga pueden controlar lo que Gadamer llama la "virtualidad hermenéutica" que rodea todo texto en el momento en que entra en el mundo del lenguaje preexistente; al mismo efecto Bajtín lo llama "heteroglosia". Segundo, aun si ignoramos el texto virtual que rodea a un texto real, ningún autor, por lo menos a largo plazo, puede ser lo que Kristeva llama el "sujeto unario", que produce un texto que es completamente consistente consigo mismo. Cualquier autor es tarde o temprano un "sujeto escindido" o un "sujeto en proceso", y no algún todo unitario que ejerce una voluntad autorial. Los autores que dejan espacios para el discurso de otros más allá de aislados "términos nativos" e incluso más allá de frases completas, han reconocido por lo menos la existencia de sujetos hablantes aparte de ellos mismos. Además está el hecho del descubrimiento de que ningún sujeto, sea entre nosotros mismos o entre los otros, es capaz de un monólogo sin quiebras.

P.— A pesar de todo lo que has dicho, sigo suspicaz. ¿Cómo podemos estar seguros de que las etnografías dialógicas, al situar el discurso sobre un cómodo paseo interpersonal, no terminarán encubriendo las relaciones de poder en cuyo seno tienen lugar los diálogos?

R.— Estás ignorando el hecho de que todo acto de diálogo en el campo va en contra de la estructura establecida de las relaciones interpersonales. Los etnógrafos comen y hablan y trabajan lado a lado con personas cuyas elites nacionales e internacionales dudarían en darle la mano.

P.— Pero ¿qué pasará cuando un etnógrafo que reporte diálogos de campo tenga que dar cuenta de esas elites?

R.— No hay razón para que las relaciones de poder no puedan estar entre los temas de los diálogos mismos. Por cierto, si un etnógrafo no desea hablar sobre tales relaciones, los otros pueden hacerlo de todas maneras. Un etnógrafo que espere sentarse y disfrutar historias personales, por ejemplo, puede encontrarse de pronto confrontado a un elocuente ataque de las políticas de Washington. Otro etnógrafo que espere oír una narrativa sobre las guerras de casta en Yucatán y que piensa que esas guerras están guardadas en el pasado puede ser confrontado con un llamado a las armas necesario para cambiar las relaciones locales de poder con la ciudad de México.

P.— ¿Estás sugiriendo que todo el tiempo que el etnógrafo trata de que los otros hablen del pasado, los otros hablarán más bien de política contemporánea?

R.— No necesariamente. Un etnógrafo que espere oír hablar sobre luchas armadas entre guerrilleros y soldados, por ejemplo, o sobre las atrocidades militares contra ciudadanos desarmados, puede encontrarse ante la exigencia de que el libro que planea publicar incluya una descripción plena y escrupulosa de la cultura del narrador. El punto es que cualquiera que sea en última instancia la relación de poder entre la sociedad del etnógrafo y la de los otros, los otros pueden sin embargo asumir un rol poderoso en la determinación de aquello a lo que el diálogo habrá de referirse. Lo más probable es que ellos insistan en largas excursiones por asuntos que no tienen nada que ver con el plan original de investigación que obtuvo la financiación o la promesa de publicación que llevó a alguien al campo.

P.— Bien, me gusta cómo suena lo que dices, porque estoy pensando en que deberíamos trabajar para una utopía de autoría plural, o de autoría dispersa. ¿Puedes nombrarme los libros que ya se hayan movido en esa dirección o agregar algunos libros a las listas que otros han estado haciendo?

R.— Me parece que convocar a un movimiento para una utopía de autoría dispersa —junto con la confección de listas de libros aprobados que parecen estar moviéndose hacia esa utopía— puede contradecir la idea misma de la autoría dispersa.

P.— ¿Y cómo es eso?

R.— Bien. ¿Quién hace el llamamiento? ¿Quién se erige en juez? ¿Dónde está la utopía de la *crítica* dispersa? ¿No es esa forma de autoría una de las formas más desnudas de tratar de tener la última palabra con respecto a la palabra de algún otro? ¿No se esfuerzan esos autores en alcanzar niveles cada vez más altos de metanarrativa por encima de las metanarrativas anteriores (e inferiores) y, por debajo de éstas, de las narrativas en forma supuestamente cruda? Desde un discurso íntegramente dialogizado, llevado adelante con plena conciencia de que la interpretación es inherente al discurso y no solamente algo que se hace después que el "texto original" ha sido establecido, la diferenciación entre autores y críticos, o entre científicos sociales e historiadores intelectuales se torna problemática. Los críticos dejan de ser privilegiados en el mismo momento en que los autores dejan de ser privilegiados. Una vez que un historiador intelectual pase un largo tiempo leyendo escritos etnográficos, citándolos, dialogando con los etnógrafos y haciendo comentarios formales sobre sus afirmaciones en encuentros, no puede pretender más estar fuera de la etnografía de lo que los etnógrafos puedan pretender estar fuera de la cultura de los otros.

P.— Oyendo eso, no puedo decidir si está pronunciando una advertencia o haciendo una invitación.

R.— Digamos que sólo estoy tratando de obtener una respuesta.

Nota:

Versiones anteriores de estas preguntas y respuestas se presentaron en la sección "Diálogo" organizada por Tullio Maranhao para los encuentros de la American Anthropological Association (diciembre de 1986) y en el almuerzo de seminario de la School of Social Science del Institute for Advanced Study (febrero de 1987). Por su útil discusión de esas versiones, agradezco a E. Valentine Daniel, Michael M. J. Fischer, Clifford Geertz, Bruce Mannheim, Joan W. Scott, Barbara Herrnstein Smith y Barbara Tedlock. Por un año de libertad de los deberes académicos normales, agradezco al Institute for Avanced Study.

Sobre el diálogo hermenéutico de Radin, véase Radin (1933, capítulo 7); su propuesta de diálogo directo está en Radin (1957: xxx-xxxi). El diálogo entre Walker y Finger se publicó inicialmente en Walker (1917: 154-156); el diálogo entre Griaule y Ogotemêlli apareció inicialmente en inglés en Griaule (1965). Wilson presenta un breve diálogo en Wilson (1963: 194-195); un ejemplo más reciente se puede encontrar en Isbell (1978: 170).

Para discusiones generales recientes sobre el diálogo en la antropología y la antropología como diálogo, véase Dwyer (1977, 1982) y Tedlock (1979, 1983). Dwyer y yo comenzamos nuestras discusiones independientemente, pero entramos en diálogo en 1984. Para los encuentros de la American Anthropological Association de ese año, Bruce Mannheim, Allan F. Burns y yo orga-nizamos una sesión de todo un día titulada "La emergencia dialógica de la cultura", con Dwyer entre los participantes (los reportes irán pronto a la imprenta).

Problemas similares a los aquí planteados han sido formulados por Clifford (1986), Crapanzano (1986) y Geertz (1987, capítulo 6), Handler (1985), Marcus y Fischer (1986: 68-70), Rabinow (1986) y Tyler (1986). Para un caso en que el etnógrafo insertó su escritura publicada en un diálogo de campo renovado, véase Feld (1987). Sobre el tema de la "traducción intralingual", véase Jakobson (1959: 233). Para un ejemplo de una tradición de narración de historias en la que el narrador demanda un diálogo continuo con la audiencia, véase Burns (1980, 1983); el diálogo que ocurre dentro de la narración se discute en Tedlock (1983: 3, 10, 47, 59-61, 326). La afirmación de que "en una comunidad, la categoría del mito excluye a la del diálogo" fue hecha en Lévi-Strauss (1971: 655). La "virtualidad hermenéutica" se discute en Gadamer (1976: 115); la "heteroglosia" en Bajtín (1981: 263, 428), y la del "sujeto unario" en Kristeva (1980). Para un caso en que un narrador a quien se pide referencias a la violencia política actual insistió en agregar una amplia descripción de tradiciones locales, véase Menchú (1983: xx).

Acerca de la "descripción/desescritura" como un "hablar por"*

STEPHEN TYLER

(Universidad de Rice, Houston)

Durante el Renacimiento, el diálogo y la epístola eran los modos principales de discurso civilizado en la vida contemplativa.

Estimado Dennis:

Como sabes, en general me simpatiza la idea del diálogo en la antropología, o como antropología; pero yo tengo una comprensión de su función y ejecución diferente de la que tú tienes. Tienes razón, por supuesto, al señalar el carácter monológico de la escritura etnográfica y la forma en que reprime la voz del nativo. La típica "descripción" etnográfica "desescribe" al nativo; el etnógrafo "habla por" el nativo, representándolo —para sus propósitos— en el discurso aparentemente universalizado de la antropología. Su texto deviene entonces, en las convenciones de ese discurso, una reserva de información que puede ser objetivamente manipulada, diseccionada, reutilizada y puesta en uso para propósitos determinados, independientemente del texto mismo o de sus circunstancias originarias. Se transforma en con-texto para y por otros textos o, en el argot actual, en parte de una "base de datos" que funciona en uno de esos grandes juegos de razón-como-poder conocidos como "construcción teórica" y "dominación política".

Cada acto de representación es un acto de represión política, como señalamos, por ejemplo, cuando hablamos de "gobierno representativo", una frase que cuenta todo el cuento de cómo la voz del gobernante-representador sustituye y habla en lugar del representado-gobernado-otro. En realidad, ésta es una doble sustitución/represión, pues la voz del otro se representa en la letra del representador. El movimiento de lo oral a lo literario en la "descripción" [*write-up*] es a la vez re-presentación y re-presión. Representar es reprimir, y la escritura es la tecnología de la representación/represión.

De este modo, Dennis, incluso si las etnografías se escriben-como-reproducciones del diálogo originante entre nosotros y el otro nativo, siguen estando condicionadas por la tecnología de la escritura y de los con-textos, y no pueden constituir un progreso hacia la recuperación de la presencia originaria del otro fuera del texto a la que re-presenta. Si el anhelo dialógico se origina en nuestra culpa como ejecutores autodesignados de la condición del nativo y si expresa algún deseo exculpatorio en forma de reparación ética, entonces la representación dialógica es reprensible; pero si surge de un deseo sincero de corre-

* Tyler realiza un alambicado juego de palabras, que se comprenderá mejor tras los primeros párrafos del texto; el título original del artículo, que sintetiza ese juego, es "On 'writing-up/off' as 'speaking for' ". [T.]

gir un error en vez de escribir sin error,* sólo está mal orientado. Representar el diálogo nativo no tiene importancia ética; eso funciona totalmente dentro de un discurso de representación cuya ética deriva de y está subordinada a la ontología y a la epistemología, al registro de lo real que constituye el verdadero conocimiento en la voz monológica de la razón pura. Por esta razón, la representación dialógica debe plantear sus exigencias de reclamar no desde el valor de la recuperación ética —la liberación anticolonial de la voz del nativo— sino desde las exigencias imperialistas de representación iluminada. La voz del nativo se traduce desde el contexto meramente parroquial, concreto y local de la oscuridad salvaje a los textos del discurso universal, trascendental e iluminado de la ciencia, donde —para todos los tiempos— resonará sin sonido. La antropología dialógica debe plantear su punto, entonces, solamente como una mejor representación. ¿Puede hacerlo? Pienso que no, porque ella fracasa exactamente de la misma manera en que la elicitación controlada (la versión del diálogo de los sesenta) fallaba en la hora artrítica "nueva etnografía". Al tratar de ejecutar el truco imposible de representar el diálogo en el mismo momento que los datos y su transformación autopoética en datos, el diálogo y la elicitación controlada producen sólo una doble ilusión de datamiento-datado, de datos como el proceso y la tecnología de su propia producción, en que los datos —lo dado— se consume pero no se produce y nunca se da.

El diálogo, por lo tanto, como estrategia de textualización, no puede superar su propia textualización. No puede presentarse como otra cosa que una textualización y argumentar que es una mejor representación de lo que ha sido reprimido para constituirlo en representación.

Subsiste el problema de su retórica de participación. Como en toda escritura retórica, la producción del texto está dominada por una convención del género que requiere que los medios de su producción reflejen lo que se ha producido metódicamente —antes de su textualización final— mediante la actividad participatoria del observador/observado. En esta imagen la textualización es secundaria, una "escritura" [*write-up*] de "resultados", un "suplemento" (para hacernos eco de Derrida) de actos originarios a los que parcialmente recupera e imita. Para los presentes propósitos es importante notar sólo que la textualización científica no recapitula esas actividades; las *reconstruye* cambiando su orden, eliminando errores, haciendo analogías entre ciertos actos y fórmulas matemáticas, representando a los otros en diversos medios de descripción analógicos y alegorizando la totalidad en una narrativa bíblica. Lo importante aquí es el rol suplementario, no problemático y casi inconsciente que juega la escritura en esta imagen. Esto ejemplifica también la comprensión que tienen los antropólogos del rol que juegan las notas de campo en relación con la etnografía. La escritura de notas de campo se entiende como una actividad secundaria precedida por una actividad originaria, de la que a menudo se piensa que es lo otro de la escritura, aun cuando el movi-

* En el original "*right a wrong rather than to write a-wrong*". [T.]

miento aquí es desde una clase de escritura (las notas de campo) a otra clase de escritura (la etnografía). El folclore del trabajo de campo dice que las notas de campo son registros re-codificados de observaciones originarias de algo distinto a la escritura: de conversaciones, conducta u otras *cosas* no originariamente escritas. Existe un fundamento previo fuera de la escritura que las notas de campo imitan o representan, pero que no puede ser capturado excepto por la escritura que lo sustituye. Esto parece una obviedad de sentido común, pero la secuencia de actividades conjurada, consistente de observa → anota → escribe, donde la observación o la percepción o la experiencia precede y fundamenta la toma de notas y la escritura es engañosa, pues el mismo tomar notas ya es parte de la observación-percepción-experiencia; esto es parte de lo que queremos decir cuando hablamos de observar. ¿Qué es, después de todo, una noticia no anotada? La observación ya está inscrita, o no es observación sino una especie de mirada o expectación.

La antropología dialógica está menos perturbada por esta coordinación de mano y ojo, porque aparentemente no plantea más exigencias que la de anotar el diálogo constitutivo. Más que como notas de observación que se refieren a una actividad originaria —la observación del objeto por el sujeto— que es reemplazada por las notas, se presenta a sí misma como la experiencia *intersubjetiva* originaria y como su notación simultánea. Su intersubjetividad contrasta así con la diferenciación de sujeto y objeto de la ciencia normal, donde los observadores posan como agentes pasivos que dialogan con otros agentes pasivos pero que sólo figurativamente dialogan con el observado. La participación entre observador y observado o sujeto/objeto es un problema de la ciencia normal, algo que interfiere con la pura actividad no perturbada de lo observado y que hace sospechar de la objetividad del observador. Es algo de lo que no se puede dar cuenta totalmente, algo contra lo que hay que guardarse, una especie de fuente indeseable de contaminación, algo a superar.

La antropología dialógica plantea una cosa diferente. Pretende fundarse no sobre la superación de la participación, sino en la participación misma. Se presenta a sí misma como una realidad participatoria que supera el efecto participatorio, no trascendiéndolo, circunscribiéndolo o inoculando contra él —no, en otras palabras, mediante la confrontación y la disputa— sino por su capacidad negativa, utilizando el efecto contra sí mismo. Pretendiendo rehusarse al tránsito desde el lugar privilegiado del observador objetivo fuera del contexto participatorio, la antropología dialógica borra tanto la idea de la observación como la presunción de una separación fundamental originaria entre sujeto y objeto.

La escritura dialógica es una estrategia de textualización que pretende proyectar la imagen de un todo participatorio, y su objetivo retórico es evocar una ética de la participación que no deriva de la ontología y de la epistemología, sino que en vez de eso surge del toma y daca cara a cara de la comunicación entre iguales. Se presenta a sí misma como un método para superar el diálogo de amo y esclavo explícito en la idea de observador/observado, representador/representado, o en la del otro hegeliano cuyo ser es sólo la instrumentalidad como el negativo del sujeto y que el sujeto necesita para constituir su propia identidad: esa contraparte objetiva del ego, cuya función es la de fundamentar la subjetividad del ego siendo aquello que el ego incorpora y supera. La escritura dialógica está frustrada, entonces, por impulsos contradictorios, buscando en la mitad de su mente justificarse como una representación mejor y deseando con la otra mitad ser un discurso ético que no necesita ninguna justificación en la ontología o en la epistemología como medio de representación.

El impulso dialógico recapitula el acertijo de la observación participante, mostrando la forma en que el anhelo de una observación objetiva se apropia de y pervierte la idea de participación. En la antropología, la participación siempre ha estado subordinada a la observación, siendo en el mejor de los casos sólo un medio para establecer el *rapport* que facilite la observación. Es un truco, un engaño que pretende hacer que el observado crea que es un participante igual. El etnógrafo busca penetrar en el *ethos* de la comunidad fingiendo participar en ella. Pervierte la importancia ética de la participación para trascender el todo participatorio y legitimizar su engaño invocando la ética trascendental del discurso representacional al servicio de la ontología y la epistemología.

Algo, o todo esto, Dennis, está detrás de su incomprensión de la evocación como la forma de representación. Cuando decimos que algo evoca, no es necesario suponer que lo que se evoca tiene que estar allí como una experiencia anterior o como un recuerdo traído a la presencia por el que realiza la evocación. La evocación no necesita ninguna circunstancia previa originadora, a la manera de la representación. Ella no re-presenta necesariamente, aunque también pueda ejecutar esa función. La gracia de la evocación es que proporciona un escape de la representación. Puesto que no necesita presentación que sea posteriormente re-presentada, no requiere ni una ontología legitimadora ni una justificación en la epistemología como forma de conocer producida discursivamente por el método y la lógica.

La evocación no puede ser reducida a la lógica de la causación material en el sentido de que lo evocado sea producido por lo que lo evoca. Ella no se explica por la lógica de la contigüidad, o de la comunicación, el contenido, el seguirse, la asociación, el estímulo/respuesta, lo interior/lo exterior, antes/después, primario/secundario, original/derivado, medios/fines, agente/paciente o presencia/re-presencia. "Poner juntos", "reunir", la mutualidad y la simultaneidad armonizan mejor con la idea de que "evocar" y "evocación" no están relacionados como verbo a nombre, o como acto a sustancia, y que "evoca" y "evocado" no están determinados por las posibilidades temporales de los verbos ingleses.

Lo que se evoca ya es una condición de lo que evoca, y lo que evoca es ya la posibilidad de lo que es evocado. Los dos son correlativos, y la posibilidad de su diferenciación en el tiempo y en el espacio es sólo un truco de una gramática del espacio, el tiempo y la diferenciación que nos tienta a decir "es lo evocado lo que evoca su evocación", cuando bien podríamos —si fuéramos algebristas— "la evocación es al evocar que evoca lo evocado que evoca lo evocado en la evocación, lo que lo evoca es a la evocación que evoca en la evocación que evoca la evocación de lo evocado"; o, en una parodia paradigmática de la gramática:

			cat	—	ivo	
			cac	—	ión	
e	—	vo —				
			car			
			c	—	ado	
					a	

Mientras que una antropología dialógica que se basa en la representación sólo puede repetir la ética de la representación, el diálogo como evocación podría ser un discurso ético sin comprometerse ni justificarse mediante la representación. Tampoco tendría que legitimarse por su actividad performativa como medio de producción de conocimientos.

Esto me lleva, Dennis, al aná-logo dramático/economista que es correlativo del diá-logo y que juega un papel tan importante en tu obra. Pienso en especial en tu noción de performatividad y en el texto ejecutable. La idea de performance está ligada a la de producción, ya sea como medida económica o como en una obra teatral. Vive simultáneamente, por lo tanto, en los mundos del trabajo y de la obra. En ambos tiene alguna relación con una actividad originaria —el trabajo de producción— y con su reproducción. Para decirlo de otra manera, aquí la idea de "obra", por su nexo con la producción y la reproducción, es realmente más como el "trabajo" que re-produce la obra del autor en la ejecución de una obra que se juzga buena o mala no como indicación de su parecido al original —que en el caso de una obra escrita no es de ninguna manera una performance, de modo que la posibilidad de evaluar el valor mimético de una performance queda excluido— sino como una performance económica cuya reproducción de la obra del autor es la única forma de su producción real, tal como se la mide por el estándar de la recaudación de boletería. El valor de la re-presentación es aquí la performatividad, pero una performatividad que tiene su lugar no en la calidad de la reproducción o repetición, sino en lo que la repetición hace posible. Como diríamos, esto es econo-mimesis, performatividad económica, la medida del producto de la performance de una producción. Es el juego económico de la reproducción en acción.

El trabajo que hace posible esta reproducción es, por supuesto, la obra escrita, el texto del autor. Este texto escrito encaja correlativamente en el mundo de la performance repetitiva, de la producción y la re-producción. Es, como nos ha enseñado Benjamin, el trabajo economimético de la obra de arte. Ahora bien, en el caso de las performances orales que no están guiadas por un original escrito ni motivadas por el deseo repetitivo, la calidad dramático-mimética es, del mismo modo, poco importante. Algunas audiencias son conocidas por preferir la improvisación, pero, lo que es más importante, la idea de una performance original que sirve como estándar de comparación es difícil de sostener — aun dado el caso de las a menudo señaladas memorias "fenomenales" de los salvajes iletrados— en ausencia de algún registro perdurable de la performance original que pueda ser una re-presentación de ese original y que funcione como su estándar de comparación. El arte de la obra no puede ser aquí la obra de arte, aun si funciona y si es recompensada.

¿Cuál es, entonces, la importancia del texto ejecutable, una mnemónica escritura que imita a una performance oral originaria que un lector puede reproducir? ¿Cuál es aquí el deber de la representación y la repetición, aparte de cumplir un imperativo de la cultura occidental que decrete la necesidad de la repetición, de las parodias que hacen que la reproducción sea productiva? Quizás en nuestra cultura la necesidad de repetir sea un atavismo, tan inescapable y automático como un reflejo; o quizá realmente queremos raptar al nativo, pensando en resguardarlo mediante una especie de civilizada reproducción miscigenativa en el texto.

El diálogo al servicio de la representación siempre será alguna clase de truco, pero eso no significa que abandonemos el diálogo ¡al contrario, abandonamos la representación! En lugar de una "reserva disponible" heideggeriana, de un "recurso" o "base de datos" a ser manipulada, analizada, intercambiada y re-producida como un performativo en la economía de la repetición, ¿por qué no hacer que el diálogo sea la alegoría de nuestro mundo perdido de totalidad participatoria? ¿Por qué usarlo como herramienta de la representación? ¿Por qué instituir una herramienta de *bricoleur* cuando lo que necesitamos es un martillo nietzscheano? Que el diálogo no sea ni una tecnología de la razón ni como un razonamiento de la tecnología; que sea como una semilla silvestre en el campo del conocimiento.

Sobre la representación del discurso en el discurso

DENNIS TEDLOCK

Estimado Stephen:

La noción de que el conocimiento científico de un átomo o una estrella puede perfeccionarse mediante una mejor representación de ese átomo o de esa estrella es una cosa, y la noción de que la comprensión de otros pueblos pueda mejorarse por la cita de lo que ellos dicen a los etnógrafos, o de lo que se dicen entre sí, es muy otra. Una descripción de un átomo o de una estrella no es un átomo o una estrella, pero una cita de un discurso sigue siendo un discurso, y una cita de un diálogo, aun en la escritura, tiene lugar en el interior de un discurso mayor que en sí mismo es por lo menos implícitamente dialógico. La práctica de citar diálogos no se origina en los científicos occidentales que operan dentro de la epistemología que ha sido puesta en cuestión por Foucault y por otros, sino que es más bien un universal humano. Disponible para los hablantes y escritores de todo lenguaje conocido, es una forma de discurso que no sólo permite sino que exige la representación del diálogo, haciendo posible una multiplicidad de voces aun dentro del discurso de un solo hablante o escritor. Y esto es verdad ya sea que hablemos de gente que habla pero no escribe, o de gente que hace ambas cosas. Incluso puede decirse que de todas las cosas que el lenguaje es capaz de hacer, la que hace mejor es la de representarse a sí mismo. Y si es verdad que el lenguaje ofrece la evocación como una alternativa a la representación, también es verdad que el diálogo es una cosa que no puede ser evocada.

Cuando tú abogas por una antropología dialógica basada en el "diálogo como evocación", no puedo sino preguntarme por tus planes de publicación. ¿Dejarás que este diálogo sea representado? Y si lo haces, ¿no preferirías una representación razonablemente exacta que una en la que el editor corte algunos de los pasajes más enérgicos, acorte algunos de los más delicados, elimine todas las bastardillas y los signos de exclamación, sustituya palabras y frases que suenen neutrales por otras que suenen cargadas de emoción, cambie todos los pronombres y verbos en primera y segunda persona a la tercera persona del plural, y transforme todas las citas en discurso indirecto? Esos son los mismos tipos de cambio que los antropólogos desarrollan rutinariamente, en una escala masiva, cuando trabajan sobre diálogos entre trabajadores de campo y nativos, transformándolos en etnografías estándar. Cuando yo abogo por una cuidadosa transcripción y traducción del discurso grabado, tomando en cuenta dimensiones tales como las pausas, el énfasis y el tono, no es porque yo crea que podemos alcanzar un conocimiento verdaderamente científico perfeccionando nuestras representaciones del Mundo, sino porque soy un intérprete de textos que encuentra que las pausas, el énfasis y el tono tienen mucho que ver con la forma en que el discurso oral representa (y evoca) los diversos mundos. A nivel de la textualización, tu súplica de que "abandonemos la representación" suena algo así como "cualquier texto da lo mismo".

Cuando dices que "cada acto de representación es un acto de represión política" ¿quieres decir realmente que cada vez que alguien nos diga algo en una conversación y que lo citemos luego a terceras partes, estamos practicando represión política? Si rehusamos repetir lo que alguien dijo ¿seríamos entonces inocentes del cargo de represión? ¿Y si ese alguien era un nativo que recontaba (y por cierto, representaba) un episodio en el que un ejército colonial, quizás incluso la armada de los Estados Unidos, reprimía a su pueblo? Si evitamos representar su representación de la represión, ¿estaríamos escapando de reprimirlo? La ocupación militar de su aldea ¿debe ser meramente evocada, solamente en nuestras propias palabras?

La dialogización de la escritura etnográfica de ninguna manera necesita lo que tú llamas un intento de "proyectar la imagen de un todo participatorio". El caso es más bien, debo pensar, que el mito de la participación antropológica en las culturas de los otros está repleto de equívocos aleccionadores; no hay confusión respecto a de qué parte está el antropólogo y de qué parte está el nativo. A su tiempo, algo del discurso del uno encuentra su camino en el del otro, al punto que el antropólogo puede querer poner palabras en boca del nativo, o en que el nativo pueda ir tan lejos como para parodiar al antropólogo. Pero no importa cuánto puedan converger sus discursos, siempre llega, tarde o temprano, el diálogo en el que el antropólogo abandona al nativo y toma rumbo a casa.

Me apresuro a agregar que el antropólogo dialógico cuyo único proyecto es la publicación de diálogos directos entre él y los nativos es un hombre de paja de tu propia construcción. Desde el comienzo he defendido (entre otras cosas) diálogos entre intérpretes y textos, en los que los textos son más bien para que el lector los vea, y no para que los tenga aparte en volúmenes separados o entre papeles personales. En el artículo publicado aquí afirmo que aún el discurso de un narrador solitario puede ser altamente dialógico en su carácter, produciendo una multiplicidad de voces. Me he tomado el trabajo de afirmarlo porque tú mismo eres conocido por sugerir que la narrativa no tiene un lugar en la antropología dialógica y porque Bajtín ha afirmado que la multivocalidad es el logro específico de la novela. Mi punto de vista es que la multivocalidad no es algo que esté esperando ser originado en el discurso de una nueva antropología, dialógica o "posmoderna" o lo que fuere, sino que ya está presente en el discurso de los nativos, incluso cuando ellos narran.

8

La etnografía posmoderna: de documento de lo oculto a documento oculto*

STEPHEN A. TYLER

Primera voz: contexto

El artículo que sigue a esta introducción es parte de un grupo de ensayos escritos en diversos momentos y en respuesta a diversas influencias. Sin embargo cada ensayo anticipa, alude a, construye sobre o presupone a los demás. Cada uno trata, de una manera u otra, del discurso o la retórica, y cada uno caracteriza la tensión entre el mundo posible del sentido común y los mundos imposibles de la ciencia y la política. En conjunto nos dice de qué manera los modos retóricos de la ética (*ethos*), la ciencia (*eidos*) y la política (*pathos*) son alegorías sensoriales cuyas metáforas raíces "decir/escuchar", "ver/mostrar" y "hacer/actuar" crean respectivamente los discursos del valor, la representación y el trabajo. Todos los ensayos hablan de la contextualización etnográfica de la retórica de la ciencia y la política, y dicen cómo es que la retórica de la etnografía no es científica ni política sino, como lo implica el prefijo *etno*-,ética. También hablan del sufijo *-grafía*, al recordarnos el hecho de que la etnografía misma está contextualizada mediante una tecnología de comunicación escrita.

Ni parte de la búsqueda del conocimiento universal, ni instrumento para la supresión/emancipación de los pueblos, ni otro modo de discurso más en paridad con el de la ciencia y el de la política, la etnografía es, en cambio, un discurso superordinado con respecto al cual todos los demás discursos se relativizan y en el cual ellos encuentran su significado y justificación. La superordinación de la etnografía es la consecuencia de su "imperfección". Ni autoperfeccionadora a la manera del discurso político, ni totalizadora a la manera del discurso político, ella no se define ni por una atención reflexiva a sus propias reglas, ni por la instrumentalidad performativa de éstas. No definida ni por la forma ni por una relación con un objeto externo, ella no produce ideali-

* *Writing Culture*, (James Clifford y George Marcus, comps., Berkeley, University of California Press, 1986, págs. 122-140).

zaciones de forma y performances, ni realidades ficcionalizadas, ni ficcionalizadas realidades. Su trascendencia no es la de una metalenguaje (un lenguaje superior gracias a su mayor perfección de forma), ni la de una unidad creada por síntesis y sublación, ni la de la *praxis* o aplicación práctica. Trascendente, entonces, pero no por la teoría ni por la práctica, ella no *describe* ningún conocimiento ni *produce* ninguna acción. En lugar de eso, ella trasciende *evocando* lo que no puede ser conocido discursivamente ni perfectamente conocido, aunque todo lo que conoce es como si fuera discursivamente y todo lo que conoce es como si fuera a la perfección.

La evocación no es presentación ni representación. Ella no presenta objetos ni representa ninguno, aunque torna disponible a través de la ausencia lo que puede concebirse pero no presentarse. De esta manera está más allá de la verdad y es inmune al juicio de la performance. Ella supera la separación de lo sensible y lo concebible, de la forma y el contenido, del sí-mismo y el otro, del lenguaje y el mundo.

La evocación —que es decir "la etnografía"— es el discurso del mundo posmoderno, porque el mundo que hizo la ciencia, y esa ciencia hecha, han desaparecido, y el pensamiento científico es ahora un modo arcaico de conciencia que sobrevive por un tiempo, en una forma degradada, sin el contexto etnográfico que lo creó y lo sostuvo. El pensamiento científico sucumbió por haber violado la primera ley de la cultura, la que dice que "cuanto más el hombre controla algo, más incontrolable se vuelven ambos". En la retórica totalizadora de su mitología, la ciencia implicaba su propia justificación y pretendía controlar y tornar autónomo su discurso. Pero su única justificación era la prueba, porque no podía haber justificación dentro de su propio discurso; y cuanto más controlaba su discurso sujetándolo al criterio de la prueba, más incontrolable se tornaba su discurso. Su propia actividad fragmentaba constantemente la unidad del conocimiento que ella pretendía. Cuanto más sabía, más quedaba por conocer.

Todas sus estrategias textuales —su método— dependían de una separación previa (y crítica) del lenguaje y el mundo. Ella hizo de la percepción visual no mediada por conceptos el origen del conocimiento sobre el mundo, e hizo del lenguaje el medio por el cual el conocimiento se manifestaba en las descripciones. La ciencia dependía, en otras palabras, de la adecuación descriptiva del lenguaje como representación del mundo. Pero para moverse del precepto individual hacia una percepción sobre la que hubiera acuerdo, necesitaba un lenguaje comunicativamente adecuado que permitiera el consenso en la comunidad de los científicos. En el final, la ciencia fracasó porque no pudo reconciliar las demandas contradictorias de la representación y la comunicación. Cada intento de mejorar la representación amenazaba a la comunicación, y cada acuerdo en la comunicación era signo de una nueva falla en la representación.

La ciencia adoptó un modelo de lenguaje como una forma autoperfeccionadora de comunicación cerrada que alcanzaba su clausura al hacer del lenguaje mismo el objeto de la descripción. Pero la clausura se lograba a costa de la adecuación descriptiva. Cuanto más el lenguaje se volvía su propio objeto, menos tenía que decir sobre cualquier cosa. De este modo, el lenguaje de la ciencia devino el objeto de la ciencia, y lo que había comenzado siendo percepción no mediada por conceptos devino concepción no mediada por perceptos. La unidad de comunicación realizada por el lenguaje desplazó a la unidad de percepción que el lenguaje había forjado. El lenguaje como comunicación desplazó al lenguaje como representación, y a medida que la ciencia se comunicaba mejor y mejor sobre sí misma, tenía menos y menos que decir acerca del mundo. En un exceso de democracia, el acuerdo entre los científicos devino más importante que la naturaleza de la naturaleza.

No obstante, esto no habría sido fatal si no hubiese sido por el obstinado rechazo del lenguaje a perfeccionarse a sí mismo. A medida que la ciencia se definía cada vez más a sí misma como el modo de discurso que tenía a su propio discurso por objeto, cada paso para perfeccionar ese discurso y rellenar cada brecha de la prueba revelaba siempre nuevas imperfecciones. Cada paso autoperfeccionador o autocorrectivo creaba órdenes locales que producían nuevas imperfecciones que requerían nuevas correcciones. En lugar de un sistema coherente de conocimiento, la ciencia creó un cenagal de órdenes locales sin relación entre sí y fuera del control de cualquiera de ellos. El conocimiento científico se sistematizó sólo mediante la unidad de un método racional que producía cada vez una irracionalidad más grande. La utópica unidad de la ciencia desapareció de la vista junto con todos los demás objetos irreales de la fantasía científica.

Atrapados en la fascinación de su juego de abalorios con sus reglas siempre cambiantes y sus promesas de lo siempre nuevo y diferente, los científicos cumplieron en su discurso ese sueño de la producción capitalista, en el que nuevos productos autodestructores automáticamente se eliminan de la competecia con productos autodestructores todavía más nuevos, creados para satisfacer la insaciable demanda de consumo de la última vanguardia científica, del último cambio en las reglas del juego. En este mundo de modas siempre cambiantes, era un provinciano el jugador que continuase jugando un juego que ya había sido abandonado por quienes se encontraban en la "primera fila" o en el "frente" de la investigación.

A medida que se tomaba más y más la ciencia como un juego, ésta se distanció de la *praxis* y se desbarató la relación —que se daba por sentada— entre la teoría y la práctica. ¿Qué práctica consistente puede venir de una teoría inconstante que entiende su propia significación como una movida en un juego? Cuanto menos se guiaba y se estimulaba la teoría mediante una relación reflexiva con una aplicación práctica, menos podía aquélla justificarse a sí misma como la fuente de la práctica. Y dado que el juego infinito sólo llevaba a un conocimiento provisional, siempre sujeto a revisión como consecuencia de cambios en las reglas, el juego no produjo conocimiento universal y no pudo justificarse a sí mismo manteniendo la promesa de que sí podía producirlo. Su involución impidió tanto el retorno al mundo concreto de la práctica como el tránsito al mundo trascendente del conocimiento universal. En consecuencia, tuvo que buscar la justificación fuera de su propio discurso y procurar su legitimación en un discurso diferente del suyo propio y no sujeto a sus reglas. Necesitaba un discurso que no pudiera ser parte del discurso autoperfeccionador de la ciencia ni fuera fundacional de alguna manera científicamente aceptable.

La ciencia escogió un compromiso difícil, sujetándose tanto al discurso del trabajo (la política y la industria) como al discurso del valor (la ética y la estética); pero dado que la política y la industria controlaban los recursos del juego y podían amenazar con retener los fondos de los que el juego dependía, la ciencia sucumbió más y más a las limitaciones impuestas por el interés de sus amos.

Enrolado primero como el brazo de propaganda de la ciencia, afirmando la falsedad de la teoría y que la investigación básica es la fuente de la práctica y de la innovación tecnológica, el discurso del valor se convirtió en el medio ideológico para la justificación del trabajo; todo lo que se dijera del valor se hallaba inseparablemente ligado a objetos y al comportamiento relativo a objetos, las ficciones del trabajo sobre la realidad. Lo que originariamente se había presentado como el contexto de la realidad práctica dentro del cual la estética del juego de la ciencia podía encontrar su sentido y justificación, se convirtió en la condición de una irrealidad burocrática que establecía los límites de la realidad mediante un ejercicio del poder disfrazado de razón. Todo discurso se reducía a la retórica del trabajo. Pero en este momento de su triunfo por el control total, ¿no sentimos los primeros temblores de la erupción de lo incontrolable?

Este es el cuento de los orígenes del mundo posmoderno, tal como lo contaran Habermas (1975, 1984) y Lyotard (1979), con ciertas libertades interpretativas intencionales. Es la historia que sirve de marco a una etnografía posmoderna.

Voz libre: la etnografía posmoderna

Una etnografía posmoderna es un texto cooperativamente desenvuelto, consistente de fragmentos de discurso que pretenden evocar en las mentes del lector y del escritor una fantasía emergente de un mundo posible de realidad de sentido común, y provocar así una integración estética que poseerá un efecto terapéutico. Es, en una palabra, poesía; pero no en su forma textual, sino en su retorno al contexto y a la función original de la poesía, la cual, por medio de su ruptura performativa con el habla cotidiana, evocaba recuerdos del *ethos* de la comunidad e impulsaba así a los oyentes a actuar éticamente (véase Jaeger, 1945: 3-76). La etnografía posmoderna pretende recrear textualmente esta espiral de performance ritual y poética. Como ella, la etnografía posmoderna desfamiliariza la realidad del sentido común en un contexto de performance puesto entre paréntesis, evoca una fantasía total abducida a partir de fragmentos y luego regresa a los participantes al mundo del sentido común transformados, renovados y sacralizados. Posee la significación alegórica —aunque no la forma narrativa— de una búsqueda de la visión o de una parábola religiosa. La quiebra con la realidad cotidiana es un viaje hacia tierras extrañas con prácticas ocultas (en el corazón de las tinieblas), donde fragmentos de lo fantástico danzan en el vórtice de la conciencia desorientada del buscador hasta que, ya en el centro del remolino, él pierde la conciencia en el momento preciso de la visión milagrosa y restauradora, y luego, inconsciente, es devuelto a las playas familiares (pero transformadas para siempre) del mundo de los lugares comunes. La etnografía posmoderna no es una nueva partida de viaje, sino otra ruptura en la forma del discurso de la misma clase que nos hemos acostumbrado a considerar como la norma del énfasis cientificista de la estética modernista en la novedad experimental, pero también un retorno autoconsciente a una noción anterior y más poderosa del carácter ético de todo discurso, tal como aparece capturado en la antigua significación de la familia de términos "ethos", "ethnos", "ética".

Dado que la etnografía posmoderna privilegia al "discurso" por encima del "texto", ella pone en primer término al diálogo y no al monólogo, y enfatiza la naturaleza cooperativa y colaborativa de la situación etnográfica en contraste con la ideología del observador trascendental. De hecho, rechaza la ideología del "observador" y el "observado", porque no se observa nada y nadie es un observador. En lugar de eso, existe una producción dialógica del discurso. Entenderemos mejor el contexto etnográfico como un contexto de creación cooperativa de narraciones que, en una de sus formas ideales, resultará en un texto polifónico, ninguno de cuyos participantes tendrá la última palabra en la forma de una narración enmarcadora o de una síntesis abarcativa: un discurso sobre el discurso. La etnografía posmoderna puede ser solamente el diálogo mismo, o posiblemente una serie de dichos paratácticos yuxtapuestos en una circunstancia compartida (como en los Evangelios Sinópticos), o quizá sólo una secuencia de dichos separados en busca de un tema común, o incluso un entretejido contrapuntístico de maneras de decir, o un tema y variaciones (véanse Marcus y Cushman, 1982; Clifford, 1983a). A diferencia del contador de cuentos tradicional o de su contrapartida folclórica, el etnógrafo no se concentrará en la ejecución o en la narratividad monofónica, aunque no las excluirá obligatoriamente si fueran apropiadas al contexto.

No deseo sugerir que semejante texto se parecería a una colección editada de textos de diversos autores, a uno de esos libros sin autor producido por un comité, o a un collage accidental como una edición del *American Anthropologist*. Estos tres juntos, por cierto, caracterizan una forma etnográfica ubicua llamada el "periódico". De hecho, de haber habido un movimiento modernista en etnografía, habría tomado al periódico como su modelo literario. La colección y el collage preservan las diferencias de perspectiva, pero difieren en la dimensión de accidente versus propósito; de modo que podemos considerar que ciertas colecciones editadas son de hecho collages, porque es tan escasa la relación de sus selecciones con un tema común que su presencia en el mismo volumen parece accidental. Y todos estamos familiarizados con collages tematizados como los periódicos, cuyos asuntos están ligados mínimamente por un tema común: "Aquí están las noticias de hoy, relevantes para nadie en particular, reunidas por nadie en particular".

La polifonía es un medio de relatividad de perspectivas, y no una evasión de la responsabilidad autoral o un exceso culposo de democracia; aunque, como podría haber dicho Vico, se articula mejor con esa forma social y se corresponde mejor con las realidades del trabajo de campo en lugares sensibles al problema del poder, tal como se lo simboliza en la relación sujeto-objeto entre el que representa y la que es representada. No es que los etnógrafos no hayan utilizado nunca antes la idea de los textos sin autor, porque los mitos y los relatos folclóricos, aun cuando fueran relatados por alguien, son ejemplos puros de la forma; en este caso debemos pensar más bien en un comité extendido en el tiempo cuyos participantes nunca se ponen de acuerdo para componer la obra.

El punto es que los problemas de forma no son prioritarios, y que la forma misma emergerá del trabajo conjunto del etnógrafo y de sus socios nativos. El énfasis está puesto en el carácter emergente de la textualización, y en que la textualización sea sólo el movimiento interpretativo inicial que proporciona un texto negociado para que el lector lo interprete. El proceso hermenéutico no está restringido a la relación del lector con el texto, sino que incluye también las prácticas interpretativas de las partes del diálogo originado. A este respecto, el modelo de la etnografía posmoderna no es el periódico sino esa etnografía original, la Biblia (véase Kelber, 1983).

La naturaleza emergente y cooperativa de la textualización también es índice de una actitud ideológica diferente hacia el otro y hacia los usos de la etnografía. La historia de la escritura etnográfica registra la crónica de una secuencia acumulativa de diferentes actitudes hacia el otro que implican usos diferentes de la etnografía. En el siglo XVIII, el modo dominante era "la etnografía como alegoría", centrado alrededor del concepto clave del utopismo en el que el "noble salvaje" ejecutaba su rol ennoblecedor como una imagen terapéutica. En el siglo XIX, el "salvaje" dejó de ser noble; ella [sic] era más bien "caída", según la alegoría bíblica siguiente, o una figura de ironía terapéutica (un amenazador dedo de Satán), o un ejemplo del "primitivo" primordial, un fósil viviente que significaba la pasada imperfección curada por el tiempo, según la emergente alegoría evolucionista. En el siglo XX, el "salvaje" dejó de ser incluso "primitivo". Ella era sólo "datos" y "evidencia", una instancia crítica de refutación según la retórica positivista del liberalismo político. Posteriormente, en el estructuralismo y en el revival semiótico del racionalismo del siglo XVIII, él volvió a ser pura "diferencia", un esquema formal de signos colocados, totalmente despojados de significación terapéutica. Ahora, en adición a ésos (cada uno de los cuales, o cada combinación de ellos, aún alimenta en alguna parte la imaginación de algún etnógrafo), ella ha llegado a ser el instrumento de la "experiencia" del etnógrafo, y el etnógrafo ha llegado a ser el foco de la "diferencia", en una versión perversa del romanticismo que siempre ha estado presente en la etnografía, no importa cuán desesperadamente reprimido y marginado por los impulsos objetivos de los buscadores de datos puros. Como en el utopismo del siglo XVIII, el otro es el medio para la alienación del autor respecto de su propia cultura enferma, pero el salvaje del siglo XX está enfermo también: neutralizado, como el resto de nosotros, por las fuerzas oscuras del "sistema mundial", ELLO ha perdido su arte curativo.

Habiendo percibido el significado limitante del segundo miembro del término compuesto "etnografía" ("-grafía", de *graphein*, "escribir"), algunos etnógrafos han domado al salvaje, no con la pluma sino con el grabador, reduciéndolo a un "hombre lineal", como en el argumento de alguna oscura rutina cómica; porque aunque piensan haber retornado a la "performance oral" o al "diálogo" para que el nativo tenga un lugar en el texto, ellos ejercen un control total sobre su discurso y le roban la única cosa que le había quedado: su voz.* Otros, conociendo su crimen plenamente y sin culpa, lo celebran en una "etnopoesía"; mientras que el resto, como Sartre, apartando un poco el rostro de la pluma ofensora, escriben como expiación —el meñique de la mano izquierda en el botón de "borrar", el índice en el de "escuchar", haciendo los cuernos— falsificando la voz en el texto.

Como Derrida, ellos han perdido la verdadera significación de "discurso", que es "el otro como nosotros", porque lo importante del discurso no es cómo hacer una representación mejor, sino cómo evitar la representación. En su textualización del seudodiscurso, ellos han consumado una alienación terrorista más completa que la de los positivistas. Puede que toda textualización sea alienación; pero ciertamente es verdad que la textualización no participativa es alienación —"no nosotros"— y para la alienación no hay terapia.

Como sabían los utópicos, la etnografía puede realizar un propósito terapéutico evocando una realidad participativa; pero ellos se equivocaban al pensar que la realidad podía ser explícitamente proyectada en el texto. En este eco, entonces, de la realidad participativa que la etnografía posmoderna busca evocar por medio de un texto participativo en el que nadie posea el derecho exclusivo de trascendencia sinóptica. Dado que es participativa y emergente, la etnografía posmoderna no puede tener una forma predeterminada, porque bien podría suceder que los participantes decidieran que la textualización misma es inapropiada. (En lugar de esto, muchos informantes en el pasado —pese a que sus objeciones rara vez se consideraban significantes en sí mismas— fueron tratados como estorbos o impedimentos al texto monofónico del etnógrafo). Cualquier forma que el texto tome —si es que toma alguna— enfatizará sonoramente la relatividad, no sólo entre el texto y la comunidad de discurso de la que es parte —el sentido usual de "relatividad cultural"— sino en el interior del texto mismo, como uno de sus rasgos constitutivos.

Aunque la etnografía posmoderna privilegia el discurso, no se coloca ex-

* "*Her voice*" en el original. Cuando se refiere al sujeto que es tradicionalmente el objeto del discurso etnográfico, Tyler alterna deliberadamente el género femenino con el masculino sin prestar atención a la continuidad. [T.]

clusivamente en la problemática de una única tradición del discurso, y busca, en particular, no apoyarse en las categorías teoréticas y de sentido común de la hegemónica tradición occidental. De esta manera, la etnografía posmoderna relativiza el discurso y no lo ciñe a una forma, esa perversión familiar de los modernistas; ni a la intención autoral, esa presunción de los románticos; ni a un mundo fundacional más allá del discurso, esa desesperada codicia por una realidad separada, propia tanto de los místicos como de los científicos; ni a una historia y a una ideología, esos subterfugios de los hermenéuticos; y menos aun al lenguaje, esa hipostasiada abstracción de los lingüistas; ni, por último, al discurso mismo, ese campo de juego nietzscheano de significantes de un mundo perdido, propio de estructuralistas y gramatólogos, sino a nada de eso o a todo eso junto, porque ella es anárquica: pero no por el gusto de la anarquía en sí misma, sino porque rehúsa convertirse en un objeto fetichizado entre otros objetos, ser desmantelada, comparada, clasificada y neutralizada en esa parodia del escrutinio científico conocida como criticismo. El texto etnográfico no sólo no es *un* objeto, no es *el* objeto; en lugar de eso es un medio, el vehículo meditativo para una trascendencia de tiempo y lugar que no sólo es trascendental, sino que es un retorno trascendental al tiempo y al lugar.

Debido a que su significado no está en ella misma sino en una comprensión de la cual ella es sólo un fragmento, ya no está condenada a la tarea de la representación. La palabra clave para comprender esta diferencia es "evocar", porque si puede decirse que un discurso "evoca", él ya no necesita representar lo que evoca, aunque pueda ser un medio para una representación. Dado que la evocación es no representacional, no tiene que ser comprendida como una función sígnica, porque no es un "símbolo de", ni "simboliza" ella a aquello que evoca. El texto posmoderno se ha movido más allá de la función representacional de los signos y se ha desembarazado de los estorbos de la sustitución de las apariencias, esas "ausencias" y "diferencias" de los gramatólogos. No es una presencia que hace existir algo que estaba ausente; es un llegar a ser de lo que no estaba ni presente ni ausente, porque no vamos a comprender la evocación como algo que liga dos diferencias en tiempo y lugar, como algo que evoca y algo más que es evocado. La evocación es una unidad, un suceso o proceso singular, y debemos resistir la tentación de la gramática, que nos haría pensar que la forma proposicional "*x* evoca a *y*" debe significar que *x* e *y* son entidades diferentes ligadas por un tercer "proceso-entidad" más bien peculiar llamado "evoca", y que, además, *x* debe preceder a *y* en el tiempo, y consecuentemente *x* debe ser una condición de *y* o *y* un resultado de *x*. Esas son todas ilusiones de la gramática, que nos hace desmembrar unidades en entidades discretas y en eventos puntuados. Debemos pensar en corregir esta situación escribiendo el inglés no linealmente, como si fuera chino, imitando a Ernest Fenellosa y a Ezra Pound. Evoca, pero dado que aún seguiríamos leyendo linealmente "*x* evoca a *y*", y los elementos *x*, "evoca" e *y* tan discretos como siempre, ésta no es la solución. Quizá lo mejor que podemos hacer, casi a punto de inventar algún nuevo logógrafo, sea una "evocación" heideggeriana, o mejor aun, cuidarnos de las trampas de la gramática.

Lo importante de "evocar" en vez de "representar" es que eso libera a la etnografía de la *mimesis* y de un modo inapropiado de retórica científica que entraña "objetos", "hechos", "descripciones", "inducciones", "generalizaciones", "verificación", "experimento", "verdad" y conceptos como esos que, excepto como invocaciones vacías, no tienen paralelos ya sea en la experiencia del trabajo de campo etnográfico o en la escritura de etnografías. La presión para conformarse a los cánones de la retórica científica ha hecho del realismo fácil de la historia natural el modo dominante de prosa etnográfica; pero ha sido un realismo ilusorio que ha promovido, por un lado, el absurdo de "describir" no-entidades como la "cultura" o la "sociedad" como si fueran gusanos plenamente observables (aunque un tanto desgarbados), y, por el otro, la pretensión conductista igualmente ridícula de "describir" patrones repetitivos de acción aislados del discurso que los actores usan al constituir y situar su acción, todo ello en una certidumbre simplista acerca de que el discurso básico del observador es en sí mismo una forma objetiva y suficiente para describir actos. El problema con el realismo de la historia natural no es, como se afirma a menudo, la complejidad del así llamado objeto de observación, ni el fracaso en aplicación de métodos suficientemente rigurosos y replicables, ni, aun menos, la aparente intratabilidad del lenguaje de descripción. En lugar de eso, el problema es el fracaso de toda la ideología visualista del discurso referencial, con su retórica de "describir", "comparar", "clasificar" y "generalizar" y sus presunciones de significación representacional. En etnografía, no hay allí "cosas" que sean los objetos de una descripción, las apariencias originales que el lenguaje de descripción "represente" como objetos indéxicos para la comparación, la clasificación y la generalización; hay más bien un discurso, que no es tampoco una cosa, a despecho de las afirmaciones engañosas de modelos traduccionales de la etnografía como el estructuralismo, la etnociencia y el diálogo, que pretenden representar ya sea el discurso nativo o sus patrones inconscientes, re-cometiendo así, en la mente, el crimen de la historia natural.

El discurso etnográfico en sí mismo no es ni un objeto a ser representado ni una representación de un objeto. Consecuentemente, la retórica visualista de la representación, dependiente de la concretidad de la palabra escrita —de *de-scribere*— subvierte la sustancia ética de la etnografía y sólo puede darnos en su reemplazo una sensación de incompletitud y fracaso, porque sus objetivos y medios están siempre fuera de alcance.

El discurso etnográfico no es parte de un proyecto cuyo objetivo sea la creación de conocimiento universal. El enajena el impulso mefistofélico por el poder mediante el conocimiento, porque éste es también una consecuencia de la representación. Representar significa tener una especie de poder mágico sobre las apariencias, ser capaz de tornar presente lo que está ausente; y ésta es la razón por la que la escritura, el medio de representación más poderoso, fue llamado "*grammarye*", un acto mágico. La verdadera significación histórica de la escritura es que ella ha aumentado nuestra capacidad de crear ilusiones totalizadoras, con las que tenemos poder sobre las cosas o sobre los otros como si fueran cosas. Toda la ideología de la significación representacional es una ideología del poder. Para romper su hechizo tenemos que atacar la escritura, la significación representacional totalizadora y la autoridad autorial; pero todo eso ya lo hemos hecho. Ong (1977) nos ha advertido de los efectos de la escritura al recordarnos el mundo de la expresión oral que contrasta con él. Benjamin (1978) y Adorno (1977) han contrapuesto la ideología del "fragmento" a la de la totalidad, y Derrida (1974) ha hecho del autor la criatura de la escritura más que su creador. La etnografía posmoderna construye su programa no tanto a partir de sus principios como de la piedra bruta de su desconstrucción.

Una etnografía posmoderna es fragmentaria porque no puede ser otra cosa. La vida en el campo es ella misma fragmentaria, y en absoluto organizada en torno de categorías etnológicas familiares como el parentesco, la economía y la religión; y excepto en el caso de informantes inusuales como el sabio dogon Ogotemmêli, los nativos parecen carecer de visiones comunicables de un todo compartido e integrado. Tampoco las experiencias particulares se presentan (ni siquiera al sociólogo más endurecido) como sinécdoques, macrocosmos o alegorías convenientemente rotuladas de las totalidades, sean éstas culturales o teoréticas. En el mejor de los casos, podemos hacernos de una colección de anécdotas indéxicas o de detalles notables, con los cuales presagiar esa unidad más amplia que se encuentra más allá de toda textualización explícita. No es que no podamos ver el bosque a causa de los árboles, sino que nos hemos dado cuenta de que no hay bosques donde los árboles están muy separados, y que los parches hacen edredones sólo cuando los espacios entre ellos son lo suficientemente pequeños.

Confirmamos en nuestras etnografías nuestra conciencia de la naturaleza fragmentaria del mundo posmoderno, porque nada define tan bien nuestro mundo como la ausencia de una alegoría sintetizadora; o quizá se trate sólo de una parálisis de elección, ocasionada por nuestro conocimiento de la inagotable provisión de tales alegorías lo que nos hace rechazar el momento de la totalización estética, la historia de las historias, la totalidad hipostasiada.

Pero también hay otras razones. Sabemos que esos trascendentales textuarios, esas invocaciones de holismo, esos sistemas funcionalmente integrados, son tropos literarios, vehículos que transportan la imaginación desde la parte hasta el todo, de lo concreto a lo abstracto; y conociéndolos por lo que son, ya sean mecanísticos y organísmicos, sospechamos del orden racional que ellos prometen.

Más importante que esto, sin embargo, es la idea de que el tránsito trascendental, el momento holístico, no está textualmente determinado ni es derecho exclusivo del autor, sino que en lugar de eso es la interacción funcional de texto-autor-lector. No es algún secreto escondido en el texto, o entre los textos, o en la mente del autor y pobremente expresado/reprimido por él, o en la interpretación del lector, no importa cuál sea su credo crítico, si es que es alguno. No es la dialéctica negativa de Theodor Adorno, porque sus oposiciones paratácticas son funciones participatorias más que formas textuales. Ellas derivan del diálogo, más que de la dialéctica monofónica interna del autor con su texto. Aunque Adorno afirme que el ensayo, por medio de la dialéctica negativa, aspira a la liquidación de todos los puntos de vista, aquél no puede alcanzar su objetivo por cuanto es monofónico y ha sido proyectado desde el punto de vista de un autor singular. Sólo expresa la utopía cognitiva del autor (Kaufmann, 1981: 343-53). A diferencia de la dialéctica negativa, las oposiciones del diálogo no necesitan sostenerse en suspensión no resuelta sin la posibilidad de la trascendencia; pero al igual que la dialéctica negativa, la etnografía posmoderna no practica la síntesis en el interior del texto. El tránsito sinóptico es una trascendencia no sintética que es evocada por (pero que no es inmanente a) el texto. El texto posee la capacidad paradójica de evocar la trascendencia sin síntesis, sin crear en el interior de sí mismo dispositivos formales y estrategias conceptuales de orden trascendental. En común con el programa de Adorno, la etnografía posmoderna evita cualquier suposición de una armonía entre el orden lógico-conceptual del texto y el orden de las cosas, y procura eliminar el nexo sujeto-objeto rehusándose a la posibilidad de su separación o a la dominancia del uno sobre el otro en forma de texto-como-espejo-del-pensamiento. Ella cumplimenta una utopía cognitiva no de la subjetividad del autor o de la del lector sino del autor-texto-lector, una mente emergente que no tiene *locus* individual, y que en lugar de eso es una infinidad de *loci* posibles.

Aquí, tenemos, entonces, una nueva clase de holismo, uno que es emergente más que dado, y uno que emerge a través de la reflexividad del texto-autor-lector, sin privilegiar a ningún miembro de esta trinidad como el *locus* exclusivo o el medio exclusivo para llegar al todo. Más aun, esta totalidad emergente no es ni un objeto teorético ni un objeto de conocimiento teorético, y en consecuencia no es evocado ni por métodos explícitos ni por una fuente de la que se derivan prácticas. Ella no motiva ni habilita prácticas en la manera acostumbrada en la habitual correlación entre teoría-y-práctica. No es, en otras palabras, una síntesis dialéctica de la multiplicidad de impresiones que neutraliza sus diferencias en un esquema de orden superior pero del mismo tipo. No es ni una "cosa" abstracta ni una abstracción a partir de "cosas", y por lo tanto no es el producto de una inferencia cuya línea de desarrollo pueda ser seguida paso por paso desde los detalles concretos de sus orígenes, a través de transformaciones, hasta su culminación abstracta y universal.

Va a contrapelo de la inducción, la deducción, la síntesis y de todo el movimiento hacia el "símbolo", porque su modo de inferencia es abductivo; y los elementos que conjuga, aunque fatigados en esta fantasía, no renuncian a su separación en la resolución de alguna totalidad orgánica. Hablando como sir William Hamilton, diríamos que son similares a correlatos tales como parte-todo o causa-efecto, el uno impensable sin el otro, una conjunción de términos que mutuamente explican al otro, pero que no lo determinan ni lo inducen a una reducción sintética. Ellos expresan la "Ley de lo Condicionado": "Todo pensamiento positivo yace entre dos extremos, ninguno de los cuales podemos concebir como posible; y aunque son mutuamente contradictorios, debemos considerar al uno y al otro como necesarios" (1863: 211).

Así como es inapropiada la metáfora de la espiral ascendente hacia "lo otro de la unidad" platónica, la "luz de la razón", el reino del pensamiento consciente "más elevado y racional" y la abstracción sin rostro, hacia el futuro y la mente desencarnada, de la misma manera es inapropiada la metáfora opuesta del descenso "bajo la superficie" hacia "lo otro de la separación" plutónica, los círculos "inferiores" de lo inconsciente, donde moran en mutuo antagonismo las fuerzas oscuras del animal irracional y la fuerza racional demoníaca de las "estructuras subyacentes", el descenso hacia el pasado, la memoria, el espíritu carnal y encarnado.

La antigua metáfora del pensamiento como movimiento, como una especie de traslación, legada a nosotros por Aristóteles, está aquí en cuestión, porque es la yuxtaposición simultánea de estos movimientos contrarios y su conflicto mutuamente neutralizador lo que da lugar a la totalidad que deseo evocar: esa quietud en el centro donde no hay ni superior ni inferior, ni adelante ni atrás, ni pasado ni futuro, donde el espacio y el tiempo se cancelan mutuamente: como en esa fantasía familiar que conocemos como el mundo cotidiano, el de los lugares comunes, esa grieta en el tiempo, esa presencia eterna pero nunca presente simultaneidad de la realidad y la fantasía que es el retorno al mundo del sentido común; flotando, como el Señor Brahma, inmóvil en el interior de un vacío sin superficie, todo potencialmente suspendido dentro de nosotros en realización perfecta; un retorno que no es un clímax, un término, una imagen estable o un equilibrio homeostático, sino una reducción de tensiones a medida que el momento de la trascendencia simultáneamente se acerca, se coloca cerca y se aleja sin haber llegado. Y ésta es la razón por la que la etnografía posmoderna es un documento oculto: es una conjunción enigmática, paradójica y esotérica de realidad y fantasía que evoca la simultaneidad construida que conocemos como realismo ingenuo. Ella conjuga realidad y fantasía, porque habla de lo oculto en el lenguaje del realismo ingenuo y de lo cotidiano en lenguaje oculto, y hace de la razón de los unos la sinrazón de los otros. Es una realidad de la fantasía de una fantasía de la realidad cuyo propósito es evocar tanto en el lector como en el escritor alguna insinuación de un mundo posible, ya dado a nosotros en la fantasía y en el sentido común, esos fundamentos de nuestro conocimiento que no pueden ser objetos de nuestro conocimiento "porque como por ellos sabemos todo lo demás, por nada más pueden ser ellos conocidos. Los conocemos, ciertamente, pero sólo por el hecho de que por ellos y a través de ellos conocemos" (Hamilton, 1863:255).

La etnografía posmoderna es un retorno a la idea de la integración estética como terapia, capturada alguna vez en el sentido del protoindoeuropeo **ar-* ("forma de ser", "arreglo ordenado y armonioso de las partes con respecto al todo"), de donde derivan en inglés "*art*", "*rite*" y "*ritual*", esa familia de conceptos tan íntimamente ligada a la idea de la armonía restauradora, de la "terapia" en su sentido original de "sustituto ritual" (véase en hitita *tarpan-alli*), y a la idea del poeta como *therápon*, "obediente a la Musa". La etnografía posmoderna es un objeto de meditación que provoca una ruptura con el mundo del sentido común y que evoca una integración estética cuyo efecto terapéutico se efectúa en la restauración del mundo del sentido común. A diferencia de la ciencia, no es un instrumento de inmortalidad, porque no sostiene la falsa esperanza de una trascendencia permanente y utópica que sólo podría lograrse devaluando y falsificando el mundo del sentido común y creando consecuentemente en nosotros un sentido de permanente alienación de la vida cotidiana tal como la vivimos, en espera de una liberación mesiánica que no vendrá nunca o que sólo viene con la muerte; y es así como la ciencia nos empuja a morir demasiado pronto. En lugar de eso, la etnografía posmoderna se aparta del mundo del sentido común sólo para reconfirmarlo, y para retornarnos a él renovados y conscientes de nuestra renovación.

Dado que el mundo posmoderno es un mundo poscientífico sin la ilusión de lo trascendental, ni la ciencia trascendental ni la religión trascendental pueden sentirse a gusto con él, porque lo que es hostil a la trascendencia por abstracción de aquélla también lo será al carácter similar de ésta. Ni la ilusión de realidad científica ni la realidad de ilusión religiosa son congruentes con la realidad de fantasía en la fantasía de realidad del mundo posmoderno. La etnografía posmoderna captura este tono del mundo posmoderno, porque ella, además, no se mueve hacia la abstracción, alejándose de la vida, sino que retorna a la experiencia. No pretende fomentar el desarrollo del conocimiento, sino reestructurar la experiencia; no pretende comprender la realidad objetiva (porque ella ya está establecida por el sentido común), ni explicar cómo comprendemos (porque es imposible), sino reasimilar, reintregrar el sujeto en la sociedad y reestructurar la conducta de la vida cotidiana.

Excepto en el mundo del sentido común, el discurso no puede determinar autónomamente sus efectos retóricos. Ni su forma ni la intención autoral determinan cómo debe ser comprendido, porque es imposible en el texto o en el habla eliminar la ambigüedad y estructurar totalmente y durante todo el tiempo los propósitos e intereses del oyente. Su lectura y su atención son tanto expresiones de su intencionalidad como lo son la escritura y el habla del autor. Ni aun la conjunción y la correspondencia de sus intereses y propósitos conjuntos en una interpretación compartida negaría la ambigüedad y afirmaría una significación determinada; el discurso sólo expresa una suficiencia temporaria para los presentes propósitos y condiciones, que sería insuficiente para otros propósitos y condiciones distintas. Menos puede aun el texto, por medio de sus formas, dictar su interpretación, porque no puede controlar las fuerzas de sus lectores. Ellos responden a un texto conforme a diversos estados de ignorancia, irreceptibilidad, discreencia e hipersensibilidad a la forma. En primer lugar ellos son inmunes a la forma, leen a través de ella —y no por medio de ella—, inconscientes de ella, excepto quizás en la confusión o en el aburrimiento. En segundo lugar, una convicción paranoide de fraude autoral alimenta una búsqueda en pos de significados ocultos, y su hallazgo. O, para aquel que es sumamente sensible a las estructuras necesarias del pensamiento y el lenguaje, la búsqueda es menos de cosas escondidas para el autor, que de cosas escondidas para el autor por la estructura del lenguaje y el pensamiento. De estas dos últimas posturas, la una piensa que el autor es un charlatán, la otra que es un incauto, pero para ambas el texto es un código secreto que necesariamente esconde un significado interior, más allá de las contingencias exteriores que implican una comunidad de creencias. Dado que el texto no puede eliminar ni la ambigüedad ni la subjetividad de sus autores y lectores, está condenado a ser mal leído, tanto que podemos concluir, en una parodia de Bloom, que el significado de un texto es la suma de sus lecturas equivocadas.

Tal podría ser, ciertamente, el destino del texto; pero el significado de este fracaso inherente para controlar la ambigüedad y la subjetividad es que proporciona una buena razón para rechazar el modelo de la retórica científica, esa pretensión cartesiana de que las ideas pueden expresarse en una forma clara, inambigua, objetiva y lógica; porque la forma interior de un texto no es lógica —excepto en la parodia— sino paradójica y enigmática, no es tanto inefable como sobreefable, ilimitadamente efable, poseedora de un excedente de efabilidad tal que las infinitas posibilidades de su efabilidad devienen la condición de su inefabilidad, y la interpretación de un texto debe luchar contra esta sobreabundancia de significado, y no con su oscuridad o su pobreza.

Para la antropología posmoderna la implicancia (si no clara, por lo menos evidente) es que su texto no debe proyectarse ni en la forma de esta paradoja interior, ni en la forma de una engañosa lógica extrínseca, sino como una tensión entre ellas: sin negar la ambigüedad ni suscribiéndola, expresando en lugar de ello su interacción en la creación subjetiva de objetividades ambiguas que permiten una subjetividad inambigua. El texto etnográfico alcanzará entonces sus propósitos no por revelarlos, sino por hacerlos posibles. Será un texto de lo físico, lo hablado y lo ejecutado, una evocación de la experiencia cotidiana, una realidad palpable que utiliza el habla cotidiana para sugerir lo que es inefable no a través de la abstracción, sino mediante lo concreto. Será un texto para leer no sólo con los ojos sino con los oídos, para escuchar "las voces de las páginas" (San Bernardo, citado en Stock, 1983:408).

Otras voces: suplemento

Sí, pero lo que usted quiere decir realmente es que usted no piensa que cómo es posible que lo que usted está tratando de decir sea...

1. El consenso en forma y contenido pertenece a la otra clase de discurso; su ética no es el problema. Si uno es sordo a la melodía no necesita bailar al compás de ella; fuera de allí no hay presentación de una ética, sólo la posibilidad de su influencia.

2. No, no hay ningún ejemplo de una etnografía posmoderna, aunque toda etnografía es posmoderna en sustancia, ni parece que haya ninguna, aunque alguna escritura reciente tenga el espíritu adecuado, como ser Crapanzano (1980), Tedlock (1983) y Majnep y Bulmer (1977). De todas maneras, no se trata del problema de cómo crear una etnografía posmoderna o de la forma que ésta debe asumir. El punto es que ella puede tomar cualquier forma, pero nunca estará completamente realizada. Cada intento será siempre incompleto, insuficiente, de alguna manera defectuoso; pero esto no es un impedimento, sino

la forma de alcanzar trascendencia. La trascendencia viene de la imperfección, no de la perfección.

3. No, no es una cuestión de forma, de una manera de escribir como tal, y aunque yo hablo de polifonía y relatividad perspectual, de fragmentación y cosas así, éstos no son necesariamente componentes de la forma. Aquí no hay una estética de la forma. Lyotard (1979: 80) señala dos posibilidades. Llamemos a una "escribir en el límite", en la que procuramos forzar los límites impuestos por convenciones de sintaxis, significado y género; y llamemos a la otra "escribir dentro del límite", escribiendo tan claro y tan conforme al sentido común que la propia razonabilidad evoca lo que está más allá de la razón. En ambos casos la escritura es anti-género, anti-forma.

4. La perspectiva es una metáfora errónea. Ella conjura imágenes apropiadas para la escritura descriptiva, la escritura en imágenes del pensamiento o en jeroglíficos. No es para nada cuestión de "ver", en absoluto, porque ésta es la metáfora de la ciencia, ni es una cuestión de "hacer": ésta es la metáfora de la política. No hay ningún intento de ir más allá del lenguaje por medio de la visión y la acción. La polifonía es una metáfora mejor porque evoca el sonido y el escuchar y la simultaneidad y la armonía, y no las imágenes y la visión y la secuencia y la línea. La prosa logra, en el mejor de los casos, sólo una especie de polifonía secuencial, hasta que el lector une su voz a ella.

5. Sí, es una forma de realismo; ella no describe objetos y no realiza ninguna quiebra entre la descripción y lo que es descrito. Ella no describe, porque no hay nada que pueda describir. Lo mismo vale para la idea de la etnografía como una "descripción de la realidad". Las descripciones de la realidad son sólo imitaciones de realidad. Su modo es *mimético*, pero su *mimesis* sólo crea ilusiones de realidad, como en las realidades ficcionales de la ciencia. Este es el precio que debe pagarse por hacer que el lenguaje haga el trabajo de los ojos.

6. La percepción no tiene nada que ver con ella. Una etnografía no es un relato de un movimiento racionalizado del percepto al concepto. Ella comienza y termina en conceptos. No hay origen en la percepción, no hay prioridad de la visión, y no hay datos de observación.

7. No, no es surrealismo. Es el realismo del mundo del sentido común, que sólo es surreal en las ficciones de la ciencia y en la ciencia de la ficción. ¿El sentido común de quién? Pues el de nadie, que no es decir el de todos, como Thomas Reid (1895: 692-701) decía.

8. ¿Traducción? No si pensamos de ella como vadear una corriente que separa un texto de otro y cambiar los lenguajes en el medio. Esto es *mimesis* de lenguaje, un lenguaje copiando otro, lo que nunca hace una copia a fin de cuentas, sino un original más o menos distorsionado. Aunque esta forma de *mimesis* ofende menos que la de la visión, sigue siendo una idea tonta creer que uno puede interpretar los significados de otra persona en términos ya conocidos para nosotros, como si los otros nunca hubieran estado allí. Porque no se trata de que sepamos los significados para los otros (a menos que sean los mismos significados para todos, en cuyo caso no necesitaríamos traducirlos),

sino sólo de una clase de recordatorio. Así, no hay un texto originante que haga las veces de objeto perdido. Ningún objeto de ninguna clase precede y constriñe a la etnografía. Ella crea sus propios objetos en su desenvolvimiento y el lector hace el resto.

9. Pero ¿qué hay de la experiencia del etnógrafo? Seguramente que es algo muy importante, pues la etnografía es en última instancia el registro de esa experiencia. No, no es un registro de experiencia en absoluto; es el instrumento de esa experiencia. Esa experiencia deviene experiencia sólo en la escritura de la etnografía. Antes de eso sólo era un conjunto inconexo de sucesos al azar. Ninguna experiencia precedió a la etnografía. La experiencia es la etnografía. La experiencia no es más un objeto independiente de la etnografía de lo que lo son todos los otros: la conducta, los significados, los textos, etcétera.

10. No hay origen fuera del texto. ¿Sólo literatura, entonces, o una especie rara de crít. lit.? Sí, literatura, pero no en el sentido de autorreflexividad total, de literatura acerca de sí misma y nada más. Una etnografía no sólo provoca un movimiento de un texto a otro. No es sólo una colección de alusiones inteligentes a otros textos, aunque obviamente puede serlo, como cualquier otro texto. Evoca lo que no puede ser puesto nunca en ningún texto por ningún escritor, que es la comprensión de sentido común del lector. Una etnografía no es la utopía cognitiva del autor, dado que ningún autor puede controlar totalmente la respuesta del lector. Su texto depende de la suplementación del lector. La incompletitud del texto implica el trabajo del lector, y su trabajo deriva tanto —si no es que más— del mundo oral de la expresión cotidiana y del entendimiento de sentido común, como del mundo del texto.

11. La etnografía posmoderna niega la ilusión del discurso autoperfeccionador. No hay movimientos correctivos del texto al objeto y luego de regreso, como en el empirismo, y no hay movimientos de suplementación, autorreflexivos, desde la sublación imperfecta hasta la trascendencia pura que marquen su curso. Cada texto retiene un sentido separado dentro del discurso, sin subordinarse a un gran mito evolucionista de perfección definitiva. Cada texto es afín a una mónada de Leibniz, perfecto en su imperfectibilidad.

La etnografía posmoderna renuncia al cuento del pasado como error y niega el mito del futuro como utopía. Nadie cree más en un futuro incondicionado. El pasado al menos tiene la ventaja de haber sido. El modernismo, al igual que el cristianismo, nos enseña a valorar la postergación, a mirar adelante hacia una utopía científica, a devaluar el pasado y a negar el presente. En contraste, el mundo posmoderno es en cierto sentido atemporal; el pasado, el presente y el futuro coexisten en el discurso, de modo que podemos decir, con igual sentido, que todas las repeticiones son ficticias y que todas las diferencias son ilusiones. Podemos decir que la conservación no es conservación de objetos, sino del tiempo. Los objetos cambian pero el tiempo no, lo que torna razonable para nosotros decir que cuando vemos el mismo objeto dos veces ya no es el mismo. Ninguna cosa es la misma, sólo el tiempo, que no es ninguna cosa y no es perceptible. Hablar en el lenguaje de las identidades, decir “Yo vi la misma cosa”, o “Eso ha cambiado”, o “Se ha movido” requiere un tiempo cambiado y objetos y sujetos inmutables; pero un discurso puede hacer de los tres —tiempo, sujeto y objeto— lo que desee. No está esclavizado por la hegemonía del nombre, por la percepción de objetos inmutables por sujetos inmutables.

La autoría dispersa refleja como un espejo este *self* disperso, este sujeto inconstante, lo mismo que la incompletitud del texto refleja la disolución del objeto; pero la etnografía posmoderna no es por ello anónima, a la manera del discurso burocrático o de una serie de televisión. Tampoco es el MDE III (Manual Diagnóstico y Estadístico), el garrote terrorista de los psiquiatras, ni la pesadez sin rostro de "la personalidad maníaco-depresiva se caracteriza por", ni la seudonarrativa explotadora de "Dallas" con su susurro insidioso en las orejas del pobre: "Vea, los ricos son ricos pero miserables".

Una etnografía es una fantasía, pero no es —como ésas— una ficción, porque la idea de ficción entraña un *locus* de juicio fuera de la ficción, mientras que la etnografía teje un *locus* de juicio dentro de sí misma; y ese *locus*, esa evocación de la realidad, es también una fantasía. No es una fantasía de la realidad como "Dallas", ni una realidad de la fantasía como el MDE III; es una fantasía de la realidad de una realidad de la fantasía. Lo que es lo mismo que decir que es realismo: la evocación de un mundo posible de la realidad ya conocido para nosotros en la fantasía.

12. La función crítica de la etnografía deriva del hecho de que ella hace de su propia fundamentación contextual parte de la cuestión, y no de pregonar imágenes de modos de vida alternativos como instrumento para una reforma utópica.

13. ¿Una forma conflictuada? Sí, llena de conflictos no resueltos, pero no agonística, no violenta como la ciencia ni un instrumento de la violencia como la política. No tiene nada de la fuerza del científico "observando a", ni del "veamos" del macho braggadocio, ni del despliegue de ejércitos de argumentaciones, ni del sometimiento de los débiles en el "hacer" del político. Al buscar no la razón que hace al poder ni el poder o la fuerza que hace a la razón, descubre la receptividad del "escuchar a" y la mutualidad del "hablar con". Ella toma su metáfora de otra región de lo sensorial y reemplaza el monólogo del cuerno de toro por el diálogo.

14. Yo llamo a la etnografía un vehículo meditativo porque llegamos a ella no como a un mapa del conocimiento o a una guía para la acción, ni tampoco por entretenimiento. Llegamos a ella como al inicio de una clase diferente de viaje.

Referencias bibliográficas

ADORNO, Theodor. 1977. *Aesthetics and Politics*, Londres, New Left Books.

AGAR, Michael. 1973. *Ripping and running*, Nueva York, Academic Press.

— 1977. "Going through the changes: Methadone in New York". *Human Organization* 36: 291-295.

— y J. Hobbs. 1982a. *Interpreting Discourse*: Coherence and the Analysis of Ethnographic Interviews. En prensa.

— 1982b. "Natural Plans: Applying AI planning to ethnographic interviews." Ethos. En prensa.

ALVERSON, H. 1979. *Mind in the Heart of Darkness: Value and Self-Identity among the Tswana of Southern Africa*. New Haven, Yale Univers. Press.

ARDENER, E.W. 1971. "The new anthropology and its critics". *Man* 6: 449: 67.

— 1985. "Social anthropology and the decline of modernism", en *Reason and Morality*, J. Overing, comp., Londres, Tavistock.

ARENS, W. 1983. "Evans-Pritchard and the Prophets: Comments on an ethnographic enigma." *Anthropos* 87: 1-16.

ASAD, Talal. 1973, comp. *Anthropology and the Colonial Encounter*, Londres, Ithaca Press.

ASCH, T. Marshall, J. y Spier, P. 1973. "Ethnographic film: structure and function." *Ann. Rev. Anthropol.* 2: 179-87.

AUERBACH, E. 1953. *Mimesis: The Representation of Reality in Western Literature*. Princeton, Princeton Univ. Press.

AUSTIN, John L. 1962. *How to do Things with Words*. Oxford, Clarendon Press [trad. española, *Cómo hacer cosas con palabras*, Buenos Aires, Paidós].

BACHNIK, J.M. 1978. "Inside and outside the Japanese household(ie): A contextual approach to Japanese social organization." PhD Thesis. Harvard Univ., Cambridge, Massachusetts.

BAHR, D.M.; Gregorio J.; López, D.I. y Alvarez, A. 1974. *Piman Shamanism and Staying Sickness*. (Ka: cim Mimkudag), Tucson, Univ. Arizona Press.

BAJTIN, Mijail M. 1953. "Discourse in the Novel", en *The Dialogic Imagination*, Michael Holquist, comp., págs. 259-442, Austin, University of Texas Press, 1981.

— 1981. *The Dialogic Imagination* (traducción de C. Emerson y M. Holquist). Austin, University of Texas Press.

BARRET, S.R. 1976. "The use of models in anthropological fieldword." *Journal of Anthropological Research* 32: 161-181.

BARTH, F. 1974. "On the responsibility and humanity: calling a colleague to account". *Curr. Anthropol.* 15: 99-103.

BARTHES, R. 1974. S/Z: *An Essay*. Nueva York, Hill & Wang.

— 1977. *Image Music Text*, Nueva York, Hill & Wang.
BARTON, R. 1938. *Philippine Pagans: The Autobiographies of Three Ifugaos*. Londres, Routledge.
BATESON, G. 1958. *Naven*. Stanford, Stanford Univ. Press.
BAUDRILLARD, Jean. 1983. *El espejo de la producción*, Barcelona, Gedisa.
BECKER, A.L. 1982. "On Emerson on Language" en *Analyzing Discourse: Text and Talk*. D. Tannen, comp., págs. 39-62, Washington, Georgetown University Press.
BEER, G. 1983. Darwin's plots: *Evolutionary narrative in Darwin, George Eliot, and nineteenth century fictions*. Londres, Routledge and Kegan Paul.
— 1986. " 'The face of nature': Anthropomorphic elements in the language of The Origin of Species", en *Languages of Nature*, L.J. Jordanova, comp., Londres, Free Association Books.
BELL, Daniel. 1976. *El advenimiento de la sociedad postindustrial*, Madrid, Alianza.
BENEDICT, Ruth. 1946. *The Chrisanthemum and the Sword*, Nueva York, New American Library [trad. esp.: *El crisantemo y la espada*, Madrid, Alianza].
BENJAMIN, Walter. 1978. *Reflections*. Nueva York, Harcourt Press.
BERLIN, Brent y Kay, Paul. 1969. *Basic Color Terms: Their Universality and Evolution*. Berkeley, University of California Press.
— ; Breedlove, Dennis E. y Raven, P.H. 1973. "General principles of classification and nomenclature in folk biology", en *American Anthropologist* 75: 214-242.
BERNSTEIN, R.J. 1976. *The Restructuring of Social an Political Theory*. Filadelfia, Univ. Penn. Press.
BLACK, Max. 1963. "Reasoning with loose concepts", en *Dialogue* 2: 1-12.
BLANCHARD, K. 1977. "The expanded responsibilities of long term informant relationship", en *Human organization* 36: 66-69.
BLOWSNAKE, S. 1926. *Crashing Thunder: The Autobiography of an American Indian*. P. Radin, comp. Nueva York, Appleton.
BOON, J.A. 1982. *Other Tribes, Other Scribes: Symbolic Anthropology in the Comparative Study of Cultures, Histories, Religions and Texts*, Cambridge, Cambridge University Press.
— 1983. "Functionalists write, too: Frazer/Malinowski and the semiotics of the monograph." *Semiotica* 46: 131-149.
BOOTH, W.C. 1961. *The Rhetoric of Fiction*. Chicago, Univer. Chicago. Press.
BRAINERD, C.L. 1978a. *Piaget's Theory of Intelligence*. Englewood Cliffs, Prentice-Hall.
BRIGGS, J.L. 1970. *Never in Anger: Portrait of an Eskimo Family*. Cambridge, Harvard Univ. Press.
BROWN, C.H. 1979. "Folk zoological life-forms: their universality and growth", en *American Anthropologist* 81: 791-817.
BRUNER, E. 1981. "Ethnography as narrative", en *The Anthropology of Experience*, V. Turner, Comp. En prensa.
BRUNER, J.S.; Olver, R.R. y Greenfield, P.M. 1966. *Studies in Cognitive Growth*. Nueva York, Wiley.
BULMER, R. y Majnep, I.S. 1977. *Birds of my Kalam Country*, Auckland, Univ. of Auckland Press.
— 1978. *Birds of my Kalam Country*. Londres, Oxford Univ. Press.
BULLOCK, M. y Gelman R. 1979. "Preschool children's assumptions about cause and effect: temporal ordering", en *Child Development* 50: 89-96.
BURKE, K. 1950. *A Rhetoric of Motives*. Nueva York, Prentice-Hall.

BURNS, A.F. 1980. "Interactive Features in Yucatec Mayan Narratives." *Language in Society* 9: 307-319.
— 1983. *An Epoch of Miracles: Oral Literature of the Yucatec Maya*. Austin, University of Texas Press.
BURRIDGE, K.O.L. 1973. *Encountering Aborigines*. Nueva York. Pergamon.

CARRITHERS, Michael, 1988. "The anthropologist as author: Geertz's 'Works and Lives' ", en *Anthropology Today*, vol. 4; 4: 19-22.
CASAGRANDE, Joseph, comps., 1960. *In the Company of Man: Twenty Portraits of Anthropological Informants*, Nueva York, Harper and Row.
CASTANEDA, C. 1968. *The Teaching of Don Juan: A Yaqui Way of Knowledge*. Berkeley/Los Angeles, Univ. California Press. [Trad. esp.: *Las enseñanzas de don Juan: una forma yaqui de conocimiento*, México, Fondo de Cultura Económica, 1974.]
CLARKE, A. 1805. (2ª edición). *The manners of the ancient Israelites* [traducción de Claude Fleury, Moeurs des Israelites (1681)], Manchester, S. Russell.
CLIFFORD, James. 1980a. "Fieldwork, reciprocity, and the making of ethnographic texts: the example of Maurice Leenhardt", en *Man*, 15;518-32.
— 1980 b. "The translation of cultures: Maurice Leenhardt's Evangelism, New Caledonia, 1902-1926", en J. Pac. Hist. 15 (L): 2-20.
— 1980c. "Review of Orientalism by E. Said". *Hist. Theory* 19: 204-23.
— 1980d. *On Anthropological Authority*. Presented at Ann. Meet. Am. Anthropol. Assoc. Washington D.C. [Traducción esp.: *Sobre la autoridad etnográfica*. En este volumen.]
— 1981. "On ethnographic surrealism", en *Comp. Stud. Soc. Hist.* 23: 539-64.
— 1982. *Person and Myth: Maurice Leenhardt in the Melanesian World*, Berkeley, Univ. Calif. Press.
— 1983. "On ethnographic authority", en *Representations*, vol. I, Nº 2: 118-146. [Traducción esp.: "Sobre autoridad etnográfica".]
— 1986a. "On ethnographic self-fashioning: Conrad and Malinowski", en *Reconstructing individualism*, T. Heller, D. Wellburg y M. Sosna, comps. Stanford, Stanford University Press.
— 1986a'. "Introduction: Partial truths, págs. 1-26, en *Writing Culture: The Poetics and Politics of Ethnography*." Berkeley, University of California Press.
— 1986b. "On ethnographic allegory", ídem, págs. 98-121.
CODRINGTON, R.H. 1891. The Melanesians, reimpr. Nueva York, Dover, 1971.
COHEN, L.J. 1979. "On the psychology of prediction: whose is the fallacy?", en *Cognition* 7: 385-407.
COLE, D.P. 1971. 1975. *Nomads of the Nomads*. Chicago, Aldine.
— ; Gay; G.; Glick, J.A. y Sharp, D.W. *The Cultural Context of Learning and Thinking*. Nueva York, Basic Books.
— y Scribner D. y S. 1974. *Culture and Thought: A Psychological Introduction*. Nueva York, Wiley.
— y Laboratory of Comparative Human Cognition. 1981. "Intelligence as a Cultural Practice, W. Kessen, comp., en *Carmichael's Handbook of Child Psychology*, vol. 1, Nueva York, Wiley.
COLLINGWOOD, R.J. 1972. *An Essay on Metaphysics*. Chicago, Regnery.
— 1978. *An Autobiography*. Oxford, Oxford University Press.
CONVERSE, P.E. 1964. "The nature of belief systems in mass politics", D.E. Apter, comp., en *Ideology and Discontent*, Nueva York, Free Press.

CORSARO, W.A. 1981. "Communicative processes in studies of social organizations", en *Text* vol. 1; 1: 5-64.
CRAPANZANO, V. 1977a. "On the writing of ethnography", en *Dialect. Anthropol.* 2: 69-73.
— 1977b. "The life history in anthropological field work", en *Anthropol. Humanism* Q. 2: 3-6.
— 1980. *Tuhami: Portrait of a Moroccan*. Chicago, Univ. Chicago Press.
— 1981. Review of "Meaning and Order in Moroccan Society: Three Essays in Cultural Analysis". C. Geertz, H. Geertz y O. Rosen, comps., en *Econ. Dev. Cult. Change* 29: 851-60.
— 1986. "Hermes' Dilemma: The masking of subversion in ethnographic description." J. Clifford y George E. Marcus, comps. en *Writing Culture: The Poetics and Politics of Ethnography*. Berkeley, University of California Press, págs. 51-76.
CRICK, M. 1982. "Anthropological field research, meaning creation, and knowledge construction", en *Semantic Anthropology*, D. Parkin, comp., Londres, Academic Press.
— 1985. "Tracing the anthropological self: Quizzical reflections on fieldwork, tourism and the ludic", en *Social Analysis* 17: 71-92.

CHERNOFF, J.M. 1979. *African Rhythm and African Sensibility: Aesthetics and Social Action in African Musical Idioms*. Chicago, Univ. Chicago Press.

D'ANDRADE, Roy Goodwin, 1965. "Trait psychology and componential analysis", en *American Anthropologist*, 67: 215-228.
— 1973. "Cultural constructions of reality." L. Nader y T.W. Maretzki, comps., en *Cultural Illness and Health*, Washignton, American Anthropological Association.
— 1974. "Memory and the assessment of behavior". T. Blalock, comp., en *Measurement and the Social Sciences*. Chicago, Aldine-Atherton.
— 1976. "A propositional analysis of U.S. American beliefs about illness." R. Basso y H. Selby, comps., en *Meaning in Anthropology*. Albuquerque, University of New Mexico Press.
— 1981. "The cultural part of cognition", en *Cognitive Science* 5: 179-196.
— 1984. "Cultural Meaning Systems." R. Shweder y R.A. LeVine, comps., en *op.cit.*, págs. 88-121.
— y Romney, A. Kimball. 1964. "Summary of participant's discussion. Transcultural studies in congnition", en *American Anthropologist* 66: 230-242.
DE CERTEAU, Michel. 1980. "Writing vs. time: History and Anthropology in the works of Lafitau", en *Yale French Studies* 59: 37-64.
DE HEUSCH, L. 1985. *Sacrifice in Africa*. Manchester, Manchester University Press.
DERRIDA, Jacques. 1974. *Of Grammatology*, Baltimore, John Hopkins University Press. [Trad. esp.: *De la Gramatología*, Buenos Aires, Siglo XXI.]
— 1978. *Writing and Difference*, Chicago, Univ. Chicago, Press.
DEVEREUX, George. 1967. *From anxiety to method in the Behavioral Sciences*. La Haya, Mouton [Trad. esp.: *De la ansiedad al método en las ciencias del comportamiento*, México, Siglo XXI, 1977.]
DILTHEY, Wilhelm. 1914. "The construction of the historical world in the Human Sciences", en *Selected Writings* H.P. Rickman, comp. Cambridge, Cambridge University Press, 1976, págs. 168-245.
DIRKS, Nicholas B. 1990. "History as a Sign of the modern", en *Public Culture*, vol. 2; 2: 25-31.

DOWNIE, A.R. 1970. *Frazer and the Golden Bough*. Londres, Victor Gollancz.
DUCHET, Michèle. 1971. *Anthropologie et histoire au siècle des lumières*, París, Maspéro.
DUMONT, J.P. 1976. *Under the Rainbow: Native and Supernative among the Panare Indians*. Austin, Univ. Texas Press.
— 1978. *The Headman and I*. Austin, Univ. Texas Press.
DUMONT, Louis. 1970. *Homo Hierarchicus*. Chicago, Chicago Univ. Press.
DWYER, Kevin. 1977. "Dialogue of fieldwork", en *Dialect. Anthropol.* 4: 143-51.
— 1979. "Dialogue of ethnology", en *Dialect. Anthropol.* 4: 205-24.
— 1982. *Moroccan Dialogues: Anthropology in Question*. Baltimore, John Hopkins University Press.

EINHORN, H. 1980. "Overconfidence in judgment." R.A. Shweder, comp., en *Fallible Judgment in Behavioral Research: New Directions for Methodology of Social and Behavioral Science*, N° 4, San Francisco, Jossey-Bass.
ELIAS, N. 1978. *The Civilizing Process: The History of Manners*. Nueva York, Urizen.
EVANS-PRITCHARD, E.E. 1937. *Witchcraft, Oracles and Magic Among the Azande*. Oxford, Clarendon. [Trad. esp.: *Brujería, magia y oráculos entre los Azande*. Barcelona, Anagrama, 1976.]
— 1940. *The Nuer: A Description of the Modes of Livelihood and Political Institutions of a Nilotic People*. Oxford, Clarendon. [Trad. esp. *Los Nuer*. Barcelona, Anagrama, 1977.]
— 1951. *Social Anthropology*. Londres, Cohen and West. [Trad. esp., *Antropología social*, Buenos Aires, Nueva Visión, 1982.]
— 1969. *The Nuer*. Oxford, Oxford University Press.
— 1974. *Man and Woman among the Azande*. Londres, Faber and Faber. [Trad. esp.: *Hombre y mujer entre los Azande*. Barcelona, Grijalbo, 1978.]

FABIAN, J. 1983. *Time and the other: How Anthropology makes its object*. Nueva York, Columbia University Press.
FAHIM, Hussein. 1982, comp. *Indigenous Anthropology in non-Western Countries*, Durham, University of North Carolina Press.
FAUSTO, Carlos. 1986. "A Antropología xamanística de Michael Taussig e as desventuras da etnografia", en *Annuario Antropologico 86*, Universidade de Brasilia, págs. 183-198.
FAVERT-SAADA, J. 1977. *Les mots, la mort, les sorts*. París, Gallimard. [Trad. ing.: *Deadly Words*, Cambridge, Cambridge Univ. Press.]
— 1980. *Deadly Words: Witchcraft in the Bacage*. Cambridge, Cambridge Univ. Press.
— y Contreras, José. 1981. *Corps pour corps*, París, Gallimard.
FEELEY-HARNIK, G. 1985. "Issues in divine kingship", en *Annual Review of Anthropology* 14: 273-313.
FELD, Stephen. 1987. Dialogic editing: "Interpreting how Kaluli read sound and sentiment", en *Cultural Anthropology* 2: 190-210.
FERNANDEZ, James. 1985. *Bwiti: An Ethnography of the Religions Imagination in Africa*, Princeton, Princeton University Press.
FIRTH, R. 1985. "Degrees of intelligibility", en *Reason and Morality*. J. Overing, comp. Londres, Tavistock.
FISCHER, M.M.J. 1980. *Iran: from Religions Dispute to Revolution*. Cambridge, Harvard Univ. Press.

— 1986. "Ethnicity and the post-moderns arts of memory." J. Clifford y G. Marcus, comps., en *Writing Culture*, Berkeley, Univ. of California Press, págs. 194-233.
FISH, S.E. 1980. *Is there a Tex in this Class, The Authority of Interpretative Communication*. Cambridge, Harvard Univ. Press.
FLAVELL, J.H. 1982. "Structures, stages and sequences in cognitive devolpment." W.A. Collins, comp., en *The Concept of Development, Minnesota Symposium on Child Psychology*, vol. 15. Mineápolis, University of Minnesota Press.
FONTANA, Bernard. 1975. "Introduction", Frank Russell, comp., en *The Pima Indians*. Tucson, University of Arizona Press.
FOSTER, G.M.; Schudder, T; Colson, E. y Kemper, V. 1978. *Long-term Field Research in Social Anthropology*. Nueva York, Academic Press.
FOSTER, H., comp. 1985 (1983). *Post modern Culture*, Londres, Pluto Press. [Trad. esp.: *La posmodernidad*, Barcelona, Kairós, 1985.]
FOUCAULT, Michel. 1967. *Madness and Civilization*. Nueva York, Random House.
— 1972. *The Archaeology of Knowledge*. Nueva York, Pantheon. [Trad. esp.: *La arqueología del saber*. México, Siglo XXI, 1970.]
— 1973. *The Order of Things*. Nueva York, Randow House. [Trad. esp.: *Las palabras y las cosas*, Barcelona, Planeta-Agostini 1984.]
— 1977. "Nietzsche, genealogy, history", en *Language, Counter-Memory, Practice*. Ithaca, Cornell Univ. Press, págs. 139-164.
— 1979. *Discipline and Punish*. Nueva York, Random House. [Trad. esp.: *Vigilar y castigar*, Canillas, Siglo XXI de España, 1982.]
— 1980. *Power/Knowledge*, Nueva York, Pantheon.
FRAKE, Charles O. 1961. "The diagnosis of disease among the Subanum of Mindanao", en *American Anthropologist* 63: 113-132.
— 1981. *Language and cultural description*. Stanford, Stanford University Press.
FRAZER. J. G. 1900 (1890). 2ª edición. *The Golden Bough: A Study in Magic and Religion*, 3 vols. Londres, Macmillan. [Trad. esp.: *La rama dorada*, México, Fondo de Cultura Económica.]
— 1911-1915. 3ª edición. *The Golden Bough: A Study in Magic and Religion*, 13 vols., Londres, Macmillan.
— 1918. *Folk-lore in the Old Testament*: Studies in *Comparative Religion, Legend and law*, 3 vols. Londres, Macmillan.
FRYE, N. 1957. *Anatomy of Criticism: Four Essays*. Princeton, Princeton Univ. Press.
FULLER, C.J. 1981. "Review of The Play of the Gods; Locality, Ideology, Structure and Time in the Festival of a Bengali Town", A. Ostor, comp., en *Man* 16: 318-19.
FUSSELL, P. 1981. *Abroad*. Nueva York, Oxford Univ. Press.

GADAMER, H.-G. 1975. *Truth and Method*. Nueva York, Seabury. [Trad. esp.: *Verdad y Método: Fundamentos de una hermenéutica filosófica*. Salamanca, Sígueme, 1977.]
— 1976. *Hegel's dialectic: Five hermeneutical studies* (traducción de P.C. Smith), New Haven, Yale University Press.
GARFINKEL, Harold. 1967. *Studies in Ethnomethodology*. Englewood Cliffs, Prentice-Hall.
GAY, P. 1959. *Voltaire's Politics*. Princeton, Princeton University Press.
GEERTZ, C. 1968. "Thinking as a moral act: Ethical dimensions of anthropological fieldwork in the New States", en *Antioch Review* 28: 139-58.
— 1973. *The Interpretation of Cultures*. Nueva York, Basic Books. [Trad. esp.: *La*

interpretación de las culturas. México, Gedisa, 1987.]
— 1973. "Deep play: notes on the Balinese cock-fight." (Idem anterior.)
— 1975. *Kinship in Bali*. Chicago, Univ. Chicago Press.
— 1976. "From the native's point of view: on the nature of anthropological understanding", K.H. Basso, H.A. Selby, comps., en *Meaning in Anthropology*. Albuquerque, Univ. New Mexico Press, págs. 221-37.
— 1980. "Blurred genres", en *American Scholar* 49: 165-70. [Trad. esp.: *Géneros confusos*, en este volumen.]
— 1983. *Local Knowledge: Further Essays in Interpretive Anthropology*, Nueva York, Basic Books.
— 1984. "Anti anti-relativism", *American Anthropologist* 86: 263-278.
— 1984. "From the native's point of view: on the nature of anthropological understanding", R. Shweder y R.A. Levine, comps., *op. cit.*, págs. 123-136. Publicado originalmente en *American Scientist* 63: 47-53, 1975.
— 1985. "Waddling", en *Times Literary Supplement*, junio 7, págs. 623-24.
— 1988. *Works and Lives: The Anthropologist as Author*. Stanford, Stanford University Press. [Trad. esp.: *El antropólogo como autor*. Barcelona, Paidós, 1989.]
GELMAN, R. 1978. "Cognitive Development", en *Annual Review of Psychology* 29: 297-332.
— y Baillargeon, R. 1983. "A review of some piagetian concepts." P. Mussen, comp., en *Manual of Child Psychology*, vol. 3. Nueva York, Wiley.
GELLNER, Ernest. 1974. *Legitimation of belief*. Cambridge, Cambridge University Press.
— 1985a. *Relativism and the Social Sciences*. Cambridge, Cambridge University Press.
— 1985b. "Malinowski and the dialectic of past and present", en *Times Literary Supplement*, junio 7, págs. 645-46.
— 1986. "Original sin", en *Times Higher Education Supplement*, 10 de octubre, pág. 13.
GIDDENS, A. 1976. *New Rules of Sociological Method*. Nueva York, Basic Books. [Trad. esp.: *Las nuevas reglas del método sociológico*. Buenos Aires, Amorrortu, 1987.]
— 1979. *Central Problems in Social Theory: Action, Structure and Contradiction in Social Analysis*. Berkeley, Univ. California Press.
GINZBURG, Carlo. 1980. "Morelli, Freud and Sherlock Holmes: Clues and scientific method", en *History Workshop* 9: 5-36. [Trad. esp.: *El Signo de los Tres*. U. Eco y T. Sebeok, comps., Barcelona, Lumen, 1989.]
GLASER, B. y Strauss, A. 1967. *The discovery of Grounded Theory*. Chicago, Aldine.
GOFFMAN, Erving. 1974. *Frame Analysis*. Nueva York, Harper & Row.
GOLDBERG, S.; Perlmutter, M. y Myers, W. 1974. "Recall of related and unrelated lists by two-years-old", en *Journal of Experimental Child Psychology* 18: 1-8.
GOODENOUGH, W.H. 1970. *Description and Comparison in Cultural Anthropology*. Cambridge, Cambridge University Press.
GOODMAN, N. 1968. *Languages of Art*. Nueva York, Bobbs-Merril.
— 1972a. "The new riddle of induction." N. Goodman, comp., en *Problems and Projects*, Nueva York, Bobbs-Merrill.
— 1972b. "On likeness of meaning", *ídem*.
— 1972c. "Seven structures on similarity", *ídem*.
— 1978. *Ways of worldmaking*. Nueva York, Hackett.
GOULD, H.A. 1975. "Two decades of fieldwork in India." A. Beteille y T.N. Madan, comps., en *Encounter and Experience*, Delhi, Vikas.

GREENBERG, J.H. 1966. *Language Universal with Special Reference to Feature Hierarchies*. La Haya, Mouton.
GREGOR, T. 1977. *Mehinaku*. Chicago, Univ. Chicago Press.
GRIAULE, Marcel. 1948a. *Dieu d'eau: Entretiens avec Ogotemmêlli*, París, Editions du Chêne.
— 1957. *Méthode de l'ethnographie*, París, Presses Universitaires de France.
— 1965. *Conversation with Ogotemmêlli*: Londres Oxford University Press. [Trad. esp. del francés: *Dios de Agua*, Barcelona, Alta Fulla, 1987.]
GROSZ, B.J. 1978. "Focusing in dialog", en *Theoretical issues in natural language*, 2 Nueva York, ACM.

HABERMAS, Jürgen. 1975. *Legitimation Crisis*, Boston, Beacon Press.
— 1984. *The Theory of Communicative Action*, Boston, Beacon Press. [Trad. esp.: *Teoría de la acción comunicativa*, Madrid, Taurus, 1987.]
HAMILTON, William. 1863. "On the philosophy of Common Sense", en *The Philosophical Works of Thomas Reid*, vol. 2, págs. 186-312. Edimburgo, James Thin, 1895.
HANDLER, J. 1985. "On dialogue and destructive analysis: Problems in narrating nationalism and ethnicity", en *Journal of Anthropological Research* 41: 171-182.
HARRIS, Marvin. 1982. *El materialismo cultural*, Madrid, Alianza.
HARTOG, François. 1971. *Le miroir d'Hérodote: Essai sur la représentation de l'autre*, París, Gallimard.
HASTRUP, K. 1978. "The post-estructuralist position of social anthropology." E. Schwimmer, comp., en *Yearbook of Symbolic Anthropology*. Londres, Hurst.
HEIDER, K.G. 1976. *Ethnographic Film*. Austin, Univ. Texas Press.
HIGGINS, E.T. y Parsons, J.E. 1983. "Stages as Subcultures". T.E. Higgins, D.N. Ruble y W.W. Hartup, comps., en *Social cognition and Social Development: A Sociocultural Perspective*. Cambridge, Cambridge Univ. Press.
HILL, J.H. 1986. "The refiguration of the anthropology of language". (Revisión de *Problems of Dostoyevsky's Poetics*, de M. Bajtín), en *Cultural Anthropology* 1: 89-102.
HIRSCH, E.D. 1976. *The aims of interpretation*. Chicago, University of Chicago Press.
HOBBES, Thomas. 1651. *Leviathan*.
HORTON, Robin. 1967. "African traditional thought and western science", en *Africa* 37: 50-71, 159-187.
HOUNTONDJI, Paulin. 1977. *Sur la "philosophie" africaine*. [Trad. ingl.: Bloomington, Indiana University Pres, 1983.]
HRDY, S.B. 1977. *Langurs of Abu: Female and Male Strategies of Reproduction*. Cambridge, Harvard Univ. Press.
HUNTINGDON, R. y Metcalf, P. 1979. *Celebrations of Death: The Anthropology of Mortuary Ritual*. Nueva York, Cambridge Univ. Press.
HUTCHINS, E. 1980. *Culture and Inference*. Cambridge, Harvard University Press.

INHELDER, Barbel y Piaget, Jean. 1958. *The growth of logical thinking from childhood to adolescence*. Nueva York, Basic Books.
ISBELL, B.J. 1978. *To defend ourselves*. Austin, University of Texas Press.
ISER, W. 1974. *The Implied Reader: Patterns of Communication in Prose Fiction from Bunyan to Beckett*. Baltimore, John Hopkins Univ. Press.

JAEGER, Werner. 1945. *Paideia: The Ideals of Greek Culture*. Nueva York, Oxford University Press.

JAKOBSON, Roman. 1959. "On linguistic aspects of translation." R.A. Brower, comp., en *On Translation*, Cambridge, Harvard University Press, págs. 232-239. [Trad. esp.: R. Jacobson, comp., en *Ensayos de lingüística general*, Barcelona, Ariel, 1981, págs. 67-78.]

JAMESON, F. 1981. *The Political Unconscious: Narrative as a Socially Symbolic Act.* Cornell, Cornell Univ. Press.

— 1985. "Post modernism and consumer society." H. Foster, comp., en *Postmodern Culture*, Londres, Pluto Press. [Trad. esp.: "Posmodernismo y sociedad de consumo", en *La posmodernidad*, Barcelona, Kairós, 1985, págs. 165-186.]

JAMIN, Jean. 1982a. "Objects trouvés des paradis perdus: À propos de la Mission Dakar-Djibouti." J. Hainard y R. Kaehr, comps., en *Collections passion*. Neuchâtel, Musée d'Ethnographie, págs. 69-100.

JARVIE, I.C. 1964. *The Revolution in Anthropology*. Londres, Routledge and Kegan Paul.

— 1984. *Rationality and Relativism: In Search of a Philosophy and History of Anthropology*, Londres, Routledge and Kegan Paul.

— 1986. "Anthropology as science and the anthropology of science and anthropology." Peter Asquith y Philip Kitcher, comps., en East Lansing, Philosophy of Science Association, págs. 745-763.

JENKINS, A. 1979. *The Social Theory of Claude Lévi-Strauss*. Nueva York, Saint Martin's.

JONES, R.A. 1984. "Robertson Smith and James Frazer on religion: Two traditions in British Social anthropology." G.W. Stocking, comp., en *Functionalism historicized* (History of Anthropology 2). Madison, Univ. Wisconsin Press.

— ; Burton, Nicholas y Konner, Melvin. 1976. "Kung Knowledge of animal behavior." R. Lee e I. De Vore, comps., en *Kalahari Hunter-Gatherers*. Cambridge, Harvard University Press, págs. 325-348.

JORION, P. 1983. "Emic and etic: Two anthropological ways of spilling ink", en *Cambridge Anthropology* 8: 41-68.

KABERRY, P. 1957. "Malinowski's fieldwork methods." R. Firth, comp., en *Man and Culture*, Londres, Routledge and Kegan Paul. [Trad. esp.: "La contribución de Malinoswki a los métodos del trabajo de campo y a la literatura etnográfica", en *Hombre y cultura. La obra de Bronislaw Malinowski*, Buenos Aires, Siglo XXI, 1974, págs. 85-110.]

KARADY, Victor. 1982. "Le problème de la légitimité dans l'organisation historique de l'ethnologie française", en *Revue Française de Sociologie* 32 (1): 17-36.

KARDINER, A. y Preble, E. 1961. *They studied man*. Londres, Secker and Warburg.

KAUFFMANN, Robert L. 1981. "The theory of the essay: Luckács, Adorno and Benjamin", disertación Ph.D., San Diego, Universidad de California.

KAY, Paul y C.K. McDaniel. 1978. "The linguistic significance of the meanings of basic color terms", en *Language* 54: 610-646.

KELBER, Werner. 1983. *The Oral and Written Gospel*, Filadelfia, Fortress Press.

KENNEDY, G.A. 1963. *The Art of Persuasion in Greece*. Princeton, Princeton Univ. Press.

— 1980. *Classical Rhetoric*. Chapel Hill, Univ. North Carolina Press.

KINNEAVY, J.L. 1971. *A Theory of Discourse*. Englewood Cliffs, Nueva York, Prentice-Hall.

KIRBY, Vicki. 1989. "Re-writing: Postmodernism and Ethnography", en *Mankind*, vol. 19 (1), págs. 36-45.

KIRKPATRICK, J.T. 1980. *The Marquesan Notion of the Person*. PhD. Thesis, University of Chicago, Ill.

KOHLBERG, L. 1981. *The Philosophy of Moral Development*, vol. 1, Nueva York, Harper & Row.

KRISTEVA, Julia. 1980. *Desire in Language: A Semiotic Approach to Language and Art*. Nueva York, Columbia University Press.

KROEBER, A.L. 1931. "Revisión crítica de *Growing up in New Guinea* de M. Mead", en *American Anthropologist* 36: 248.

KUHN, Thomas. 1962. *The structure of Scientific Revolutions*. Chicago, Chicago University Press. [Trad. esp.: *La estructura de las revoluciones científicas*, México, Fondo de Cultura Económica.]

KUPER, A. 1973. *Anthropologist and Anthropology: The British School 1922-1972*, Londres, Allen Lane. [Trad. esp.: *Antropología y antropólogos. La escuela británica, 1922-1972*. Barcelona, Anagrama, s/f.]

LACOSTE-DUJARDIN, Camille. 1977. *Dialogue des femmes en ethnologie*, París, Maspéro.

LANGHAM, I. 1981. *The Building of Brithish Social Anthropology: W.H.R. Rivers and his Cambridge disciples in the Development of Kinship Studies, 1898-1931*, Dordrecht, D. Reidel.

LANTZ, D. y Volney Stefflre. 1964. "Language and cognition revisited", en *Journal of Abnormal and Social Psychology* 69: 472-481.

LEACH, E. 1957. "The epistemological background to Malinowski's empirism." R. Firth, comp., en *Man and Culture*. Londres, Routledge and Kegan Paul. [Trad. esp.: "La base epistemológica del empirismo de Malinowski", en *Hombre y cultura. La obra de Bronislaw Malinowski*, Madrid-México-Buenos Aires, siglo XXI, 1974, págs. 291-312].

— 1966. "On the 'founding fathers' ", en *Current Anthropology* 7: 560-67.

— 1982. *Social Anthropology*. Londres, Fontana Paper-backs.

— 1983. "Anthropological approaches to the study of the Bible during the twentieth century." E. Leach y D.A. Aycock, comps., en *Structural interpretations of biblical myth*. Cambridge, Cambridge University Press.

LEENHARDT, Maurice. 1932. *Documents néo-calédoniens*, París, Institut d'Ethnologie.

— 1937. *Do Kamo: La personne et le mythe dans le monde mélanésien*, París, Gallimard.

LEIRIS, Michel. 1948. "Avant propos", en *La langue secrète des Dogons de Sanga*. París, Institut d'Ethnologie.

— 1950. "L'ethnographie devant le colonialisme", en *Les temps modernes* 58, reimpreso en *Brisées*, París, Mercure de France, 1966.

LEMPERS, J.D.; Flavell, E.R. y Flavell, J.H. 1977. "The devolopment in very young children of tacit knowledge concerning visual perception", en *Genetic Psychology Monographs* 95: 3-54.

LÉVI-STRAUSS, Claude. 1966. *The Savage Mind*. Chicago, University of Chicago Press. [Trad. esp.: *El pensamiento salvaje*. México, Fondo de Cultura Económica, 1965.]

— 1971. *L'Homme Nu*. París, Plon. [Trad. esp.: *El hombre desnudo*, México, Siglo XXI, 3ª edic. 1983.]

LEVINE, Robert A. 1970. "Research design in anthropological fieldwork." R. Naroll y R. Cohen, comps., en *A Handbook of Method in Cultural Anthropology*, Garden City, Natural History Press, págs. 183-195.

LEVY, R. 1973. *Tahitians: Mind and Experience in the Society Islands*. Chicago, Univ. Chicago Press.

LEVY-BRUHL, Lucien. 1910. *Les Fonctions Mentales dans les Sociétés Inférieures*. París, Alcan.

LEWIS, G. 1980. *Day of Shining Red: An Essay on Understanding Ritual*. New York, Cambridge Univ. Press.

LEWIS, Ioan M. 1973. *The Anthropologist's Muse*, Londres, London School of Economics and Political Science.

LI AN CHE. 1937. "Zuni: Some observations" en *American Anthropologist* 39: 62-76.

LIENHARDT, G. 1961. *Divinity and Experience: The Religion of the Dinka*. Oxford, Clarendon.

— 1966. 2ª edición *Social Anthropology*. Londres, Oxford University Press.

LINDENBAUM, S. 1979. *Kuru Sorcery: Disease and Danger in the New Guinea Highlands*. Palo Alto, California, Mayfield.

LOUCH, A.R. 1966. *Explanation and Human Action*. Berkeley, Univ. California Press.

LOVEJOY, A.O. 1974. *The Great Chain of Being*. Cambridge, Harvard University Press.

LOWENTHAL, D. 1985. *The past is a foreing country*. Cambridge, Cambridge University Press.

LOWIE, Robert. 1940. "Native languages as ethnographic tools", en *American Anthropologist* 42 (1): 81-89.

LUBBOCK, J. 1975a. (3ª edición). *The origin of civilization and the primitive condition of man: Mental and social conditions of savages*, Londres, Longmans, Green. [Trad. esp.: *Los orígenes de la civilización*, Barcelona, Alta Fulla, 1987.]

— 1975b. "Modern savages" en *Sciences Lectures: Delivered in Manchester*, 1873-4, Manchester, John Heywood.

LUCY, J.A. y Shweder Robert A. 1979. "Whorf and his critics: linguistic and non linguistic influences on color memory", en *American Anthropologist* 81: 581-615.

LUKÁCS, Georg. 1964. *Studies in European Realism*, Nueva York, Grosset and Dunlap.

LYOTARD, Jean François. 1979. *La Condition Postmoderne*, París, De Minuit. [Trad. esp.: *La condición posmoderna*, Madrid, Cátedra, 1986.]

— 1986. *Idem*.

— 1987. *La posmodernidad (explicada a los niños)*, Barcelona, Gedisa.

— 1988. *La diferencia*. Barcelona, Gedisa.

LYON, D. y Slovic, P. 1976. "Dominance of accuracy information and neglected of base rates in probability estimation", en *Acta Psychologica* 40: 287-298.

LYONS, John. 1977. *Semantics*, vol. 2. Cambridge, Cambridge University Press. [Trad. esp.: *Semántica*, Barcelona, Teide, 1980.]

MACDOUGALL, D. 1978. "Ethnographic Film: failure and promise", en *Annual Rev. Anthropol*. 7: 405-25.

MACINTYRE, A. 1981. *After Virtue*. Notre Dame. University of Notre Dame Press.

MACKIE, J.L. 1980. *Hume's Moral Theory*. Londres, Routledge & Kegan Paul.

MACNAMARA, J.; Backer, E. y Olson, C.L. 1976. "Four-years-old's understanding of pretend, forget and know: evidence for propositional operations", *Child Development* 47: 62-70.

MAGUIBANE, B. 1980. Review of "Mind in the Heart of darkness: Value and self-identity among the Tswana of Southern Africa". H. Alverson, comp., en *Am. Ethnol*. 7: 590-91.

MAJNEP, Ian Saem y Bulmer, Ralph. 1977. *Birds of my Kalam Country*. Auckland, Auckland University Press.

MAKREEL, Rudolf. 1975. *Dilthey: Philosopher of the Human Sciences*. Princeton, Princeton University Press.

MALINOWSKI, B. 1922. *Argonauts of the Western Pacific*. Nueva York, Dutton. [Trad. esp.: *Los argonautas del Pacífico Occidental*. Barcelona, Planeta-De Agostini, 1986.]

— 1932 (1925). "Myth in primitive psychology", en *The Frazer Lectures*, 1922-1932. Londres, Macmillan. [Trad. esp.: *Estudios de psicología primitiva*, Buenos Aires, Paidós, 3ª edición, 1963.]

— 1935. *Coral Gardens and Their Magic: A Study of the Method of Tilling the Soil and of Agricultural Rites in the Trobriand Island*. Nueva York, American Books. [Trad. esp.: *Los jardines de Coral*. Barcelona, Labor, 1977.]

— 1962. *Sex, Culture and Myth*. Londres, Rupert Hart-Davies.

MANGARELL, P. 1980. "Review of meaning and order in Moroccan society: Three essays in cultural analysis." C. Geertz, H. Geertz y L. Rosen, comps., en *American Anthropol.* 82: 676-77.

MAQUET, Jacques. 1964. "Objectivity in Anthropology", en *Current Anthropologist* 5: 47-55.

MARCUS, G.E. 1980. "Rhetoric and the ethnographic genre in anthropological research", en *Curr. Anthropol.* 21: 507-10.

— 1986. "Contemporary problems of ethnography in the modern world system." J. Clifford y G. Marcus, comps., en *Writing Culture*. Berkeley, University of California Press.

— y Cushman, Dick. 1982. "Ethnographies as text", en *Annual Review of Anthropology* 11: 25-69. [Trad. esp.: "Las etnografías como texto", en este volumen]

— y Fischer, Michael M. J. 1986. *Anthropology as Cultural Critique*. Chicago, University of Chicago Press.

MARCH, J.G. 1978. "Bounded rationality, ambiguity and the engineering of choice", en *Bell Journal of Economics* 9: 587-608.

MARETT, R.R. 1920. *Psychology and folk-lore*. Londres, Methuen.

MCCARTHY, T. 1978. *The Critical Theory of Jurgen Habermas*. Cambridge, MIT Press.

MEAD, Margaret. 1932. "An investigation of the thought of primitive children, with special reference to animism", en *Journal of the Royal Anthropological Institute* 62: 173-190.

— 1939. "Native languages as fieldwork tools", en *American Anthropologist* 42 (2): 189-205.

— 1956. *New Lives for Old*, Nueva York, Morrow.

— 1970. "The art and technology of fieldwork." Naroll y Cohen, comps., *op. cit.*, págs. 246-265 Garden City, Natural History Press.

MEEKER, M.E. 1979. *Literature and Violence in North Arabia*. Nueva York, Cambridge Univ. Press.

MEHAN, H. y Wood, H. 1975. *The Reality of Ethnomethodology*. Nueva York, Wiley.

MEHLER, J. y Bever, T.G. 1967. "Cognitive capacity of very young children", en *Science* 158: 141-142.

MENCHÚ, Rigoberta. 1983. *I. Rigoberta Menchú*. E. Burgos-Debray, comp., trad. de A. Wright. Londres, Verso.

MICHEL-JONES, Françoise. 1978. *Retour au Dogon: Figure du double et ambivalence*. París, Le Sycomore.

MOERMAN, M. 1969. "A little knowledge." Stephen Tyler, comp., en *Cognitive Anthropology*. Nueva York, Holt Rinehart & Winston, págs. 449-469.

MOHRING, P.M. 1980. *Life, my daughter, is not the way you have it in your books*. Tesis doctoral inédita, Universidad de Michigan.

MUCH, N.C. y Shweder, Richard A. 1978. "Speaking of rules: the analysis of culture in breach." W. Damon, comp., en *New Directions for Child Development: Moral Development*. San Francisco, Jossey-Bass.

NAKANE, C. 1975. "Fieldwork in India." Beteille y Madan, comps., *op. cit.*.
NARROL, R. 1963. "On bias on exotic data", en *Man* 53: 24-26.
— y F. 1970. "Data quality control in cross-cultural surveys." Naroll y Cohen, comps., *op. cit.*, págs. 927-945.
NASH, June. 1975. "Nationalism and fieldwork", en *Annual Review of Anthropology* 4: 225-245.
NERLOVE, S. y Romney, A. Kimball. 1967. "Sibling terminology and cross-sex behavior", en *American Anthropologist* 69: 179-187.
NISBETT, R.E. 1980. *Human Inference: Strategies and Shortcomings of Social Judgment*. Englewood Cliffs, Prentice-Hall.
— ; Borgida, E.; Crandell, R. y Reed, H. 1976. "Popular induction: information is not necessarily informative." J.S. Carroll y J.W. Payne, comps., en *Cognition and Social* Behavior, Nueva York, Halsted Press.
NUCCI, L. y Turiel, E. 1978. "Social interaction and the development of social concepts in pre-school children", en *Child Development* 49: 400-407.

OCHS, Elinor y Schieffelin, Bambi B. 1984. "Language acquisition and socialization: three developmental stories and their implications." R. Shweder y R.A. LeVine, comps., *op. cit.*, págs. 276-322.
O'MEARA, J. Tim. 1989. "Anthropology as empirical science", en *American Anthropologist*, vol. 91 (2).
ONG, Walter J. 1977. *Interfaces of the world*. Nueva York, Cornell University Press.
OPLER, M. 1959. "Component, assemblage and theme in cultural integration and differentiation", en *American Anthropologist* 61: 955-964.
ORTNER, S. 1978. *Sherpas Through Their Rituals*. Nueva York, Cambridge Univ. Press.
OSGOOD, Charles; May, W.H. y Miron, M.S. *Cross-cultural Universals* of Affective Meaning. Urbana University of Illinois Press.
ÖSTÖR, A. 1980. *The play of the Gods: Locality, Ideology, Structure and Time in the Festivals of a Bengali Town*. Chicago, Univ. Chicago Press.
OWENS, C. 1985. "The discourse of others; Feminists and post-modernism." H. Foster comp., en *Post modern Culture*, Londres, Pluto Press. [Trad. esp.: "El discurso de los otros: las feministas y el posmodernismo", en *La posmodernidad*, Barcelona, Kairós, 1985.]
OWUSU, M. 1978. "Ethnography of Africa: The usefulness of the useless", en *American Anthropologist* 80: 310-334.

PAINE, Harry. 1981. "Malinowski's Style", en *Proceedings of the American Philosophical Society* 125: 416-440.
PALMER, R.E. 1969. *Hermeneutics*. Evanston, Northwestern Univ. Press.
PANDEY, T.N. 1975. "India Man" among american indians. Beteille y Madan, comps., *op. cit.*
PARSONS, Talcott. 1968. *The structure of social action*, vol. 1. Nueva York, Free Press. [Trad. esp.: *La estructura de la acción social*, México, Fondo de Cultura Económica.]
PEIRCE, Charles S. 1968. *Philosophical Writings of Peirce*. Nueva York, Dover.
PERELMAN, C.H. 1958. *Traité de l'argumentation*. París, Presses Universitaires de France.

— 1963. *The idea of Justice and the Problem of Argumentation*. Nueva York, Humanities Press.
— y Olbrechts-Tyteca, L. 1969. *The New Rhetorics: A Treatrise on Argument*. Notre Dame, Univ. Notre Dame Press.
PHILLIPS, D.C. 1976. *Holistic thought in social science*. Stanford, Stanford University Press.
PIAGET, Jean. 1954. *The construction of reality in the child*. Nueva York, Basic Books. [Trad. esp.: *La construcción de lo real en el niño*, Buenos Aires, Nueva Visión, 1979.]
— 1967. *Six psychological Studies*. Nueva York, Random House. [Trad esp.: *Seis estudios de psicología*, Barcelona, Seix Barral, 1977, 9ª ed.]
— 1970. *Structuralism*. Nueva York, Basic Books.
POLANYI, Michael. 1966. *The Tacit Dimension*. Garden City, Doubleday.
POOL, D.; Shweder, Richard A. y Much, N.C. 1983. "Culture as a cognitive system: differentiated rule understanding in children and other savages." E.T. Higgins, D.N. Ruble y W.W. Hartup, comps., en *Social Cognition and Social Development: A Sociocultural Perspective*. Cambridge, Cambridge University Press.
PRIGOGINE, Ilya y Stengers, Isabelle. 1984. *Order out of Chaos*. Nueva York, Bantham Books. [Trad. esp.: *La nueva alianza. Metamorfosis de la ciencia*. Madrid, Alianza, 1983.]

QUINE, 1953. "Two dogmas of empiricism." W.V.O. Quine, comp., en *From a Logical Point of View*. Nueva York, Harper & Row. [Trad. esp.: *Desde un punto de vista lógico*. Barcelona, Ariel, 1962.]
— 1960. *Word and Object*. Cambridge, MIT Press.

RABINOW, P. 1975. *Symbolic Domination: Cultural Form and Historical Change in Morocco*. Chicago, Univ. Chicago Press.
— 1977. *Reflexions on Fieldwork in Morocco*. Berkeley, Univ. California Press.
— 1983. " 'Facts are a word of God': An essay review." G.W. Stocking, comp., en *Observers Observed* ("History of Anthropology I"). Madison, University of Wisconsin Press.
— 1986. "Representations are social facts: Modernity and postmodernity in Anthropology." J. Clifford y G. Marcus, comps., en *Writing Culture*. Berkeley, University of California Press. págs. 234-261.
— y Sullivan, Paul. 1979. *Interpretive Social Science*, Berkeley, University of California Press.
RADCLIFFE-BROWN, A.R. 1922. *The Andaman Islanders*, reimpresión, Nueva York, The Free Press, 1948.
RADIN, Paul. 1933. *The Method and Theory of Ethnology: An Essay in Criticism*. Nueva York, McGraw-Hill.
— 1957. *Primitive man as a Philosopher*. Ed. revisada, Nueva York, Dover. [Trad. esp.: *El hombre primitivo como filósofo*, Buenos Aires, Eudeba, 1960.]
RAPPAPORT, R. 1968. *Pigs for the Ancestors: Ritual in Ecology of a New Guinea People*. New Haven, Yale Univ. Press. [Trad. esp.: *Cerdos para los antepasados*. Madrid, Siglo XXI, 1987.]
— 1979. *Ecology, Meaning and Religion*. Richmond, Calif. North Atlantic Books.
READ, K.E. 1955. "Morality and the concept of the person among the gahuku-gama", en *Oceanía* 25: 233-282.

REID, Thomas. 1895. *The Philosophical Works of Thomas Reid*. Edimburgo, James Thin.

RENTOUL, Alex. 1931. "Physiological paternity and the trobrianders", en *Man* 31: 153-154.

REYNOSO, Carlos. 1988. "Sobre la antropología posmoderna", en *Revista de Occidente*. Madrid, vol. 82, págs. 142-148.

RICE, K.A. 1980. *Geertz and Culture*. Ann Arbor, Univ. Michigan Press.

RICOEUR, P. 1971. "The model of the text: Meaningful action considered as a text", en *Social Research* 38: 529-562.

— 1973. "The model of the text: meaningful action considered as a text", en *New Lit Hist*. 5: 91-120.

RICHARDS, A.I. 1939. "The development of field work methods in social anthropology", en *The Study of Society*. Londres, Kegan, Paul, Trench & Trubner.

RIESMAN, P. 1974. *Société et liberté chez les Peul Djelgobé de Haute-Volta: Essai d'Anthropologie Introspective*. París, Mouton.

ROBERGE, J.J. y Flexer, B.K. 1979. "Further examination of formal operational reasoning abilities", en *Child Development* 50: 478-484.

ROSALDO, M.Z. 1980. *Knowledge and Passion: Ilongot Notions of Self and Social Life*. Nueva York, Cambridge Univ. Press.

— 1980a. *Ilongot Headhunting 1883-1974: A Study in Society and History*. Stanford, Stanford Univ. Press.

— 1984. "Toward an Anthropology of self and feeling." R. Shweder y R.A. LeVine, comps., *op. cit.*, págs. 137-157.

ROSCH, Eleanor. 1978. "Principles of categorization." E. Rosch y B.B. Lloyd, comps., en *Cognition and Categorization*, Hillsdale, Erlbaum.

ROSENBLATT, P.C. 1981. "Ethnographic case studies." M.B. Brewer y B.E. Collins, comps., en *Scientific inquiry and Social Sciences*. San Francisco, Jossey-Bass, págs. 194-225.

ROSS, L. 1977. "The intuitive psychologist and his shortcomings: distortions in the attribution process." L. Berkowitz, comps., en *Advances in Experimental Social Psychology*, vol. 10. Nueva York, Academic Press.

ROTH, Paul A. 1989. "Ethnography without tears", en *Current Anthropology*, vol. 30 (5), págs. 555-569.

RUNCIMAN, W.G. 1983. "A treatise on social theory", vol. 1, en *The Methodology of Social Theory*. Cambridge, Cambridge University Press.

RUPP-EISENREICH. 1984. Britta, comp. *Histoires de l'anthropologie*, París, Klincksieck.

SAHLINS, M. 1976. *Culture and Practical Reason*. Chicago, Univ. of Chicago Press. [Trad. esp.: *Cultura y razón práctica*, Barcelona, Gedisa, 1988.]

SAID, E. 1979. *Orientalism*. Nueva York, Random House.

SAMUEL, G. 1980. Review of "Sherpas throught their rituals." Ortner, comp., en *Man* 15: 400-1.

SANGREN, P. Steven. 1988. "Rhetoric and the authority of ethnography: 'Post modernism' and the social reproduction of texts", en *Current Anthropology*, vol. 29, N° 3, págs. 405-435.

SCHIEFFELIN, E.L. 1976. *The Sorrow of the Lonely and the Burning of the Dancers*. Nueva York, Saint Martin's.

— 1981. Review of "Day of shining red: An essay on ritual." Lewis, comp., en *American Ethnology* 8: 405-6.

SCHNEIDER, David Murray. 1968. *American Kinship: A Cultural Account*. Englewood Cliffs, Prentice-Hall.
SCHUTZ, Alfred. 1967. *Collected Papers I: The Problem of Social Reality*. La Haya, Nijhoff.
— 1970. *On phenomenology and Social Relations*. Chicago, University of Chicago Press.
SCHWARTZ, T. 1981. "The acquisition of culture", en *Ethos* 9: 4-17.
SEARLE, John R. 1967. "What is a speech act?" M. Black, comp., en *Philosophy in America*. Ithaca, Cornell University Press.
— 1969. *Speech Acts*. Cambridge, Cambridge University Press. [Trad. esp.: *Actos de habla*, Madrid, Cátedra, 1980.]
— 1979. "A taxonomy of illocutionary acts." J. Searle, comp., en *Expression and meaning*. Cambridge, Cambridge University Press.
SHATZ, M. y Gelman, R. 1973. "The development of comunication skills: Modification in the speeck of young children as a function of listener", en *Monograph of the Society for Research on Child Development* 38, N° 5.
SHORE, B. 1982. *Sala'ilua: A Samoan Mystery*. Nueva York, Columbia Univ. Press.
SHOSTAK, Marjorie. 1981. *Nisa: The life and words of a !Kung Woman*. Cambridge, Harvard University Press.
SHWEDER, Richard A. 1972. "Semantic structures and personality assessment" (Tesis doctoral, Universidad de Harvard). *Dissertation Abstracts International*, 1972, 33, 2452 B (University Microfilms N° 72-29, 584).
— 1975. How relevant is an individual difference theory of personality? *Journal of Personality* 43: 455-484.
— 1977a. Illusory correlation and the M.M.P.I. controversy. *Journal of Consulting and Clinical Psychology* 45: 917-924.
— 1977b. "Likeness and likelihood in everyday thought: magical thinking in judgments about personality", en *Current Anthropology* 18: 637-658.
— 1979a. "Rethinking culture and personality theory part I: a critical examination of two classical postulates", en *Ethos* 7 (3): 255-278.
— 1979b. "Rethinking culture and personality theory part II: a critical examination of two more classical postulates", en *Ethos* 7 (4): 279-311.
— 1980. "The systematic distortion hypothesis". R.A. Shweder, comp., en *Fallible Judgment in Behavioral Research. New Directions for Methodology of Social and Behavioral Science*, N° 4. San Francisco, Jossey-Bass.
— 1980a. "Rethinking culture and personality theory part III: from genesis and tipology to hermeneutics and dynamics", en *Ethos* 8 (1): 60-94.
— 1980b. "Scientific though and social cognition." W.A. Collins, comp., en *Development of Cognition, Affect and Social Relations. Minnesota Symposium on Child Psychology*, vol. 13. Hillsdale, Erlbaum.
— 1982a. "Beyond self-constructed knowledge: the study of culture and morality", en *Merrill-Palmer Quarterly* 28: 41-69.
— 1982b. "Fact and artifact in trait perception: the systematic distortion hypotesis." B.A. Maher y W. Maher, comps., en *Progress in Experimental Personality Research*, vol. 11. Nueva York, Academic Press.
— 1982c. "Liberalism as destiny", en *Contemporary Psychology* 27: 421-424.
— 1982d. "On savages and other children", en *American Anthropologist* 84: 354-366.
— ; Bourne, E. y Miyamoto, J. 1978. *Concrete thinking and category formation: a cultural theory with implications for developmentalists* (committee on Human Development, University of Chicago), manuscrito inédito.

— y D'Andrade, Roy G. 1979. "Accurate reflections or systematic distortion? A reply to Block, Weiss and Thorne", en *Journal of Personality and Social Psychology* 37: 1075-1084.
— ; Turiel, E. y Much, N.C. 1980. "The moral intuitions of the child." J.H. Flavell y L. Ross, comps., en *Social Cognitive Development*. Cambridge, Cambridge University Press.
— y LeVine, Robert, comps., 1984. *Culture Theory. Essays on Mind, Self and Emotion*. Cambridge, Cambridge University Press.
— y Bourne, Edmund J. 1984. "Does the concept of the person vary cross-culturally?" R. Shweder y R.A. LeVine, comps., en *op. cit*, págs. 158-199.y Miller, J.G. (En prensa). "The social construction of the person: how is it possible?" K. Gergen y K. Davis, comps., en *The Social Construction of the Person*. Nueva York, Springer-Verlag.
SIEBER, S.D. 1973. "The integration of fieldwork and survey methods", en *American Journal of Sociology* 78: 1335-1359.
SIEGEL, J.T. 1979. *Shadow and Sound: The Historical though of Sumatran People*. Chicago, Univ. Chicago Press.
SIEGLER, R.S. 1981. "Developmental sequences within and between concepts", en *Monographs of the Society for Research on Child Development* 46, N° 2.
SILVERMAN, M.G. 1972. "Ambiguation and disambiguation in fieldwork." S.T. Kimball y J.B. Watson, comps.
SIMON, H.A. y Hayes, J.R. 1976. "The understanding process: problem isomorphs", en *Cognitive Psychology* 8: 165-190.
SMITH, R.W. 1956 (1894), 2ª edición. *The Religion of the Semites: The fundamental institutions*. Nueva York, Meridian Books.
SPENCER, Jonathan. 1989. "Anthropology as a Kind of writing", en *Man*, vol. 24, págs. 145-164.
SPERBER, Dan. 1974. *Rethinking Symbolism*. Cambridge, Cambridge University Press. [Trad. esp.: *El simbolismo en general*. Barcelona, Anthropos, 1978.]
— 1981. "L'interprétation en anthropologie", en *L'Homme* 21 (1): 69-92.
SPIRO, Melford. 1968. "Virgin birth, parthenogenesis and physiological paternity: an essay in cultural interpretation", en *Man* 3: 242-261.
— 1984. "Some reflections on cultural determinism and relativism with special reference to emotion and reason." R. Shweder y R.A. LeVine, comps., en *op. cit.*, págs. 323-346.
SPRADLEY, J.P. 1970. *You owe yourself a Drunk: An Ethnography of Urban Nomads*. Boston, Little Brown.
STACK, C.B. 1974. *All our Kin: Strategies for Survival in a Black Community*. Nueva York, Harper & Row.
STEFFLRE, Volney; Castillo Vales, V. y Morley, L. 1966. "Language and cognition in Yucatan: a cross-cultural replication", en *Journal of Personality and Social Psychology* 4: 112-115.
STERN, J.P. 1973. *On Realism*. Londres, Routledge & Kegan Paul.
STOCK, Brian. 1983. *The Implications of Literacy*. Princeton, Princeton University Press.
STOCKING, G.W. 1983. "The ethnographer's magic: Fieldwork in British anthropology from Tylor to Malinowski", G.W. Stocking, comp., en *Observers observed*, History of Anthropology I. Madison, University of Wisconsin Press.
— 1984. "Radcliffe-Brown and British social anthropology", en *Functionalism his-*

toricized: Essays on British Social Anthropology (History of Anthropology 2) Madison, University of Wisconsin Press.

STREET, B. 1989. Revisión crítica de Stephen Tyler: "The unspeakable: Discourse, dialogue and rhetoric in the post modern world", en *Journal of Anthropological Research*, vol. 24 (2), págs. 366-368.

SULEIMAN, S. y Crosman, I. 1980. *The Reader in the Text: Essays on Audience and Interpretation*. Princeton, Princeton Univ. Press.

TAMBIAH, Stanley J. 1973. "Form and meaning in magical acts." R. Horton y R. Finnegan, comps., en *Modes of Thought*. Londres, Faber & Faber.

TARDUCCI, Mónica. 1990. "¿Posmodernismo o posfeminismo? Una reflexión desde la antropología", en *La producción oculta*. Buenos Aires, Contrapunto.

TAUSSIG, M.T. 1980. *The Devil and Commodity Fetishism in South America*. Chapel Hill, Univ. North Carolina Press.

TAYLOR, J.M. 1979. *Eva Perón, the Myths of a Woman*. Chicago, University of Chicago Press. [Trad. esp.: *Eva Perón*. Buenos Aires, Edit. de Belgrano.]

TEDLOCK, Dennis. 1979. "The analogical tradition and the emergence of a dialogical anthropology", en *Journal of Anthropological Research* 35: 387-400.

— 1983. *The spoken word and the work of interpretation*. Filadelfia, University of Pennsylvania Press.

THORNTON, R.L. 1980a. "The early ethnography of eastern and southern Africa", en *Ann. Meet. Am. Anthropol. Assoc.*, Washington D.C.

— 1980b. "The rise of ethnography in South Africa: 1860-1920. The worldview of the ethnographer". Manuscrito.

— 1980c. *Space, Time and Culture among the Iraqw of Tanzania*. Nueva York, Academic.

— 1983. "Narrative ethnography in Africa, 1850-1920: The creation and capture of an appropriate domain for anthropology", en *Man* 18: 502-520.

— 1985. "Imagine yourself set down...": Mach, Frazer, Conrad, Malinowski, and the role of the imagination in ethnography", en *Anthropology Today* 1 (5): 7-14.

TODOROV, Tzvetan. 1981. *Mikhail Baktine: Le principe dialogique*, París, Editions du Seuil.

TRABASSO, T. 1975. "Representation, memory and reasoning: how do we make transitive inferences?" A.D. Pick, comp., en *Minnesota Symposium on Child Psychology*, vol. 9: 135-172, Mineápolis, University of Minnesota Press.

TURIEL, E. 1979. "Distinct conceptual and developmental domains: social convention and morality". C.B. Keasy, comp., en *Nebraska Symposium on Motivation* (1977), vol. 25. Lincoln, University of Nebraska Press.

TURNBULL, Colin M. 1962. *The Forest People*. Nueva York, Simon and Schuster.

— 1972. *The Mountain People*. Nueva York, Simon & Schuster.

TURNER, V. 1957. *Schism and Continuity in an African Society: A Study of Ndembu Village Life*. Manchester, Manchester Univ. Press.

— 1967. *The Forest of Symbols*. Ithaca, Cornell University Pres. [Trad. esp.: *La selva de los símbolos*, Madrid, Siglo XXI, 1980.]

— 1975. *Revelation and divination in Ndembu ritual*. Ithaca, Cornell University Press.

TVERSKY, A. y Kahneman, D. 1974. "Judgment under uncertainty: heuristics and biases", en *Science* 185: 1124-1131.

TYLER, S.A. 1969. *Cognitive Anthropology*. Nueva York, Holt, Rinehart and Winston.

— 1978. *The said and the Unsaid. Mind, Meaning and Culture*. Nueva York, Academic Pres.
— 1981. "Words for deeds and the doctrine of the secret world", en *Papers from the parasession on Language and Behavior*. Chicago, Chicago University Press, págs. 34-57.
— 1982. "Words for deeds and the doctrine of the secret world: testimony to a chance encounter somewhere in the Indian jungle." *Proc. Chicago Lin. Soc.*
— 1984. "The poetic turn in post modern authropology: The poetry of Paul Friedrichs", en *American Antrhopologist* 86: 328-35.
— 1984a. "The vision quest in the West, or what the mind's eye sees", en *Journal of Anthropological Research* vol. 40, págs. 23-40.
— 1986. "Postmodern ethnography: From document of the occult to occult document." J. Clifford y G. Marcus, comps., en *Writing Cultures*. Berkeley, Univ. of California Press, págs. 122-140. [Trad. esp. en este volumen.]
— 1987. *The unspeakable: discourse, dialogue and rhetoric in the post modern world*. Madison, University of Wisconsin Press.
TYLOR, E.R. 1873. *Primitive Culture*. Londres, John Murray. [Trad. esp.: *Cultura primitiva*, Madrid, Ayuso, 1977.]

UCHENDU, V.A. 1970. "A Navajo Community en Naroll y Cohen", en *op. cit.*
URRY, J. 1983. Revisión de *The Building of British social anthropology*, de I. Langham, *Oceanía* 53: 400-402.

VALESIO, P. 1980. *Novantiqua: Rhetorics as a Contemporary Theory*. Bloomington, Indiana, Univ. Press.
VATTIMO, Gianni. 1986. *El fin de la modernidad*. Barcelona, Gedisa.
VOLOSINOV, V.N. (¿M.Bajtín?) 1973. *Marxism and the Philosophy of Language*. Nueva York, Seminar Press. [Hay trad. esp.: *Marxismo y la filosofía del lenguaje*, Buenos Aires, Nueva Visión, 1976.]

WAGNER, R. 1975. *The Invention of Culture*. Englewood Cliffs, Prentice-Hall.
— 1980. *The Invention of Culture*. Chicago, University of Chicago Press.
— 1986. "The theatre of facts and its critics" (revisión de *Writing Culture*, J. Clifford y G. Marcus, comps. Berkeley, University of California Press), *Anthropological Quarterly* 59: 97-99.
WALDMAN, M.R. 1980. *Toward a Theory of Historical Narrative*. Columbus, Ohio State Univ.
WALLACE, A.F.C. 1978. *Rodkdale: The Growth of an American Village in the Early Industrial Revolution*. Nueva York, Knopf.
WALTER, J.R. 1917. "The sun dance and other ceremonies of the Oglala division of the Teton Dakota", *en Anthropological Papers of the American Museum of Natural History* 16, Nueva York.
WARD, W.C. y Jenkins, H.M. 1965. "The display of information and the judgment of contingency", en *Canadian Journal of Psychology* 19: 231-241.
WASON, P.C. y Johnson-Laird, P.N. 1972. *The Psychology of Reasoning*. Londres, Batsford.
WATANABE, S. 1969. *Knowing and guessing*. Nueva York, Wiley.
WEBSTER, S. 1986. "Dialogue and fiction in ethnography", en *Dialectical Anthropology* 7: 91-114.

WEINER, A.B. 1976. *Women if Value, Men of Renown: New Perspectives in Trobriand Exchange*. Austin, Univ. Texas Press.
— 1980. "Review of Your Own Pigs you may Not Eat: A comparative Study of New Guinea Societies." P.G. Rubel, A. Rosman, comps., en *American Ethnology* 7: 587-89.
WHITE, H.V. 1973. *Metahistory: The Historical Imagination in Nineteenth Century Europe*. Baltimore, Johns Hopkins Univ. Press.
— 1978. *Tropics of Discourse: Essays in Cultural Criticism*. Baltimore, Johns Hopkins Univ. Press.
— 1980. "The value of narrativity in the representation of reality", en *Crit. Inq*. 7: 5-25.
— 1981. Review of *Allegories of Reading: Figural Language in Rousseau, Nietzsche, Rilke and Proust*, por Paul de Man. *Partisan Rev.* 48: 311-15.
— 1982. "Dialogue and fiction in ethnography", en *Dialectical Anthropology* 7: 91-114.
WHORF, Benjamin Lee. 1956. *Language, Thought and Reality*. Cambridge, MIT Press. [Trad. esp.: *Lenguaje, pensamiento y realidad*, Barcelona, Barral, 1971.]
WILSON, P.J.; McCall, G.; Geddes, W.; Mark, A.K.; Pfeiffer, J.E.; Boskey, J.B. y Turnbull, C.M. 1974. "More thoughts on the Ik and anthropology", en *Current Anthropology* 16: 343-58.
WILSON, Monica. 1963. *Good Company*. Boston Beacon.
WILLIAMS, R. 1977. *Marxism and Literature*. Oxford, Oxford University Press. [Trad. esp.: *Marxismo y Literatura*, Barcelona, Anagrama.]
WINCH, P. 1958. *The Idea of a Social Science and its Relation to Philosophy*. Londres, Routledge and Kegan Paul. [Trad. esp.: *Ciencia social y filosofía*. Buenos Aires, Amorrortu, 1971.]
WINNER, Thomas. 1976. "The semiotics of cultural texts", en *Semiotica* 18 (2) 101-156.
WITTGENSTEIN, Ludwig. 1969. *On certainty*. Oxford, Blackwell Publisher. [Trad. esp.: *Sobre la certeza*, Barcelona, Gedisa, 1988.]

YANNOPOULOS, T. y Martin, D. 1978. "De la question au dialogue: À propos des enquêtes en Afrique Noire", en *Cahiers d'Études Africaines* 71: 421-442.
YEATMAN, A. 1984. "Gender and the differentiation of social life into public and domestic domains", en *Gender and Social Life*. A. Yeatman, comp., *Social Analysis*, edición especial N° 15.
YOUNG, M. 1983. Revisión de *Person and Myth: Maurice Leenhardt in the Melanesian world*, de J. Clifford. Oceanía, 54: 169-170.

(viene de pág. 4)

ANTROPOLOGIA Y ETNOGRAFIA

Pierre Clastres	***Investigaciones en antropología política***
Marshall Sahlins	***Cultura y razón práctica***
Marshall Sahlins	***Islas de historia***
Clifford Geertz	***La interpretación de las culturas***
Pascal Dibbie	***Etnología de la alcoba***
Margaret Mead	***Cultura y compromiso***
Mary Catherine Bateson	***Como yo los veía***
Gregory Bateson Mary Catherine Bateson	***El temor de los ángeles*** Epistemología de lo sagrado
Gregory Bateson	***Una unidad sagrada*** Pasos ulteriores hacia una ecología de la mente
Mary Douglas	***Estilos de pensar***